HISTOIRE

DU

CANTON DE FRIBOURG,

PAR

LE DOCTEUR BERCHTOLD.

PREMIÈRE PARTIE.

> Le miroir prophétique de l'Avenir
> est dans le miroir historial du Passé.
> MONTEIL.

FRIBOURG EN SUISSE,
chez Joseph-Louis PILLER, Imprimeur.
1841.

Gift of
Prof. A. C. Coolidge.
(3 vols.)

A LA SOCIÉTÉ HISTORIQUE
FRIBOURGEOISE.

PRÉFACE.

L'association au sein des monarchies européennes de vingt-deux républiques différentes d'origine, de mœurs, de culte et de langage, en un seul Etat fédératif, est un phénomène politique bien digne d'être observé, non-seulement dans son ensemble, mais dans chacune de ses parties.

Il n'a pas fallu moins de cinq siècles pour former ce faisceau bigarré, qu'on appelle Confédération suisse. Mais pendant ce temps, chacun de ces Etats si disparates, n'a pas cessé de vivre de sa propre vie, de parcourir ses phases particulières, de conserver plus ou moins son caractère primitif, se renfermant dans ses limites naturelles, sans s'amalgamer avec ses voisins.

Une histoire générale de la Suisse ne peut donc guère signaler que quelques points de contact, entre toutes les peuplades juxta-posées dans les interstices des Alpes. Les actes de leur vie intérieure ne peuvent avoir pour cette histoire qu'une valeur relative, et telle péripétie cantonale y sera peu appréciée, quelle que soit d'ailleurs son importance, parce qu'elle n'aura pas réagi sur les autres cantons.

L'histoire particulière de ceux-ci doit donc précéder l'histoire générale de la Suisse et peut jeter sur elle un grand et nouveau jour. Déjà plusieurs de nos Co-Etats ont pris une louable initiative.

Zurich, Genève, Lausanne, St. Gall, Schwitz, Berne, Appenzell, Unterwald, et tout récemment Neuchâtel nous ont communiqué les secrets de leurs archives. Nous avons tâché de les imiter et de tracer l'histoire de Fribourg.

Sans offrir un drame aussi pathétique que celle de maint canton, elle n'est pas dénuée d'intérêt, même pour l'étranger. La communauté fribourgeoise a eu ses périodes de gloire et d'infortune, et le philosophe aimera à suivre dans ses développemens cette petite société qui ne connut jamais le servage, qu'on peut étudier et prendre, pour ainsi dire, dans son berceau, et qui présente encore les conditions d'une longue durée. Car la fatalité de la mort ne pèse pas sur elle, et après 660 ans d'existence elle peut se régénérer sous l'influence de ses nouvelles lois.

Guilliman est le premier Fribourgeois, qui s'est occupé de l'histoire suisse et il y a consacré à sa patrie cantonale un chapitre rempli de détails précieux. Le style de ses ouvrages est d'une latinité si pure, qu'on les croirait écrits au pied de l'ancien Capitole. Il mourut à Fribourg en Brisgau (1613), mais on ne connaît pas le lieu de sa naissance. Plusieurs localités de notre canton, entre autres Romont, Villaz et Fribourg revendiquent son berceau, comme autrefois les villes grecques se disputaient le tombeau d'Homère. Il fut professeur à Soleure, historiographe impérial et ami de Goldast. Il serait intéressant de connaître les autres particularités de sa vie. Qui était-il ? D'où lui vint sa vocation ? Il dit quelque part : Toute ma consolation au milieu de ces troubles et de ces changemens est dans le souvenir du passé. Ces paroles ne se rapportent évidemment ni à un chagrin personnel, ni à des contrariétés domestiques. Quel était donc le désastre, qui arrachait ces plaintifs accords à la lyre de Guilliman ? Quel bruit de la vallée atteignit ces paisibles régions où trônait cette intelligence élevée ? Tout porte à croire qu'un dur mécompte l'initia à la connaissance du passé, et qu'il puisa l'inspiration de ses œuvres dans le flot amer des douleurs politiques. A l'époque où Guilliman écrivait, la Suisse subisssait toute l'influence des aristocraties environnantes, du service étranger et des pensions corruptrices. L'oligarchie méditait de nouveaux attentats contre l'égalité constitutionnelle, et s'organisant avec mesure, allait prononcer la déchéance de la bourgeoisie. En présence de cette éventualité menaçante, l'ordonnance de 1627, bien que rendue longtemps après la mort de Guilliman, put déjà lui apparaître, comme jadis à Brutus le spectre de Pharsale. Ce fut dans ce moment sans doute, qu'assiégé de prévisions funestes, le sage des Alpes détourna la face avec terreur, et se recueillit dans les méditations de l'histoire pour y chercher une consolation aux maux de la république. *Hæc sint solatia his rerum orbisque conversionibus et discidiis, animum cogitationemque ad prisca tempora convertere.* (De reb. helv. lib. I.)

Quoi qu'il en soit, personne ne vérifia mieux que lui l'adage fatal : Nul n'est bon prophète dans son pays. Guilliman, comme on l'a déjà dit d'un homme célèbre, portait sur le front une flamme, dont ses compatriotes ne surent lui pardonner l'éclat. On l'accusa de partialité et de mauvaise foi. Nous croyons, nous, que ses erreurs ont été consciencieuses, et qu'elles n'ôtent rien au talent de l'historien. Incompris des siens, il alla chercher en Allemagne des appréciateurs plus justes et plus éclairés de ses travaux. A travers les ombres qui couvrent cette vie si pleine de mystère, le nom de Guilliman rayonne d'une pure lumière, tandis que celui de ses critiques est oublié. Aujourd'hui encore l'étranger le dédommage avec usure de l'oubli où nous l'avons laissé.

Environ un siècle après Guilliman, un Prélat studieux, l'Évêque Duding, publia en latin un *État de l'Église d'Avenches*, où il réfute spécialement Abraham Ruchat.

Plus tard, M. le baron d'Alt a également secoué la poussière de nos archives, pour son histoire générale des Suisses. Cet illustre magistrat utilisa noblement les loisirs de sa place, et l'opulence qui chez nous engendre si facilement le désœuvrement, ne le dégoûta jamais de l'étude. Candide admirateur des titres nobiliaires, il blasonne soigneusement les écussons de quelques familles fribourgeoises, dont l'illustration ne date guère que de la veille; mais il le fait avec une naïveté d'illusion, qui commande l'indulgence.

L'Évêque Lenzbourg a composé un recueil de notes par ordre chronologique sur l'histoire cantonale, une notice sur les Fribourgeois célèbres, ainsi qu'un abrégé historique de tous les bailliages. C'est lui qui a mis en ordre les riches archives d'Hauterive, dont il fut l'abbé. Il a enrégistré en volumes tous les actes de fondation et de donations, les diplômes des empereurs, rois, princes et bienfaiteurs du monastère; il a rédigé le nobiliaire et le monasticon. Le premier contient outre les actes, un fac-simile de tous les sceaux dessinés d'après les originaux; le second mentionne toutes les liaisons de l'abbaye avec d'autres maisons religieuses. La mémoire de ce digne et laborieux Prélat sera toujours chère à tous les amis de l'histoire nationale. Une partie de sa chronique a été éditée par M. Lalive-d'Epinay sous le titre d'*Étrennes fribourgeoises*.

Une œuvre incomparable, poursuivie avec une rare patience, c'est la Collection diplomatique de M. le Chanoine Fontaine et son Extrait des comptes des trésoriers, formant une série de 50 volumes in 4°, tous écrits de sa main avec beaucoup de netteté. Il y a joint des commentaires d'une haute importance, que nous avons toujours utilisés dans cet ouvrage.

M. l'abbé Girard, enlevé trop tôt à la science, s'est livré à des recherches laborieuses, dont il a publié les résultats sous le titre modeste de *Tableaux* et d'*Étrennes*. Il a aussi retracé dans *Guillaume d'Avenches* un épisode bien intéressant de notre histoire.

M. Kuenlin, littérateur distingué, a rendu un service éminent à l'histoire du canton, par la publication du Dictionnaire géographique, statistique et historique. Il est pénible d'avouer que son mérite a été mieux apprécié au dehors que dans sa patrie.

Nous laissons à ceux, qui sont toujours aussi empressés de critiquer le travail, que lents à l'imiter, l'ignoble soin de rechercher le côté faible de ces auteurs. Chacun d'eux a tâché d'être utile selon ses capacités, tous ont travaillé au temple de notre histoire et leurs noms doivent en décorer le péristyle. Le premier hommage de reconnaissance que nous leur rendons pour notre part, c'est d'employer tous les matériaux qu'il nous ont laissés. Nous avons fait plus. Toutes les fois qu'à la justesse de l'idée ils ont allié le bonheur de l'expression, nous avons conservé celle-ci dans toute la pureté de ses formes. C'est un double plagiat de fond et de style, dons nous assumons la responsabilité sans rougir, peu soucieux du reproche qu'on pourrait nous adresser, de nous être quelque fois parés des plumes du paon.

Nous possédons encore les chroniques manuscrites de Rudella, de Fruyo, de Gournel, de Kaltch, de Techtermann, de Montenach, de Weitingen, des Ermites, etc., qui toutes se répètent plus ou moins et souvent avec les mêmes termes. Elles contiennent peu de détails, qui ne se trouvent déjà aux archives cantonales. C'est dans celles-ci, c'est dans ce riche trésor que sont contenus les documens les plus précieux, les indications les plus sûres. Ces actes sont toujours cités par les lettres A. C. dans les renvois de cet ouvrage et seulement pour les faits de quelque importance. Je remercie MM. les Préposés des archives, qui m'en ont toujours ouvert l'accès avec la plus aimable obligeance. Je remercie surtout M. le Commissaire-général Daguet, qui m'a toujours guidé dans mes recherches. Sa main infatigable a ramassé d'immenses matériaux, dont il abandonne généreusement à d'autres la jouissance, bien différent de ces compilateurs égoïstes, qui voudraient usurper le monopole de la science. On lui doit ces utiles répertoires, sans lesquels l'investigateur le plus patient de nos archives risquerait de s'égarer.

Nous ne saurions passer sous silence les ouvrages remarquables publiés dans ces derniers temps par un concitoyen érudit, M. le Dr. Engelhart. Enfin, grâces au *Recueil diplomatique*, que publie M. Werro, Chancelier de ce canton, les amis de notre histoire trouveront dans cette publication importante tous les documens justificatifs qui s'y rapportent.

J'ai considéré l'histoire cantonale sous le point de vue démocratique. Il est temps de substituer les intérêts publics aux apothéoses royales, aux adulations princières, aux titulatures nobiliaires et à toutes ces niaiseries aristocratiques, dont le bon sens des peuples commence à faire justice.

J'ai été sobre de raisonnemens, sans abdiquer entièrement le droit de juger, et puisque ce sont les idées, qui engendrent les faits, je ne pouvais leur refuser une place dans un récit méthodique. Celui-ci serait trop monotone, trop terne, si les enthousiasmes populaires n'y trouvaient de l'écho, et si l'art n'y versait de temps à autre quelques-unes de ses divines harmonies.

Dans ce but, l'historien évoque les générations éteintes avec leurs passions, leurs vices et leurs dévouemens, et en ressuscitant le passé, il jette de prophétiques lueurs sur l'avenir. Il tire de leur sommeil séculaire les personnages de la tombe, où ils gisaient ignorés depuis longtemps, et révèle les secrets de leur mystérieuse et parfois si dramatique existence. Il repeuple les rues de la cité, telles qu'elles étaient dans les anciens jours. Il fait défiler sous les yeux du lecteur fribourgeois, comme une phantasmagorie instructive la jeune colonie sortant tout armée des ombres du XII° siècle, pour préparer sur un roc un asile à la liberté ; ces premiers colons armés à la fois de la truelle et de l'épée, ces chevaliers bardés de fer, ces avoyers en même temps capitaines et magistrats, ces bannerets d'origine toute plébéienne, ces monastères surgissant successivement dans l'enceinte de la ville nouvelle et à l'entour, les jurandes protectrices de l'industrie nationale, nos bannières flottant victorieuses dans les plaines de Granson et de Morat, ces Treyer, ces Canisius, qui, animés d'un saint zèle, conjurent la réforme par la seule puissance de la parole, enfin cette bourgeoisie jadis si industrieuse et si compacte, l'effroi de la noblesse et la plus belle expression du régime démocratique.

Pour reproduire ces grandes et majestueuses figures du moyen-âge, se mouvant avec vérité dans les débris des siècles, il faut nécessairement les animer et faire revivre les couleurs qui les distinguent. Sous ce rapport les faits auront sans doute quelque peine à défendre leur individualité contre les atteintes de la poésie ; mais l'écrivain ne fera intervenir l'art qu'avec réserve pour ne point courir le risque de développer des fictions au milieu des graves réalités de l'histoire. Il ne devra jamais perdre de vue le grand principe qui a donné la vie à notre Communauté, l'unité qui a persisté au milieu de toutes les transformations sociales, la fonction que le canton avait à remplir dans le monde.

En effet, la Providence semble l'avoir appelé à y jouer deux grands rôles. Elle en fit d'abord le berceau de la liberté à l'occident de la Suisse, puis une digue contre les innovations religieuses.

Elle choisit cette place au pied des Alpes et sur les confins des deux races germanique et romande, pour y faire fleurir la Démocratie sous les auspices du Catholicisme. Voilà quel fut le fondement de notre nationalité.

Constater ce double mandat, partir de ce point pour apprécier les faits, indiquer la portion de chaque génération à l'œuvre commune, exposer l'agrandissement progressif du territoire, l'agrégation successive des bailliages à la banlieue, la puissance d'affinité, qui nous entraîna dans la sphère fédérale, l'opposition victorieuse de l'ancien culte aux nouvelles doctrines, l'établissement du patriciat, la longue lutte de la bourgeoisie contre cette institution, raconter comment par le retour de l'égalité constitutionnelle et la mise en œuvre d'une législation unique les diverses parties de ce territoire se sont fondues en un seul canton démocratique, telle est la tâche de l'historien fribourgeois.

La Constitution, qui nous régit aujourd'hui, apparaît alors comme la conclusion des efforts antérieurs, comme le développement des principes que la communauté porte dans son sein depuis sa naissance. C'est une conquête dont nous pouvons léguer avec quelque orgueil le récit à nos descendans.

L'histoire de Fribourg et celle de Berne se tiennent par la main et se complètent mutuellement. Il est curieux d'observer comment, parties en même temps du même point et dans les mêmes circonstances, ces deux républiques entrèrent dans des voies si divergentes. C'est que Berne marcha à la puissance par la liberté, et Fribourg au marasme par la dépendance. Les suzerainetés dynastiques faillirent tuer notre communauté et nul doute que ce jeune arbrisseau si fortement constitué, n'eût poussé des jets rapides et vigoureux sans la dure écorce qui paralysait le mouvement de sa sève.

Nous voyons d'abord la communauté forte, il est vrai, de ses institutions municipales, mais en constante opposition d'intérêts avec ses suzerains et s'épuisant par excès de dévouement. Vient le moment où elle s'émancipe par la victoire; époque de transition glorieuse, mais de courte durée. (Première partie.)

Le contact impur des royautés nous vaut bientôt une noblesse bâtarde, le matérialisme des mœurs, le monopole des emplois, la manie des titres, la soif des pensions et ce régime oligarchique, plus oppressif que tous les précédens, et qui tarit la vie nationale jusques dans ses sources les plus intimes. (Seconde partie.)

Voilà pour le passé, objet de cette esquisse. Aujourd'hui les conditions du progrès ont-elles changé? Notre nationalité repose-t-elle sur les mêmes bases? Avons-nous d'autres dangers à redouter, d'autres devoirs à remplir?

L'histoire révolutionnaire du XIX° siècle est là pour répondre. C'est à elle qu'il appartient de dégager la grande Inconnue et d'aborder ces problèmes ardus, dont la solution nous intéresse de si près.

En attendant nous avons foi dans cette Démocratie, dont les fondemens touchent aux premiers jours de notre existence, et qui recèle dans ses profondeurs non-seulement notre avenir, mais peut-être celui du monde. Nous croyons au triomphe de l'égalité civile; car elle n'est qu'une application des principes éternels de la justice, et la loi chrétienne elle-même est sortie du Sanctuaire pour la consacrer. Nous croyons que la civilisation couve des destinées plus propices, et que ces destinées écloront un jour malgré toutes les résistances. Déjà Fribourg sort de son silence et de son immobilité, entraîné par la sphère des intérêts fédéraux et le mouvement des idées européennes.

Des omissions et même des erreurs ont pu se glisser dans l'histoire de Fribourg. J'accueillerai docilement toute critique, qui me sera adressée avec mesure; je laisserai sans réponse les détractions malveillantes, mon intention n'ayant jamais été de faire de l'histoire cantonale un instrument d'agression quelconque, mais une œuvre toute de vérité et utile à mes concitoyens. Si cette première partie obtient leurs suffrages, la seconde ne tardera pas à paraître.

Fribourg, le 15 mars 1841.

HISTOIRE DU CANTON DE FRIBOURG.

PREMIÈRE PARTIE.

DEPUIS L'ORIGINE DU CANTON JUSQU'A SON ADMISSION DANS LA CONFÉDÉRATION.

CHAPITRE PREMIER.

Temps primitifs. — Premiers habitans. — Forme de leur gouvernement. — Culte. — Civilisation. — Langage. — Division du territoire. — Double émigration. — Ses résultats. — L'Helvétie sous les Romains. — Avenches. — Invasion des barbares. — Allamans. — Bourgondes. — Huns. — Goths. — Franks. — Législations diverses. — Transjurane. — Patrices. — Royaume de Bourgogne. — Bourgogne inférieure ou Comté. — Royaume d'Arles. — Rectorat. — Les Zähringuen. — l'Uchtland. — Glâne et Hauterive.

Le Canton de Fribourg fait partie de ce grand bassin, creusé par la nature au milieu de l'Europe, et défendu par une triple chaîne de montagnes. Des glaciers infusibles ceignent ces hauteurs et recèlent dans leur sein des sources intarissables, des réservoirs mystérieux, d'où sortent les trois plus grands fleuves de l'Europe, de nombreuses rivières et tous ces beaux lacs qui baignent le pied des Alpes.

Les eaux diluviales ont dû séjourner long-temps dans cette enceinte élevée, avant de pouvoir se frayer une issue jusqu'au niveau des mers. Pour forcer la barrière des montagnes, elles ont dû les miner et provoquer des éboulemens successifs [1].

Aussi tout dans notre pays atteste une submersion prolongée,

[1] Conservateur suisse.

une lutte terrible entre les élémens, et une époque où des bancs de corail couvraient les plages qu'ombragent maintenant d'épaisses forêts [1]. Une fois les eaux écoulées, une riche végétation ne tarda pas à colorer de ses teintes riantes, cette scène de destruction toute palpitante encore de mouvemens convulsifs.

Mais l'intelligence et la main de l'homme n'étant pas encore là pour régulariser les premières impulsions, elles suivirent des voies capricieuses, prodiguant leur trésor sans terme ni mesure. Il en résulta une nature brute, inculte, gigantesque, hérissée de bois épais et noirs, d'un accès difficile et devant lequel s'arrêta pendant plusieurs siècles le flot des populations débordées. Aussi la Suisse ne fut-elle peuplée que postérieurement aux pays limitrophes. Ses vastes forêts, ses antres humides et sombres servaient de retraite aux loups, aux ours, aux lynx et à d'autres animaux sauvages dont l'espèce a disparu. Tels étaient le bison colossal, et ces reptiles énormes qui ont donné lieu à la fable des dragons. La tribu nomade, après avoir parcouru les plaines du nord, s'arrêta tout-à-coup devant ces alpes majestueuses, portail grandiose d'un monde inconnu. Quand l'homme voulut pénétrer plus avant dans ces gorges profondes, le tonnerre des avalanches répercuté par les échos, le rugissement des bêtes féroces, le bruit des eaux qui de rocher en rocher se précipitaient dans des abîmes sans fond, les cris du Lämmergeyer et mille autres voix étranges durent le faire reculer d'effroi [2]. Ainsi naguères encore, le voyageur n'approchait pas sans crainte des solitudes comprises entre Moléson et les rochers des Mortaix, où l'Eau noire (Neirivue) s'engouffre dans des profondeurs souterraines, et où le funeste passage de l'Evi a déjà englouti plus d'une victime.

Plus hardis, les réfugiés de la Phocide, après avoir abordé sur les côtes septentrionales de la Méditerranée et s'être amalgamés avec les Gaulois suivirent le cours du Rhône depuis son embouchure.

Mais parvenus sur les sommets du Jura, ils n'osèrent remonter jusqu'à sa source. Leurs regards se portèrent avec une admiration

---

[1] Conservateur. — [2] Müller.

mêlée de terreur sur les cimes étincelantes de la Fourche qui leur apparurent comme les colonnes du soleil [1]. Ils découvrirent à leurs pieds le grand Léman que traversait le Rhône, et frappés de l'aspect désolé de ses grèves solitaires, ils le nommèrent le *lac du désert* [2]. Redescendus dans les plaines de Massilie, ils racontèrent comment *des coins les plus reculés de la terre, des profondeurs de l'éternelle nuit, le fleuve Rhodan roulait ses flots dans des lacs orageux, le long du triste pays des Keltes* [3].

Du côté opposé des peuplades Etrusques, refoulées en-deçà de l'Adda par les Gaulois, s'enfoncent dans les gorges des Alpes Rhétiennes, tandis qu'au nord, d'autres peuples venus des plaines de la Scythie, campent sur les bords sauvages du lac Acronien [4].

Toutes ces races diverses qui se pressaient d'abord timidement autour de l'enceinte imposante des Alpes, osent peu-à-peu y pénétrer et disputer aux loups le séjour des forêts, aux reptiles celui des vallées-marécageuses. Tout ce que la nature peut enfanter de plus affreux leur paraît préférable à la cruauté des hommes. Elles se fixent aux bords des lacs, des rivières, sur le revers des côteaux au pied des montagnes, et se partagent en tribus pacifiques ou cantons. Là, protégée par une triple chaîne de hauteurs, ignorée du reste de l'Europe, à l'abri des tyrans qui l'oppriment, cette nation vierge, défriche les régions incultes, élève des troupeaux, construit des villages, des bourgs, et le soc bienfaisant de la charrue, fertilise pour la première fois ces champs qui semblaient condamnés à une éternelle stérilité.

On ignore absolument comment ces peuples se gouvernaient et quelles étaient leurs relations avec les voisins [5]. Mais leur civilisation peu avancée peut faire supposer que la forme de leur gouvernement s'éloignait plus ou moins de la démocratie et que la force brutale connaissait peu de limites [6].

Il n'existait originairement entr'eux qu'une division par familles,

---

[1] Festus, cité par Müller. — [2] Fest. Ruf., cité par Müller. — [3] Apollon. Argon. lib. 4, cité par Müller. — [4] Mela Acronium vocat. Guill. de reb. helv. lib. 1, en parlant du lac de Constance. — [5] Guill. de rebus helv. lib. 1. — [6] Henne.

comme chez les Clans écossais. Les chefs s'appelaient Rix [1] et habitaient des maisons de pierres, ceintes de remparts et de fossés. On nommait ces habitations *Dounes* ou *Dunes*, delà la terminaison latine des noms de villes en *dunum* [2]. Le genre de vie de ces peuples était d'une extrême simplicité. Etrangers encore à la culture de la vigne, ils ne buvaient que de la bière ou de l'hydromel dans des coupes faites de cornes de bison; celles-ci servaient aussi de trompettes guerrières.

Ils professaient le dogme de l'immortalité et adoraient un Dieu suprême, sous le nom de *Taut*, qu'ils regardaient comme leur père commun. Ils lui offraient des sacrifices sur les montagnes et de préférence un taureau. La mère de Taut s'appelait *Hertha*, c'est-à-dire la terre, et son fils *Mann*, la lune. Le nom d'*As* ou *Alp*, qui signifie *hauteur*, se transmit aux divinités secondaires et elles furent nommées *Ases*. Les rivières et les torrents s'appelaient *Aar* ou *Thour* [3]. Tout ce qui portait un caractère de grandeur et de puissance devait inspirer de la vénération à ces enfans de la nature; surtout le soleil, les astres, les montagnes et les torrents. Aussi placèrent-ils Asgard, le séjour des Dieux sur ces pics neigeux, qui brillaient encore de tous les feux du soleil, tandis qu'à une profondeur de cent cinquante toises au-dessous, le pied du mont était plongé dans une épaisse nuit [4].

Les Druides, ministres du culte, étaient en même temps juges, médecins et prophètes. Leur cosmogonie est sombre et menaçante, comme les forêts sacrées où ils célébraient leurs mystères. Elle se voile sous des images titaniques, des figures hardies et bizarres qui étonnent l'imagination. L'œuvre de la création s'y accomplit au milieu de sanglans prodiges, où rarement le gracieux se mêle au sublime comme dans la mythologie grecque [5].

---

[1] Ce n'est que dans ce sens qu'il faut interpréter ce passage de Guilliman : *Helvetiorum imperium ab antiquitate, ut aliarum gentium, sub regibus fuit.* — [2] Henne. — [3] Ibid. — [4] Ibid. — [5] Au commencement, disaient-ils, était la nuit. Deux mondes existèrent plusieurs siècles avant Hertha. Au sud, était le monde de feu, clair et ardent, gardé par Swarts, qui porte un glaive flamboyant, au nord, celui des brouillards, plein de torrents et de fontaines. — Les glaces de l'Océan se fondirent sous les feux immortels et se changèrent en mer ou Ymo, qui ne tarda

Les Helvétiens cultivaient la langue grecque, preuve qu'il existait des relations assez intimes entr'eux, et les colonies grecques établies dans les Gaules et en Espagne. Les riches particuliers envoyaient sans doute leurs fils étudier chez les Phéniciens de l'Ibérie et chez les grecs Tusciens, dont ils empruntèrent quelques notions des beaux arts.

Ils devaient exceller dans le chant que provoquaient les nombreux échos des Alpes et l'aspect d'une sublime nature. Ils se complaisaient surtout dans les chants de guerre. Leurs bardes connaissaient la harpe et animaient les repas du chef en chantant ses exploits et les traditions sur la venue des Ases.

Bien des siècles s'écoulèrent avant que l'histoire nous présentât les Helvétiens comme un corps de nation; au moins ne furent-ils pas connus sous ce nom. Il est probable qu'on les confondait avec les Gésates que Polybe appelle Gaulois transalpins [1]; car le nom d'Helvétiens ne paraît pour la première fois qu'à l'époque de la guerre kimbrique [2]. On les divisa d'abord en trois peuplades distinctes : les Tiguriens [3] campés dans les plaines fertiles qu'arrose le Rhin jusqu'au bord du lac brigantin (lac de Constance); les Tugiens répandus dans les Alpes du sud et de l'est jusqu'aux sources du même fleuve; les Ambrons [4] qui s'étendaient depuis l'Emme jusqu'au Rhône et au Jura.

pas à s'assoupir. Pendant son sommeil mystérieux, la race des Thouses (géants) sortit de son bras gauche. — Les glaces fondues donnèrent encore naissance au père de Bör, dont les trois fils, Odin, Wil et Wé, après avoir relégué les géants aux extrémités de la terre, construisirent au milieu de l'univers la grande cité Asgard, pour y fixer leur résidence éternelle et en faire le séjour des Dieux (Ases). Cette cité communique avec la terre par le pont Iris. Un frêne incommensurable s'élève au centre et ombrage le monde. A sa racine jaillit une source, autour de laquelle sont assises, graves, inflexibles et silencieuses, les trois nornes, dont la mission est de fixer les destinées de l'homme. — Asgard est couvert de boucliers d'or; les douze Ases sont assis sur des siéges de même métal, et à l'entrée de la nuit, leurs glaives étincèlent comme des flammes. — Un jour viendra où l'astucieux Locki, l'ennemi des Ases, fera périr Baldos, le plus beau des fils d'Odin, et combattra les Ases eux-mêmes. Dans cette lutte terrible, la terre s'embrasera, un monde nouveau surgira de ses débris, et Allvater, devenu le dominateur unique de l'univers, récompensera les bons dans le palais Walhalla et punira les méchans dans Hellé. *Edda.*

[1] Guill. de reb. helv. lib. i. cap. 6. — [2] Valther über die älteste Gesch. Helv. — [3] $\tau\iota$-$\gamma o\nu$-$\rho\nu$-$\nu o\nu$, ressemble beaucoup à l'allemand : die Gau-Rhi-ner. — [4] Guill. de reb. Helv.

Plus tard César nous montre les Helvétiens disséminés dans douze villes et quatre cents villages sur toute la Suisse septentrionale, depuis le Jura jusqu'au confluent du Danube et de l'Isar. L'espace compris entre cette rivière et le lac de Constance était presque entièrement occupé par la grande forêt hercynienne (Schwarzwald), vaste désert, *Eremus Helvètiorum*, qui devait servir de barrière contre les incursions des peuples du nord. César fait mention de quatre cantons, *pagi ;* mais il n'en nomme que deux, pagus Tigurinus (Zurich) et pagus Urbigenus (Orbe). Strabon nous fait connaître celui de Zug [1] et le quatrième est selon toute apparence celui d'Avenches, pagus Aventicus [2]. C'est ici qu'était situé l'Uchtland.

La Suisse méridionale et la rive droite du Haut-Rhin étaient habitées par des peuples isolés, d'origine diverse, sans relations entr'eux, et qui ne furent agrégés que plus tard à la nation helvétique. Genève était alors la capitale des Allobroges, Soleure celle des Ambrons, Bâle celle des Rauraques, Coire celle de la Rhétie propre. Lucerne existait peut-être déjà comme phare solitaire sur les bords du lac. Mais les petits cantons, ainsi que Glaris et Thurgovie n'avaient encore ni nom ni limites. Berne et Fribourg ne devaient surgir que treize siècles plus tard.

Tel était l'aspect du pays lors de la deuxième émigration des Kimbres, environ cent treize ans avant J. C. Ce peuple avait jadis habité les steppes immenses qu'arrosent le *Tanaïs* (Don) le *Borysthène* (Dnieper), l'*Hypanis*, (Bog) et le *Tyras* (Dniestr). Une longue suite de rois Kimbres ou Kymériens gisaient déjà dans les antiques sépultures creusées le long du Tyras, lorsque des hordes innombrables de Skytes, chassés par les Messagètes des bords de l'*Arax* (Volga), pénétrèrent en Europe et expulsèrent à leur tour les Kymériens de leurs tranquilles demeures, environ six cent soixante ans avant J. C. Ceux-ci se répandirent au nord

---

[1] Guilliman prétend avec Tschudi que le quatrième canton était celui des Antuates (Valais), et donne aux Helvétiens une origine grecque ; mais les raisons sur lesquelles il s'appuie ont peu de solidité. De reb. helv. lib. I. — [2] Liv. 6. chap. 293.

et à l'ouest, notamment dans la Germanie septentrionale et le Jutland, qui fut appelé dès-lors Chersonèse Kymbrique. Ils y séjournèrent pendant près de cinq siècles. Chassés une seconde fois, par Odin le Scandinave, ils portèrent leurs pas vers la Gaule, entraînant avec eux divers autres peuples. De ce nombre furent les Helvétiens, dont le nom eut été probablement long-temps ignoré encore sans cette fatale expédition.

La victoire couronna les premières entreprises des alliés. Ils défirent successivement six généraux romains, dans le court espace de douze années, firent passer sous le joug leurs armées jusqu'alors victorieuses, s'emparèrent de toute la Gaule et l'exploitèrent à discrétion pendant sept années consécutives. Enflés par ce succès, ils méditèrent la conquête de l'Italie. Les Teutons et les Ambrons d'un côté, de l'autre les Kimbres et les Tiguriens se mettent en mouvement; mais ils essuient, à leur tour, la plus sanglante défaite (101 ans av. J. C.).

Les Tigurins seuls qui n'avaient pas encore passé les Alpes, ayant appris l'insuccès de leurs alliés, rentrèrent en Helvétie sans avoir été entamés. Une partie des fuyards s'arrêta dans la Rhétie et donna son nom au canton de *Cembra* dans le val Lévis, près de Trente. Les Teutons reparaissent plus tard sur la scène du monde sous un autre nom.

Ce fut à cette époque sans doute que des colonies Kimbriques s'établirent sur les rives du lac des Waldstettes et dans plusieurs vallées de nos Alpes, notamment à Bellegarde dans le canton de Fribourg [1].

Depuis ce désastre jusqu'à la deuxième émigration des Helvétiens, il s'écoula un demi-siècle qui n'occupe plus l'histoire. De grands changemens avaient dû s'opérer pendant cet intervalle, et la nation avait acquis un haut degré de prospérité [2]; mais le mouvement continuait sur la frontière. Les Helvétiens en demeurèrent les

---

[1] Vid. Plautini Helvetia antiqua et nova cap. 16. Henrici Suiceri chronol. helv. ad annum 652, etc. — [2] Le député gaulois disait : florentissimis rebus domus suas reliquisse Helvetios. Cæsar lib. 1. cap. 30.

tranquilles spectateurs, se bornant à refouler dans la Forêt-Noire les passagers incommodes qui, plus d'une fois, avaient tenté d'asseoir leurs tentes sur les Alpes. Bientôt eux-mêmes furent saisis du vertige de l'émigration [1] et, après avoir incendié leurs demeures, ils allèrent follement chercher dans les plaines de *Bibracte* (53 ans av. J. C.) les fers que personne n'eût songé à leur donner. Ces fiers montagnards, sortis de leurs retraites ignorées pour asservir des voisins inoffensifs, durent y rentrer asservis eux-mêmes, à moitié détruits et trop heureux encore d'être ensuite traités par les Romains moins en vaincus qu'en alliés.

Les habitans du Valais et de la Rhétie n'avaient point pris part à l'expédition aventureuse des Helvétiens et avaient conservé leur indépendance. Soit qu'ensuite ils eussent donné aux Romains de justes sujets de plainte, soit, ce qui est plus probable, que ceux-ci voulussent s'assurer une libre communication entre l'Helvétie et l'Italie par le Valais, ce pays fut envahi par eux et partagea bientôt le sort de l'Helvétie, après une lutte des plus acharnées. Trente-quatre ans plus tard l'indomptable Rhétie ploya également sous le joug des maîtres de la terre.

Un décret du sénat avait assuré aux Helvétiens le titre et les avantages d'alliés du peuple romain [2]; mais ils ne conservèrent pas long-temps ce privilége. Car ayant six ans plus tard pris part à un soulèvement dans les Gaules, ils furent réduits à la condition de sujets, et l'Helvétie fit dès-lors partie de la Gaule Celtique, aux Rauraques près, qui furent enclavés dans la Germanie supérieure. Auguste ayant fait un nouveau partage des Gaules, créa une province lyonnaise qui s'étendait depuis la Loire jusqu'aux sources du Rhin et du Rhône. L'Helvétie y fut comprise et régie par un préfet qui siégeait à Lyon.

Sous le sceptre des Césars, le pays prit une nouvelle face. La civilisation italienne s'infiltra rapidement dans ces vallées naguères

---

[1] Helvetios quorumdam inter eos ambitus opumque et regnandi libido deceptos perdidit. Guillim. — [2] Cæsar Helvetios ad amicitiam et societatem recipere quam servitute et tributis opprimere maluit. Guill. de rebus Helv., lib. I.

encore si incultes. L'industrie, les arts, le commerce et même les sciences y versèrent leurs trésors et compensèrent presque par leurs avantages les malheurs de la servitude. Les vaincus adoptèrent peu à peu les coutumes, les mœurs, le langage et même le culte de leurs maîtres [1]. Aux nébuleuses divinités scandinaves succéda le brillant olympe des Grecs. Bientôt chaque source eut sa naïade, chaque foyer ses lares tutélaires et la flûte de Pan remplit de sons harmonieux les antiques forêts *Druidiques*, où jusqu'alors n'avaient retenti que les gémissemens des victimes humaines [2]. On construisit des routes, des aqueducs, des ponts, des thermes, des temples, des amphithéâtres, dont on admire encore les imposans débris. Des cités opulentes s'élevèrent comme par enchantement au milieu des déserts et rivalisèrent avec les premières villes de l'Italie. De nombreuses colonies militaires furent établies sur tous les points de l'Helvétie, destinées non-seulement à peupler le pays et tenir les indigènes en respect, mais à influencer puissamment leurs mœurs et leurs habitudes par une civilisation supérieure.

De toutes les colonies romaines en Helvétie, nulle n'était plus florissante qu'Aventicum [3]. Vespasien qui y était né avait pour elle un attachement filial; aussi ne l'oublia-t-il jamais. Après en avoir relevé les murs, il ordonna à son fils Titus d'y installer ses compagnons d'armes les plus distingués et on l'appela la *Colonie helvétique* par excellence. Cet ancien chef-lieu d'un Canton devint ainsi la métropole d'un pays riche en population, manufactures, commerce et monumens de tout genre. Le culte de la déesse Aventia y attirait des pèlerins des contrées les plus éloignées. Son temple se voyait sur une colline qui domine la ville [4]. Il y avait un collége de médecine et un lycée pour toutes les sciences.

Une très-ancienne tradition porte que Titus employa au siége

---

[1] Cum enim tractus ille totus Romanis civibus, moribusque coleretur, fieri non potuit, quin etiam linguæ commercium esset. De rebus Helv. lib. 1. — [2] Quam vero Druidum impia pietas fuerit, apertum abinde, quod humanis victimis plerumque litarent. Guill. de rebus Helv. lib. 1. — [3] Son nom allemand Wiflisbourg, dérive du fort construit par le comte Vifilo sur la colline, où était le Capitole de la Cité. Guill. Les Sagas scandinaves lui donnent le même nom. — [4] Guill. de reb. Helv. lib. 1.

de Jérusalem quelques cohortes levées en Helvétie. A leur retour on les recrutait d'Asiatiques [1]. Ce furent sans doute ces vétérans qui trouvèrent quelque ressemblance entre la mer morte et le lac d'Avenches, aujourd'hui lac de Morat.

Dans le canton de Fribourg proprement dit, il ne s'est trouvé aucune trace d'un établissement romain un peu considérable et l'histoire n'en fait pas mention non plus. Toutefois cette contrée était connue et habitée. Avenches était trop près de nous pour ne pas jeter sur nos rochers quelques semences de civilisation [2]. Quoiqu'il en soit, un orage terrible vint bientôt troubler le repos de l'Helvétie. Amollis par une prospérité matérielle sans exemple dans ce pays, ses habitans avaient perdu avec la liberté toutes les vertus, qui en émanent ou qui la conservent. La tragique expédition d'Aulus Cecilius leur apprit à quoi s'expose une nation qui consent à la perte de son indépendance [3].

Depuis lors jusqu'à la chute de l'empire, l'Helvétie ne subit plus que quelques changemens dans sa division territoriale. Les premiers Barbares qui prirent pied en-deça de nos frontières furent les *Allamans.* Ce fut d'abord l'empereur Gratien, qui voulant repeupler l'Helvétie septentrionale encore déserte, y transporta des prisonniers de guerre de cette nation. Leur nombre s'accrut bientôt de nouvelles colonies et bientôt ils effacèrent dans ce pays jusqu'à la dernière trace de la domination romaine, depuis la Forêt-Noire jusqu'au pied des Alpes. C'est à eux qu'on attribue la dernière ruine d'Avenches. Les Bourgondes, tribu Vendale, chassée

---

[1] Conservateur. — [2] Promasens, village paroissial du district de Rue, s'étendait, dit-on, jusqu'à Rue et se trouvait sur la route militaire que les Romains ouvrirent de Milan à Mayence par les Alpes Pennines. C'était une station entre Moudon et Vevey, sous le nom de *Bromagus.* (*Dict.Géog.*)—L'Itinéraire d'Antonin et la carte de Peutinger en font mention. Guilliman parle d'un castel formidable, qui fut dans la suite détruit par les comtes de Savoie, parce qu'il servait de retraite à des brigands. — [3] Pellis croit que le mont Vocetius, sur lequel les troupes helvétiennes se réfugièrent, est le Vuilly. On connaît les infortunes de la famille Alpinus. 15 siècles après on trouva l'épitaphe suivante sous les murs d'Avenches : *Ici repose la fille infortunée d'un trop malheureux père, Julia Alpinula, Prêtresse de la déesse Aventia. Mes larmes n'ont pu sauver la vie à l'auteur de mes jours. Les destins lui avaient réservé une mort si funeste. Je l'ai suivi dans la tombe, à l'âge de 23 ans.*

par les Goths des bords de la Vistule, vinrent se fixer au pied du Jura, sur les bords du lac Léman, aux sources du Rhône et de l'Aar, disputant aux Allamans leurs conquêtes. Ils relevèrent Lausanne, Genève, Avenches et maintes autres villes, traitant les indigènes en alliés plutôt qu'en vaincus, sans doute, parce que déjà chrétiens, les Bourgondes respectèrent chez les Helvétiens une communauté de culte.

La domination des Bourgondes doit être remarquée; car elle imprima à l'Helvétie occidentale un caractère que les révolutions subséquentes n'ont pu effacer et dont nous retrouvons aujourd'hui les traits plus ou moins altérés, tant dans la langue que dans les mœurs de la Suisse romande.

A dater de cette époque, l'ancienne Helvétie perdit jusqu'à son nom. Tout s'y amalgama et s'y reproduisit sous d'autres formes. L'unité nationale s'effaça sous l'impression profonde que gravèrent les Allamans à l'orient, les Bourgondes à l'occident. Le pays occupé par ces derniers depuis la Reuss jusqu'à la mer fut appelé Bourgogne. La partie comprise entre Avenches et les montagnes prit le nom d'Uchtland, dont on ne retrouve pas la véritable étymologie. C'est aussi aux Bourgondes que le pays doit la connaissance de l'Evangile. Les Huns ne firent que le traverser comme un ouragan, vers le milieu du cinquième siècle. Après la mémorable bataille de Châlons (450), fut fondé le premier royaume de Bourgogne qui ne dura que quatre-vingt-quatre ans. Nous voyons vers la même époque les Bourgondes s'établir à Worms sous le roi Gondicar ou Gunther. De là ils tentèrent contre les Huns une expédition aventureuse qui leur coûta cher, et où Gunther périt avec tous les siens [1].

La Suisse orientale n'éprouva pas de moindres changemens sous

---

[1] Cette catastrophe fait le sujet des Nibelungen, cette grande épopée teutonique, aux proportions gigantesques et d'une couleur si féodale, composée selon toute apparence par un Suisse, vers le commencement du treizième siècle. L'Uchtland faisant alors partie de la Bourgogne, on peut conjecturer, non sans fondement, que des ressortissans de notre canton se trouvèrent au nombre des héros massacrés dans le camp d'Attila par l'implacable Chrimhilde.

la domination plus brutale des Allamans. Tout ce qui était romain, fut refoulé et nommé *Welsch*, *Wallis*. Les contrées arrosées par le Rhin et la Thour prirent le nom de ces eaux avec la finale *gau*; par exemple, Rheingau, Thurgau. Uri, Schwytz, Lucerne et Zug entourés de bois furent nommés *Valdstettes*.

Ainsi nous voyons l'Uchtland envahi dès le sixième siècle par deux populations de même origine septentrionale, mais distinctes de culte, de mœurs et de langage. A l'ouest de la Sarine s'étaient établis les Bourgondes déjà chrétiens depuis leur invasion, à l'est les Allamans encore idolâtres et s'étendant depuis la Forêt-Noire jusqu'au ruisseau, qui, dans la paroisse de Planfayon, porte encore aujourd'hui le nom de *ruisseau des allemands*. On distingua bientôt l'Allamanie en Souabe supérieure (Helvétie septentrionale) et Souabe inférieure (Bade, Würtemberg). Les limites entre l'Allamanie et la Bourgogne changèrent souvent, et plus d'une fois une nation empiéta sur l'autre.

A côté des Bourgondes en Rhétie, dans les cantons d'Appenzell et de Glaris, dont les contrées qui forment de nos jours une partie du canton de Berne, le Haut-Valais et le pays des Grisons, vinrent s'asseoir les Goths, qui avaient conquis l'Italie. Mais ils ne se maintinrent que pendant un demi-siècle. Enfin les Franks vinrent aussi réclamer leur part de la proie que se disputaient les barbares. Ils la conquirent presque en entier et surent en conserver la possession sans exclure les premiers (496). Car les Allamans gardèrent même après la bataille de Tolbiac tout ce qu'ils possédaient en Suisse; mais on leur imposa des ducs de race franque.

Au commencement du septième siècle (612) un pieux anachorète sorti de la grotte de Fingal vint porter le flambeau de la foi sur les rives du lac Brigantin (Lac de Constance) et bientôt toute la nation allamanique embrassa la religion chrétienne. Après cette conversion, les états de Souabe, à l'instar de ceux de Bourgogne, ne furent bientôt plus composés que de Comtes, de Barons [1],

---

[1] Dans la langue du moyen-âge, le mot Baron était souvent employé comme synonyme d'*homme marié*. Il était aussi pris pour homme en général. Les uns prétendent que ce mot signifiait quelquefois *hominem cujus uxor mœchatur*. Peyré.

d'Evêques et de moines. Les Clans ou Cantons furent partagés en Cents, le Cent en Courtes ou fermes exploitées au profit du Seigneur. Le laboureur fut attaché à la glèbe, la masse du peuple réduite à la condition de servage. Chaque Cent avait son tribunal, où les arrêts étaient rendus d'après le coutumier du lieu. Un canton (Gau) était administré par un ancien (Grau, Graf) qui en temps de guerre se trouvait de fait capitaine de son canton. Les anciens étaient subordonnés à un Duc, nommé par le roi. Mais ni l'une ni l'autre de ces dignités n'étaient héréditaires.

Quand le roi allait à la guerre, les plus braves l'accompagnaient. Ce privilége leur valait le titre de Comtes (Comites) et l'administration des pays conquis, qu'avaient auparavant les anciens. De là l'identité des Comtes et des Grafen. Dans les Clans étendus il y avait même des Vice-Comtes ou Vicomtes, aux frontières, des Margraves ou Marquis (Markgrafen), dans les cours, des Comtes Palatins (comites Palatii). Celui qui percevait les impôts s'appelait Schultheiss.

Les Ducs d'Allamanie aspirèrent pendant quelque temps à l'indépendance et combattirent les rois franks (750). Ceux-ci furent obligés de les remplacer par des commissaires royaux (missi regii) qui parcouraient tout le pays, surveillant les Comtes de chaque Gau.

Cette constitution dura plus d'un siècle. Elle fut la base du régime féodal qui couvrit la Suisse de son réseau de fer, et dont on retrouve encore aujourd'hui quelques vestiges.

Quoique vaincus par les Franks, les premiers conquérans de l'Helvétie tant Allamans que Bourgondes conservèrent leurs usages et leurs lois. Du mélange de la langue romaine avec la Celtique se forma en Bourgogne l'idiome connu aujourd'hui sous le nom de patois romand et parlé dans nos districts occidentaux. Charlemagne le préférait à l'allemand corrompu de son temps.

Notre canton subit l'influence des législations diverses qui ont régi le pays. On ne peut se dispenser d'y jeter un coup-d'œil et de connaître sous quelles lois ont vécu nos pères, depuis l'affranchissement de la domination romaine jusqu'à l'octroi de la Handfeste.

Le plus ancien monument législatif du moyen-âge, c'est la loi des Bourgondes, dite loi Gombette. Puis vient celle des Allamans après leur conversion, celle des Goths, le code des Franks, et celui qui fut imposé à l'Allamanie sous le titre de *miroir des Souabes* ou *Land und Lehenrecht-Buch.* Toutes ces lois furent votées en assemblée générale par les chefs et l'élite de la nation [1]; car le Prince n'avait que l'initiative, et aucune détermination de quelque importance n'était prise sans que la nation eût été préalablement consultée. Charlemagne lui-même dans toute sa puissance, ne crut pas devoir s'affranchir de cet usage.

« C'est un caractère particulier de ces lois, dit Montesquieu, qu'elles ne furent point attachées à un certain territoire. Le Franc était jugé par la loi des Francs, l'Alleman par la loi des Allemans, le Bourguignon par la loi des Bourguignons, le Romain par la loi romaine; et bien loin qu'on songeât dans ces temps là de rendre uniformes les lois des peuples conquérans, on ne pensa pas même à se faire législateur du peuple vaincu. Ce n'est pas tout : chacun pouvait prendre la loi qu'il voulait [2]. »

C'est bien là ce qui explique la grande variété de nos coutumes. Ces législations diverses furent toutes modifiées par les lois du clergé catholique. Cette caste, alors seule civilisée et inviolable, appuyait l'autorité royale, en même temps qu'elle opposait un contre-poids salutaire au pouvoir tyrannique des nobles. Aussi son intervention rendit un service immense à la civilisation en modérant les excès du régime féodal.

Le clergé avait alors une constitution démocratique, les Evêques étant élus librement par les citoyens aussi bien que par les clercs. L'inviolabilité attachée à leur caractère, dit Isambert [3], était un palladium pour ceux qui les avaient élus et dont ils défendaient les intérêts contre l'oppression des barbares.

Ces codes contiennent peu de dispositions administratives, par

---

[1] Et quoniam lex consensu populi fit et constitutione regis. Edict. Caroli calvi anno 864. — [2] Esprit des lois, liv. 28. chap. 2. — [3] Préface à la loi des Franks.

contre force lois pénales, presque toutes basées sur une composition pécuniaire. Elles fixent un tarif de toutes les injures et de tous les crimes. La composition y est graduée selon la grandeur de l'offense ou la dignité de la personne offensée. L'amende varie depuis trois sous d'or [1] jusqu'à neuf cents. Le pauvre seul ou l'esclave, qui ne pouvait acquitter la composition, était soumis à des peines afflictives. Plus tard, ces compositions ayant dégénéré en abus et étant devenues un objet de spéculations sordides, le législateur fut obligé de recourir à la peine de mort, mais seulement pour des cas très-rares.

Le parricide lui-même pouvait se racheter, pourvu qu'il se soumît aux lois canoniques [2].

L'adultère était partout puni avec rigueur, ainsi que ses complices. Mais la loi écartait par des peines sévères tous les dangers de la séduction, tandis que nos lois modernes ne s'attachent qu'à punir l'adultère consommé [3]. Ainsi il était défendu sous peine de quinze sous d'or de presser la main ou le doigt d'une femme libre [4].

La torture, l'épreuve par l'eau et le jugement de Dieu étaient considérées comme des mesures avouées par la justice. Mais la première ne s'appliquait qu'aux esclaves.

Les peines corporelles qu'on leur infligeait étaient la fustigation, la mutilation et la mort. Le nombre de coups de fouet s'élevait quelquefois à deux cent quarante, même pour les femmes. Cette peine remplaçait chez elle la castration qui s'exerçait souvent sur les serfs mâles.

On croyait aux maléfices et aux sorcières. Une amende de soixante-deux sous d'or et demi était imposée à celui qui appelait un homme strioporte, c'est-à-dire porteur du chaudron au lieu où les sorcières font leurs enchantemens (*ubi striæ concinnant*) [5].

[1] Le sou d'or valait environ dix francs suisses. *Scaliger de re nummaria dissertatio.* — [2] Cognoscat se contra Deum egisse et secundum jussionem fraternitatem non custodisse et in Deum graviter deliquisse et coram omnibus parentibus ejus res ejus inficentur et nihil ad hæredes ejus pertineat amplius. Pœnitentiam autem secundum canones agat. Lex allam. tit. 41. — [3] Peyré. — [4] Loi salique, tit. 32. Loi Ripuaire, tit. 41. — [5] Loi salique, tit. 67.

On trouve encore dans ces lois des traces de Druidisme. Ainsi le vol d'un porc votif, c'est-à-dire destiné au sacrifice, était plus sévèrement puni chez les Franks saliens que celui d'un porc ordinaire [1].

On était soumis à beaucoup de formalités emblématiques. Ainsi le meurtrier qui n'avait pas de quoi payer toute la composition requise, devait présenter douze personnes, qui affirmaient avec serment qu'il ne possédait rien de plus, ni dans les entrailles de la terre, ni sur la surface d'icelle. Puis il entrait chez lui, prenait dans sa main de la terre, recueillie aux quatre coins de sa maison, et se tenant debout, à la porte et sur le seuil, le visage tourné du côté de l'intérieur, il lançait de la main gauche cette terre par dessus ses épaules, sur son plus proche parent. Ensuite il devait, déchaussé et en chemise, franchir à l'aide d'un pieu la haie dont la maison était entourée. Alors les parens devaient payer ce qui manquait pour compléter le prix du sang. Si après quatre audiences successives, aucun des parens ne voulait s'y prêter, le meurtrier était mis à mort [2].

De même celui qui voulait briser les liens civils, qui l'unissaient à sa famille, se présentait à l'audience devant le tongo ou le centenier. Là, il brisait au-dessus de sa tête quatre branches d'aune, et en jetait les morceaux aux quatre coins de la salle d'audience [3].

Pendant les audiences on élevait en l'air un bouclier au milieu de l'assemblée comme un emblème de la protection et de la défense [4].

Nous trouvons l'image typique de notre Avoyer et Conseil dans le graphion des Franks et ses Ratchimbourgs. Le premier qu'on appelait aussi *Comte*, *Judex fiscalis* et chez les Allamans *Schuldheiss* était spécialement chargé de l'administration de la justice. Il ne siégeait jamais seul, mais avait pour assesseurs des officiers subalternes qu'on nommait Ratchimbourgs.

Le Code allamanique, rédigé sous Chlotaire second, contraste singulièrement par la douceur de sa pénalité avec le caractère

---

[1] Loi salique, tit. 2. art. 14. — [2] Ib. tit 41. — [3] Ib. 43. — [4] Ib. tit. 46. art. 1.

de la nation. Elle était due sans doute à l'influence du christianisme.

Bien différent, le code Ostrogoth statue fréquemment la peine de mort, entre autres contre le rapt, le viol, l'adultère, la violation des tombeaux et la provocation à l'émeute. Sa sévérité redouble quand il s'agit de punir un pauvre ou non ingénu. C'est ainsi que les sorciers (*malarum artium conscii*) de condition n'étaient condamnés qu'à l'exil, tandis que les pauvres étaient punis du dernier supplice [1].

Les bornes assignées à cet ouvrage ne nous permettant pas de longues digressions, nous reprenons le fil des événemens.

Sous les rois Mérovingiens, la Transjurane fut gouvernée par des Patrices nommés par les Maires du palais, et qui le devinrent souvent eux-mêmes. Ils fixèrent leur résidence à Orbe. Les premiers Patrices repoussèrent avec succès l'invasion des Lombards, déjà maîtres du Valais. Parmi les Patrices les plus illustres il faut compter Ramulinus, sous lequel le christianisme pénétra dans les vallées de la Gruyères, Pepin d'Héristal, son fils Charles Martel et Pepin le bref. Une femme, jeune et belle, revêtit aussi cette charge. Ce fut Theudelinde, petite fille de Brunehaut. Les Allamans profitèrent de cette régence énervée pour ravager plus d'une fois le pays.

L'histoire de la Bourgogne est couverte d'obscurité depuis la fin du huitième siècle jusqu'au milieu du neuvième. Il est à remarquer que depuis huit cent cinquante-cinq à huit cent soixante-seize dans le court espace de vingt-un ans, la petite Bourgogne a changé sept fois de maître, jusqu'à ce qu'enfin Rodolphe de Strättlingen, peu content d'être simple gouverneur de la Transjurane, se déclara souverain indépendant (888), et ressuscita ainsi pour la troisième fois le royaume de Bourgogne. Les guerres sanglantes qu'il eut à soutenir contre l'empereur Arnolphe changèrent presque l'Uchtland en désert. La terre n'était plus cultivée

---

[1] Edict. Theodorici regis, tit. 59.

et le peu d'habitans qui restèrent furent réduits à se nourrir de cadavres [1].

Son fils Rodolphe II, qu'il ne faut pas confondre avec Raoul ou Rodolphe, comte de la basse Bourgogne et plus tard roi de France (920), ayant attaqué Bourkard, duc d'Allamanie fut battu près de Winterthur, mais n'en obtint pas moins la main de Berthe, fille du vainqueur avec une portion de l'Argovie jusqu'au pied du mont Albis. Rodolphe étant devenu roi d'Italie, Berthe gouverna la Transjurane avec une douceur et une sagesse, qui l'ont immortalisée. Elle fonda le couvent de Payerne, le chapitre de Saint-Imier et restaura l'église de Soleure.

Cette époque est célèbre par les fréquentes incursions que les Hongrais firent en Helvétie. On en compte treize dans l'espace d'un demi siècle. Conrad, troisième roi de Bourgogne, qui régna cinquante-trois ans sut adroitement les mettre aux prises avec les Sarrasins restés dans ses états, et profitant du moment favorable parvint à chasser les uns et les autres. La Bourgogne eut dès-lors le temps de respirer et de se relever de ses ruines.

Plusieurs localités de notre canton se retrouvent dans les documens de cette époque [2]. Le cartulaire de Lausanne fait mention de Butulum, Bulle [3]; Marsingus, Marsens [4]; Wippedingus, Vuippens [5]; Roda ou Rota, Rue ou Riaz [6]; Champiniacum, Gempenach [7]; Buoch, Buchillon [8]; Bibruna, Biberen [9]; Pagus Wisliacensis, le Vuilly [10]; S. Albinus, St. Aubin [11]; Cortion, Courtion [12], templum Petri, Dompierre [13]; Unens, Onnens [14]; Nirvos, Neiruz [15]; Sarteri, Essert [16]; Matrens, Matran [17]; Favarniacum, Favargny [18], etc.

Sous Conrad, sixième duc d'Allamanie, les paysans de la Souabe et de la Thurgovie, commandés par Hans de Stein, es-

---

[1] Conservateur. — [2] Zapf. — [3] Notice datée du 28 mars 856. — [4] — Ibid.
[5] Ibid. — [6] Carta Bosonis Episcopi Laus. du 9 Nov. 923. — [7] Donatio Conradi regis, die octava April. 967.— [8] Ibid.— [9] Ibid.— [10] Ibid.— [11] Bucco, comte d'Olttingen, fait une donation à l'église de Lausanne pour un forfait commis à Rue 1072 ou 73. — [12] Carta 1137 quo Guido Episc. Laus. fundationem Altæripæ confirmavit. — [13] Ibid. — [14] Ibid. — [15] Ibid. — [16] Ibid. — [17] Ibid. — [18] Ibid. Carta ejusd. anni 1139 pro eadem abbatia.

sayèrent de secouer le joug écrasant de la noblesse féodale (992). Mais ces malheureux furent vaincus dans un combat, qui se donna près de l'endroit où depuis fut bâtie la ville de Schaffhouse [1].

Les deux Bourgognes se constituèrent trois fois en royaume indépendant. L'éloignement de ce pays du centre de l'empire, la différence de mœurs et du langage, l'absence des empereurs, le voisinage de la France, tout concourait à y affaiblir l'autorité impériale. Aussi s'y fit-il plusieurs tentatives d'émancipation, et déjà le royaume d'Arles, grand fragment de cette lisière occidentale de l'empire s'en était détaché pour se réunir à la France. Le second royaume de Bourgogne, fondé par Théodébert Ier roi d'Austrasie ne dura que dix-huit ans, le troisième cent quarante-quatre ans, sous quatre rois. Le dernier n'ayant point d'enfans, légua son royaume à l'empereur d'Allemagne, qui ne put cependant en prendre possession sans une nouvelle guerre (1000). La noblesse prit les armes en faveur d'Eudes comte de Champagne, neveu du dernier roi. Ce prince jeta de fortes garnisons dans les villes de Payerne, de Neuchâtel, de Morat et autres places tenables et l'empereur Conrad ne put conquérir son héritage qu'au moyen de trois campagnes successives (1032—1033—1034). Ce fut encore la religion qui vint en aide aux populations réduites au désespoir par ces guerres continuelles. Un synode assemblé à Romont en 1035 y proclama la *Trève de Dieu*, qui défendait de prendre les armes pendant certains temps de l'année.

Pour s'assurer la tranquille possession de la Bourgogne, Henri, fils de Conrad, depuis douzième duc d'Allamanie et empereur, fut nommé Recteur de la Bourgogne Transjurane; l'autre partie fut cédée à Humbert de Maurienne. De cette manière les deux parties de l'Helvétie se trouvèrent momentanément réunies une seconde fois sous le même chef.

Cependant Renaud fils d'Eudes, renouvela les prétentions de son père. Mais l'empereur sut par sa fermeté et une politique

---

[1] Henne.

habile contenir la petite Bourgogne dans l'obéissance sans recourir à la force. Ce pays jouit depuis d'une si profonde paix qu'au milieu des guerres qu'allumèrent partout les factions Guelfe et Gibeline, on pouvait le considérer comme une oasis au milieu de l'empire.

Henri III séjourna souvent en Suisse. Ce fut sous son règne qu'apparut pour la première fois sur l'horizon politique la dynastie des Zähringen, laquelle sort de la même souche que les maisons de Habsbourg et de Lorraine. Ils étaient issus des anciens comtes d'Alsace et possédaient de grands biens dans le Brisgau. On ne sait rien des ancêtres de Berchtold Ier [1], qui n'étant encore que simple comte de Brisgau, avait été à même de rendre de grands services à Henri III. Ce monarque pour le récompenser lui avait promis le duché de Souabe dès la première vacance et pour gage de sa promesse lui avait donné un anneau, qu'il n'avait qu'à produire pour la rappeler. Berchtold prit dès-lors le titre de duc, qui s'allia plus tard mal à propos avec le locatif Zähringen [2]. La mort ayant enlevé à peu d'intervalle l'un de l'autre, d'abord l'empereur (1056) et le duc d'Allamanie (1057), puis Renaud de Bourgogne, Berchtold réclama auprès de l'impératrice douairière l'exécution de la promesse qui lui avait été faite. Mais Agnès avait d'autres vues. Elle donna ce duché à Rodolphe de Rheinfelden, qui devint ainsi le dix-huitième duc d'Allamanie; mais pour indemniser en quelque sorte Berchtold, elle lui donna en échange le duché de Carinthie comme fief héréditaire et le marquisat de Vérone. Il en jouit treize ans. Henri IV, despote inconstant et capricieux, ayant conçu de l'ombrage de l'amitié qui liait Berchtold au duc de Rheinfelden les lui reprit (1073). Cette injustice irrita

---

[1] Le nom de Berchtold a été mutilé de plusieurs manières. Dans les actes du huitième siècle et suivans on trouve Bertilo, Bertel, Bertold, Bartold, Birichtold, Piratilo, Piritelo, Perchtold, Perachtold. — [2] Bertolfus vacuum exhinc nomen Ducis gerens, id quasi hereditarium posteris reliquit. Omnes enim usque ad presentem diem duces dicti sunt, nullum ducatum habentes, soloque nomine sine re participantes; nisi quis Ducatum esse dicat, Comitatum inter Juram et montem Jovis, quem post mortem Vilhelmi Comitis, avunculus suus Conradus ab imperatore Lothario accepit. *Otto Freys. lib.* I. c. 9.

tellement Berchtold qu'il se ligua avec les Guelfes et le pape, alors en guerre contre l'empereur. Par contre les évêques de Genève, Strasbourg, Constance, Bâle et Lausanne ainsi que trente prélats italiens se rangèrent du parti de celui-ci. Excommuniés par Grégoire, ils furent ensuite absous conditionnellement. La lutte ne tourna pas à l'avantage de Berchtold et du haut de son château de Lintberg sur le Rhin, il eut la douleur de voir dans ses vieux jours la flamme de l'incendie qui ravageait ses possessions dans le Brisgau. Il mourut accablé par l'âge et le chagrin et fut enterré à Hirsangen (1077). C'était un prince renommé par sa sagesse et son éloquence. Aussi l'empereur sentant de quelle utilité il pouvait lui être, n'avait-il négligé aucun moyen pour l'apaiser. Il l'avait même chargé une fois de négocier avec les Saxons. Il laissa trois fils, Berchtold II qui lui succéda, Hermann qui fonda la dynastie des ducs de Baden, et Guebhart qui fut un prélat distingué. Plus heureux que son père, Berchtold II s'empara de presque toute l'Allamanie, à la Souabe près, qui resta aux Hohenstaufen. Il battit les évêques de Lausanne et de Strasbourg, ravagea l'Alsace, soumit tout le Brisgau et le Schwarzwald, et tua de sa propre main le Comte Wetzel de Buglen. L'abbé Ulric de St. Gall, ardent et belliqueux Gibelin, plus apte à manier l'épée que la crosse, voyant les propriétés et les revenus du couvent successivement entamés de toutes parts, résolut de les défendre. Il usa même de représailles, brûla Brégenz, détruisit quelques châteaux en Thurgovie et fit prisonnier le fils du Comte Hartmann de Kybourg. Les parties belligérantes ne posèrent les armes que lorsqu'elles furent épuisées. La guerre continua encore quelque temps en Allamanie. Berchtold surprit St. Gall, tua même quelques moines dans l'église et harcela encore longtemps l'abbé Ulric. Sa fortune déjà colossale s'accrut encore de l'héritage de son beau-frère Berchtold de Rheinfelden, Landgrave de Bourgogne. Il fut élu duc d'Allamanie par les princes et les évêques de la faction Guelfe et une transaction, passée en 1098 avec Henri IV, le confirma dans cette dignité. Mais Zürich ne fit point partie de ce fief héréditaire; Berchtold n'en fut que l'avocat impérial. Il fonda l'abbaye de St. Pierre dans la Forêt-noire (1090). Il bâtit le château de Zähringen (qui donna depuis son nom à la famille ducale), à deux milles de Fribourg en Brisgau, vers le nord, sur le versant de la Forêt-noire, qui regarde le Rhin, au-dessus du bourg de Zähringen. Il mourut en 1111 au retour d'un voyage en Italie où il avait accompagné Henri V, laissant trois fils et une fille, Agnès, qui épousa Guillaume l'allemand. Plusieurs historiens l'ont confondu avec Berchtold de Rheinfelden.

Son fils Berchtold III est le premier de cette famille, qui dans les actes est nommé duc de Zähringen. Il accompagna Henri V dans son voyage d'Italie en 1110, signa le fameux concordat du pape Calixte II avec l'empereur, et fonda sur son propre territoire la ville de Fribourg en Brisgau. La charte qu'il lui octroya (1120) est peut-être la plus ancienne de toute l'Allemagne. Deux années après, le fondateur fut tué en Alsace où il était allé au secours de Hugues comte de Dachsbourg. Il ne laissa point d'enfant.

Pendant que la Suisse orientale était livrée aux horreurs de la guerre, nos contrées avaient joui d'une profonde paix. Guillaume, troisième comte de Bourgogne, qui régna trente-un ans, ne fit pendant ce long règne qu'une seule campagne contre le duc de Lorraine et son adhérent le comte de Bar. Il les vainquit avec le secours d'Amédée Ier comte de Maurienne, à qui, par reconnaissance il donna sa fille Jeanne. Il avait épousé la fille de Berchtold II et avec elle la cause de l'empereur. Cette alliance lui valut le surnom d'allemand, et son beau-père lui céda toutes ses prétentions sur les terres ultra-juranes. Dès-lors l'Aar forma la limite entre les possessions des Zähringen et celles de Guillaume [1].

Ce fut à cette époque que ce dernier investit d'une partie de Vully et des grandes terres d'Arconciel et d'Illens un chevalier de la Cis-jurane, nommé Ulric de Glane. Celui-ci épousa Richlande de Villars-Walbert (Walpertswyl), dont il eut deux fils Pierre et Philippe [2].

[1] Mémoires sur le Rectorat de Bourgogne, par de Gingins. — [2] Ibid.

Au retour d'un voyage à Strasbourg, où il s'était rendu à l'encontre de l'empereur, le comte Guillaume III disparut mystérieusement au milieu d'un festin. Son fils, surnommé l'Enfant, parce qu'il atteignit à peine l'âge de l'adolescence, fut assassiné dans l'église de Payerne, au milieu des troubles qui agitaient la Bourgogne. Pierre et Philippe de Glane périrent en le défendant et furent enterrés avec lui dans le prieuré de l'Ile St. Pierre. La souveraineté de la Haute-Bourgogne, ainsi que la suzeraineté sur une partie de la Transjurane échurent alors à Renaud III, comte de Mâcon et cousin germain de Guillaume l'allemand [1].

Conrad de Zähringen avait succédé à son frère Berchtold III (1122). Il soutint pendant trente ans l'illustration de sa famille. S'étant déclaré contre les Hohenstaufen, il obtint de l'empereur en récompense tout ce que Guillaume l'enfant avait possédé en Bourgogne, au duché près, qui resta à Renaud.

De cette manière, Conrad, déjà Avoyer de Zurich par droit maternel, réunit les fiefs d'Allamanie et de Bourgogne. Ce dernier royaume dont il fut déclaré Recteur s'étendait jusqu'à la mer et comprenait aussi cette partie de l'Alsace supérieure dite le *Sundgau* ou comté de Ferrette, contiguë au territoire de Bâle. Ainsi l'établissement du rectorat de Bourgogne par Lothaire date de l'an 1127.

Après la mort de cet empereur, Conrad de Zähringen se brouilla avec son successeur Conrad de Hohenstaufen. Celui-ci fit occuper par son frère, Fréderic duc de Souabe, toute la Bourgogne transjurane, assiégea Zurich et détruisit Zähringen, berceau des ducs. Cette guerre dura très-peu. Conrad se soumit et recouvra ses possessions.

Renaud, déjà vaincu une fois par Conrad, et fait prisonnier, avait été absous et renvoyé dans la Franche-Comté. S'étant révolté une seconde fois contre le nouvel empereur, Conrad fut chargé de le soumettre. La guerre fut si vive que les deux chefs en vinrent à un combat singulier, mais sans résultat. Ils moururent

---

[1] Mémoires sur le Rectorat de Bourgogne, par de Gingins.

enfin peu de temps après tous les deux, ainsi que l'empereur, dans l'espace de quatre ans. Renaud mourut en 1148, le duc de Zähringen et l'empereur en 1152.

La puissance des Zähringen parvenue sous Conrad à son apogée, après s'y être maintenue pendant trente ans, commença à décliner sous Berchtold IV. Le rectorat Arélato-Bourguignon, qui s'étendait depuis Bâle jusqu'à Arles, par conséquent jusqu'à la Méditerranée, diminua de plus de la moitié.

Berchtold IV avait continué en Bourgogne la guerre de son père contre Béatrix fille de Renaud, avec des succès variés [1]. Elle se termina enfin par l'entremise de l'empereur, qui se trouvait lié par plus d'un titre aux deux compétiteurs. Ce fut alors que ce monarque par ses artifices détacha du rectorat tout le royaume d'Arles, qui d'abord distinct du royaume de Bourgogne avait fini par en faire partie et lui avait même souvent prêté son nom. Car Fréderic ayant épousé Béatrix (1156), Berchtold fut obligé de passer une transaction par laquelle abandonnant le royaume d'Arles à l'empire, et le comté de Bourgogne à Béatrix, il ne gardait que la Transjurane. Malgré les services éminens qu'il avait rendus à l'empereur en Italie, et surtout au siége de Tortone, il ne reçut en compensation de ce qu'il cédait que l'avouerie des trois villes de Lausanne, Genève et Sion.

Après cette transaction forcée, le rectorat de Bourgogne comprenait encore tout le pays situé entre le Jura et le Mont-Joux, c'est-à-dire l'Uchtland (pagus aventicensis), le pays de Vaud, l'Argovie et le Valais.

Les principaux seigneurs de ce pays étaient les comtes de Thoun, de Kybourg, de Neuchâtel, de Nidau, d'Arberg, de Strasberg, de Frobourg, de Boucheck, de Thourn, de Granson, de Falkenstein, les barons de Montagny, de la Sarra, d'Estavayer, les comtes de Gruyères, les sires de Treyvaux, de Pont, de

---

[1] On en voit encore un monument dans une tour quadrangulaire, qui fut construite à cette époque à Brissach, et dont il ne reste qu'une épigraphe.

Corbières, etc., Aux deux extrémités, on voyait déjà poindre les deux maisons rivales, qui devaient plus tard se disputer la possession du pays. C'était au sud la maison de Savoie, au nord, celle de Habsbourg. Mais ici encore les seigneurs ecclésiastiques tenaient le premier rang. C'étaient les évêques de Lausanne, de Genève et de Sion. Quelques abbayes existaient déjà telles que celles de Romainmotier, Rougemont, St. Maurice, Payerne, etc. Ce fut surtout dans le courant du douzième siècle qu'on en vit surgir un grand nombre dans la solitude des alpes. Dans le seul espace de vingt-cinq ans s'élevèrent dans nos contrées les monastères de Thêla (1115), Baumont (1124), Haut-crêt (1134) Humilimont (1136), Hauterive (1137) et celui du lac de Joux (1143).

L'abbaye de Hauterive était considérée comme la perle de l'Uchtland. Fondée par les châtelains de Glane, elle devait son existence à des événemens tragiques et mystérieux qui avaient amené la chute de cette puissante maison de Glane commencée par Gévelin, au temps des aventures chevaleresques, et que nulle autre ne surpassait en opulence et en noblesse [1].

Guillaume de Glane, fils unique de Pierre, ne pouvant supporter l'idée que le même poignard invisible, qui avait tranché les jours de son père, menaçait aussi les siens, conçut un profond dégoût pour la vie. Puis, éclairé par une soudaine inspiration, il renonça aux joies de ce monde, fonda l'abbaye de Hauterive à une demi-lieue de son château, fit démolir celui-ci pour bâtir l'église et s'enfonça lui-même dans cette retraite silencieuse, où il mourut en 1142 [2].

Le château de Glane était situé sur un roc escarpé dans cette solitude, que nul bruit ne trouble encore aujourd'hui, si ce n'est au fond de l'abîme le sourd mugissement de la Sarine qui reçoit

---

[1] Müller. — In Helvetia principatum celebri nominis fama longe tenuerunt Glanæ comites et ipsi ex regia Burgundiorum stirpe oriundi, domo Viennenses, De reb. Helv., lib. 2. — [2] Gulielmus sive mœstitudine paternæ cædis aut rerum humanarum pertæsus monasterium clarissimum Altæripæ prope Friburgum condidit. Ibid.

les eaux de la Glane. Il était confié à la garde d'un officier, dont la maison du nom de son office, s'appela bientôt de *Porta Glanæ*, et qui devint peut-être la tige des seigneurs de Glane, qui ont long-temps fleuri dans le pays de Vaud [1].

Le temps vient d'emporter le dernier débris de cet antique manoir. Aujourd'hui une végétation sauvage en couvre les fondemens, et l'œil du voyageur attristé par les tragiques souvenirs qu'il rappelle, y cherche en vain une croix, une pierre ou un monument quelconque élevé par la reconnaissance.

L'abbaye fondée par le dernier des Glane à l'honneur de la Sainte Vierge, subsiste encore, debout, solitaire, sur la rive gauche de la Sarine, sarcophage magnifique, qui couvre les restes du fondateur. Le tombeau de celui-ci se voit au chœur de l'église avec une épitaphe où respire la plus sombre douleur. L'allée de la croix avec son préau mélancolique couvre sous ses arches ogivales les tombes de maints chevaliers bienfaiteurs du couvent, auquel ils léguèrent de vastes domaines. Le goût de la solitude, les époques solennelles de la vie, les entreprises périlleuses, les grandes infortunes, l'approche de la mort inspirèrent ces pieuses donations qui ne furent point stériles [2]. Un pape éclairé ayant permis aux moines de travailler les jours de fêtes, le couvent s'environna de défrichemens rapides et devint un foyer de civilisation, d'où elle se répandit dans la contrée. L'amour du travail créa autour de lui les arts et les métiers, l'appât du gain y appela des marchands; les ateliers, les usines, les fabriques de toute espèce se multiplièrent à l'envi, et les rives de la Sarine naguères encore incultes, se couvrirent enfin d'une végétation utile. Le voisinage d'une ville libre hâta ce développement de l'industrie et de la culture, et Fribourg en ressentit à son tour les bienfaisans effets. Ce fut ainsi que sous les auspices de la religion et de la liberté, l'Uchtland que les barbares avaient changé en désert se couvrit d'une population active et heureuse.

[1] Etrennes fribourgeoises. — [2] Müller.

Hauterive avait déjà vu quelques personnages éminens. Son premier abbé Gérard, religieux de Clairvaux, était mort en odeur de sainteté. Il était venu de Cherlieux pour fonder la maison avec douze religieux. Disciple de St. Bernard, il avait reçu ce grand homme, lorsqu'il passa par l'Uchtland pour se rendre au concile de Latran.

Ce fut là encore que mourut ignoré l'intéressant Astralabe, fruit des amours d'Héloïse et d'Abeilard. Il fut le quatrième abbé d'Hauterive.

C'est de là aussi que sortit plus tard l'illustre Guilielmus Altaripanus, connu dans toute l'Allemagne par ses missions [1]. Le jour de l'inauguration de l'église de St. Nicolas, les Fribourgeois, à l'instance des barons, sollicitèrent et obtinrent de Roger, évêque de Lausanne, la permission de se faire enterrer à Hauterive et dans les autres couvens du voisinage [2]. En un mot, il s'établit entre l'abbaye et Fribourg des rapports si intimes, que celle-ci fut une des premières à bâtir une maison dans la nouvelle ville. Le fondateur, qui avait pris le couvent sous sa protection spéciale, l'exempta de toute imposition [3]. D'autres maisons lui furent léguées dans la suite par quelques particuliers.

Déjà sous le duc Conrad, l'évêque de Lausanne avait fait sanctionner ses possessions par un diplôme impérial où il est dit que Morat, Lutry, Corberisse, Corsier, Cubizache, Leucanares et tout ce que le duc Rodolphe avait usurpé entre la Sarine et le Mont-Joux et le pont de Genève d'un côté, le Jura et les Alpes de l'autre devait appartenir à l'église de Lausanne. Le même décret annulait toutes les donations faites par l'évêque Lambert (1145).

Douze ans plus tard Berchtold IV dut jurer qu'il maintiendrait la franchise d'élection de l'évêque, qu'il ne toucherait jamais à ses

---

[1] Unde postea Cistercensium fama per totam Helvetiam (colligitur ex monasterii Capella prope Tigurinum fundatione, cujus primus abbas Guilielmus, Altaripa accitus, Altaripensis inde dictus) et deinceps Germaniam magno pietatis et religionis zelo dimanavit. Guillim. de reb. Helv. 1. lib. 2. — [2] Affaires eccl. n° 1. — [3] Archives d'Hauterive.

propriétés, qu'il provoquerait de tout son pouvoir la restitution de tout ce que l'église de Lausanne avait perdu, que les villes du diocèse seraient franches de l'occupation militaire, et que le duc lui-même ne logerait jamais ni dans la cour de l'évêque ni dans les maisons de ses officiers.

L'avouerie des trois évêchés de la Transjurane donnait à Berchtold IV le privilége d'investir les évêques des droits régaliens. C'est ainsi qu'en 1157 l'empereur donna une semblable investiture à Héraclius, évêque de Lyon, qu'il nomma en même temps exarque du roi d'Arles. Mais les prélats bourguignons recusèrent cette suzeraineté, prétendant que l'empereur seul était leur souverain temporel. Ardutius, évêque de Genève, en voulait surtout au duc pour avoir délégué l'avouerie de l'évêché à Amédée comte de Genève, son ennemi. La conduite de l'empereur dans cette affaire n'est pas marquée au coin de la bonne foi : car une diète assemblée par son ordre (1162) affranchit l'évêque de l'avouerie des Zähringen.

Cependant telle était du reste la considération que le prince inspirait par ses qualités personnelles, qu'ayant enlevé au monastère de St. Alban l'église de Hogendorf (canton de Soleure), le pape Alexandre III n'osa le comprendre dans l'acte d'excommunication qui fut lancé à ce sujet contre les auteurs de ce sacrilège. *Vous les dénoncerez solennellement*, écrivait-il à l'évêque de Bâle, *à la lueur des cierges, dans toutes les églises, mais vous excepterez la personne du duc* [1].

Berchtold IV accompagna quatre fois l'empereur en Italie, où il lui rendit les plus grands services. La première fois, ce fut au siége de Tortone, la deuxième fois à celui de Milan (1158), la troisième fois à la prise mémorable de Crémone (1159). Porteur de l'étendard impérial, il contribua puissamment à la défaite des Milanais qui retournaient vainqueurs des Padouans. Enfin il y fut

---

[1] Præter Ducis personam. Schöpflin.

encore en 1167 lorsque l'empereur remit au margrave Henri le marquisat de Gnide. Parmi les signataires de cet acte, Berchtold se trouve placé en premier rang et même avant les ducs de Bohême.

Il escorta encore une fois l'empereur, lorsque ce monarque franchit les Alpes à son retour d'Italie, remplissant ainsi les devoirs d'un vassal fidèle, malgré les torts de Frédéric à son égard. Ce fut peut-être à cette occasion qu'il fit choix du château de Fribourg pour en faire une place d'armes imposante, Yverdun étant la seule place fortifiée du pays. Le terrain sur lequel ce château était situé lui appartenait et les propriétaires des environs étaient sans doute ses vassaux. En les admettant à la nouvelle bourgeoisie qu'il allait fonder, il les dispensa eux et leurs héritiers de lui renouveler l'hommage pour leurs fiefs. Ce n'est qu'ainsi qu'on peut expliquer la concession d'une vaste banlieue, et la suzeraineté que la ville a toujours exercée sur les anciennes terres jusqu'en 1798.

CHAPITRE II.

Première bâtisse. — Premiers colons. — Charte fondamentale. — Mort de Berchtold IV. — Berchtold V. — Les Kybourg. — Premiers Avoyers. — St. Nicolas et Notre-Dame. — Hospitaliers. — Augustins. — Cordeliers. — Payerne. — Premier sceau de la République. — Berne. — Première alliance. — Avenches et Morat. — Hauterive. — Arconciel. — Premier agrandissement de la ville. — La Maigrauge.

Fribourg fut fondé par Berchtold IV, duc de Zähringen, selon les uns en 1160, selon d'autres beaucoup plus tard. La plupart des auteurs placent cette fondation en l'an 1179. Cette divergence d'opinions se laisse facilement expliquer. Une ville ne s'élève pas dans l'espace d'une seule année et l'on peut dater la bâtisse du jour où elle a commencé ou de celui où elle a fini. D'ailleurs il s'agit moins d'une construction nouvelle que de l'agrandissement du village et du Castel, qui existaient depuis un temps immémorial sous le nom de Freiburg, nom tudesque, qui signifie *château libre* [1]. On l'appelait ainsi à cause de sa position élevée et avantageuse [2].

La puissance des Zähringen en Bourgogne ne leur était que déléguée et purement administrative, mais comme elle était en même temps héréditaire, ces princes acquirent insensiblement dans le pays plusieurs terres allodiales parmi lesquelles il faut compter le territoire de Fribourg. Il était situé dans le diocèse de Lausanne et s'étendait depuis la Singine près de Neueneck jusqu'au ruisseau de Macconnens d'un côté ; de l'autre depuis Villars-les-moines près

---

[1] Il est certain que la paroisse de St. Nicolas est plus ancienne que la ville, car il est déjà fait mention du curé de St. Nicolas de Fribourg dans des actes antérieurs à l'année 1176. — [2] Cum oppidum undique natura muniretur ab ea libera constitutione repertum nomen, Friburgumque nominatum. Guillim. de reb. Helv., lib. 3. — Beaucoup de personnes interprétant mal ce passage et donnant au mot *constitutio* un sens politique, ont pensé que le nom de Fribourg, bourg libre, désignait les franchises de la ville. Il n'y a qu'à lire attentivement le premier membre de la phrase, pour se convaincre qu'il ne s'agit point ici de constitution politique, puisque la dénomination a précédé la handfeste, mais de la position physique. Le passage de Guilliman, cité dans la note suivante, confirme cette interprétation.

de Morat jusqu'au ruisseau de Planfayon, appelé le ruisseau *des Allemands*, sans doute parce qu'il formait en cet endroit la limite des deux races bourgonde et allamanique.

La Sarine était bordée de châteaux forts qui en défendaient les passages. Sur les hauteurs de Bourguillon était celui de Hackenberg et en remontant de là vers la source du torrent, on rencontrait successivement les antiques manoirs de Marly, d'Arconciel, d'Illens, de la Roche et de Hauteville, etc.

Nul n'était mieux situé que celui de Fribourg. On en ignore l'origine, mais il avait sans doute déjà changé plusieurs fois de maître. Le rocher sur lequel il s'élevait, forme pour ainsi dire le portique septentrional des Alpes et une de leurs premières assises. A l'est il s'affaisse vers la Sarine dont les flots bruyans l'étreignent de trois côtés. Mais à l'ouest il est dominé par un plateau moins inégal et très-large; on l'en avait isolé par un fossé sur lequel un pont conduisait à la chapelle Notre-Dame.

Un autre fossé avec un pont de bois interceptait à l'est la continuité du roc et rendait ainsi ce castel presqu'inabordable.

Berchtold IV remarqua cette position avantageuse, et, fidèle au système de ses prédécesseurs, il résolut d'en tirer parti pour compléter cette ligne imposante de forts qu'ils avaient commencé à construire en Bourgogne. La partie septentrionale de l'Uchtland en manquait encore, et Fribourg fut choisi comme point d'appui [1].

Une rangée de maisons assez droite s'éleva rapidement sur la lisière méridionale du rocher, depuis le château jusqu'à l'endroit où la pente devient plus abrupte. On donna plus tard à cette rue le nom des *Rych*, citoyens distingués qui y demeuraient. C'est aujourd'hui la Grand'rue [2].

---

[1] Friburgum urbem, loco munito et inaccessibili condidit, eo situ, ut cum undique nobilitatis arcibus circumcingeretur, omnibus commendaret. De rebus Helv., lib. 2. C'est pour cela que le fondateur commence une de ses lettres aux Fribourgeois par ces mots : *Salutem et victoriam de inimicis.* — [2] Ab arce ædificia perducit ad clivi illum descensum, cui Staldæ nomen est.

Une seconde rangée forma avec celle-ci un angle droit en tournant vers l'Orient; mais à la descente on ménagea un passage qui fut dans la suite muni d'une porte [1].

En suivant le bord du roc, on remonta vers le nord jusqu'aux *Merciers* et delà obliquement vers le château [2]. Les maisons furent construites en bois et sur des arcades, de sorte que les rez-de-chaussées étaient un peu plus reculés que les étages. Aussi les rues étaient-elles sombres et étroites; car il est probable que la ligne de maisons parallèles à la première rangée fut construite en même temps.

Les quatre angles de ce quadrilatère furent flanqués de bâtimens plus solides et plus vastes, où logèrent sans doute les chefs de la garnison. Au haut de la Grand'rue était le château du prince; à l'entrée du Stalden la maison Englisberg; à la place qu'occupe aujourd'hui l'hôtel de Zähringen était la maison des comtes de Thierstein, *eine grosse und damals feste Behausung* disent les chroniques. Enfin toute l'aile des Merciers fut constamment et dès le principe habitée par des familles de distinction, telles que les Rych, les Cheynens, les Avenches, les Arsent, les Falk.

Depuis le château jusqu'au Grabensal, c'est-à-dire dans la partie qui n'était pas défendue par la rivière, s'étendait un large fossé sur lequel on jeta deux ponts de pierre. L'un à la place qu'occupe maintenant le grand tilleul, conduisait à l'hôpital; l'autre à la chapelle de Notre-Dame. L'église de St. Nicolas (non point sans doute telle qu'elle est aujourd'hui) existait déjà avant la Grand'rue.

On y voyait même un cimetière attenant et deux maisons appartenant au prieuré de Payerne, sur le terrain duquel on avait empiété pour bâtir la nouvelle ville [3]. Le reste était un franc alleu

---

[1] Et inde ad angulum illum, qui pistorum societatem efficit. — [2] Mox ad eam extremitatem, quam Aventici primo nobiles, nunc Falcones colunt, et inde rursus ad arcem. Id. — [3] Voyez la lettre par laquelle Berchtold IV reconnaît que l'église de St. Nicolas gît dans la propriété du Prieuré de Payerne. Je conviens que l'interprétation que je donne est un peu forcée, car le texte porte expressément: *Construxit Dux Ecclesiam in honorem S. Nicolai in ea quarta parte villæ quæ ad dominium Paterniacensis Cenobii pertinebat.* Mais cette bâtisse s'est-elle faite avant ou après celle du bourg?

acquis par les Zähringen. Il importe de bien remarquer cette circonstance pour comprendre pourquoi après la mort du dernier duc, Fribourg n'échut pas à l'empire comme Berne, mais aux héritiers de la famille éteinte.

Ainsi défendue par la hauteur et l'escarpement de sa base, par des fossés et des précipices, par une rivière assez large et dans ses quatre angles par des constructions massives, la ville nouvelle ressemblait plutôt à un grand fort et n'avait pas besoin d'autres remparts. Le duc lui donna tout le terrain à trois lieues à la ronde et comprenant les vingt-quatre paroisses appelées depuis les anciennes terres. Il y joignit les hautes forêts dites *Joux noires*, que la main de l'homme avait à peine commencé à exploiter.

Toute cette banlieue se composait de terres féodales dont les habitans étaient réduits à la triste condition de serfs attachés à la glèbe. Les nombreux propriétaires de ces fiefs qui, isolément n'étaient pas capables de résister aux puissans vassaux, vinrent chercher au sein de la nouvelle cité la sécurité qui leur manquait. On comptait parmi eux les seigneurs d'Illens et d'Arconciel, co-seigneurs de Neuchâtel, les Englisberg, famille qui ne s'éteignit que dans le dix-septième siècle, le seigneur de Pont, dont les belles possessions éparses sur les deux rives de la Sarine, devaient trois siècles plus tard échoir à la communauté, celui de Viviers, où subsiste encore une tour antique, celui de la Roche, vassal de l'évêque de Lausanne, le noble de Treyvaux, un des bienfaiteurs d'Hauterive, les barons de Duens ou Felga, qui fournirent onze avoyers à la république, ceux de Dirlaret, de Corpastour, le sire de Montmacon, qui avait son château sur la hauteur de Bourguillon, etc. Mais le plus puissant de tous était le comte de Thierstein, auquel fut confiée la garde du côté oriental de la Cité.

Dans ces temps de violence et d'esclavage un appel à la liberté devait retentir au loin et être accueilli avec transport. Aussi vit-on de toutes parts accourir des marchands et des affranchis pour participer aux avantages de la nouvelle colonie. Malheureusement l'accès n'en fut pas ouvert aux serfs, et nous ignorons par quelles gradations et à quelles époques les habitans des anciennes terres parvinrent à s'émanciper. Car, en les incorporant à la ville, le fondateur ne voulut point priver les seigneurs des droits qu'ils possédaient.

Ainsi la première population de Fribourg se composa d'hommes libres, nobles (*burgenses majores*) ou affranchis (*burgenses minores*), confondus sous la dénomination tudesque de *bourgeois*, dont le sens était alors l'équivalent de *garnisaires*, soit défenseurs ou habitans du fort (Burg).

C'était, comme l'on voit, moins une communauté pacifique, qu'une association guerrière prête à marcher au premier appel, moins une ville qu'une vaste citadelle élevée sur les frontières les plus menacées de l'empire germanique, et défendue par une garnison nombreuse dont l'avoyer était le commandant.

Il ne s'agissait plus que de fixer et de garantir par une charte authentique les rapports des nouveaux colons tant entre eux qu'avec les seigneurs et l'empire. L'initiative de cette législation appartenait au fondateur, et les conditions du nouveau contrat social pouvaient être fixées par celle des deux parties qui faisait tous les sacrifices. Personne n'était forcé de les accepter. Déjà souverain de fait, Berchtold IV offrait à chacun les bienfaits de sa protection et les garanties d'une puissante communauté [1].

Notre première constitution s'appelle *Handfeste*, comme toutes les chartes de ce genre, octroyées à cette épo-

[1] Ainsi que les villes impériales, Fribourg avec son territoire était véritablement un fief, dont les bourgeois étaient les feudataires. C'est ce qu'on appelait *Feodum castrense* et en allemand *Burglehen*. Tout comme les grands vassaux de la couronne étaient obligés de fournir des troupes au roi, de même le principal et unique devoir de ces petits vassaux appelés *Burgenses* ou Burgmänner consistait à empêcher les ennemis de leur suzerain de s'emparer de leur fief, ainsi qu'il est dit dans le code féodal : Von burglehn soll der man nit herwart faren, noch chain ander dienst tun; er sull uf der burg wonen, und sull si behüten, und sull si weren, ob si des bedarf. *Beier de jure castrensi*. (Note du chanoine Fontaine).

que [1]. C'est le plus important, le plus ancien et le plus curieux document que nous ayons. Il se présente avec majesté au fond de notre histoire, comme dans une perspective lointaine un castel antique avec ses tours massives, ses murs crénelés, sa teinte sombre et féodale. Les lois organiques en sont la base, les piliers et les contre-forts ; les dispositions pénales figurent les cachots, le donjon et tout le système stratégique ; les détails administratifs y font l'effet de ces sculptures délicates, qui décorent les monumens du moyen-âge. Tout cet ensemble forme un point dominant dans nos annales, vers lequel convergent toutes nos institutions. Aussi rien n'y est indigne de notre attention ; chaque article de la charte médité avec soin révèle un besoin de l'époque, un trait de mœurs et la prévoyante sollicitude du fondateur. Il ne faut pas s'étonner d'y trouver de simples règlemens de police confondus avec les lois fondamentales. On ne connaissait pas encore alors la division des pouvoirs, et le législateur ne prétendit point élaborer un Code parfait, mais seulement une constitution brute, où la communauté pourrait dans la suite puiser les élémens d'une législation plus perfectionnée. Une analyse complète de ce document important pouvant nous entraîner trop loin, nous nous bornerons à en esquisser les principaux traits [2].

Le Conseil administratif fut composé de vingt-quatre jurés présidés par un avoyer. C'était une espèce de jury, dont les sentences avaient pour l'avenir force de loi.

Les autres emplois municipaux étaient ceux du curé, du vendier soit préposé aux péages, du sautier, des portiers et du maître

[1] Ce nom allemand indique un *acte confirmé par la main*, et dérive de l'usage suivi alors par les parties contractantes, de sanctionner la stipulation d'un acte en se frappant dans la main. Ainsi dans la charte de 1152 par laquelle Berchtold IV confirme la fondation du monastère de St. Pierre dans la Forêt-Noire, il est dit : Dux omne jus *dextera* sua contulit et *firmavit* munificus. Nous trouvons dans cet énoncé les élémens du mot Handfeste, *dextera* et *firmavit*. C'est encore ainsi que s'exprime la bulle d'or par laquelle Frédéric II confirma en 1218 les priviléges de la ville de Berne : *manu dextra data in manum liberi viri*. — [2] Le document primitif est perdu. Les comtes de Kybourg le renouvelèrent en 1249. Il a servi de type aux Handfestes octroyées aux villes de Thoune, de Bourgdorf, d'Erlach et d'Arberg.

d'école. Ils étaient tous à la nomination de la communauté (art. 1, 118, 119) [1].

La charte se tait sur le choix des jurés; mais des actes postérieurs prouvent qu'il se faisait aussi par les bourgeois. Leurs droits étaient garantis (art. 95, 96, 97, 98) ainsi que ceux de l'avoyer et du sautier (art. 10, 11, 12). Le premier était entr'autres responsable des prisonniers confiés à sa garde et ce fut sur cette loi que s'appuyèrent, trois siècles et demi plus tard, les ennemis d'Arsent pour provoquer sa condamnation [2].

C'était l'avoyer qui jugeait tous les délits commis dans l'enceinte de la ville (art. 99) et qui devait percevoir les amendes dans le terme d'une année, passé lequel, il y perdait ses droits (art. 112). Sa charge, ainsi que celle du curé, avait une importance telle qu'entre le décès de ces deux fonctionnaires et leur remplacement, il ne pouvait s'écouler plus de vingt jours (art. 118, 119).

On ne s'étonnera pas non plus de l'importance attachée à la charge des portiers, si l'on considère bien le but de la colonie et l'époque de sa fondation. Ils étaient en effet les premiers gardiens de la citadelle, ses sentinelles les plus avancées. Aux portiers se trouvait confié le soin de la garantir de toute surprise, et de surveiller les postes les plus périlleux.

. Les bourgeois ne payaient aucun droit d'entrée, si ce n'est pour les objets de revente (art. 5). Ils avaient la jouissance des pâquiers, forêts et cours d'eau de la banlieue.

En cas de guerre, ils étaient exempts d'impôts et de logemens militaires (art. 6 et 7). Seulement chaque cordonnier devait livrer une paire de souliers, chaque tailleur une paire de culottes, chaque

---

[1] Le titre original ne renfermant aucune division, nous avons suivi celle qui a été adoptée par le Recueil diplomatique. — [2] Idem jus est in sculteto, quod in precone sub eodem articulo, si eidem aliquis propter fortitudinem suam ad custodiendum traditus fuerit, quod preco non possit eum custodire. Et plus haut : preco tenetur pro ipso (reo) respondere in pœna, quæ infligi debuerat fugienti. Telle était déjà la loi dans le Landrecht : *mag er ir niht wider geantworten, er soll allen den Schaden und alle die Buzze liden, die iener solte liden dem er da entrunnen ist.* § 351.

maréchal quatre fers de cheval, chaque drapier une pièce d'étoffe de laine. Tous ces objets étaient choisis parmi les meilleurs. Si la charte ne fait pas mention de ce qui était imposé aux autres bourgeois, c'est qu'ils étaient censés payer de leurs personnes, les nobles surtout, qui ne connaissaient d'autres métiers que la guerre. Dans le cas d'une expédition royale au-delà des monts, toute la communauté était soumise à une contribution directe. Elle était aussi obligée de prendre part aux expéditions du seigneur, mais à la distance d'une journée seulement (art. 6), le fort ne pouvant rester plus longtemps sans garnison. En limitant ainsi l'expédition, Fribourg et Moudon, toutes deux cités Zähringiennes, pouvaient aisément s'entr'aider en temps de guerre, puisqu'on pouvait à rigueur aller de l'une à l'autre et en revenir en un seul jour, la distance qui les sépare, n'étant que de huit lieues [1]. La difficulté était plus grande pour Fribourg et Berthoud, distantes de neuf à dix lieues l'une de l'autre. C'est pour y obvier peut-être, que Berchtold V plaça Berne entre deux.

Le seigneur avait aussi le droit de percevoir le péage et un cens de douze deniers par maison et il confirmait les élections municipales.

Berchtold IV s'était réservé trois lits de justice par an (art. 3), mais avec l'obligation de juger d'après les décrets et droits de la bourgeoisie et ceux-ci étaient très-étendus. Cependant cet article de la constitution semblait accorder implicitement au seigneur le droit d'interpréter les lois et d'en faire l'application à son gré. Ce doute fut levé un siècle plus tard par les comtes de Kybourg, en faveur de la bourgeoisie.

Un supplice barbare était infligé au non-bourgeois, qui frappait un membre de la communauté, car celui-ci était censé jouir de l'inviolabilité d'une sentinelle, qui est à son poste (art. 9). Le coupable était sur-le-champ garrotté, et le bourreau lui enlevait la peau du crâne, à l'instar des sauvages qui scalpent leurs ennemis.

[1] Schweiz. Geschichtf.

La loi, qui régle le partage d'une succession, fait une distinction fondée sur le droit germanique entre les biens meubles et les biens allodiaux que le mari ne pouvait aliéner sans le consentement de la femme et des enfans (art. 15, 16, 17). A défaut d'héritiers, un tiers de la succession était consacré à Dieu, c'est-à-dire, destiné à quelque fondation pie, un tiers appartenait au fisc et le reste s'employait à l'agrandissement de la ville.

La femme d'un bourgeois ne pouvait contracter aucune dette (art. 21) ni rien stipuler sans le consentement de son mari (art. 18) [1]. Une exception était faite en faveur de la femme marchande, comme dans les statuts des villes commerciales.

Une veuve pouvait avoir la jouissance viagère des biens allodiaux laissés par le mari, mais non les aliéner, parce qu'ils devaient être considérés comme des biens de famille (art. 19) [2]. Cet article assez étendu prévoit plusieurs cas et tranche d'avance la question.

Le mari n'était pas obligé de payer les dettes que la femme avait contractées sans son consentement (art. 21) ni celles d'un fils mineur, à moins qu'il ne lui eût fait antérieurement une cession quelconque de sa fortune (art. 22). Un fils ne pouvait rien réclamer de son père du vivant de celui-ci (art. 102), et les parens avaient le droit d'exiger la restitution de tout ce que les enfans auraient détourné de leur patrimoine futur (art. 23). Mais un fils établi hors de la maison paternelle et qui avait déjà reçu la part de son héritage pouvait être appelé par son père à partager encore le reste de la succession (art. 108). Par contre la veuve et les enfans d'un bourgeois engagé par un cautionnement n'étaient pas tenus de répondre pour lui (art. 114). Du reste, un contrat de famille était obligatoire jusqu'à révocation (art. 111).

La loi réglait le mode de restitution d'un bien mal acquis et posait une sage limite à l'indiscrète ferveur des moribonds qui dotaient les monastères aux dépens de leurs héritiers (art. 20).

---

[1] Landrecht § 74. Ein wip mac anc ir mannes urlop nit hin gegeben ir mannes gut, noh eigen. — [2] Comparez la Handfeste de Berne. (Art. 44).

Si un animal ou une personne (familia) appartenant à un bourgeois causait un dommage quelconque au voisin, et que celui-ci en portât plainte à l'avoyer, le propriétaire était tenu de le dédommager ou de lui abandonner l'auteur du dégât (art. 24). Cette disposition a une frappante analogie avec les *plaintes noxales* dont il est fait mention dans le droit romain. Il suffisait d'abandonner au plaignant l'esclave ou l'animal qui avait causé le dommage. [1].

On voit par là que la population de Fribourg se composait de bourgeois proprement dits, d'habitans non bourgeois et de serfs. Les premiers jouissaient de tous les bénéfices de la nouvelle constitution, les seconds étaient soumis à des lois plus sévères (art. 35, 41, 47, 60, 61, 84, 113). Quant aux serfs, la charte n'en fait mention que deux fois, dans l'article 24 susmentionné, et dans le 54ᵉ qui statue sur le mode à suivre contre un débiteur de condition serve. Un serf n'était pas affranchi après un an et un jour de domicile à Fribourg, privilége qui plus tard fut accordé à Berne.

Nul ne pouvait citer ses citoyens devant un tribunal externe (art. 107) ou se servir contre eux du témoignage d'un étranger si ce n'est pour une valeur, qui n'excédait pas trois sols (art. 47).

Du reste toute querelle entre bourgeois, pouvait s'arranger par une composition amiable, à moins qu'il ne s'agît d'un vol ou que l'avoyer n'eût déjà connaissance du fait. Cet arrangement ne devait point empiéter sur les droits du seigneur (art. 32).

Une contestation entre marchands se jugeait d'après leurs usages et leurs lois (art. 33) [2]. Mais toute cause relative à un fief ou à un allode ne pouvait être portée que devant le fisc (art. 45). C'est à lui aussi qu'échéait le bien d'un usurier après sa mort (art. 40) et celui d'un voleur après son exécution (art. 58).

Un vol de la valeur de cinq sols commis dans l'enceinte de la

---

[1] Schweiz. Geschichtf. — [2] La Handfeste de Berne soumet les marchands au Code commercial de Cologne. (Art. 5).

ville était puni par la flétrissure du coupable et en cas de récidive par la pendaison (art. 29). Pour simple blessure avec effusion de sang, le coupable était condamné à avoir la main coupée, et si mort s'en suivait, à perdre la tête. En cas de fuite, on découvrait le faîte de sa maison et elle restait en cet état pendant un an. Ce terme échu, les héritiers pouvaient en prendre possession, après avoir payé préalablement soixante sous au fisc (art. 26). La même disposition est contenue dans la charte de Berne (art. 28).

Un assassinat commis hors des murs de la ville sans que mort s'en suivit était puni d'une amende de soixante sols envers le plaignant et d'autant envers l'avoyer. Mais le meurtre hors des murs était puni comme s'il avait été commis dans leur enceinte (art. 27) [1].

Le législateur ne voulut point prétériter entièrement la question délicate des immunités ecclésiastiques. Un prêtre qui avait à se plaindre d'un bourgeois devait d'abord s'adresser à l'avoyer et à la bourgeoisie qui jugeaient l'affaire suivant les lois du pays. Si l'inculpé récusait ce tribunal, alors il pouvait être cité devant tel for qu'il plairait au prêtre de choisir (art. 28).

Le fermier pouvait contraindre l'acheteur de la ferme à la lui céder aux mêmes conditions, qui avaient été stipulées avec le propriétaire (art. 49).

Le prêt à intérêt était regardé comme une usure. Il était communément de deux deniers par semaine pour une livre, ainsi par an plus de 43 % [2].

Un bourgeois, qui avait acquis l'investiture d'un fief, ne pouvait plus être inquiété à ce sujet (art. 38 et 42). Le droit de prescription fut en général limité à un an et un jour (art. 37), d'après le landrecht.

La loi consacrait l'inviolabilité du domicile particulier (art. 43), des jardins et des vergers (art. 89). Elle ne souffrait pas non plus

---

[1] Le Landrecht statue la peine de mort contre le meurtrier, § 74. — [2] Recueil diplomatique.

qu'il fût porté atteinte à la réputation d'un défunt, contre lequel il ne s'était élevé aucune plainte sa vie durant (art. 37).

Elle prévoit les cas où un bourgeois empiéterait sur le terrain communal (art. 36) ou ne répondrait pas à une citation juridique (art. 30). Elle précise la quotité et la perception des impôts, dont étaient déjà grevés les fromages (art. 83) et quelques autres marchandises (art. 81 et 82). Elle règle la marche à suivre dans les procédures (art. 13), la saisie des gages (art. 52 et 53), les cautionnemens (art. 91), les citations en justice (art. 92), les priviléges des jurés (art. 96, 97, 98), ceux des foires (art. 101). Elle précise le droit de four (art. 69) et jusqu'au poids des balances (art. 87). Toute altération de poids et de mesure était punie d'amende (art. 65, 68).

Les autres règlemens de police n'étaient pas moins louables. Ainsi les rues devaient être tenues propres (art. 103) et les auberges ouvertes à tout le monde (art. 44). Il était défendu d'aller sur le marché d'autrui (art. 109); de saisir hors de la forêt ce qui y avait été abattu (art. 116); de rien acheter hors de la ville, si ce n'est à la distance d'une lieue (art. 62); aux étrangers de vendre en détail (art. 84); aux aubergistes de percevoir plus de trois sous sur la dépense, qui se faisait chez eux (art. 59), et de prélever plus de deux deniers sur chaque coupe de vin (art. 74), de frelater le vin ou simplement d'y mêler de l'eau (art. 64); de s'approvisionner avant les bourgeois (art. 73); aux boulangers de vendre le pain au-dessus du poids fixé (art. 31) et en général de dépasser le tarif des profits réglés par la loi (art. 71); aux bouchers de vendre de la viande de truie, corrompue ou provenant d'un animal tué par un loup, par un chien ou crevé (art. 68); d'acheter des bœufs ou des porcs dans les quinze jours qui précèdent ou suivent la S. Martin (art. 73).

Pour devenir membre de la nouvelle famille, il ne suffisait pas d'être reçu à Fribourg comme habitant. Il fallait y posséder un immeuble ou une rente garantie et affectée sur un immeuble, comme maison, écurie, grenier, verger ou jardin situé dans la ville ou dans la banlieue. C'était sous la garantie de cette propriété que le nouveau colon s'engageait à remplir personnellement les devoirs qui lui seraient imposés pour la garde de la ville et de ses dépendances. Il obtenait en retour la protection de la communauté, excepté pour les démêlés antérieurs à sa réception. Nul citoyen ne pouvait même s'immiscer dans les querelles de ses amis externes, sans le consentement exprès de la ville (art. 51). Hors de là celle-ci prenait fait et cause pour une insulte faite à un bourgeois (art. 55), et quand quelqu'un voulait changer de domicile, elle le transportait avec tous ses effets jusqu'à trois journées de distance (art. 31).

Tel est en résumé le contenu de la première constitution fribourgeoise, octroyée par Berchtold IV. Jamais prince constitutionnel n'en fit une plus libérale [1]. La communauté pouvait faire à son gré la guerre ou la paix, conclure des alliances offensives et défensives et faire toute espèce d'acquisition territoriale, sans l'intervention du seigneur. Elle avait également le droit de se donner la forme de gouvernement qui lui convenait, de se choisir des protecteurs, de décréter des lois civiles ou criminelles, de nommer et destituer librement ses magistrats, de lever à son gré des impôts et de percevoir certains droits régaliens. On la vit même dans la suite arrêter un système monétaire sans consulter son seigneur, quarante-sept ans avant que Sigismond lui eût accordé le privilége formel de battre monnaie.

Malgré son étendue et ses détails, la Handfeste est loin de pouvoir être considérée comme un code complet. Des cas d'une

---

[1] M. Fontaine observe ici toutefois qu'il ne faut pas attribuer ces largesses à l'humanité du prince. Cette vertu, dit-il, était encore inconnue dans cette partie de l'Europe, où peu s'en fallait que les seigneurs ne confondissent les hommes avec les animaux. Les droits connus dans l'ancien code d'Allemagne sous les noms de Wildfang-Strand et Hauptrecht, etc., et le plus révoltant de tous, celui du cusage, ne prouvent-ils pas assez que même les droits de la nature étaient ou ignorés ou foulés aux pieds? D'ailleurs l'éloignement du souverain, la férocité du site, l'ignorance des habitans, tout invitait les vassaux à la tyrannie. Il ne faut donc chercher les motifs de cette concession que dans l'intérêt personnel.

importance majeure y sont omis, tels que l'hypothèque, l'échéance des dîmes, le tarif des péages, l'usure, l'insolvabilité, le parjure, le parricide, le droit d'asile, la calomnie, les épreuves judiciaires [1], le vol avec effraction, l'empoisonnement, la contumace, les naissances illégitimes, le rachat des prisonniers, le droit de chasse et d'asile, les contestations qui pouvaient s'élever entre un vassal et le propriétaire d'un fief, l'exhérédation, le rapt, le viol, l'adultère, le divorce, l'hérésie, la simonie, l'apostasie, etc. Elle ne fixe ni les devoirs des tuteurs, ni l'âge de majorité. La Handfeste est donc plutôt un complément des législations antérieures et leur application à la nouvelle colonie. Elle ne contient, pour ainsi dire, que des modifications aux coûtumiers déjà existans, et en particulier au miroir des Souabes qui prévoit tous les cas, dont nous avons signalé l'omission.

Mais on voit dans cet acte remarquable, quelle était la prépondérance du pouvoir communal sur celui du seigneur. C'était une existence nationale distincte, une indépendance presque complète, un gouvernement local entièrement affranchi des directions de l'empire, sauf la fiction d'un droit de suzeraineté nominale, qui n'imposait à la ville nouvelle que l'obligation négative de ne point prendre les armes contre lui. Cette bourgeoisie formait un tout, sinon homogène, du moins compact, et uni par la fusion de tous les intérêts dans un but commun, et par l'amour de l'indépendance. Il y avait bien parmi les élémens qui le composaient différence d'origine, d'état et de fortune, et dans ce sens Müller a raison de dire que la liberté et l'inégalité naquirent ensemble à Fribourg, mais il n'y eut jamais de priviléges politiques. S'il se manifesta parmi les nobles quelque velléité de distinction, il paraît qu'elle fût promptement réprimée; car dans les trois siècles suivans on ne retrouve plus le titre de barons, ni celui de *burgenses majores*. D'ailleurs toutes les familles nobles qui avaient coopéré à la fondation s'éteignirent rapidement, et jusqu'au milieu du seizième

---

[1] La charte ne contient qu'une seule disposition à cet égard. C'est celle qui dispense un bourgeois d'accepter un duel, si bon lui semble.

siècle, on ne trouve pas dans nos institutions la moindre trace d'oligarchie.

Cette charte fut signée par les barons d'Estavayer, de Blonay, de Balm, de Sigeno et d'Egistor [1]. Les autres vassaux bourguignons la virent de mauvais œil, refusèrent d'y apposer leurs signatures et se permirent même de molester ceux qui bâtissaient. Les choses en vinrent au point que les nouveaux colons furent souvent contraints d'échanger la truelle contre l'épée ou de solder des troupes pour les protéger.

Ces colons étaient originaires de la Souabe supérieure et de la Bourgogne transjurane. Les premiers s'établirent dans la ville basse, les seconds sur la hauteur. Bâtie sur les confins de la France et de l'Allemagne, Fribourg servit de point de contact à deux nations jusqu'alors hostiles. Malgré l'antipathie de mœurs, de coutumes, et la différence de langage, elles s'y amalgamèrent en paix sous le même code de lois. Mais sept cents ans n'ont pu les identifier : on parle encore deux langues à Fribourg [2].

Jusqu'alors les empereurs avaient eu seuls le privilége de permettre l'établissement d'une ville, de lui imposer des lois, de lui concéder des immunités. Mais la lutte entre le pape et l'empereur sur l'investiture des évêques étant alors flagrante, Berchtold IV put d'autant plus facilement entreprendre la fondation de Fribourg, qu'elle était autant dans l'intérêt de l'empire que dans le sien et qu'il venait de rendre de grands services à Frédéric Ier en Italie.

Cette fondation ne se fit ni dans le même but ni dans les mêmes circonstances que celle de Fribourg en Brisgau. Le fondateur de celle-ci, Berchtold III, n'avait voulu qu'établir un entrepôt au pied de la Forêt-noire, au passage du Brisgau en Souabe. La charte qu'il lui octroya, et qui est sans contredit la plus ancienne de l'Allemagne transrhénane, fut calquée sur celle de Cologne, cette

---

[1] Le Landrecht exige la présence d'au moins sept témoins pour sanctionner une charte. Swer och handfeste machet der sol zem minsten siben man dar an setzen, die geziye sin § 159 b. — [2] Müller.

ville étant la plus florissante parmi les villes commerciales du Rhin. Nous avons vu qu'au contraire Fribourg en Bourgogne était un établissement tout militaire. L'identité des noms n'est qu'accidentelle. Notre ville prit le sien du château à côté duquel elle fut bâtie, et celui-ci le devait à sa position libre et avantageuse.

Ainsi surgit, imposante et forte, la première ville libre au pied des Alpes. Elle devint l'anneau central de cette grande chaîne de forteresses que les ducs de Zähringen élevèrent sur la lisière occidentale de l'empire. Elle était grande, la pensée de convertir un manoir féodal en citadelle protectrice de la liberté, et de faire servir à l'affranchissement du peuple les mêmes moyens que ses ennemis avaient employés pour l'asservir. Fribourg fut la première ville fortifiée dans le canton d'Avenches après Yverdon, Romont l'étant plus par la nature que par l'art; d'ailleurs cette place servait d'asile aux ennemis [1].

Après l'invasion des hordes septentrionales, l'Helvétie perdit jusqu'à son nom et se déchira en deux parties, qui adoptèrent chacune un langage, des mœurs et des lois différentes.

Cette scission dura plus de cinq siècles et la Sarine semble avoir été la limite des deux pays. Longtemps le silence des tombeaux régna sur ses rives désolées, et c'est même de cette épouvantable solitude que quelques auteurs dérivent le nom d'*Oedland* qui fut donné au Pagus Aventicus. Il était réservé aux Zähringen de ressusciter ce cadavre politique, et Fribourg, fondé sur l'ancienne ligne de démarcation, en scella la renaissance.

Le fondateur de Fribourg mourut en 1186, *couvert de gloire*, dit un historien du moyen-âge [2]. Les pertes qu'il fit ne peuvent être attribuées ni à l'incapacité, ni à la faiblesse, mais à un concours de circonstances désastreuses. On peut même dire que sa loyauté

---

[1] Guilliman. — [2] Son éloge se trouve dans la Ligurie de Gunther, lib. 2, v. 411 et suivans :
    Virum magnis spectatum sæpe periclis
    Allobrogumque ducem, cujus sub jure fatigat
    Levis Arar placidas Rhodano quas commodat undas.

et sa bonne foi le rendirent souvent dupe des artifices de ses ennemis. Il fut enterré à St. Pierre, dans la Forêt-noire. Son fils, qui lui succéda dans le rectorat, hérita de son amour pour la justice, mais non de son désintéressement. Fribourg continua à se développer rapidement sous ses auspices, sans être inquiétée par ses turbulens voisins. Cette tranquillité, on la devait non à la réconciliation, mais à l'impossibilité où se voyaient les magnats bourguignons d'affronter la puissance des Zähringen. Mais leur haine pour cette famille étrangère ne fit que s'en accroître, surtout lorsque Berchtold V pour les tenir en bride eût fortifié Moudon [1], Yverdun et Berthoud [2]. Il fit plus. Pour établir une communication entre Berthoud et Fribourg et assurer la protection des empereurs à tous les établissemens municipaux de la Transjurane, il fonda en 1192 la ville de Berne *sur le territoire de l'empire* [3]. Cette circonstance peu grave en apparence fut pourtant cause de la supériorité que la sœur cadette acquit sur son aînée. Berne conserva longtemps avec reconnaissance le souvenir de son fondateur et ses monnaies en parlèrent jusqu'en 1656.

En 1191, Berchtold V essaya inutilement d'envahir le Valais [4] sur lequel il croyait avoir des prétentions. Plus tard ayant fait revivre celles de sa famille sur le duché de Souabe, l'empereur fit marcher contre lui son frère Conrad, duc de Spolette. Mais Conrad fut assassiné à Durlach (1196) [5] et l'empereur étant mort l'année suivante, la couronne impériale fut offerte à Berchtold V [6], qui la refusa par des considérations vénales, donnant ainsi, dit un auteur, aux peuples étonnés l'étrange exemple d'un trône refusé par cupidité [7]. Philippe de Souabe à qui il l'avait cédé pour onze mille marcs d'argent, ayant été assassiné dix ans après (1208), le recteur se déclara pour Otton de Brunswick, tandis que les grands vassaux bourguignons ne voulurent reconnaître que Frédéric II. Le comte

---

[1] Guillim. Habsb. lib. 5, pag. 109. — [2] Tschudi. Wagner in Merc. helv. pag. 58. Sur la porte de cette ville on lisait autrefois cette inscription : *Bertholdus dux Zeringie, qui vicit Burgundiones, fecit hanc portam.* — [3] Schw. Geschichtf. tom. 1. — [4] Ryhiner. b. c. — [5] Conrad Ursperg. pag. 304 et suiv. — [6] Otton de St. Blaise. — [7] Mémoires sur le Rectorat de Bourgogne.

Thomas de Savoie se mit à leur tête et l'Uchtland occidental redevint le théâtre de scènes sanglantes, dont le peuple fut toujours l'innocente victime, et auxquelles l'évêque de Lausanne, fidèle à sa mission évangélique, mit un terme par la paix de Haut-crêt [1]. On ne trouve pas que Fribourg ait été compromise dans cette guerre, quoique le Recteur y fît souvent sa résidence. Malgré son âge avancé il voulut revendiquer une seconde fois à main armée ses droits sur le Valais. Dans ce but il franchit le Grimsel avec une troupe nombreuse, à laquelle nous fournîmes sans doute notre contingent (1211). Mais les Valaisans, prévenus par les seigneurs bourguignons, repoussèrent énergiquement cette nouvelle agression et Berchtold éprouva dans ces vallées agrestes le même sort que son père, quarante ans auparavant [2].

Avant de se retirer dans le Brisgau, il jugea à propos de mettre ses domaines des deux rives de l'Aar à l'abri d'un coup qu'aurait pu tenter Thomas de Savoie. Dans ce but il acheva de garnir les frontières méridionales de l'Uchtland d'une ligne de défense dont la ville de Fribourg devint le centre, protégée à l'est par le château de Grasbourg et à l'ouest par celui d'Oltingen [3]. Il fit fortifier Laupen et Morat. Ce dernier lieu fut même élevé au rang de *bonne ville* et doté de franchises particulières [4].

Il passa le reste de ses jours dans le château de Fribourg en Brisgau, témoin passif des défaites du parti Guelfe, privé d'héritiers directs et entouré d'avides collatéraux [5]. Aussi le chagrin le porta à quelques actes blâmables, qui furent soigneusement exploités par les écrivains Gibellins pour flétrir sa mémoire. Il mourut âgé de plus de soixante-dix ans, au commencement de l'année 1218. Sa lance et son bouclier furent placés dans la tombe à ses côtés, symbole de l'extinction de cette illustre dynastie qui finissait en lui pleine de gloire et d'une juste renommée [6].

[1] Mémoires sur le Rectorat de Bourgogne. — [2] Guilliman croit qu'il accompagna l'empereur en Syrie, mais il le confond apparemment avec le duc Berchtold de Meran. *Tillier*. L'opinion de Guilliman a aussi été suivie par M. de Gingins. — [3] Ibid. — [4] Ibid. — [5] Ibid. — [6] Ibid. On voit encore dans la cathédrale de

Berchtold V était doué de formes athlétiques et la violence de son caractère donnait à ses traits une expression presque farouche [1]. Nous croyons faire plaisir à nos lecteurs en citant de la chronique de Teunebach [2] le passage suivant plein d'actualité.

Le duc (Berchtold V) s'était attiré la haine du clergé, et son neveu ne le ménageait pas [3]. Au retour d'un voyage que celui-ci avait fait à Rome, le duc le fit appeler pour savoir ce qu'on y disait de lui. Le Prélat le trouva se divertissant au milieu de sa cour à Fribourg (en Brisgau). On y jouait, chantait, dansait [4]. Aussi l'abbé, effarouché par ces joies profanes, s'apprêtait-il à quitter promptement la cour; mais le prince, que tourmentaient sans doute les remords de conscience, et redoutant le glaive de l'église, quoiqu'il dissimulât mal ses secrètes terreurs [5], voulut savoir en détail ce qu'on disait de lui à la cour du Pape. J'aurais du regret à vous le répéter, répondit l'abbé [6]. Et moi je veux le savoir, s'écria le tyran. Eh bien! on vous accuse de déloyauté et de despotisme. On blâme hautement votre humeur tracassière et l'oppression que vous faites peser sur la veuve et l'orphelin [7]. Berchtold irrité chassa l'abbé de sa présence en l'appelant hérétique, et déclara en jurant que s'il n'était son neveu, il l'eût fait précipiter du roc, sur lequel le château est

---

Fribourg en Brisgau sous la nef non loin des fonds baptismaux sa statue cuirassée de six pieds de longueur. Elle avait d'abord été placée sur une pierre tumulaire exhaussée au-dessus du sol avec cette épitaphe : *Berchtoldus V ultimus Zæhringiæ dax xiv . . . februarii anno MCCXIIX cujus ossa sub hac statua in hac crypta lapidea requiescunt.* Mais au commencement du 16ᵉ siècle on employa cette pierre à la réparation du maître autel et la statue en fut enlevée et placée où on la voit aujourd'hui. On y lisait ces vers :
    Dum bis sexcentis ter senus jungitur annus
    In Friburg moritur Bertoldus dux allamannus.

[1] Bader l. c. p. 64. — [2] Couvent fondé par Berchtold IV dans le beau vallon, qui ceint le pied du Hochberg en Souabe. On l'appelait *Porta cœli* et à l'époque, dont nous parlons, un neveu du duc et portant le même nom que lui, en était abbé. — [3] Detestabatur abbas avunculi sui vesaniam; unde et ipsum exosum habebat, quia non est communicatio Christi ad Belial. — [4] Ipsum jucundum et hilarem invenit cum suis ministris et militibus ludo et aliis quibusdam deditis, aliis vero choreas ducentibus et ad vocem organi cantantibus. Gaudium mundi quod est instar puncti perpetuis gaudiis stultissime pretulerunt. — [5] Formidando ecclesiæ gladium, videlicet excommunicationis sententiam. — [6] Vestræ questioni aliud mallem responsum dare. — [7] Vobis plane macula imponitur infidelitatis et tyrannica rabies, per quam longe lateque belligeratis committendo sæva per oppressionem indebitam viduarum et pupillarum.

assis [1]. Depuis ce jour il travailla à la ruine du couvent de Tennebach. Il en fit enlever les belles dalles polies et ordonna un jour à ses soldats d'enfoncer les tonneaux, qu'on venait de remplir après la vendange. Mais les soldats, craignant Dieu plus que leur chef, ne brisèrent qu'un tonneau vide, laissant transporter les autres dans un lieu sûr [2]. Enfin termine la chronique, si la vie de ce tyran n'avait été raccourcie par ses propres excès, nul doute que le couvent n'eût été détruit de fond en comble [3].

Ainsi selon quelques-uns, Berchtold V fut un Néron, tandis que l'Uchtland et le Brisgau le révèrent comme leur plus puissant protecteur contre les nobles. Sans doute la chronique monacale n'est exempte ni de partialité ni d'exagération, mais d'autre part les dynasties princières inspirent en général trop peu d'estime pour qu'on se résolve facilement à faire une exception en faveur des Zähringen [4]. Si nous sommes entrés dans tant de détails sur leur compte, si dans cette modeste histoire d'une petite république, nous avons aussi parlé *trônes* et *batailles*, ce n'est point pour suivre les erremens des historiens monarchiques, qui n'ont les yeux fixés que sur les sommités de la société sans s'occuper de la base; qui, niaisement éblouis par l'éclat d'une misérable couronne et se courbant devant le pouvoir d'un jour, ne s'attachent qu'à une petite portion de l'humanité et laissent dans un complet oubli les masses populaires. Nous n'avons voulu que signaler la puissance providentielle qui affranchit l'Uchtland et porta les premiers coups au régime féodal par l'établissement des communes.

M. de Gingins remarque avec raison que les ducs de Zähringen dont les inclinations vénales se décèlent en maintes occasions, n'avaient pas seulement eu pour but en fondant un grand nombre de villes murées, de donner de la force aux petits tenanciers des

---

[1] Et sic cum expulit conspectu suo et perverse jurando omnibus dicebat nisi fuisset sororis filius ipsum de rupe castri juberet pessime precipitare. — [2] Milites vero vas quoddam vacuum rumpentes aliis vino plenis pepercerunt. — [3] Nisi abreviati fuissent dies ejusdem tyranni per mortem quam sua feritate accersire quodam modo nisus est, monasterium omne in rebus et personis destruxisset. — [4] Voyez note 1, page 42.

terres impériales, qui étaient en même temps vassaux des Recteurs, mais encore d'augmenter leurs propres revenus en attirant dans certaines localités de leurs domaines tout le trafic des pays environnans. Cette intention se trahit dans le dispositif des chartes octroyées à ces nouvelles cités. On y remarque en effet une attention particulière donnée à tout ce qui concerne les péages, les revenus des foires et des marchés, le forage, etc. [1].

Le grand Rectorat de Bourgogne finit avec Berchtold V, après avoir subsisté presqu'un siècle; car Henri VII que l'empereur investit ensuite de cette charge, ne l'exerça ni immédiatement, ni en entier [2]. Quoique partie intégrante de l'empire germanique, le Rectorat obtient à peine une mention des écrivains du droit public et pourtant si la maison des ducs de Zähringen s'était perpétuée elle eût facilement pu se rendre souveraine et indépendante de tout le pays qui portait autrefois le nom d'Helvétie. Mais après leur extinction, il retourna à l'empire et s'en détacha de nouveau insensiblement. Les cantons de Vaud, Berne, Fribourg et Soleure possèdent aujourd'hui les principales parties du Rectorat [3].

Les biens allodiaux des Zähringen échurent aux deux sœurs de Berchtold V, dont l'une, Anne, mariée à Ulric de Kybourg, hérita du comté de Kybourg. L'empereur réclama au nom de l'empire les deux Fribourg, Berne, Soleure, Zurich et le comté de Rheinfelden, tandis que les agnats de la maison de Zähringen revendiquaient les fiefs masculins de la Souabe et du Brisgau. Egon d'Urach, époux d'Agnès, s'arrangea avec l'empereur, qui lui restitua Fribourg et d'autres domaines en Souabe et dans le Brisgau. Anne hérita les terres allodiales qu'avaient possédées en Suisse le duc Conrad, son fils et son petit-fils. Le comté de Burgdorf resta aux Kybourg jusqu'à l'extinction de cette famille. Le comte de Savoie revendiqua à son beau-frère (comte de Genève) Romont et

---

[1] Mémoires sur le Rectorat. — [2] Ce prince mourut, comme on sait, en prison en 1235. Il s'était rendu coupable de rébellion. Quoique nommé roi des Romains, il n'est pas même compté par les historiens. Dans un acte de 1219 il paraît comme *Rector Burgundiæ* (Müller liv. 1, chap. 16). — [3] Schöpflin.

Rue qui avaient fait partie de l'héritage de la maison de Glane, et qu'il lui reprit en 1241. Il obtint pour lui-même Arconciel et la plus grande partie du pays de Vaud. L'évêque de Lausanne s'empara d'une autre partie et le reste fut partagé entre les comtes de Kybourg, de Gruyères, de Neuchâtel et le sire de Granson. La ville de Fribourg en Uchtland avec son territoire de trois lieues à la ronde, composé de vingt-quatre paroisses, échut aux comtes de Kybourg. Berne se hâta d'envoyer une députation à l'empereur pour solliciter la confirmation de ses franchises. Frédéric lui octroya la célèbre Bulle d'or qui déclarait Berne ville libre et impériale [1]. Il réserva également à la couronne le bourg de Morat et les seigneuries de Guminen (Condamina) et de Lugnore [2]. Malgré cette réserve, l'adroit comte de Savoie sut entraîner, on ne sait trop comment, Morat dans sa mouvance.

Devenue ainsi par la succession des Zähringen, voisine des comtes de Savoie, la maison de Kybourg fit avec eux un traité d'alliance, dont les principaux négociateurs paraissent avoir été le comte de Neuchâtel, seigneur d'Arconciel et d'Illens et Guillaume, sire d'Estavayer (1218) [3]. Le même jour, Ulric, père de Hartmann de Kybourg, s'engagea envers le comte Thomas de Savoie de remettre Fribourg au pouvoir de Hartmann, qui venait d'épouser Marguerite, fille de Thomas, et ce fut sur Fribourg que Hartmann assigna à son épouse un douaire de deux mille marcs d'argent [4].

L'extinction des Zähringen fut un sujet de triomphe pour leurs ennemis. L'évêque de Lausanne surtout ne put dissimuler sa joie. Déployant tout-à-coup contre un adversaire mort une énergie qu'il n'avait su montrer de son vivant, il exécra formellement la mémoire du Recteur et déclara en présence du chapitre et des chevaliers assemblés à Lausanne, sous le porche de l'église de Notre-Dame, qu'il ne reconnaîtrait plus d'avoué pour son diocèse (1219) [5].

Il était impossible que Fribourg, quoique situé à l'extrême

[1] Mémoires sur le Rectorat de Bourgogne. — [2] Ibid. — [3] Ibid. — [4] Recueil dipl. IV. — [5] Schöpflin, historia Zäringo-badensis. Tom. V, fol. 150.

limite, ne gravitât plus ou moins dans la sphère de l'Allemagne, que commençaient déjà à déchirer les factions Guelfe et Gibeline, la première s'armant pour les intérêts de la maison de Souabe, la seconde pour défendre la suprématie temporelle du St. Siége. Les Zähringen avaient entraîné notre république dans ce dernier parti. Mais Othon, duc de Saxe, dont les Fribourgeois avaient épousé la cause, étant mort la même année que Berchtold V, ils se trouvèrent gravement compromis, ainsi que la plupart des villes d'Allemagne, à l'égard de Frédéric II devenu tout-à-coup puissant. Toutefois non-seulement il agréa leur soumission, il les prit sous sa protection spéciale et sous celle de l'empire, leur permettant de commercer librement par terre et par mer (1219) [1].

Cependant Ulric de Kybourg ne voulut point renoncer à l'avouerie de Lausanne. Mais jugeant sans doute que cette charge lui serait plus onéreuse qu'utile, il la céda [2] du consentement de son fils Hartmann, à Aimon de Faucigny [3]. Après avoir essayé de faire valoir par la force les droits qu'il venait d'acquérir, Aimon abandonna cette avouerie à l'évêché de Lausanne qui resta depuis affranchi de toute avouerie séculière. Cette émancipation ne contribua pas peu à étendre la puissance des évêques, qui possédaient alors les villes de Lausanne, d'Avenches, de Lucens, de Bulle, Riaz, La Roche, une partie de Vevey et les quatre paroisses de la Vaud.

L'histoire ne nous fournit que des données contradictoires sur les premiers avoyers de Fribourg. La communauté choisissait naturellement pour son chef celui de ses membres qui jouissait de quelque réputation militaire, parce qu'une agression était toujours à redouter. Henri de Ducensdorf passe pour avoir été notre premier avoyer jusqu'en 1230. Il n'est guères vraisemblable qu'il ait gouverné si longtemps [4].

---

[1] Recueil dipl. V. — [2] L'acte fut stipulé en 1225 en présence de Conon d'Estavayer, d'Ulric de Vuippens, de Conon de Prés et autres devant le grand pont d'Oltingen, *inter duas aquas* (l'Aar et la Sarine) — [3] D'Alt qui aime les brillantes généalogies, croit que notre avoyer Peterman Faucigny descend de cette maison. — [4] D'autres, parmi lesquels l'évêque Lenzbourg, interprétant à leur convenance

Il n'y a guères de certitude que depuis Conrad d'Englisberg [1] qui entra en fonctions en 1230, mais ne gouverna que peu d'années. Ses successeurs, dans le courant du treizième siècle, furent Monstral, un Wädischwyl frère de l'avoyer de Berne, deux Maggenberg, Conrad de Vivier, Rormoos, Guillaume et Nic. d'Englisberg, Hossesten, Conrad d'Avenches, Conrad de Reggisberg et Ulric de Venringen [2]. On ne sait presque rien de leur vie privée. Quant aux actes de leur vie publique, ils appartiennent à toute la communauté et ce n'est que sous ce rapport que leurs noms méritent d'être transmis à la postérité.

On n'est pas d'accord sur le temps que dura la longue captivité de Clémence, veuve de Berchtold V, dépouillée de son héritage, et retenue prisonnière par Egon d'Urach, beau-frère du feu Duc, ni sur l'authenticité de l'empoisonnement des jeunes ducs de Zähringen. Ces catastrophes dynastiques n'ayant pas influé directement sur les destinées de Fribourg, nous ne nous y arrêterons pas.

Nous avons vu, qu'à l'époque de la bâtisse de la ville, il existait une église vis-à-vis le château des comtes de Thierstein. Cette église déjà placée sous le vocable de St. Nicolas était alors desservie par le curé Hugues, auquel succédèrent Ulric [3], Conrad [4], Pierre [5] et Guillaume [6]. La consécration de cette église par Roger, évêque de Lausanne, laquelle eut lieu le six juin 1182 prouve qu'on l'avait rebâtie, sans doute pour en élargir l'enceinte [7]. En dehors du

---

un T dans un acte du fondateur qui n'indique l'avoyer que par cette initiale, prétendent reconnaître Thierry ou Diétrich de Monstral, que le dictionnaire historique ne place qu'en 1240. Il n'y a là qu'une question peu importante de noms propres.

[1] Cette famille donna cinq avoyers à la république, dont deux dans le courant du 16e siècle. Elle s'éteignit au 17e par des bâtards, qui n'en portaient pas moins le titre de Junker et étaient membres du gouvernement. — [2] Témoin dans l'acte de 1299 par lequel Anselme d'Illens, bourgeois de Fribourg, légua à l'hôpital un domaine à Bertigny. Arch. de l'hôpital. — [3] Témoin de l'acte par lequel Guillaume de Montsalvens se réconcilie avec Hauterive 1181. Nobil. Altæripæ. — [4] Cité comme témoin dans l'acte d'une donation faite à Hauterive en 1228. Voy. Arch. d'Hauterive. — [5] Témoin dans l'acte XX du Recueil diplom. — — [6] Il appose son sceau à un acte par lequel Pierre Outregouz, bourgeois de Fribourg, vend sa maison à l'abbaye de Haut-crêt (1285). — [7] Recueil dipl. III.

bourg et au-delà des fossés était la chapelle de Notre-Dame, contemporaine, à ce qu'il paraît, de l'ancien château qui donna son nom à la ville. En 1202 cette chapelle fut agrandie et convertie en église, où la communauté tint pendant deux siècles ses assemblées générales. Il est très-vraisemblable que, selon l'usage de ce temps, il existait déjà près de cette église un hospice pour les pèlerins qui se rendaient en Terre-Sainte, et que cet hospice fut plus tard converti en grand hôpital. Tous les établissemens de ce genre étaient consacrés à Notre-Dame de compassion.

Un nouvel ordre religieux s'implantait alors avec éclat dans presque toute la chrétienneté. C'est celui des frères hospitaliers de St. Jean de Jérusalem, ainsi appelés parce que dans le principe ils se vouaient aux soins des chrétiens qui tombaient malades en Palestine. Leur premier établissement dans nos contrées se fit à Magnedens, au commencement du treizième siècle [1]. De là ils vinrent s'établir en l'Auge près du petit St. Jean, puis à la commanderie fondée par Rodolphe de Hackenberg [2]. Trente-cinq ans après sa mort (1259), la ville leur donna un terrain sur la Planche pour y établir un cimetière, un monastère et un hôpital avec la réserve que le terrain reviendrait à la ville, si les religieux ne remplissaient pas les conditions [3]. Plus tard on leur permit aussi de construire un moulin et une foulerie sur la Sarine et d'y prendre l'eau en la faisant passer dans leur propriété le long du rocher au-dessus du pont de St. Jean [4]. On ne connaissait encore alors dans l'ordre ni grand maître, ni grand prieur, ni commandeurs : il n'y avait que des maîtres et des précepteurs. Ces chevaliers étaient de vrais religieux vivant en communauté et les commanderies étaient des monastères où l'on exerçait l'hospitalité. L'ordre

---

[1] Voyez les actes de 1229 aux archives de la commanderie n° 1 et 2. Au moins est-il certain par ces deux actes qu'ils avaient des possessions à Magnedens. Ils les échangèrent en 1320 à l'hôpital. *Fontaine.* — [2] Le château de Hackenberg occupait la hauteur sur laquelle fut depuis bâtie la chapelle de Lorette. Guilliman place la fondation de la commanderie en 1224. Mais la pierre tumulaire du fondateur, qui est adossée contre le mur septentrional de l'église, en dehors, portant la même date, la fondation a dû se faire plus tôt. — [3] Recueil dipl. XXIII et XXIV. — [4] Ibid. XXXII.

s'enrichit bientôt de legs nombreux. Nous en citerons quelques-uns pour faire connaître l'esprit de l'époque.

Beschina, veuve de Thomas Hermaringen, bourgeois de Fribourg, lui donna ses deux maisons sises au Gotteron près du pont, à la seule condition que les religieux lui fourniraient chaque année un demi-pot d'huile, le mercredi des cendres [1].

Le curé de Marly fonda deux lampes, l'une devant l'hôtel de la commanderie, l'autre devait brûler la nuit dans le dortoir des religieux [2].

Un chevalier du même ordre lui légua tous ses biens, moyennant une redevance annuelle d'un demi-pot de vin à la St. Martin. Le curé de Guin qui paraît dans cet acte comme témoin, était en même temps Prieur de Montricher [3].

Jutza, veuve d'Ulric Blinzmann, bourgeois de Fribourg, légua au même ordre sa maison située au bout de la Goldgasse à côté de celle de Hornblaza [4] et tout ce qu'elle possédait, excepté 1° un jardin situé rière les Augustins qu'elle tient en rente viagère de ces religieux ; 2° son lit, une grande marmite et une *borna* de salé, qu'elle abandonne à l'hôpital ; 3° un coussin, une vieille couverture et une petite marmite, qui reviendront à Eline, fille de Conon Beruna ; 4° un mantelet vert avec son panache (viride supertunicale cum penna ei adhærente) appartiendra à sa servante Gisa de Ibenwyl [5]. Plus tard l'ordre fit des acquisitions considérables à Misery (1243), et le grand nombre de témoins qui assistèrent à cette vente, prouve quelle en était l'importance. Il acquit aussi par donation le domaine de Jelisried, dans le district de Schwarzenbourg [6].

Ce fut en 1225 que furent jetés les premiers fondemens du couvent des Augustins. Jusqu'alors quelques religieux de cet ordre occupaient des cellules isolées dans un endroit planté de tilleuls, d'où il prit le nom de la Linda qu'il porte encore. Une autre

---

[1] Arch. de la commanderie 1300. — [2] Ibid. 1303. — [3] Ibid. 1304. — [4] C'est ainsi que je lis ce nom, qui était aussi celui d'une famille de Soleure. Voy. Solot. Woch 1827, pag. 71 et 75. — [5] Archives de la commanderie 1305. — [6] Ibid. 1306.

tradition place le premier établissement près de St. Barthélemy [1]. Le couvent compte parmi ses bienfaiteurs Conrad de Burgistein, Pierre de Mettlen, les nobles de Seftigen et beaucoup plus tard la famille Felga. Les Augustins jouissent du droit de bourgeoisie [2].

Le couvent des Cordeliers ne fut fondé que douze ans après celui des Augustins (1237) [3], non loin de la chapelle de Notre-Dame et plus près de la Sarine que le bâtiment moderne. Cette fondation se fit sous les auspices du comte de Kybourg et de sa sœur Elisabeth, qui prit elle-même le voile de clariste, sans quitter sa maison. On voit même par l'acte de 1263 [4] qu'elle séjournait quelquefois à Burgdorf. Elle mourut en odeur de sainteté en 1275 et fut inhumée dans l'église des Cordeliers [5]. Les nobles de Chénens, de Viviers, de Cournillens et les Cléments furent les premiers bienfaiteurs de ce couvent.

Il paraît que la ville de Payerne, redoutant sa faiblesse et l'isolement où elle se trouvait au milieu des troubles qui agitaient la petite Bourgogne, voulut s'assurer un appui efficace. A cet effet elle s'adressa aux Fribourgeois qui la prirent solennellement sous leur protection (1225). Dans l'acte qui fut délivré pour cette affaire, la communauté fribourgeoise s'y intitula : *Les chevaliers et tous les bourgeois de Fribourg*. On voit que la distinction fortement accentuée jusqu'alors entre les hommes de guerre et les artisans avaient de la peine à s'effacer. Cette titulature, qui ne se retrouve plus dans aucun document postérieur, prouve que l'administration n'était encore que vaguement définie et, pour ainsi

[1] Dictionnaire hist. — [2] Guilliman place la fondation des Augustins après celle des Cordeliers. De reb. Helv. lib. 3, cap. 9. — [3] Ibid. — [4] Sol. Woch. 1827, pag. 46. Conrad de Viviers paraît dans cet acte comme temoin. — [5] Ibid. C'est la même princesse qui introduisit aussi à Fribourg les Béguines, filles ou veuves qui sans faire de vœux, se réunissaient pour vivre dans la dévotion. Pour être reçues, il fallait apporter seulement assez pour vivre. Elles pouvaient se retirer de la communauté et se marier. Elles occupaient une maison ou béguinage derrière Notre-Dame, à l'emplacement de la fabrique de tabac, et plus tard une maison à côté de la monnaie, au haut du Stalden. D'autres remplissaient dans les campagnes les fonctions de marguillier. En 1303 Isabelle d'Estavayer légua trente sols aux béguines de Fribourg, que M. Grangier confond ici avec les religieuses de la Maigrauge. (Annales d'Estavayer.)

dire, dans sa simplicité primitive. On dirait que l'avoyer, dont il n'est pas fait une mention spéciale, n'était encore considéré que comme le capitaine éventuel d'une expédition militaire et non comme le chef civil de l'Etat. Il n'y avait encore ni deux-cent, ni soixante, et quant aux bannerets, il n'en est question pour la première fois que dans la constitution de 1343, bien que la communauté fût déjà divisée en trois bannières et que par conséquent il y eût déjà trois bannerets depuis la construction des faubourgs. L'usage de confirmer les actes publics par l'apposition du sceau de la république ne commença qu'en 1228. Ce premier sceau représentait trois tours de différente hauteur, et au coin sur la plus basse un aigle éployé avec cette inscription : *Sigillum de Friburgo in Ochtlandia.*

Berne s'élevait près de Fribourg, plus libre et plus forte encore. Ces deux républiques, loin de se porter ombrage, semblaient avoir été placées l'une près de l'autre pour se protéger mutuellement en cas de besoin. Liées par une origine et des intérêts communs, par un traité formel, rapprochées par leur situation, menacées par les mêmes ennemis, régies par des constitutions analogues, animées par le même esprit de liberté, ces deux villes sœurs grandissaient l'une près de l'autre à la faveur de leur administration municipale, sans jalousie, sans haine et sans rivalité. Tout occupés de consolider leurs nouvelles demeures, longtemps leurs habitans ne connurent d'autre ambition que celle d'y vivre en paix. D'un autre côté, leurs ennemis n'osaient attaquer ces jeunes colonies qui se développaient avec la plus grande énergie et toujours prêtes à se prêter un mutuel appui. Malheureusement Fribourg, fondé sur un terrain seigneurial, ne relevait pas immédiatement de l'empire comme Berne, mais des comtes de Kybourg ses seigneurs suzerains. Nous avons vu que la charte de fondation donnait au seigneur le droit de réclamer le secours de la colonie contre ses ennemis à lui, pourvu qu'elle pût regagner ses foyers pour la nuit. Or, Verner sympathisait bien plus avec la noblesse bourguignonne qu'avec l'empire, bien différent des Zähringen ses prédécesseurs que nous avons vus en hostilité permanente avec les Bourguignons. De tous les Fribourgeois, il était peut-être le seul, qui ne vît pas sans envie la prospérité de Berne, et qui ne désirât y mettre obstacle. L'occasion s'en présenta bientôt sous l'avoyer Conrad d'Englisberg, et pour la première fois la bonne intelligence qui depuis une quarantaine d'années régnait entre les deux villes en fut troublée. Les Bernois avaient commencé à bâtir un pont sur l'Aar (1230). Le comte Godefroi de Kybourg s'opposa à la construction sous prétexte que la moitié de la rivière et le littoral opposé lui appartenaient. Pour légitimer leur entreprise, les Bernois achetèrent un verger situé sur ce terrain, là où le pont devait aboutir et achevèrent celui-ci. Le comte outré rassembla ses gens de guerre pour le détruire. Il requit même à cet effet la coopération des nobles de l'Uchtland et notamment de Verner son parent, qui ne fit nulle difficulté de la lui accorder. Les Bernois ne virent pas sans surprise leurs alliés faire cause commune avec les ennemis. L'entremise officieuse du comte de Savoie prévint heureusement les hostilités, mais n'effaça point dans l'esprit des Bernois l'impression défavorable que dût leur causer la conduite de Fribourg.

Ce fait que nos chroniques fribourgeoises placent en l'année 1241 doit s'être passé onze années plutôt; mais il n'est point prouvé que cette contestation, si réellement elle a eu lieu, se soit terminée par l'entremise de la Savoie. Au moins Guicheman n'en parle pas.

Quoi qu'il en soit, de grands troubles que l'histoire ne mentionne pas, ont dû avoir lieu en Bourgogne vers cette époque. Il n'y avait plus de sécurité pour les voyageurs. Deux ecclésiastiques de Constance furent arrêtés à Romans avec quinze autres personnes par une troupe armée, qui battait la campagne. Cités à comparaître une troisième fois devant le Pape comme témoins dans un procès, ils s'excusèrent sur les dangers du voyage. « De Constance à Avignon, disaient-ils dans leur lettre, il n'y a que deux routes praticables, l'une par Lausanne, l'autre par Besançon. Toutes deux sont infestées par les troupes belligérantes des ducs d'Autriche et de Bourgogne, du marquis de Baden, des évêques de Lausanne et de Bâle, des comtes de Savoie, de Kybourg, de Weissenbourg et de Neuchâtel, des villes de Berne et de Fribourg et de leurs seigneurs suzerains [1].» La conflagration, comme on voit, était générale. On se disputait sans doute encore l'héritage des Zähringen et l'affranchissement de Clémence.

Telle était la sympathie qui liait Berne et Fribourg, que malgré la haine que portait à la première la noblesse bourguignonne, malgré la querelle du pont à laquelle nous fûmes obligés de prendre part contre notre volonté [2], ces deux villes se rapprochaient toujours. Une preuve de la bonne intelligence qui régnait entr'elles, quand une force supérieure ne contrariait pas leurs instincts, c'est qu'un frère de l'avoyer de Berne était avoyer à Fribourg, en même temps que le chevalier Guillaume de Bulle occupait cette charge à Berne. Après ce qui s'était passé, elles sentirent la nécessité de renouveler leur ancien traité d'alliance. C'est ce qui eut lieu en 1243 [3], ou peut-être déjà en 1236 [4]. On ne connaît ni l'original ni la date du premier traité, mais à en juger par les termes dont se sert l'acte de 1271, la première alliance s'était conclue encore du vivant et sous les auspices du dernier Zähringen. On en trouve encore une preuve dans l'art. 16 de la Handfeste de Berne relativement au péage. Voici comme Frédéric II s'exprime : *Il en sera pour le bétail, d'après la teneur de l'acte qui contient vos franchises et celles de Fribourg.*

Les deux villes s'engageaient à vivre en paix et à se garantir mutuellement leurs droits (jura sua) et propriétés, de conseil et de fait (mit Rath und That), à la réserve seule de leurs seigneurs respectifs. S'il s'élève un différent entre l'une des deux villes et le seigneur de l'autre, celle-ci fera son possible pour l'aplanir. Si

---

[1] Lettre datée de 1232 et citée par Schöpflin. Hist. Zæringo-bad. Tom. V. — [2] Fryburg musste daran doch nit fur sich selbs, sondern als pflichtig und von ihrem Herrn gedrungen. Chronique. — [3] Recueil diplomatique VII. — [4] Tschudi. tom 1, pag. 132.

elle n'y réussit pas, elle pourra prêter main forte à son seigneur ; mais la déclaration devra être faite quatorze jours d'avance, pendant lesquels elle ne se permettra aucune hostilité. Quatorze jours après la conclusion de la paix, tout ce qui aurait été conquis sera restitué.

Les alliés seront compris dans ce traité, qui sera renouvelé tous les dix ans.

Aucun seigneur étranger ne sera admis à la bourgeoisie que d'un commun consentement des deux villes.

Si l'une d'elles a quelque grief contre l'autre, elle ne recourra pas à des voies de fait ; elle se contentera de demander satisfaction.

En cas de refus, les conseillers des deux villes tiendront une conférence à la frontière et l'on se conformera à leur décision.

Pour éviter tout sujet de querelle, on ne s'intimera réciproquement point de jugemens. La partie lésée se plaindra. Si elle n'obtient pas satisfaction dans trois jours et qu'elle puisse justifier ses griefs devant le juge par la déposition de deux témoins, il lui sera permis de saisir un gage équivalent au dommage.

Chaque bourgeois jouira des mêmes droits dans les deux villes, au péage près, qu'il paiera au taux établi. Les bourgeois des deux villes fourniront des cautions en justice pour amendes et punitions encourues.

En cas de pillage ou d'incendie, celle des deux villes qui sera la plus voisine des coupables, en fera justice ou bien il y aura conférence et arrangement à ce sujet.

Telles furent les conditions principales de l'alliance. Elles servirent de base à tous les traités subséquens.

Un poète contemporain composa sur ce traité une chanson où il compare les deux villes à deux robustes bœufs, broutant en commun une grasse prairie. Il les avertit de se tenir en garde contre les loups, les renards, et autres animaux rapaces, qui n'épient leur désunion, que pour tomber sur chacun d'eux séparément. Tillier, qui rapporte ce fait, ajoute sagement que cette leçon n'eût jamais dû vieillir. Toutefois nous voyons déjà dès 1249 les deux républiques embrasser un parti différent, Fribourg celui du roi Guillaume, et Berne celui de Conrad IV.

Quatre années auparavant (1239) nous avions fait avec Avenches un traité d'alliance, dont l'instrument s'est perdu et qui fut renouvelé au bout de trente-deux ans [1]. Cette ville conservait quelques franchises municipales et un reste de liberté, sans cependant pouvoir se relever entièrement de ses ruines.

Morat venait de relever ses murs, remplissant ainsi la condition que lui avait imposée Conrad IV, quand il lui abandonna les redevances royales de son territoire (officii) [2]. Cette ville comptait déjà plusieurs siècles d'existence. Les Romains avaient tracé une route, dont les restes portent aujourd'hui le nom de *voie païenne* (Heidenweg) et qui passant par Montillier conduisait d'Aventicum à Petinesca et Solodurum [3]. Les actes d'un concile tenu en 516 à Epone en Valais, nomment Morat *Curtis Murattum* et les chroniques du onzième siècle *Castrum* et *Castellum Murtena* [4]. L'empereur Conrad, marchant en 1034 contre Otton, comte de Champagne, campa au milieu de l'hiver devant Morat et Neuchâtel. Après son départ, le margrave Boniface ayant surpris Morat fit couper le nez et les oreilles à tous les habitans et en combla trois boucliers. Après l'extinction de la maison de Bourgogne, Morat passa avec la Transjurane à Conrad de Zähringen (1126). Cependant cette ville regardait Berchtold V comme son fondateur, quoiqu'il ne l'eût que restaurée. Elle était traitée comme ville d'empire et jouissait de franchises très-étendues. Elle ne payait aucun cens pour les maisons neuves. Elle pouvait choisir et déposer son avoyer, son huissier, son marguillier, ses pâtres et garde-moissons et affranchir tout serf qui avait passé un an et

[1] Recueil dipl. XXVII. — [2] Engelhart, chronique de Morat. — [3] Ibid. — [4] Müller. Hagenbuch prend Morat pour l'ancien Morantiacum.

un jour dans ses murs. Tous les bourgeois avaient droit de pêche dans le lac, de paccage dans la banlieue : chaque habitation avait droit de feu ou de moulin, et quand quelqu'un changeait de domicile, la ville devait le transporter aussi loin qu'il pouvait aller dans les vingt-quatre heures. Le seigneur ne s'était réservé que quelques dîmes, vignes, forêts et cens avec droit de fravail, et quand il venait en ville, sa garde se composait de feudataires. Fribourg crut que l'alliance de cette cité contribuerait puissamment à la paix du pays, ainsi qu'à la sécurité des deux villes [1]. Elle fut conclue le 24 juin 1245 [2]. Les conditions en furent à peu près les mêmes que dans le traité avec Berne.

Il semble au premier coup-d'œil que toutes ces alliances eussent dû établir une paix solide entre les parties contractantes et les lier d'une étroite amitié. Mais les fréquentes réconciliations attestent les fréquentes ruptures et nous voyons par la quittance que les Moratois nous donnèrent plus tard que pendant le demi-siècle qui s'écoula entre le premier traité et le second, non-seulement les alliances ne se renouvelèrent pas à teneur de la lettre, tous les dix ans, mais qu'on se fit des deux côtés tout le mal possible [3].

Soit que la charte primitive du fondateur fût déjà égarée, soit que la nouvelle dynastie jugeât à propos, sans doute à l'instance de la communauté, de sanctionner la constitution par un acte authentique, les Kybourg firent rédiger ce document en latin [4].

La même année (1249) nous renouvelâmes notre alliance avec Payerne, mais sur des bases plus larges. Le lieu des conférences entre les deux villes fut assigné à Pontaux [5].

Nos relations avec Hauterive étaient toujours sur un bon pied.

---

[1] Pro bono pacis nec non pro mutua defensione. Recueil dipl. VIII. — [2] Ibid. — [3] Dempna et injurias nobis et nostris irrogatas per ipsos de Friburgo aut per suos a 48 annis non repetemus. Recueil dipl. L. — [4] Cet original disparut également. Il en existe par bonheur une copie faite trente-neuf ans après et portant le vidimus de deux religieux de Villars-les-moines. Nous possédons aussi la traduction patoise faite en 1410 et une autre traduction allemande postérieure de quelques années. — [5] Recueil dipl. IX.

CHAPITRE II. 63

Cette illustre abbaye, déjà environnée de nombreux défrichemens [1], commençait à entrer dans la plénitude de ces jouissances qui plus tard amenèrent le relâchement de ses mœurs. Elle possédait quatre maisons en ville et quatre moulins en l'Auge. Ces derniers lui avaient été donnés par l'avoyer Conrad d'Englisberg [2]. Ses revenus étaient considérables [3]. Les Rych, les Maggenberg, les Ricasberg lui avaient légué des propriétés, se réservant le droit d'y être ensevelis; d'autres bourgeois y avaient pris le froc. Les comtes de Kybourg [4], de Bourgogne [5], de Neuchâtel et de Gruyères continuèrent à l'enrichir, à la protéger et ne permettaient pas qu'on la molestât impunément [6]. C'est ainsi que le sire de Weissenbourg ayant essayé de se créer un droit féodal sur les montagnes de Hauterive, et l'abbé s'étant plaint de cette usurpation, le comte de Gruyères lui rendit justice en forçant le sire de Weissenbourg à se désister (1258). C'est ainsi encore que le comte de Neuchâtel fit restituer aux religieux une montagne revendiquée par le fisc, et où l'un d'entr'eux avait bâti à ses propres frais une chapelle en l'honneur de St. Silvestre [7].

Cependant l'humeur guerroyante et rapace des seigneurs offrait peu de garanties de sécurité pour les propriétaires paisibles. Notre banlieue en comptait près de cent. L'un d'eux, Conrad de Viviers depuis avoyer, profitant de l'absence de l'abbé d'Hauterive que Hartmann comte de Kybourg avait chargé d'une négociation, surprit le couvent et le pilla (1253). Le prince adressa à ce sujet aux Fribourgeois une admonition sévère [8]. Il les somma de faire

---

[1] Elle compte aujourd'hui son 57ᵉ abbé. — [2] Nobil. Altæripæ. Pan. 2. — [3] Aussi disait-on proverbialement que Fribourg ne percevait qu'un denier de plus. Müller. — [4] Arch. d'Hauterive de 1772. — [5] Recueil dipl. XI. Jean lui fit entr'autres une donation de cent sondées de sel sur les puits de Salins (1249). Voyez aux pièces justificatives n° 1, cette pièce curieuse, la plus ancienne qui existe en patois. — [6] Arch. d'Hauterive. Dans cet acte Hugues, comte Palatin de Bourgogne appelle les Fribourgeois *ses amis*. — [7] Nobiliare Altæripæ. T. II, pag. 122. Bien plus tard encore (1426) Nicod Billitzar, maréchal d'Estavayer-le-Gibloux et justiciable du monastère, fut mis en prison pour fravail et pour avoir manqué au vénérable frère Pierre d'Avrie, abbé d'Hauterive. Il ne put même obtenir son élargissement qu'à l'aide de nombreuses cautions. L'avoyer Jacques Lombard était alors l'avoué du couvent et le préposé de ses albergataires. — [8] Recueil dipl. XIII.

restituer tout ce qui avait été pris aux religieux, et dans une seconde lettre de recommandation, il se servit presque des mêmes termes qu'avait déjà employés Berchtold le fondateur de la ville : *Quicumque eam* (domum) *offenderit, sciat quod ipse offendat personam meam* [1], comme Berchtold IV avait dit : *Qui eos offenderit, nos offendit* [2].

Le comte de Kybourg avait alors des possessions considérables sur la rive gauche de l'Aar. En 1254 il prit sous sa protection le couvent de Ruggisberg avec ses gens et ses terres de Guggisberg, de Planfayon, Alterswyl et tout ce qui lui appartenait entre l'eau noire et l'Aar (ultra nigram aquam et ultra aquam quæ hara dicitur). Cet acte respire beaucoup de hauteur : *Quiconque*, y est-il dit, *sera assez présomptueux pour contrevenir à ces dispositions, se rendra coupable d'offense envers nous et encourra toute notre indignation* [3].

Un voisinage moins pacifique que Hauterive était celui d'Arconciel alors fief de Savoie, tenu par le comte d'Arberg de la famille des comtes de Neuchâtel. Cette seigneurie était très-ancienne. Le premier acte, qui en fait mention, est celui par lequel l'empereur Henri IV donne le château d'Arconciel au comte Conon (1082) avec ses dépendances. Parmi celles-ci on comptait alors Sales et Farvagny, plus tard Treyvaux. Tout ce district tomba ensuite dans la mouvance des Recteurs et après eux dans celle de Savoie. La garde du château était confiée au sire de Treyvaux, qui en temps de guerre était tenu de le défendre en personne, et d'y demeurer pendant l'espace d'un mois. En temps de paix il se contentait d'y entretenir un homme, un coq et un chien, aux termes de la prestation (1253) [4].

Il paraît que de longues et graves difficultés nous tinrent longtemps en échec de ce côté là, car plusieurs trêves furent con

---

[1] Recueil dip. XII. — [2] Ibid. II et III. — [3] Dat. apud Frib. 1254. Sch.
— [4] Si terra fuerit in bono statu pacis, debet in dicto castro habere unum clientem per mensem in anno cum uno gallo et uno cat. Altærip.

avec le comte d'Arberg, jusqu'à ce que vers la fin du treizième siècle les deux châteaux d'Arconciel et d'Illens échurent à Nicolas d'Englisberg, bourgeois de Fribourg, lequel nous en fit la remise [1].

Déjà la ville n'était plus circonscrite dans les limites du bourg. Sur le précipice du court-chemin encore impraticable, s'était élevée la rue de la Grand'fontaine, fermée par une porte dont les derniers vestiges n'ont disparu qu'au commencement de ce siècle. Les rues du Petit-Paradis, de Lausanne et de Morat étaient déjà commencées. On ferma les deux premières par une porte, au débouché du grand escalier du collége. La troisième porte était à l'endroit où le ruisseau du Beltzé ou Byssée débouche dans la rue de Morat. A l'est un mur de clôture passait d'un bord du rocher à l'autre depuis la fontaine du Plätzly jusqu'aux Augustins. Il était également muni d'une porte.

Le voisinage de la Sarine et du Gotteron offrant de grandes commodités aux fabricans de drap, de cuir et de faulx, toute cette contrée se couvrit d'usines et de maisons, et forma le quartier de l'Auge, le plus ancien de nos faubourgs. Le comte Hartmann voulant favoriser cet accroissement de population, étendit les priviléges de la ville jusques sur ce quartier, toutefois avec le consentement de la communauté [2]. L'année suivante on bâtit la Neuve-ville (1254) : *Casalia juxta aquam dictam Sanonam* [3].

Une pieuse Fribourgeoise, nommée Richenza [4], s'était retirée avec la permission du curé de Tavel dans ce delta solitaire que la Sarine enlace dans un de ses nombreux replis, au sud-ouest de Fribourg (1255) [5]. Bientôt d'autres compagnes vinrent l'y joindre et cette nouvelle communauté religieuse s'établit, dit-on, dans le bâtiment du pré qui sert aujourd'hui de hangar. Le comte, toujours du consentement de la bourgeoisie, leur accorda tout le terrain

---

[1] Voy. Recueil dipl. XLVI, XLVIII, LIV, LXII. — [2] De consilio et voluntate omnium burgensium de Friburgo. Recueil dipl. XV. — [3] Ibid. XVI. — [4] Dont on a maladroitement fait Rych et Reichensée. — [5] Juxta rupem acutam. Acte de 1255 aux archives du couvent.

adjacent, dit la Maigrauge [1] pour y bâtir un couvent, qui adopta la règle de St. Benoît et ne tarda pas à être richement doté par plusieurs particuliers. Toutes les donations faites ou à faire à ce couvent furent confirmées par Rodolphe de Habsbourg (1284) [2], et Henri VII (1309).

Chacun de ces actes est daté de Fribourg, où séjournaient alors ces deux empereurs. En 1425 on accorda à sœur Marguerite de Pont, abbesse de la Maigrauge le terrain qui est entre le mur et la Sarine [3].

Quelques années plus tard s'éteignit la dynastie des Kybourg (1263). « L'incapacité et la faiblesse des trois Recteurs de cette famille, dit Pellis, firent naître une révolution lente et paisible, qui produisit successivement l'indépendance de l'évêque de Lausanne, celle des monastères, des vassaux et des corporations bourgeoises et qui se termina par la nullité la plus complète des prérogatives et des droits du Rectorat [4]. »

[1] Recueil dipl. XXII. Ce terrain fesait partie des communs donnés à la ville par son fondateur. — [2] Recueil dipl. XXVII. — [3] Que ce lour doit appartenir ly pittite oge qui est derrar la Sarina devant lour closon por amour de Dioux et por honnour deit dictes dammes qui sont par la Dioux grace honestes religiouses et d'honeste conversation. Archives cantonales. — [4] Elémens de l'histoire de l'anc. Helv. Tom. 2.

CHAPITRE III.

Les Habsbourg. — Le petit Charlemagne. — Etablissemens pieux. — Humilimont. — Hautcrêt. — Renouvellement d'alliance avec Berne, Morat. — Vente de Fribourg. — Siége de Payerne. — Grasbourg. — Guminen. — Ordonnance de 1282. — Collégiale de St. Nicolas. — Siége de Berne. — Mort de Rodolphe Ier. — Guerre avec Arberg et la Savoie. — Réceptions bourgeoisiales. — Arbitrage avec Berne. — Valsainte. — Combat du Donnerbühl. — Voisinage de Fribourg. — Ligue de 1303. — Ordonnance des Eynons. — Banquiers à Fribourg. — Un Kybourg prisonnier dans ses murs. — Expédition contre Arconciel. — Nouvelle rupture avec Berne. — Le chevalier Lobgass et autres soudards fribourgeois. — Paix avec Berne et la Savoie. — La Gruyère. — Bulle. — La Part-Dieu. — Corbières et Bellegarde.

Hartmann le jeune avait épousé en secondes noces Alix de Châlons, qui lui avait apporté en dot tout ce qu'avaient laissé les anciens comtes de Bourgogne. Condamine et Laupen lui étaient également échus en partage, on ne sait trop comment, de sorte que le comte de Kybourg était devenu un des plus puissans vassaux de la Bourgogne. Ses possessions s'étendaient sur la plus grande partie de l'Argovie et de l'Uchtland, depuis la Reuss jusqu'en-delà de la Sarine, aux frontières du pays de Vaud. Le dernier comte avait toujours vécu en harmonie avec ses voisins et notamment avec Berne. Les relations des deux villes se réglaient alors aux conférences de Bollingen. La veuve de Hartmann, restée en état de grossesse, avait déjà une fille nommée Anne, qui épousa Eberhard de Habsbourg-Lauffenbourg. C'était elle qui devait recueillir et les grands biens allodiaux, et l'autorité de son père. Mais l'empereur Richard, que l'appui du St. Siége avait fait monter sur le trône des Hohenstauffen, donna l'investiture du Landgraviat de Bourgogne au comte Pierre de Savoie. Ce prince ambitieux qui avait déjà su adroitement s'emparer de tout le pays de Vaud, à l'évêché de Lausanne près [1], tournait des regards de convoitise sur les états limitrophes. Déjà il touchait à la banlieue de Fribourg, car les seigneurs d'Arconciel, d'Illens, de Treyvaux, Farvagny et Corpataux venaient de le reconnaître pour seigneur suzerain (1251) [2], et l'empereur lui avait donné Condamine. Il avait pris depuis long-temps le titre de comte de Romont. Le traité d'Evian lui avait acquis cette ville, ainsi qu'Estavayer, Bossonens et tout le pays situé entre la Glâne et le Glan [3].

Il paraît que les Fribourgeois furent effrayés de ce dangereux voisinage et qu'ils sentirent le besoin d'un protecteur assez puissant pour défendre et maintenir leur indépendance, au milieu des troubles anarchiques qui désolaient l'empire depuis la mort de Frédéric II. Ils jetèrent les yeux non sur Pierre, dont ils redoutaient l'ambition, mais sur Rodolphe de Habsbourg, fils d'un comte d'Alsace mort en Palestine, et par sa mère, héritier de Hartmann l'ancien son oncle [4]. Guerrier intrépide et heureux, négociateur habile, ce prince fixait depuis longtemps sur lui l'attention publique et la Providence semblait l'avoir appelé exprès en Helvétie pour servir de contre-poids à l'ambition du petit Charlemagne. On lui reprochait pourtant de sacrifier souvent la justice aux intérêts de sa politique. Sa conduite surtout à l'égard des deux princesses de Kybourg, la veuve et sa fille, est révoltante d'iniquité.

Dans l'accord que les Fribourgeois firent avec lui, ils réservèrent expressément tous les droits de l'enfant qui était encore à naître, ainsi que ceux de la communauté (1263).

Si pendant la durée de ce protectorat qui devait expirer à la mort d'Anne, l'une ou l'autre partie contractante obtenait quelques

---

[1] Ce diocèse comptait déjà alors 301 églises et le haut chapitre de Lausanne était composé de 32 chanoines. Pellis. — [2] Recueil dipl. XXV. — [3] Nobiliare Altærip. Pars 1. Cette reconnaissance fut renouvelée en 1281 et 1286. Archives d'Hauterive. — [4] Pellis.

priviléges contraires aux dispositions de la charte [1], cette transaction ne serait point obligatoire pour l'avenir, mais seulement exceptionnelle. Et comme Fribourg redoutait le voisinage de Laupen et de Grasbourg, alors forteresses imposantes, on régla d'avance les relations éventuelles qui pourraient s'établir, et les garanties que les garnisons devaient donner à cette dernière stipulation supposent qu'il existait déjà avec Laupen et Grasbourg des traités que nous ne connaissons pas.

Les Bernois suivirent bientôt notre exemple (1266). Ce fut même la nouvelle extension que venait de prendre la maison de Habsbourg, qui les y détermina; car seuls, ils n'eussent jamais été capables de lui résister. Leur choix ne fut pas douteux. Il tomba sur le compétiteur de Rodolphe, Pierre de Savoie, qui réunissait toutes les grandes qualités d'un puissant protecteur, et placé en même temps de manière à n'inspirer aucune crainte pour l'indépendance de leur ville. Le traité qu'ils firent avec lui fut conclu sous l'avoyer Bubenberg en 1266 et deux années plus tard, ils le renouvelèrent avec son successeur Philippe.

Cette dernière démarche alarma les Fribourgeois, qui crurent y voir l'intention de leurs voisins d'abandonner à perpétuité la défense de leur ville à la maison de Savoie. Ils s'en expliquèrent avec les Bernois et ceux-ci leur déclarèrent par un acte authentique (1271) que l'engagement pris avec les comtes de Savoie ne se continuerait pas avec leurs successeurs [2].

Les établissemens pieux se multipliaient alors partout. Au sein de notre ville s'élevait déjà le grand hôpital près de l'église de Notre-Dame, formé par l'agglomération successive de plusieurs petites maisons, qui lui furent léguées par des personnes charitables. Cette fondation remonte aux premières années du treizième siècle, quoiqu'on n'en sache pas la date précise. Jacques Fioletta lui légua

---

[1] Prout hæc in instrumentis nostris super hoc confectis plenius continentur. Arch. cant. — [2] Recueil. dipl.-XXVIII.

une rente de douze sous par an pour l'entretien du luminaire devant l'autel et un autre de vingt sous pour faire chaque année un bon repas d'anniversaire à tous les malades de l'hôpital [1]. La confrérie du St. Esprit n'est guères moins ancienne. Elle fut instituée aux bénéfices des pauvres bourgeois, et ses membres par une faveur spéciale du St. Siége furent rendus participans de toutes les bonnes œuvres qui s'accompliraient dans l'ordre des Dominicains. La lèpre, importée en Europe par les croisades, avait nécessité la fondation des léproseries, mais hors de l'enceinte de la ville. Il y en avait une à Bourguillon et une autre aux Marches. Il ne se faisait guères de testament considérable, qui ne contînt quelques legs pour ces établissemens.

On n'oubliait pas non plus les couvens, et quand il n'y en avait point de nouveaux à fonder, on dotait les anciens. Hauterive, Humilimont, Hautcrêt recevaient successivement de riches donations. Les comtes de Bourgogne avaient fait aux deux premiers une pension en sel [2].

Les motifs allégués dans ces actes de donation respiraient un profond sentiment religieux. *La vie devant finir*, disent les frères Ricasperg, bourgeois de Fribourg, *il est de la prudence de se préparer à l'éternité, pendant qu'il en est encore temps, de peur que l'heure imminente de la mort ne nous surprenne, chose terrible à dire* [3]. Suivent en conséquence des legs pour les églises de Guin, de Bösingen, pour la grande église de Fribourg, pour la chapelle de Notre-Dame, pour l'église de St. Jean en l'Auge, de St. Pierre devant Fribourg, pour les couvens d'Hauterive et de Hautcrêt, enfin pour l'hôpital une rente annuelle de vingt sous (huit francs) sur les maisons de pierre des Ricasperg,

---

[1] Arch. de l'hôpital. — [2] (Voyez l'acte de 1249). On ne trouve point d'acte rédigé en langue française dans le pays, antérieurement à celui-ci. Lorsque la Franche-Comté fut tombée au pouvoir de l'Espagne, la pension d'Humilimont cessa d'être payée malgré toutes les réclamations. — [3] Quoniam nemo est qui semper vivat et qui hujus rei fiduciam habeat, providum est, fidelis quisque suæ disponat domui, dum tempus suppetit, ne mortis hora, quæ non tardat, ipsum, quod terribile est dictu, inveniat imparatum. Nobil. Altær, P. 2, fol. 67—70. Recueil dipl. XVIII.

situées à l'angle de la rue, où se tenait le marché du bétail (à l'emplacement de l'hôtel de Zähringen) et sur le jardin adjacent, etc. Il n'est fait mention ni des Cordeliers ni des Augustins. En faut-il conclure que ces couvens n'étaient pas encore achevés et qu'ils n'avaient pas d'église ?

Jocelyn co-seigneur de Pont et Guillaume de Grangettes furent les bienfaiteurs de Marsens. Le premier renonça à la forêt de Posat en faveur de cette abbaye [1]. Plusieurs années après il y eut un convenu entre l'abbé et les seigneurs de Pont au nom du pays du Petit-Farvagny. Toutes ces donations étaient faites ordinairement sous le sceau de Fribourg avec cette indication : *Presentem litteram sigillo communitatis Friburgi fecimus sigillari.*

Jusqu'alors les comtes de Gruyères s'étaient tenus sur le pied d'une prudente réserve à l'égard de Fribourg. Voyant enfin à quel degré de puissance cette nouvelle colonie s'élevait, ils pensèrent avec raison que son alliance n'était pas à dédaigner (1264). Ils prirent à son égard l'initiative des bons procédés en exemptant les Fribourgeois résidans sur leurs terres de toute prestation personnelle [2].

La conquête du pays de Vaud par le petit Charlemagne fut si facile qu'à peine peut-on l'appeler une campagne [3].

En général, tandis que le reste de l'Europe était agité par les

---

[1] Archives de Marsens au Collége E, n° 2. — [2] Recueil dipl. XXVI. — [3] Voici en quels termes la grande chronique de Savoie rapporte la prise de Romont et celle de Morat en 1260 : Pierre se partit de Moudon et adressa droict son chemin devant la ville de Romont, auquel lieu les habitans de première venue ne se voulurent rendre à lui. Mais il fist tantôt dresser aulcuns engins contre les murs et jecter grosses pierres de faix, si dru et espressement, qu'ils étaient tous moult merveillés et travaillés de si durs assaulx, et quand ceulx de la dite ville de Romont, qui ne s'étaient voulu rendre, se virent ainsi mal menés et traictés, ils se rendirent au comte de Savoie leurs vies saulves, et adonques il entra dans icelle ville, là où il fist faire un petit chastel et un mur tout le long des petits cantons du bourg. Et. après qu'il eut mis bon ordre dans la ville, il chevaucha droict à Murach (Morat) là où ceulx de la ville se rendirent à luy et puis il fist faire un donjon à l'une des portes de la ville ; près du meillieu de la rivière de Broye il fist édifier une grosse tour, c'est à savoir entre cette ville de Murach et le lac de Neuchastel.

troubles du grand interrègne, l'Uchtland jouissait d'une profonde paix, grâce au double protectorat sous lequel s'étaient placés Berne et Fribourg. Nous renouvelâmes successivement nos alliances avec Avenches et Berne [1].

Dans ce nouveau traité que nous fîmes avec Berne, outre les seigneurs des deux villes sont encore réservés leurs défenseurs. Mais le terme entre l'offense et le défi, qui dans les actes précédens était de quatorze jours, est étendu à six mois. La paix doit se faire *in medio viæ*, c'est-à-dire dans un endroit également distant des parties négociantes.

On renouvela la clause qui défend d'admettre des barons à la bourgeoisie sans le consentement de l'autre ville, mais pour ne point laisser au mot *baron* une portée trop vague, on le définit ainsi : *Le propriétaire ou simple possesseur d'une ville, d'un château ou d'un lieu fortifié quelconque* [2].

A la mort des défenseurs respectifs et de la princesse Anne de Kybourg, il ne sera plus fait de choix sans le consentement de l'autre ville, et le consentement devra être donné par lettres patentes [3]. Cette clause prouve non-seulement que le choix du patronage nous appartenait, mais que la seigneurie de Fribourg elle-même ne pouvait pas passer en d'autres mains sans le consen-

---

[1] Recueil dipl. XXVII et XXIX. Il paraîtrait cependant qu'un nouveau démêlé avec Berne donna lieu au renouvellement de l'alliance; mais les auteurs ne s'accordent pas sur les dates. Stettler parle d'une guerre qui eut lieu en 1250. Simler la place en 1261, Guilliman en 1262, Jean Vitoduranus sous le règne de Rodolphe de Habsbourg. Le Schweizerische Geschichtsforscher cite même quelques détails. Il raconte que l'armée bernoise surprise un jour par celle de Godefroy de Kybourg, composée en grande partie de Fribourgeois, n'eut que le temps de former un cercle hérissé de lances, que l'ennemi ne pouvait entamer. Un chevalier dévoué l'enfonça, et les autres ayant suivi, les Bernois eurent le dessous. M. Tillier a adopté le récit de Guilliman, différent de celui-ci, mais il place l'événement en 1241, qui est la date indiquée par la chronique de Berne. Dès-lors on ne voit plus quel rapport il pourrait y avoir entre cette guerre et le traité de 1271. — [2] Aliquem habentem civitatem, castrum vel munitionem, aut eum, cui aliquod castrum seu munitio sit commissa. Recueil dipl. page 105 et suiv. — [3] Cum defensor Bernensium scilicet D. Philippus, comes Sabaudie decesserit, vel Anna filia quondam comitis Hartmani junioris de Kyburg et cum defensio D. Rodulfi comitis de Habspurg finem habuerit, neutra civitas, sine alterius civitatis consilio alium eligere vel recipere debet, quod consilium per patentem litteram daret.

tement de la communauté. Une autre article remarquable arrête que dans le cas où l'une des deux villes en portant secours à l'autre, lui causerait quelque dommage involontaire, l'avoyer et deux conseillers iraient y résider jusqu'à entier dédommagement [1]. Il est fait mention expresse du foin et des poules qui seraient enlevés à cette occasion, et cette précaution n'était pas inutile dans un temps où les alliés ne pillaient pas moins que les ennemis. Les deux villes se mirent aussi en garde contre les complications fâcheuses où pouvaient les entraîner les querelles individuelles de leurs bourgeois et il fut stipulé qu'aucun d'eux ne pourrait intervenir dans une guerre étrangère qu'il n'eût au préalable résigné sa bourgeoisie et évacué la ville avec sa famille. On convint aussi qu'un criminel, exilé ou fugitif ne serait point reçu dans l'autre ville. Cette clause, adoptée ensuite par d'autres villes, servit de base au droit d'exiler non-seulement hors du canton, mais encore de tous les états de la Confédération.

Ce traité qui fut juré sur la sainte hostie (ad sancta Dei) dans l'église de Neueneck en 1271, sous l'avoyer Conrad de Viviers, devait se renouveler tous les dix ans, preuve que les différends de la maison de Kybourg avec Berne furent terminés à l'amiable [2].

Le mariage de la comtesse Anne avec Eberhard, quoique favorisé par son oncle Othon IV, comte palatin de Bourgogne, ne put cependant avoir lieu qu'en 1271 ou 1272, à cause des nombreuses difficultés que soulevait l'artificieux Rodolphe de Habsbourg, dont cette union contrariait les intérêts. Eberhard prit dès-lors le titre de comte de Kybourg, alla résider à Berthoud, et fut le chef de la seconde maison de Kybourg. Rodolphe étant peu après monté sur le trône impérial, ménagea d'avantage la maison de Kybourg, parce que son attention se porta sur de plus graves intérêts. De vastes projets semblaient l'occuper et donner une direction diffé-

---

[1] Tenetur scultetus illius ville, quæ dampnum intulerit venire in alteram villam cum duo de consilio nunquam inde recessurus, etc. — [2] Tillier, Histoire de Berne.

rente à son ambitieuse activité, tel que l'établissement d'un duché burgundo-allemanique ou plutôt le rétablissement de l'ancien royaume de Bourgogne. C'eût été un bel apanage pour un de ses fils. Aussi faisait-il de longs séjours dans nos contrées, à Baden, à Soleure et à Fribourg. Il se rendit même à Lausanne pour y assister à la consécration de la cathédrale et confirmer les immunités de l'évêché. Cette grande cérémonie eut lieu le dix-neuf octobre 1275 [1] au milieu d'un immense concours de peuple [2].

La même année il plaça Fribourg sous la protection spéciale de l'empire et fit reconnaître partout la compétence de ses tribunaux [3]. Car déjà il méditait l'acquisition de cette place importante, qui devait assurer le succès de ses entreprises par sa situation sur les limites de la Savoie. Mais il voulut que cet acte n'eût de valeur que pour douze ans pour mieux maintenir Fribourg dans la sujétion [4]. Les Fribourgeois, craignant que l'autorité impériale ne finît par absorber et celle de leur seigneur et celle de la communauté, demandèrent la confirmation solennelle de leurs priviléges.

La comtesse Anne de Kybourg et son mari Eberhart en signèrent l'acte authentique [5] et deux années plus tard (1277), Rodolphe força son cousin de lui céder Fribourg pour la modique somme de 3000 marcs d'argent. Ce prix était de beaucoup inférieur à celui qu'en avait voulu donner Philippe, comte de Savoie, qui avait épousé l'aïeule maternelle de la comtesse Anne. Cette transaction fit éclater les longs dissentimens qui couvaient depuis longtemps sous la cendre entre les deux maisons rivales de Savoie et de Habsbourg. Car la sœur de Philippe, veuve du comte de Kybourg, ayant voulu faire valoir les prétentions qu'elle avait sur Fribourg, qui lui avait été assigné en dot, soixante ans auparavant, Rodolphe saisit cette occasion pour attaquer son compétiteur. Il entra dans le pays de Vaud, à la tête d'une armée composée des

---

[1] Voyez la savante dissertation de M. le chanoine Fontaine sur ce sujet. — [2] Ruchat, abrégé de l'histoire ecclésiastique du pays de Vaud. Page. 57. — [3] Recueil dipl. XXX et XXXIII. — [4] Cette limite ne se trouve plus dans l'acte de 1289. Ibid. — [5] Recueil dipl. XXXI.

troupes des Waldstettes, de Zürich, de Lucerne, de Fribourg et de Berne et alla mettre le siége devant Payerne (1283). Ni Berne ni Fribourg ne prirent volontiers part à cette expédition contre une ville alliée [1]. Ce fut pendant cette campagne que l'empereur fut une fois renversé de cheval et forcé de se jeter tout armé dans le lac de Morat. Hartmann de Waldeck ne l'en tira qu'avec peine et le ramena à Fribourg. Morat s'étant soumis, Rodolphe confirma ses franchises.

Pendant ce siége qui se prolongea jusqu'à Noël, l'empereur reconnut devoir à Richard de Corbières et à Rodolphe de Vuippens une somme assignée sur le château de Grasburg [2]. Il paraît par cet acte que Richard avait été précédemment seigneur de Belfeaux [3], et que Rodolphe désira posséder cet endroit comme un poste avancé. Deux ans auparavant Richard avait prêté hommage aux Fribourgeois pour le château de Montsalvens [4], on ignore à quelle occasion.

La paix se fit par l'entremise du pape. Payerne, Morat et Condamine furent remises à l'empereur avec l'avouerie du couvent de Payerne. Les Bernois ne furent point compris dans ce traité. De retour à Fribourg, Rodolphe y resta depuis le commencement d'Avril jusqu'à la fin de juin. Pendant ce temps il confirma et il accorda à Louis de Savoie le privilége de battre monnaie. Il termina aussi les différends survenus entre l'évêque et la ville de Lausanne, et vint deux fois à Fribourg pour ce sujet [5], confirma toutes les donations faites et à faire au couvent de la Maigrauge par un acte daté du jour de la Fête-Dieu (1284) [6]. Nous avions alors pour avoyer Ulric de Maggenberg [7]. Il paraît qu'il montra beaucoup de zèle pour la cause de l'empereur, ce qui lui valut une

[1] C'est l'opinion de Tschudi. Par contre Justinger dit que les Bernois et les Fribourgeois se distinguèrent pendant ce siége.— [2] Recueil dipl. XXXVI.— [3] Cet endroit avait plus d'importance qu'aujourd'hui. Le doyen de Belfeaux parut comme témoin dans l'acte de fondation d'Hauterive. — [4] Ibid. XXXIV. — [5] Ruchat. — [6] Recueil dipl. XXVII. — [7] Ainsi le catalogue chronologique des avoyers de Fribourg dans le dictionnaire de M. Kuenlin, n'est pas exact.

récompense de soixante marcs d'argent qui lui furent promis et pour lesquels Rodolphe engagea le village de Muons près Guminen [1]. Plus tard (1288), et toujours à défaut d'argent comptant, il lui engagea Guminen pour deux cents marcs d'argent [2]. Comme ni cette somme ni celle portée dans l'acte précédent ne furent payées, les fils d'Ulric de Maggenberg [3] se regardèrent comme propriétaires de tous ces effets et les vendirent au mois de juin (1319) à la communauté de Fribourg pour six cent cinquante livres. Celle-ci les revendit à Rollet, fils de Jean de Vuippens, qui déclara plus tard, tant en son nom qu'en celui de son père, que si jamais eux ou leurs héritiers venaient à vouloir vendre les dites propriétés, ils devaient avant tout les présenter à la dite communauté de Fribourg qui pourrait les retirer à elle en leur payant dans le terme de six mois la somme ci-dessus et en leur remboursant moyennant une taxe les améliorations qu'ils auraient faites aux bâtimens (1325). Mais quelques années après, le château de Guminen fut brûlé et détruit par les Bernois (1332). Fribourg vendit ensuite cette propriété pour trois cents livres d'argent blanc coursable à Berne.

Henzman d'Eptingen, beau-fils de feu le chevalier Guillaume de Maggenberg renonça à toutes ses prétentions sur Guminen et sur toute la succession de la famille de Maggenberg, moyennant quatre cents florins de Florence qui lui furent payés en partie par Fribourg, en partie par les Maggenberg (1336).

Les troubles du dehors n'entravaient pas la marche constitutionnelle de l'Etat. La communauté, tout en observant religieusement les articles de la charte, usait aussi du droit qu'elle lui donnait de les changer à volonté et de créer au besoin de nouvelles lois sans demander l'agrément du seigneur. C'est ce qu'elle fit sous l'avoyer Rormoos à l'égard de l'article quinze de la charte qui ne permettait

---

[1] Recueil. dip. XXXVIII. — [2] Ibid. XL — [3] Il y en avait quatre, Jean, qui fut aussi avoyer, Richard curé de Belp, Berchtold curé d'Uberstorf et Guillaume, dont la fille unique Elsina épousa le donzel Henzman d'Eptingen. Recueil dipl. Pag. 122.

de disposer de leurs biens qu'à ceux qui pouvaient marcher et aller à cheval, c'est-à-dire aux bien portans. Elle jugea à propos de supprimer cette restriction, en permettant aussi aux malades de faire un testament. Tel est le but de l'ordonnance de 1282 qui fut rendue sans aucune approbation préalable du seigneur [1]. Trois années plus tard une seconde ordonnance fut rendue sur le même sujet et servit d'explication à la première, (1285) [2].

Il paraît que vers cette époque fut bâtie la nouvelle collégiale de St. Nicolas. Car nous avons vu que déjà lors de la fondation il existait non pas sur le même emplacement, mais sur celui de la fontaine des bouchers une église sous l'invocation du même saint avec un cimetière. Le clocher fut placé sur le chœur où il resta jusqu'à une nouvelle reconstruction (1288).

Fribourg dut prendre part au double siége de Berne par Rodolphe [3] qui ne pouvait pardonner à cette orgueilleuse cité la résistance qu'elle avait opposée aux projets du comte de Habsbourg, ni la répugnance dilatoire avec laquelle elle avait rendu hommage au nouvel empereur, ni le peu de zèle avec lequel elle prenait part aux expéditions de l'empire [4]. Mais ce qui avait surtout blessé l'empereur, c'était les trames que Berne avait voulu ourdir avec quelques Fribourgeois contre la cession de notre seigneurie [5].

Les Bernois ayant expulsé de leur ville tous les juifs qui s'étaient non-seulement rendus odieux par leur usure, mais qu'ils accusaient tout récemment d'avoir égorgé un enfant chrétien, Rodolphe, à qui les bannis en appelèrent comme sujets de l'empire, saisit cette occasion pour châtier les Bernois. Son armée, forte de quinze mille hommes, échoua deux fois contre le courage d'un peuple prêt à mourir pour défendre son indépendance.

Les chroniques bernoises, au dire des nôtres, font aussi mention

---

[1] Recueil dipl. XXXV. — [2] Ibid. XXXIX. — [3] La chronique de Lenzbourg prétend que les Fribourgeois furent dispensés de coopérer au premier siége. — [4] Berne avait refusé de marcher sous la bannière de Rodolphe contre Ottocar. Suivîmes-nous cet exemple? Il est probable que non. — [5] Tschudi cité par Tillier.

d'un siége que Fribourg doit avoir soutenu cette année, le jour de la St. Jacques contre Conrad de Lenzbourg, évêque de Strasbourg, sans préciser à propos de quoi. Elles citent même la circonstance, que dans une sortie un boucher faillit percer l'évêque de sa lance, ce qui le détermina à lever le siége. Cette tradition ne soutient pas l'examen de la critique [1].

L'empereur se trouvant à Fribourg avec ses deux fils Albert et Rodolphe, renouvela cette année l'acte de 1275 qui mettait Fribourg sous la protection de l'empire. Il fit plus, il lui donna une valeur illimitée, tandis que la durée de l'ancien diplôme était fixée à douze ans [2]. Mais ses deux fils Albert et Rodolphe surent adroitement extorquer de la bourgeoisie le droit de nommer l'avoyer et le curé [3]. L'abandon de ce privilége eut pu nous devenir funeste, si l'on n'était parvenu à le ressaisir [4] après la mort de Rodolphe, qui eut lieu le dix-huit juillet 1291. Fribourg échut alors en partage à Jean de Souabe son petit-fils, placé encore sous la tutelle de son oncle Albert.

Par une ordonnance portée en octobre de la même année sous l'avoyer Montmacon [5], toute réception d'un étranger à la bourgeoisie fut suspendue pour cinq ans. Il fut en même temps enjoint à tout récipiendaire d'acheter une maison en ville, proportionnée à sa fortune, et d'y demeurer avec sa famille. Cet immeuble était une espèce d'hypothèque civique qui échéait à la communauté, lorsque le propriétaire manquait à ses engagemens.

L'année suivante, nous conclûmes avec Neuchâtel une alliance

---

[1] Mais l'auteur anonyme du manuscrit déposé aux archives se trompe aussi, quand il doute du fait, parce qu'à la même époque Albert d'Autriche assiégeait Berne. Le second siége, qui fut beaucoup plus meurtrier et où les Bernois perdirent beaucoup de monde à l'affaire de Schosshalden, s'était déjà terminé au mois de mai et il n'avait pas été conduit par Albert mais par son frère Rodolphe. — Nous laissons aussi au lecteur le soin de fixer le lieu et l'époque, où se serait passé le fait suivant que nous citons textuellement de Steiner (Germano helveto Sparta 1664. Pag. 250): Pendant un siége, qui réduisait la ville aux abois, un cavalier fribourgeois se précipita à cheval et tout armé, la bannière en main, du haut d'un rocher élevé, et arriva à temps sain et sauf pour annoncer l'approche de l'ennemi. — [2] Recueil diplomatique XLI. — [3] Ibid. XLII et XLIII. — [4] Charte de 1309. A. C. — [5] Recueil dipl. XLIV.

offensive et défensive [1]. De graves dissentimens s'étaient élevés entre ce prince et l'agnat de sa famille le comte d'Arberg. Depuis quelques années ils avaient éclaté en hostilités ouvertes, et le comte de Neuchâtel crut trouver un puissant auxiliaire dans Fribourg, qui avait également à se plaindre de Guillaume d'Arberg, depuis que Nicolas d'Englisberg, bourgeois de Fribourg, avait acheté la seigneurie d'Arconciel [2].

L'alliance dont nous parlons fut spécialement dirigée contre le comte Guillaume, Jean de Valangin et leurs frères qui avaient pris le parti de Guillaume.

Le comte de Neuchâtel permettait aux Fribourgeois le passage libre par ses états, s'engageant à leur fournir des vivres. Les Fribourgeois prirent les mêmes engagemens, réservant l'empereur, les Bernois et Avenches. Le comte de Neuchâtel se réserva l'empereur, les évêques de Bâle et de Lausanne, et Jean de Châlons, seigneur d'Arley. Cette alliance devait durer cinq ans. Neuchâtel n'ayant pas encore de sceau (*tandis qu'Avenches, Morat, Arconciel en avaient*) emprunta celui du Chapitre.

Ce fut une véritable guerre de brigandages et de rapines. On pillait, brûlait tout ce qui tombait sous la main. Les grands chemins étaient de véritables guet-apens. On détroussait, arrêtait, tuait souvent les voyageurs du parti ennemi. Les voisins même en souffraient. Ce fut sans doute à cette occasion qu'un détachement fribourgeois brûla l'église de Chapelle et d'autres maisons aux Premontrés de Gottstatt, qui plus tard nous donnèrent une quittance pour tous les dommages, selon l'usage de cette époque (1293) [3].

Enfin on ménagea un accommodement. Ce fut l'évêque de Lausanne qui intervint avec Jean de Châlons. Déjà l'année précédente (1292) le comte de Buchegg (*Boyko*) avait ménagé une trêve avec Guillaume seul, à laquelle ses frères ne tardèrent pas

---

[1] Recueil dipl. XLVI. — [2] Cum descors fest entre nos sus multes de querelles et de descordes que nous havions entre nos, li uns à l'autre per achaison des quex descordes guerre estait entre nos. Ib. XLVII. —[3] Recueil dipl. LV.

d'accéder [1]. Nicolas de Raferswyl qu'ils avaient pris, fut relâché, et Jean de Châlons se porta garant de cette paix.

Celle de Payerne paraît avoir été bien mal observée, ou avoir été rompue. L'histoire ne nous dit point quelle cause ralluma les hostilités entre Fribourg et la Savoie. Mais nous connaissons le traité de paix conclu avec cette puissance six mois après la mort de Rodolphe [2]. Les Fribourgeois promettent d'un côté à Louis de Savoie, baron de Vaud : 1° de rendre tous les prisonniers faits par eux et Ulric de Maggenberg avec chevaux et harnais, excepté Humbert de Billens pris par Nicolas d'Englisberg et Perroud, sautier de Romont, déjà élargi ; 2° de ne point faire la guerre à lui baron de Vaud, ni au comte de Savoie pendant toute la durée de la trève. Une exception est faite en faveur de Berne, Avenches, Neuchâtel et le seigneur. Pour le cas d'une expédition avec un allié, une annonce en sera faite un mois à l'avance ; 3° d'observer fidèlement la trève conclue pour trois ans avec le comte de Savoie, à condition que les chemins soient mutuellement gardés.

De son côté le baron de Vaud promet de s'entremettre auprès du comte de Savoie pour conclure une trève de trois ans, à dater de Pâques ou d'en obtenir une déclaration par écrit dès que son frère sera revenu de ses états. Enfin les deux parties s'engagent : a) à remettre en liberté les prisonniers faits par Jean de Blonay, savoir le tailleur Aubert et le tambour Gonnerouz, moyennant une rançon qui sera fixée par Guillaume de Montagny, Bertin, Piquar et Jean de Chénens, et ne sera pas au-dessous de cent livres lausannoises ; b) la rançon des autres prisonniers faits par P. de Blonay et les dédommagemens réciproques (offenses) seront fixés par Guillaume de Montagny et le sire de Blanzechastel (Weissenbourg. Pour le cas où l'un de ces arbitres viendrait à mourir, la partie intéressée pourra le faire remplacer.

L'année suivante (1293) fut renouvelée l'alliance avec Morat [3].

---

[1] Recueil dipl. XLVIII. — [2] Ibid. XLIX. — [3] Ibid. LI.

Cette ville se réserva l'empereur, le comte de Savoie et les Bernois. Fribourg fit une pareille réserve pour le duc Albert, son neveu Jean, les Bernois et Jean de Hossesten ou tel autre que le seigneur leur donnerait pour défenseur. On voit par cette dernière clause que Rodolphe et ses descendans prétendaient conserver à jamais la charge de défenseur de Fribourg et pouvoir la faire remplir par un lieutenant affidé. Avenches et Neuchâtel furent également placées sous garantie par Fribourg.

Les clauses finales pour le cas de différend ou de dommage involontaire sont les mêmes que dans le traité de 1271 avec Berne. Tout devait être restitué à l'exception du foin, des poules et des oies [1]. L'alliance devait être renouvelée tous les dix ans. Les Moratois nous donnèrent en même temps cette fameuse quittance [2], qui prouve combien tous les traités faits avec tant de solennité, étaient peu scrupuleusement observés.

On renouvela l'alliance avec Morat [3]. On fit avec Berne un convenu pour dédommagemens des pertes essuyées mutuellement pendant la guerre (1293) [4]. A ce convenu adhéra aussi Pierre de la Tour-Chatillon [5]. La même année nous fîmes aussi la paix avec Arberg [6]. Nous étions également alliés avec Laupen depuis environ 1250. Mais cet acte n'existe plus. On le renouvela (1294) [7].

La bourgeoisie fit l'acquisition de deux membres distingués (1294). Le premier fut le seigneur de Cossonay qui prêta son serment à la communauté sans restriction [8]. Le second fut Rodolphe, comte de Neuchâtel et de Nidau, déjà allié à Fribourg depuis quatre ans [9]. Mais il ne prit d'engagement que pour douze ans, se soumettant du reste à toutes les conditions requises, telle que celle qui dé-

---

[1] Ce dernier arricle, dont il n'est pas fait mention dans le traité de Berne, prouve que les oies étaient plus communes dans le territoire de Morat. — [2] Recueil dipl. L. — [3] Ibid. LI. — [4] Ibid. LII. — [5] Ibid. LIII. — [6] Ibid. LIV. — [7] Ibid. LVII. — [8] Ibid. LVI. — [9] Ibid. LVIII.

cidait l'échéance au fisc de l'immeuble hypothéqué, en cas de renonciation volontaire à la bourgeoisie.

L'année suivante (1295), il y eut un grand arbitrage à Laupen entre Berne et Fribourg, au sujet des réclamations que les deux états avaient réciproquement à se faire [1]. Quand les arbitres envoyés par les parties en litige, ne pouvaient pas s'accorder, alors la partie rière le territoire de laquelle gisait la difficulté devait choisir un sur-arbitre parmi les conseillers et notables de l'autre partie. C'est ce qu'on nommait le *méan*, c'est-à-dire *l'homme-moyen*. Le secrétaire s'appelait *Clerc méan*. A l'occasion dont nous parlons, on convint d'avance qu'il y aurait six arbitres de chaque côté et que le sire Ulric de Thorberg serait le *méan*.

Les six arbitres nommés par Fribourg furent Maggenberg, Englisberg, Rych, Jean de Vuippens, Jacques et Rouf de Duens. On forma une espèce de jury, dont la sentence devait être sans appel, et dont les membres durent rester à Laupen jusqu'à ce que tout fut terminé [2].

Malgré tous les traités de trèves, d'alliances et de paix, malgré tous les arbitrages, la bonne harmonie entre les deux états était sans cesse troublée, Berne ayant embrassé avec dévouement le parti d'Adolphe de Nassau, tandis que Fribourg restait fidèle à la maison d'Autriche.

Par une lettre datée du vendredi après la St. George de la même année, les Fribourgeois permirent aux Bernois de s'allier avec Soleure, à condition qu'un même serment lierait les trois villes [3] et trois semaines après il fallut encore tenir à Laupen un arbitrage pour dédommagemens [4].

Dans la guerre qui s'alluma entre l'évêque de Lausanne et le baron de Vaud, nous prîmes le parti de ce dernier ainsi que les

---

[1] Recueil dipl. LX. — [2] Und sun si nicht kommen uzzir den zilen von Löpen e diz en ende het. — [3] Recueil dipl. LIX. Solothurner Wochenb. 1828, page 436. — [4] Ulric de Thorberg accusa en janvier 1296 réception de cent livres que les Fribourgeois lui avaient expédiées depuis Laupen. Ibid., page 441.

Bernois. L'évêque excommunia les villes de Berne, de Fribourg, de Moudon et de Romont. Mais bientôt après la paix fut conclue par l'entremise de Jean de Châlons (1297) [1].

Au milieu de ces troubles, une profonde pensée religieuse se formulait de temps en temps par l'établissement de pieux asiles dans la solitude de nos Alpes. La sœur Berthe, surnommée *Lucéria*, essaya de fonder un couvent de Bernardines sous le nom de *Voix de Dieu*, sur un terrain qu'elle obtint de la ville de Fribourg au-dessus de la côte du *Berry*, paroisse de Praroman. La communauté possède encore l'acte d'achat du terrain (1314) [2].

Gérard de Charmey, de concert avec son frère et le sire de Corbières, céda aux Chartreux la vallée de tous les Saints au pied de la Berra pour livrer à la culture ce terrain sauvage. Il octroya en même temps à ce lieu un droit d'asile et de patronage illimité, et l'entrée du couvent fut ouverte à tous les sujets de la seigneurie. Tous les dépôts confiés aux religieux devaient être inviolables. Il fut défendu de chasser ou pêcher dans les limites de la donation, d'y paraître armé, d'y tracer de nouveaux sentiers sans le consentement des religieux. L'accès en fut interdit aux femmes et l'on menaça d'une peine exemplaire [3] le sacrilège, qui y commettrait un vol ou un attentat quelconque (1295).

La nouvelle fondation ne tarda pas à s'étendre, soit par des concessions de terrain, que lui firent les propriétaires voisins, soit par des achats.

Gérard avait hypothéqué sur une grande partie de ses domaines la dot de sa femme Alix. Celle-ci dut confirmer la donation de son mari en renonçant formellement à cette hypothèque. Elle fût aussi confirmée par tous les parens ayant droit à l'héritage.

Gérard et Alix s'étaient ainsi dépouillés dans l'idée qu'ils n'auraient plus d'enfant. Ils eurent néanmoins une fille nommée Jeannette. Alors le Prieur et le monastère ayant égard à la réserve

---

[1] Ruch. — [2] A. C. — [3] Tali pœna adficientur, ut qui audierit, talia facere pertimescat.

faite par les donateurs, consentirent à ce que cette enfant pût hériter des biens légués, à condition toutefois qu'elle seule ou ses enfans pourraient en jouir et que si elle mourrait sans enfans ou si sa descendance légitime venait à s'éteindre, tous les dits biens retomberaient à la Chartreuse [1].

Louis de Savoie, qui venait de renouveler avec Berne le traité d'alliance de 1292 vivait aussi en bonne intelligence avec Fribourg depuis la dernière paix. Ce fut à sa recommandation que Moudon nous offrit ses services par une lettre des plus affectueuses [2].

Nicolas d'Englisberg avait acheté le château d'Arconciel du comte d'Arberg et Fribourg lui avait avancé une somme de trois cents écus pour faciliter cet achat. En reconnaissance, le nouveau propriétaire se reconnut notre vassal, mettant le château à notre disposition [3].

La dame Agnès, veuve de Nicolas d'Englisberg, ne partageait pas les sentimens d'affection et de reconnaissance que feu son mari avait professés pour Fribourg. Cette femme tracassière violait constamment les conditions du traité conclu relativement au château d'Arconciel, ce qui donna lieu à une série d'hostilités que les deux partis jugèrent à propos de suspendre par une trêve (1302) de six semaines, et dans laquelle furent compris le fils et le frère d'Agnès, Pierre de Gruyères. Cette trêve fut ensuite prolongée. Ces actes sont rédigés au nom des nobles, des vassaux (ignobiles) et des bourgeois du château d'Arconciel. Pendant cette petite guerre, Agnès avait fait arrêter plusieurs Fribourgeois, entr'autres le curé de Guin. Elle n'avait pas épargné le couvent d'Hauterive, sur lequel elle formait quelques prétentions. Elle n'y renonça qu'en 1312 et vendit à l'abbaye les forêts qu'elle possédait rière Ecuvillens et sur la rive gauche de la Sarine.

Il paraît que Jean d'Englisberg son fils, renoua avec Fribourg les relations de bon voisinage. Après sa mort, Jeannette sa veuve et son fils Vuillième, seigneur d'Illens et d'Arconciel étant en dif-

---

[1] Voyez la charmante *course dans la Gruyère*, page 97 et suiv. — [2] Recueil dipl. LXI. — [3] Ibid. LXII.

ficulté avec le châtelain ou avoyer et les bourgeois d'Arconciel, sur la valeur de la charte qu'avait donnée à ces derniers le comte Ulric d'Arberg, la décision de ce litige fut remise à l'arbitrage de treize Fribourgeois. Ceux-ci prononcèrent que les bourgeois d'Arconciel devaient choisir chaque année leur châtelain ou avoyer, et le présenter à la confirmation de l'avoyer et Conseil de Fribourg; après quoi il devait jurer de maintenir les droits du seigneur, entre autres celui de nommer les portiers et les gardes du château (1334).

Cependant la politique de l'Autriche nous entraînait toujours à de fausses démarches, et s'opposait à un solide rapprochement entre Berne et Fribourg. Malgré l'arbitrage de Laupen, il paraît que les hostilités ne cessèrent pas tout-à-fait et que d'autres négociations furent entamées sans succès. Une diète fut tenue à Motiers et nous fûmes obligés de demander un sauf-conduit aux Bernois pour les députés que nous y envoyâmes [1].

Notre ville était devenue un foyer de conspiration contre Berne, dont la noblesse ne voyait pas sans jalousie l'heureux et rapide développement. Les comtes de Gruyères et de Neuchâtel, l'évêque de Lausanne, les sires de Thurn, de Belp, Montenach, Burgistein et plusieurs autres se liguèrent contre elle. L'Autriche était l'âme de cette ligue [2], à laquelle se joignit aussi Louis de Savoie, quoiqu'entré tout récemment dans la bourgeoisie de Berne, sauf quelques réserves. Les troupes alliées entrèrent dans le territoire bernois portant partout le ravage et l'épouvante. Les Bernois, soutenus par Soleure et le comte de Habsbourg-Kybourg, et commandés par Ulric d'Erlach, résolurent d'attaquer l'ennemi qui avait pris position au Donnerbühl, tandis qu'une autre division le prendrait en flanc. L'armée fribourgeoise débusquée tâcha de se rallier sur le Wangenhügel; le choc fut des plus violens. Les Bernois restèrent maîtres du champ de bataille et tuèrent à l'ennemi beaucoup de

[1] Recueil dipl. LXIII. — [2] Stettler, d'après la chronique de Savoie, incrimine surtout les Fribourgeois. C'est que sur eux jaillissait naturellement tout l'odieux des actes du seigneur suzerain.

monde, surtout dans les environs d'Oberwangen ou Jammerthal. Sa perte s'éleva à une centaine de tués et plusieurs centaines de prisonniers, tandis que les Bernois n'eurent qu'un homme de tué et un prisonnier, s'il faut en croire le récit peu vraisemblable qu'en font les chroniques. Dix drapeaux ennemis furent suspendus dans la cathédrale de Berne. Cette défaite des Fribourgeois, qui eut lieu le deux mars 1298, fut suivie de la prise de Bremgarten, Montenach, Belp, Geristein. La plupart de ces châteaux furent rasés. Fribourg, Berne et Weissenbourg conclurent une trêve après la Pentecôte [1].

Albert Ier d'Autriche, devenu roi d'Allemagne, continuait d'exercer son patronage sur Fribourg au nom de Jean de Souabe, son neveu. Outre l'ancien patrimoine des Habsbourg en Argovie, l'Autriche avait encore acquis Kybourg, Baden, Lenzbourg, Zoffingen, Gruningen, Lucerne et Fribourg. Cette famille ambitieuse avait même su, on ne sait trop comment, s'emparer du Rectorat de Bourgogne.

Les autres grands feudataires étaient les comtes de Neuchâtel, de Habsbourg, Kybourg, de Gruyères, de Savoie et les seigneurs d'Ottonanges.

La famille des comtes de Neuchâtel se partageait en plusieurs branches. Rodolphe Ier, allié au comte de Savoie et naguères notre bourgeois et confédéré au Donnerbühl, venait de renoncer à notre bourgeoisie, pour acheter celle du vainqueur. Des princes de la même souche régnaient à Nidau, Valangin, Strasbourg et Arberg. Ce dernier était en même temps seigneur d'Arconciel et d'Illens.

Les comtes de Gruyères perpétuaient en paix leur dynastie séculaire et faisaient le bonheur des peuplades alpestres échues sous leur domination.

Plus ambitieuse, la Savoie ne voyait pas sans inquiétude les empiétemens de la maison de Habsbourg et une citadelle autrichienne

---

[1] Recueil dipl. LXIV.

à ses frontières. La seigneurie d'Ottonanges (Ottingen), qui donna plus tard de la tablature à Fribourg, s'étendait depuis le Jura jusques dans le voisinage de Berne.

Plus près de nous étaient les châteaux de Montagny, Villarsel, etc., et les comtes de Romont de la maison de Savoie.

A l'est, la ville de Laupen jouissait encore pleinement de toutes les franchises récemment confirmées par l'empereur Adolphe. Otton de Strasberg y commandait en qualité de bailli d'empire.

Grasbourg s'était donné à la Savoie. Le pays de Vaud en avait fait autant et Hugues de Palésieux y gouvernait au nom du comte.

A Lausanne siégeaient avec éclat les évêques, dont la puissance temporelle était alors à un haut degré.

Le fondateur avait accordé à la ville de Fribourg deux foires; l'une à la décollation de St. Jean, l'autre à la St. Pierre, avec exemption de péage deux jours avant et un jour après la fête. Les péages appartenant au seigneur, dont ils formaient avec le cens d'habitation tout le revenu, il est clair que les foires ne pouvaient ni s'établir ni être transportées sans son consentement. C'était l'usage de les placer sur un jour de fête principale, sans doute pour attirer la foule par le double stimulant de l'intérêt et de la dévotion réunis. C'est même de cet usage que vient le nom allemand *messe*. Les Fribourgeois n'ayant pas trouvé les deux fêtes précitées à leur convenance, prièrent Albert d'opérer le transport des deux foires, pour la première sur la fête de l'invention de la Ste. Croix, l'autre sur celle de l'exaltation [1]. Vingt-sept ans plus tard la durée de chacune de ces foires fut fixée à huit jours [2] et en 1385 le duc Léopold nous accorda un privilége pour deux nouvelles foires. Cette même année, qui était celle du grand jubilé, nous conclûmes une trève de trois mois avec le comte de Strasbourg qui dans cet instrument daté de Laupen prend le titre d'*Advocatus generalis ducis Alberti in Burgundia*.

[1] Diplôme de 1300. — [2] Ibid. 1327.

Les querelles des particuliers compromettaient souvent la communauté, qui était toujours forcée d'intervenir lorsque les hostilités avaient lieu dans les limites de la banlieue. C'est ainsi que Jean Kramer, bourgeois de Mellingen, ayant été maltraité et incarcéré par des Fribourgeois (1299), on fut obligé de donner satisfaction à cette ville d'empire et de réparer les dommages causés. Mellingen, selon l'usage, nous donna une quittance authentique, dont l'acte se trouve dans nos archives. Pareille quittance fut donnée deux années plus tard par le donzel de Prez et quatorze de ses tenanciers.

La tranquillité de la ville fut aussi sérieusement troublée au sujet des parcages (1301), sous l'avoyer Conrad d'Avenches. Les détails de cette grave dissension ne nous sont pas connus, mais les choses en vinrent au point, que plusieurs bourgeois quittèrent la colonie et que l'empereur lui-même (Albert Ier) dut interposer son autorité. On publia une longue ordonnance [1]. Dix sénateurs furent investis de pleins-pouvoirs pour rétablir l'ordre et tracer la ligne de démarcation entre les pâquiers. Les arrêts de ces décemvirs devaient être sans appel et chacun fut tenu de s'y soumettre aveuglément sous peine d'exil et d'amende. Un jury composé de quatre décemvirs fut appelé à prononcer sur le degré de culpabilité des rénitens. L'exécution de cette ordonnance fut commise à cent soixante-dix bourgeois parmi lesquels on remarque Conrad Blesi, Hugues Arsent, Albert Picard, Ulric Thioletta, Anselme Bugniet, Guillaume Glasson, les Gambach, Jean Chappuis, etc., en tout cent soixante-quinze hommes, tant bourgeois qu'habitans, savoir quarante-huit de l'Auge, quatre-vingt-douze du Bourg, et trente-cinq des Hôpitaux. Ce fut là peut-être l'origine des deux-cent, qui par la suite formèrent le Grand Conseil. Furent nommés décemvirs : Guillaume d'Englisberg, Guillaume de Villars, Conrad d'Avenches, Jean de Cheynens, Jean de Grenelles, Pierre de Joux,

---

[1] Cum discordia et controversia verteretur inter nos causa viationis paschuorum et dampnorum ex eis ortorum, rex nos ad pacem iniendam suis dignis precibus et monitis performavit. A. C.

Burcard, Favre, Rodolphe de Duens Senior, Guillaume de Praroman, et Hugues Ovener.

Les désordres du grand interrègne et la division qui régnait entre les princes d'Allemagne compromirent gravement la sécurité publique. Chaque seigneur féodal, retranché dans son manoir, y bravait l'autorité de l'empire, et mettait à contribution tout ce qui en approchait. Aussi n'y avait-il point de sûreté pour les voyageurs, plus de garanties pour les communes. Ce fut pour y porter remède que se forma la grande ligue de 1303 dans laquelle entrèrent les comtes de Kybourg-Habsbourg, de Nidau et de Strasbourg, le puissant baron de Weissenbourg (Blanzechastel) et les villes de Strasbourg, Bâle, Berne, Soleure, Bienne, Payerne et Morat. Fribourg y accéda également. Cette confédération, dans le but de réprimer les excès du brigandage, devait durer un an. Mais loin d'en remplir les engagemens, le baron de Weissenbourg fut le premier à rompre la paix publique. Le comte de Kybourg son plus proche voisin fut chargé de le rappeler à l'ordre; mais trop faible pour agir seul, il appela les autres confédérés à son secours. Les villes s'empressèrent de marcher. Le baron, comptant sur l'assistance du comte de Gruyères, des sires de Thurn et autres, s'était jeté avec une partie de ses troupes dans le château de Wimmis; une autre partie s'était retranchée dans le Simmenthal.

La ville aussitôt investie fut prise et saccagée. Le château eût subi le même sort, si les alliés commandés par les deux avoyers de Berne et de Fribourg, avaient combattu avec la même ardeur. La conduite des Fribourgeois ne fut peut-être pas sans reproche; au moins l'avoyer de Berne intercepta une lettre du baron adressée à Conrad d'Avenches, où il l'exhortait à profiter du bon moment pour tomber sur les Bernois [1]. Ce qu'il y a de sûr, c'est que les Fribourgeois furent les premiers à se retirer, cédant aux pressantes sollicitations du comte de Gruyères, oncle du baron. Cette défection sauva le castel.

[1] Tillier. 1 vol.

Pour réprimer les querelles fréquentes, qui devaient nécessairement surgir entre des colons d'origine si variée, la communauté publia l'ordonnance dite *des eynons* soit des amendes, qui spécifie les châtimens à infliger non-seulement pour voies de fait, mais pour simples injures. L'argent des amendes devait s'employer à l'agrandissement de la ville. Dans cette ordonnance, qui fut renouvelée en 1307, il est fait mention d'anciens titres qui ne se trouvent plus, et la charte du fondateur y est nommée *Jus antiquum* [1]. Plus tard (1334) on fit une ordonnance encore plus sévère contre les homicides, qui furent condamnés à un bannissement perpétuel, et ceux qui solliciteraient leur rappel, fût-ce l'avoyer, à une amende de cent livres laus., et bannis de la ville pour six mois. Une autre ordonnance établit un magistrat exprès pour faire payer les amendes en cas d'injures, et statua que pour faire des enquêtes on ne devait pas employer des jeunes gens au-dessous de vingt ans. En 1337, on renforça encore les mesures répressives.

La conduite équivoque des Fribourgeois avait inspiré à Berne une méfiance, qui éclata bientôt en rupture ouverte. Cette ville se ligua contre nous avec Bienne : toutes deux nous firent une guerre, qui dura deux ans [2]. Enfin la paix, *qu'avaient troublée les instigations de l'esprit malin*, se fit à Laupen le sept avril, et les Bernois nous donnèrent une quittance officielle pour tous les dommages reçus [3].

Deux grands événemens étonnèrent l'Europe, cette année (1308). Sans avoir pour Fribourg des conséquences désastreuses et bien

---

[1] Statutis nostris antiquis et jure nostro antiquo in suo firmo robore permansuris. — [2] Nos chroniques ne sont pas d'accord là-dessus avec les historiens bernois qui font commencer les hostilités en 1306 et finir en 1308. Et cependant ce fut en 1307, qu'aidés des Bernois, nous prîmes et brûlâmes Moudon dans une guerre que nous eûmes avec la Savoie. M. Tillier place cet événement en 1308. D'un autre côté il existe dans nos archives (*traités et contrats* n° 269), l'acte de prolongation d'une trêve qui fut conclue à Vevey le deux Janvier 1308 ou d'après notre style 1309. Tillier raconte même que cette année (1307), les Bernois nous interdirent non-seulement toute relation commerciale, mais même l'accès de leur ville. Un Bernois, convaincu d'avoir entretenu quelques liaisons avec Fribourg, devait être puni d'exil et payer une amende de cinq livres. — [3] A. C.

directes, ils ne laissèrent pas d'influer sur ses destinées. Le premier c'est l'insurrection des trois Waldstettes, *Uri*, *Schwytz* et *Unterwalden*.

L'Helvétie, que l'empire romain avait entraînée dans sa chute, sortant peu-à-peu de ses ruines séculaires, allait reparaître sur la scène du monde, bien petite encore et sans nom. Mais ses limites devaient bientôt s'étendre, et son nom, plus illustre que l'ancien, un baptême de sang allait le lui donner avec toutes les gloires de la liberté.

L'autre événement touche Fribourg de plus près. C'est la mort d'Albert Ier. Nous avons vu qu'après celle de Rodolphe de Habsbourg, la seigneurie était dévolue à son petit-fils Jean de Souabe, dont Albert prolongeait injustement la tutelle. Ce jeune prince, égaré par la vengeance, assassina l'empereur, puis disparut dans la tempête que souleva ce tragique attentat. La seigneurie échut à ses deux oncles Léopold et Frédéric, dont toute l'attention se fixait alors sur les Waldstettes.

Berne venait de pourvoir à sa sûreté par de nouvelles alliances. Elle accorda la bourgeoisie au baron de Rinkenberg, à la comtesse de Kybourg et à ses deux fils, ainsi qu'à leur tuteur Ulrich de Thorberg. Mais cette adoption bourgeoisiale ne pouvant se faire, d'après la teneur des traités, sans le consentement de Fribourg, les Bernois le demandèrent et il fut accordé [1]. De même le commandeur de Summiswald ne put être reçu bourgeois de Berne sans notre consentement (1317) [2]. Nous remplîmes aussi cette formalité quand nous fîmes alliance avec Bienne (1311 secundum Theotunicos), et quand nous reçûmes Louis de Savoie dans la bourgeoisie [3]. Depuis la conclusion du traité, ce prince se montra le fidèle ami de Fribourg.

Plus tard (1355), les Bernois ayant accordé la bourgeoisie à

---

[1] Feuille hebd. de Soleure, année 1831, page 555. Tillier. 1 vol. — [2] Tillier. Ibid. — [3] Ce dernier traité de combourgeoisie ne se retrouve plus.

Don Philippe Rueri, chanoine de la cathédrale de Lausanne, et au chanoine Jacques Jontems, sans consulter Fribourg, ce défaut de formalité donna lieu à de graves débats. Conrad de Holz, avoyer de Berne, élu sur-arbitre, prononça que cette réception n'avait rien de contraire aux traités qui existaient entre les deux villes, puisque malgré que le chapitre de Lausanne eût des seigneuries, ses membres n'en jouissaient point en leur particulier. En 1424 les deux villes convinrent de ne donner des lettres de bourgeoisie ou de protection à aucune personne habitant rière la domination de l'autre [1]. Dans cet acte, il est stipulé expressément que le droit de bourgeoisie serait entièrement personnel, et que les fils de bourgeois n'auraient le droit de bourgeoisie qu'au moyen d'une réception nouvelle [2].

Le comte Edouard de Savoie, beau-frère de Léopold, acquit également la bourgeoisie de Fribourg pour cinquante ans consécutifs et promit entr'autres que dans le cas où les Fribourgeois auraient une guerre, son bailli du Chablais irait à leur secours avec tout son monde et y resterait pendant sept semaines à ses propres frais (1324) [3]. Ce traité fut renouvelé en 1326 pour l'espace de quinze ans avec des conditions très-avantageuses pour les Fribourgeois. Bien avant l'expiration de ce terme (1334), eut lieu un second renouvellement pour dix-huit ans, tant au nom du baron de Vaud, que de son fils le chevalier Jean, avec réserve que pendant tout ce temps le baron ne pourrait conclure aucun traité avec Berne sans le consentement des Fribourgeois.

La communauté voulut aussi profiter des circonstances pour se faire rendre les droits que l'empereur Rodolphe lui avait extorqués, et obtenir la confirmation de toutes ses franchises. Léopold s'empressa de la satisfaire sur tous ces points. Un acte daté de Kybourg

---

[1] A. C. — [2] Dieselben personen sol ietweder Statt ir leben uss zu burger haben. Doch also wenn die abgesterbend des denen dero kind nit an ir Statt gan noch empfangen werden sollend als das vorhin sit und gewonlichen istgesin. A. C. — [3] A. C.

rend aux fribourgeois le droit de nommer l'avoyer et le curé [1] Un autre confirme tous leurs priviléges; un troisième enfin, daté du même jour, en garantit la confirmation du duc Frédéric dans le terme d'une année (*pro uberiori cautela nostræ confirmationis*). Effectivement ce prince s'y prêta, et nous expédia depuis Waldshut deux diplômes de la teneur des précédens (1309).

Nous trouvâmes aussi à propos de renouveler pour vingt ans notre alliance avec Laupen (1310) dont le château venait d'être remis à la garde des Bernois par Otto de Strasberg [2]. On se promit mutuellement secours et protection. Laupen se réserva l'empire et ses baillis, Fribourg, les ducs d'Autriche et ses combourgeois. Les débiteurs et les cautions seuls pouvaient être jugés. En cas de litige, des commissaires de chaque ville se rendraient dans un lieu commun au jour fixé pour s'entendre, et nulle cause civile ne pourrait être traduite devant un tribunal ecclésiastique.

Restait à effacer les dernières traces de notre guerre avec la Savoie. Nous consentîmes à payer à Louis II une somme de mille livres sous le cautionnement de Gérard de Vuippens, évêque de Bâle, tant pour la rançon de nos prisonniers que pour les dommages que nous lui avions causés. Dès que la première moitié de cette somme eût été acquittée, Louis déclara tous les prisonniers quittes de leur rançon, et l'évêque libre de prolonger le terme d'acquittement pour les autres cinq cents livres aussi loin qu'il voudrait. On ne s'arrangea pas aussi facilement avec les fils de Guillaume de Billens. Il fallut recourir à une sentence arbitrale de Louis de Savoie. (1315).

Le Vuilly avait surtout beaucoup souffert du voisinage de nos

---

[1] Duo privilegia progenitoribus nostris super constitutione et locatione officii sculteti (consilii) et juris patronatus ecclesiæ data et ad nos per successionem hæreditariam devoluta ex speciali gratia cassamus. A. C. — [2] Cette ville avait été hypothéquée par l'empereur à Otto de Grandson et quelques mois auparavant, elle avait renouvelé son alliance avec Berne, après avoir toutefois obtenu notre consentement préalable. Tillier.

troupes campées à Dompierre. Le chevalier Pierre de Grandson nous donna une quittance pleine et entière pour les dommages causés, excepté ceux qui concernaient le sire de Montagny.

Celui-ci et le comte Pierre de Gruyères s'étaient engagés au service de Léopold avec dix hommes d'armes pour la campagne d'Italie, moyennant une solde de deux cents marcs d'argent. Le duc n'ayant pas cette somme à sa disposition, hypothéqua à ses deux chevaliers le péage de Fribourg, les theyses ou cens des maisons, et la contribution annuelle de soixante livres, payée par les banquiers.[1]. Rien n'était plus commun que ces sortes de transactions auxquelles les souverains étaient obligés d'avoir recours pour se procurer des hommes d'armes. Le nouvel empereur Henri venait d'en conclure une tout-à-fait semblable avec les frères Jean et Pierre de Weissenbourg, auxquels il hypothéqua la ville de Hasli. Ayant fiancé sa fille Marie de Brabant au comte Amédée de Savoie, il lui assigna sa dot sur les châteaux de Grasbourg et de Morat.

Sa mort, qui arriva en 1313, replongea l'empire dans les horreurs de la guerre. La maison d'Autriche ne voulait point renoncer à ses prétentions; cette fois ce fut la maison de Bavière qui les lui disputa. Quatre électeurs et en Suisse les Waldstettes, Berne et Soleure prirent le parti de celle-ci. La bataille de Morgarten (1315) n'influa pas sur notre position et Fribourg resta constamment fidèle à l'Autriche dans la bonne comme dans la mauvaise fortune. Cependant elle ne voyait pas sans quelque anxiété se développer les ambitieux projets de cette maison; c'est ce qui la décida en 1318 à se lier plus étroitement avec les villes de Berne,

---

[1] C'étaient les deux frères Tomé, Georges Asinario et Manfred Alfieri, qui exerçaient alors cet état à Fribourg. Pour la commodité du commerce, qui était devenu très-considérable, on les avait fait venir d'Asti en Piémont. C'est pour cela qu'ils sont nommés dans les actes *mercatores Astenses*. On les appelait du reste *Lombards*. On leur avait accordé la liberté du commerce, le privilége de prêter à intérêt, et tous les droits de bourgeoisie, à condition qu'ils acquitteraient une rétribution annuelle de quinze livres laus. et le cens fiscal. En 1303 la ville les libéra de la rétribution en reconnaissance d'un prêt qu'ils lui firent.

Bienne, Soleure et Morat par un traité formel, signé à Condamine, où il est remarquable que Fribourg ne fasse nulle mention de l'Autriche et ne se réserve que la Savoie et le baron de Vaud. La garde d'un illustre prisonnier nous fut confiée à cette époque; c'était le comte Hartmann de Kybourg, que des émissaires autrichiens avaient saisi dans un défilé sur la route de Burgdorf à Thoune, lorsqu'il revenait de chez son frère Eberhard. Hartmann avait embrassé le parti de Louis de Bavière, et son frère ne fut point étranger à ce guet-apens. Le prisonnier ne fut relâché qu'à condition qu'il se rallierait à l'Autriche.

Fribourg resta également étrangère aux démêlés du comte Eberhard avec les Valaisans et l'évêque de Bâle. Rien ne prouve même qu'elle ait fourni son contingent pour le siége de Soleure [1]. Les Fribourgeois n'y coopérèrent qu'indirectement en faisant des excursions sur les terres ennemies, comme on le voit par la quittance de Rodolphe de Nidau (1323) et la quittance collective des vicaires de Grenchen, Ruti, Arch et Selzach et des curés de Diesbach et d'Oberwyl (1323) [2].

Mais les Bernois, en s'escarmouchant contre Eberhard, ayant violé les propriétés moratoises, une sentence arbitrale de Fribourg les condamna à quatre-vingts livres de dédommagemens [3].

Par sa position entre la Savoie et Berne son alliée, la ville de Fribourg avait acquis beaucoup d'importance pour les ducs d'Autriche. Léopold ne pouvant y résider lui-même et craignant quelque velléité d'émancipation, y établit pour la défendre au besoin et y soutenir son influence, comme gouverneur, ce même comte Hartmann de Kybourg qui y avait été détenu prisonnier. Pour mieux s'attacher les habitans, il se fit lui-même recevoir bourgeois avec d'autres gentilshommes qui vinrent se fixer à Fribourg. Cette noblesse étrangère prit bientôt le dessus, dirigea à son gré les affaires

---

[1] Soloth. Woch. 1826, page 80. — [2] Nobis in domibus, pecoribus, frumento, feno, supellectilibus et rebus aliis quocumque nomine censeantur gravamina et injurias intulerunt infinitas. Archives cantonales. — [3] Soloth. Woch., année 1831, page 567.

de la communauté, et l'entraîna dans des guerres ruineuses avec ses voisins [1]. Nous fûmes toutefois assez prudens pour ne point nous mêler de la querelle qui éclata à cette époque entre le comte de Savoie et le dauphin, baron de Faucigny, quoique, à ce qu'il paraît, nous en eussions été requis par le premier. Le baron nous témoigna sa reconnaissance par un acte daté de Bonneville.

Le comte Hartmann ayant été assassiné par son frère, Thoune passa sous la domination des Bernois. Ils rachetèrent aussi le fief impérial de Laupen. Le commandant, Pierre de Thurn, zélé partisan de l'Autriche, ne put voir sans dépit cet agrandissement de Berne aux dépens de ses chefs. Ses démonstrations indiscrètes provoquèrent une expédition à laquelle se joignirent les Fribourgeois et plusieurs volontaires des Waldstettes. Elle lui coûta les châteaux d'Arconciel et d'Illens (1324) [2].

Les succès remportés par Louis de Bavière sur la maison d'Autriche ne relâchèrent pas les liens qui nous unissaient à cette seigneurie. Fribourg sut même profiter des circonstances difficiles où elle se trouvait pour obtenir d'Albert II une confirmation de ses privilèges, et en même temps une franchise de plus, qui n'était pas sans importance pour le commerce toujours croissant de notre république. La durée des deux foires qui jusqu'alors n'avait été que de trois jours fut prolongée jusqu'à huit (1327). L'Autriche acquit de son côté un allié de plus dans la personne du comte Eberhard de Kybourg, qui, mécontent des Bernois, conclut avec la communauté de Fribourg un traité de combourgeoisie pour dix ans. Il fut renouvelé en 1334, et depuis ce terme jusqu'à ce qu'on y eût renoncé par acte public, les parties se promirent réciproquement secours à leurs frais en cas de guerre. Il fut aussi expressément réservé que les ressortissans

---

[1] Die Bürger haben müssen tanzen, was si pfiffen. Chronique anon. — [2] Plusieurs chroniques placent cet événement en 1308. Le manuscrit de M. Castellaz, sur la Gruyère, dit même que le cartulaire d'Ecuvillens en fait mention, et qu'il cite plusieurs personnes tuées *in irruptione Illingensi*. N'y a-t-il pas là une erreur de date? J'ai adopté le récit de M. Tillier, hist. de Berne, part. I., page 148.

d'une des parties ne pourraient pas citer ceux de l'autre par devant les tribunaux ecclésiastiques, si ce n'était pour des objets purement ecclésiastiques.

Cette adoption, faite contre la teneur des traités avec les Bernois, fut regardée par eux comme une déclaration de guerre. On peut dire cependant que ce fut l'imprudence des Fribourgeois qui provoqua les hostilités. L'un d'eux, le sire de Vuippens, qui étant en même temps au service personnel d'Eberhard, tenait à bail le château de Guminen, s'avisa de surprendre un jour des pâtres bernois des environs et d'enlever leur bétail. Berne marche contre Guminen. Le sire de Vuippens appelle à son secours Louis de Vaud, le comte de Kybourg et les Fribourgeois; tandis qu'Arberg, Bâle, Soleure, Grandson, la Savoie et même les villes de Thoune et de Bienne vinrent assister les Bernois.

Ceux-ci avaient naguères fait confectionner pour le siége de Landeron une espèce de baraque couverte, portée sur des roues [1], qu'ils appelaient *chat*, et à l'abri de laquelle les assiégeans pouvaient s'approcher des murailles. Ils s'en servirent avec le même succès contre Guminen [2]. Le baron de Vaud, qui voulut s'opposer au passage des Savoyards, fut battu et pris, le bourg et le château de Guminen rasés de fond en comble (1332) [3].

Le comte de Kybourg eut de son côté un succès (1332) qu'il ne dut, selon le rapport des historiens bernois, qu'à la trahison [4]. Pendant le siège de Guminen, un Soleurois, nommé Billung, engagea ses compatriotes à faire une excursion du côté de Burgdorf. Mais le comte qui se tenait en embuscade sur les bords

---

[1] Hist. de Neuchâtel et Valangin par Fréd. de Chambrier page 55. — [2] On trouve dans Justinger, pag. 75, une gravure qui représente la machine et le moment de l'assaut. Ibid. — [3] Tschudi. Tillier. — Fribourg vendit ensuite cette propriété à Jean Hygilly, bourgeois de Fribourg pour trois cents livres d'argent blanc coursable à Berne, à condition de pouvoir la racheter pour le même prix et sans que l'acheteur pût l'aliéner en tout ou en partie. Si l'empire venait à la racheter, le surplus des trois cents livres reviendrait à Fribourg. — [4] Par contre les Soleurois en font honneur à la bravoure de Stäblinger. Voyez Sol. Woch. 1828, page 179.

de l'Emme, surprit ce détachement, lui tua beaucoup de monde, et prit sa bannière. Pour venger cet affront, les troupes de Soleure et de Berne réunies détruisirent Landshut, et le cimetière fortifié de Herzogenbuchsée, où ils trouvèrent un grand butin. Les castels d'Æschi et Halten furent aussi pris. Le détachement qu'Eberhard envoya pour défendre ce dernier, fut mis en déroute et son drapeau remplaça celui que les Soleurois avaient perdu. Le château de Schönfels près de Grasbourg et le fort Strättlingen tombèrent également.

Pendant cette campagne désastreuse nous avions pris à notre solde un chevalier allemand nommé Rodolphe Liebgassen ou Lobgass, avec deux autres compagnons. On leur donnait à chacun deux cent cinquante florins de Florence pour toute la durée de la campagne et trois gros tournois par jour, équivalant à cinquante-quatre deniers d'argent blanc [1]. Il pénétra par Lengenberg jusqu'à Belp avec une troupe fribourgeoise et se posta au-dessus du village dans une attitude si imposante, que l'avoyer de Berne, Laurent Munzer, se retira sans oser l'attaquer. Cet excès de prudence fut considéré par les Bernois comme une lâcheté, et ils le déposèrent (1332).

Toutes les tentatives que fit Eberhard de Kybourg pour nuire aux Bernois furent sans succès. Ses troupes, la plupart composées de mercenaires étrangers prirent la fuite à Geristein, le bailli d'Arau y fut pris et Götz de Wildenstein tué. Les Bernois joints aux hommes de Pierre d'Arberg (Girard d'Arberg, seigneur de Valangin, s'était mis à notre service pour la somme de quatre cents florins de Florence avec cinq hommes d'armes auxquels on donnait cinq gros tournois par jour), pénétrèrent jusqu'à Avenches et y firent un si grand butin, que chaque simple soldat obtint pour sa part la valeur de sept florins [2].

Enfin la paix se fit par l'entremise d'Agnès de Königsfelden (1333) [3]. Les parties renoncèrent à tout dédommagement. Les prisonniers

[1] A. C. — [2] Tillier. Stettler. — [3] Sol. Woch. 1817, page 175. On ne sait quel est celui de ses bourgeois que Berne fit comprendre dans ce traité sous le nom de comte Heimo, sans autre désignation. Stettler ad annum 1333.

devaient être relâchés avec restitution des frais. Les prétentions de Berne furent soumises à une sentence arbitrale. En cas de refus du comte de Savoie d'accéder à cette paix, les Bernois ne lui fourniraient aucun secours pour attaquer les Fribourgeois. Il paraît que le comte souscrivit provisoirement à ces conditions, car par un acte qui ne se trouve plus dans nos archives, il défendit de molester les Fribourgeois qui passeraient sur ses terres. Mais la paix ne fut définitivement conclue avec lui que quatre années après. Les Fribourgeois s'engagèrent à relâcher les prisonniers toujours sous caution dans le terme de quelques semaines. Il y aurait échange de prisonniers entre Berne et Fribourg. Les Bernois tenaient surtout à ravoir Conrad le Jeune, Jean de Buchsée, Rodolphe de Lindenach et autres prisonniers de Morat et de Laupen. Mais pour indemniser Fribourg des frais faits au sujet des prisonniers, Berne fut obligée de lui payer seize cents livres [1]. Nous en donnâmes vingt aux donzels d'Oltingen pour les dommages que nous leur avions faits surtout dans le village de Chousignye, pendant cette guerre [2]. Penod de Villarsel ayant reçu du donzel de Villars, bourgeois de Fribourg un dédommagement en argent pour la destruction de sa part au château fort du Châtelard et sévices exercés sur sa personne, déclare quittes et irrecherchables les Fribourgeois, malgré qu'à la prière de l'évêque de Lausanne et du seigneur de Montagny, leurs troupes avec leurs bannières eussent assisté à ces dégâts (1335) [3].

Parmi les prisonniers savoyards de distinction se trouvait le chevalier Aymon de Verdone, bailli du Chablais et de Genevois [4]. Sa rançon fut taxée à trois mille florins de Florence. Louis II, baron de Vaud, s'était porté caution pour son élargissement. Il avait promis par serment que si la dite somme n'était pas payée, le chevalier se reconstituerait prisonnier à Fribourg. Trois mois après la pension n'étant pas acquittée, Louis renouvela son acte de cautionnement pour un terme un peu plus éloigné et nombre de seigneurs y joignirent leur cautionnement.

[1] A. C. — [2] Ibid. — [3] Ibid. — [4] Ibid.

Marmet Tanciez et Girard Compey partagèrent la căptivité de ce chevalier. Il ne paraît pas que malgré tous ces cautionnemens il ait été relâché, car il était encore détenu en 1337. Aymon de Savoie ne voulut alors accepter l'arbitrage d'Albert d'Autriche, qu'après la remise préalable de ces prisonniers sans rançon. Albert, comme arbitre, condamna les Fribourgeois de fournir au comte en dédommagement vingt cuirassiers pendant deux ans de suite. La durée de leur service devait être de six semaines, à dater d'un mois après qu'ils en auraient été requis. Cette sentence ayant été acceptée par ambes parties, le comte fit promulguer la paix dans tout le Chablais.

Cet accommodement entre les deux républiques de l'Uchtland préluda à la grande paix que les ducs d'Autriche conclurent le sept juillet 1333, pour leurs fiefs héréditaires de l'Argovie, de Thurgovie, du Sundgau, de l'Alsace, du Brisgau et les villes y situées (parmi lesquelles Fribourg est nommée la première), et les comtes de Nidau et de Kybourg avec les villes de Bâle, Zurich, Constance, St. Gall, Berne et Soleure. Cette alliance basée sur les mêmes principes que celles de 1327 et 1329 [1] devait durer jusqu'à la St. Martin et cinq années en sus. Thoune y entra aussi plus tard.

Il ne restait plus que quelques petites satisfactions partielles à donner pour des querelles entre particuliers. Ces violences compromettaient ordinairement les états dont ces querelleurs étaient ressortissans. Un bourgeois de Fribourg nommé Röli avait arrêté et dépouillé Herbst de Gumersdorf et son valet près d'Altkirch (1336). On lui fit rendre les effets volés, ce dont il donna la quittance accoutumée [2]. La ville d'Altkirch nous écrivit à cette occasion une lettre amicale, nous priant d'en agir à l'égard de ces prisonniers, comme nous voudrions qu'elle en agît avec nos gens qui passeraient sur son territoire [3].

Une guerre ayant éclaté entre Payerne et les seigneurs de Cugy, d'Estavayer et de Montagny, nous fûmes obligés de prêter secours à ces derniers, qui étaient bourgeois de Fribourg, et une garnison

---

[1] Tillier — [2] A. C. — [3] Ibid.

fribourgeoise se chargea de la défense du château et de la ville de Montagny. Les gens qui la composaient, sans prendre une part active à la guerre, ne laissèrent pas de commettre des déprédations sur le territoire de Payerne. Cette ville réclama pendant vingt ans un dédommagement, et se contenta enfin de soixante livres de Florence, dont elle donna quittance (1338) [1].

Deux autres voisins, Jean et Hugues de Corpastour avaient été également retenus prisonniers à Fribourg. On les satisfit, et ils promirent, sous peine de dix marcs d'argent d'amende, de ne jamais rien entreprendre par suite de cet emprisonnement [2].

Le duc Léopold avait autrefois cédé au comte de Gruyère et au sire de Montagny, le péage de la ville de Fribourg, ainsi que le cens seigneurial et la contribution des quatre banquiers, en paiement des cent marcs d'argent qu'il devait à chacun d'eux. Nous acquittâmes cette somme et nous nous mîmes ainsi en possession de ces revenus (1337) [3]. Le fils du comte de Neuchâtel [4] et Pierre d'Arberg furent reçus bourgeois de Fribourg la même année ; le premier, à condition que dans l'espace de cinq jours il renoncerait à toutes ses liaisons avec Berne, dont il était bourgeois ; le second à condition que pendant dix ans il ne lui serait pas libre de renoncer à la bourgeoisie, à moins d'en remplir tous les devoirs un an encore après la renonciation (1338) [5].

Notre conseil eut une honorable mission de confiance à remplir à cette époque (1336). Il fut choisi pour arbitre entre Louis de Savoie et la ville de Soleure, et son jugement fut respecté [6].

Cette même année 1338 mit fin à la guerre que se faisaient depuis longtemps Bulle et Gruyère. C'est ici l'occasion de raconter succinctement ce que nous savons de ces pays, qui composent aujourd'hui les trois plus beaux districts de notre canton.

Mais en quittant de ce côté la banlieue de Fribourg, l'histoire

---

[1] A C. — [2] Ibid. — [3] Ibid. — [4] Est-ce Jean de Nidau, qui fut tué à Laupen? — [5] Soloth. Woch., année 1826, page 483 et 484. — [6] Archives cantonales.

retombe dans le domaine féodal, et change nécessairement de couleur. Ici ce n'est plus une société d'hommes libres, exerçant une souveraineté presqu'illimitée. C'est le pouvoir absolu, concentré et héréditaire dans la même famille; c'est un peuple asservi, instrument passif d'une volonté qui n'est pas la sienne, matière taillable, sans spontanéité. Cependant nous le voyons s'émanciper graduellement de siècle en siècle, et cet affranchissement insensible, il le doit non à la violence, mais à son courage et à son dévoûment autant qu'à l'impéritie de ses chefs. Raconter la conduite de ceux-ci et signaler leurs actes, c'est donc faire l'histoire de ce peuple montagnard jusqu'à son émancipation. Cette tâche est d'autant moins pénible que le gouvernement des comtes fut plus patriarcal que monarchique, et que non-seulement ils furent tolérés par leurs sujets, mais aimés. Ceux-ci ne virent même pas sans regret cette dynastie séculaire, jadis si riche et puissante, s'éteindre dans la pauvreté et l'exil. Ces considérations peuvent seules adoucir la répugnance que nous éprouvons à éplucher une généalogie princière. [1].

Les montagnes de la Gruyère forment au nord des Alpes les premiers gradins de cet immense amphithéâtre [2]. Elles sont séparées par d'étroites vallées, dont quelques-unes ne sont jamais éclairées par le soleil d'hiver. Des sources nombreuses jaillissent de mille canaux invisibles et murmurent à chaque pas, tantôt à l'ombre des sapins, tantôt sur la pente des rochers, répandant partout la fraîcheur et la vie. Quand ces méandres se rencontrent, leurs eaux limpides forment des ruisseaux plus ou moins rapides, qui se frayent une issue jusqu'à la Sarine. Tels sont le Flendru, la Neirivue, la Trême, la Jogne, etc.

Ces montagnes n'offrent pas comme les Ardennes et les Pyren-

---

[1] Ruchat, Girard, Kuenlin et Bridel ont donné la généalogie des comtes de Gruyère. — [2] Le commencement de l'article Gruyère dans les Etrennes fribourgeoises de 1807 a été transcrit mot pour mot des *Tableaux de la Suisse*, et l'auteur de ceux-ci l'avait traduit verbalement de l'ouvrage allemand intitulé : *Briefe über ein schweizerisches Hirtenland*, page 123 et 124.

nées le triste aspect de blocs menaçans, des rocs continus, de sommités nues et arides. Le plus souvent elles s'arrondissent en moelleux contours sous forme conique, et un manteau de la plus riche verdure les enveloppe depuis la base jusqu'au sommet. Leurs flancs portent encore la trace des torrens, qui dans les temps primitifs ont creusé les sillons et les vallées, où ils se jettent. Alors chacune de ces vallées était un lac dont la tradition conserve encore le souvenir. En hiver, et même par fois en été, les massifs de sapins produisent un éclatant contraste avec la blancheur des neiges. Une couche de terre fertile couvre ces masses granitiques, et le torrent des siècles y a déposé çà et là des coquillages semblables à ceux qu'on découvre aux environs des pyramides [1]. On y voit toutefois aussi quelques sommités dépouillées de leur parure végétale par l'action du temps et la lutte incessante des nuages qui s'y entrechoquent.

De ces hauteurs, on jouit d'une immense perspective. Le Jura et toute la Suisse occidentale se déroulent aux regards, depuis Bâle jusqu'à Genève, et dans l'éloignement apparaissent, comme des taches, les lacs de Genève, de Neuchâtel, de Bienne et de Morat.

Les forêts des Alpes gruyériennes ont perdu leurs hôtes carnivores. La puissance de l'homme en a banni le loup, le sanglier, le lynx et refoulé le redoutable Lämmergeyer dans des régions inaccessibles. On y voit aussi le chamois, cette gazelle des montagnes, fuir de pic en pic le chasseur hardi qui la poursuit [2].

Souvent, quand vers le déclin d'un beau jour, les ombres du soir ont déjà envahi le pied des monts, leurs sommets brillent encore d'une pure lumière sous un ciel d'azur [3]. Ce sont alors des cîmes d'or, qui dominent le crépuscule, projètent sur tous les objets les couleurs de l'aurore et servent au voyageur de phares momentanés. Dans ces instans solennels, tous les regards se fixent sur les hauteurs qu'illumine une clarté mystérieuse, et l'on se demande involontairement si ce n'est pas là le séjour des Dieux [4].

[1] Briefe über ein schweizerisches Hirtenland. — [2] ibid. — [3] ibid. — [4] ibid.

C'est à Rougemont qu'un torrent sorti de profondeurs inconnues, forme la limite entre les deux races romande et germanique. Sur chacun de ces bords se trouvent d'autres mœurs, d'autres physionomies et une langue différente. Ce torrent reçoit tous les autres affluents des Alpes gruyériennes, et se grossissant dans son cours sinueux, il traverse rapidement le canton de Fribourg du sud au nord pour aller se jeter dans l'Aar.

Le régime féodal couvrit autrefois ces hauteurs de châteaux plus ou moins fortifiés. Gruyère, Vanel, Bellegarde, Everdes, Chaffa, Charmey, Corbières, Montsalvens avaient chacun le leur. Ils ont disparu, et il n'en reste que de tristes débris. Seul, celui de Gruyère subsiste encore presque intact avec ses murs de quinze pieds d'épaisseur, et semble attendre dans un morne silence le retour des nobles maîtres qui l'habitèrent pendant une longue suite de siècles. Mais ses appartemens sont déserts, la salle d'armes est vide, la meute des chiens n'aboie plus dans les cours, et le préau abandonné ne réunit plus ni les hommes d'armes ni le joyeux conseil de folie [1].

Les passions de l'homme ont souvent troublé la paix de ces solitudes. Leurs échos ont retenti du cliquetis des armes et des actes sanglants ont été commis au fond des vallées. Mais la nature, éternellement belle, a promptement effacé les traces du désordre et aujourd'hui elle tempère partout la majesté des souvenirs par la grâce des formes et le suave coloris de ses tableaux.

Le grand mouvement politique qui fit crouler l'empire des Césars amena dans ces contrées [2] un chef puissant, mais inconnu,

---

[1] Tribunal facétieux présidé par le bouffon des comtes. — [2] Longtemps on a cru que la Gruyère était restée inconnue aux Romains. Les monnaies qu'on y a trouvées dans ces derniers temps démentent cette assertion. Nous citerons à ce sujet la notice suivante que nous devons à l'extrême obligeance de M. Dey, curé d'Ependes, savant aussi modeste qu'éclairé. Quoiqu'il n'y soit pas fait mention de la Gruyère et que cette notice eût été placée plus convenablement parmi les notes du premier chapitre, nous avons cru qu'on nous saurait gré de cette communication importante, qui nous est parvenue trop tard.

L'itinéraire d'Antonin nous fait connaître une voie, qui partant d'Italie traversait les Alpes pennines, et se prolongeait tant dans l'intérieur des Gaules que vers le Rhin et le Danube. Une division de cette route touche dans l'itiné-

car l'histoire ne nous a pas conservé son nom. Il assit sa tente sur ces hauteurs, à près de cinq cents toises au-dessus du niveau de

raire entr'autres stations : *Vibiscum*, *Bromagus*, *Minodunum Aventicum*. Il paraît donc indubitable qu'elle se dirigeait par Vevey, *Attalens*, *Bossonens*, Paleizieux, Oron-la-ville, *Promasens*, Moudon, Payerne, *Dompierre*, *Domdidier*, ou au midi de ce lieu, Avenches.

Cluvier et Levade ont, il est vrai, placé Bromagus au lac de Bré dans le canton de Vaud et ont dirigé la route par ce point; mais, dit M. Sinner, *Voyage*, *etc.*, *vol.* 2, *c.* 2, « il n'existe pas une seule preuve ni le moindre vestige de bâtimens qui puisse servir d'appui à cette conjecture. » S'il est vrai que l'on ait plus tard découvert des ruines au bord de ce petit lac, ce sont sans doute les restes d'une villa bâtie par quelque riche bourgeois de Vibiscum. Danville et la majorité des écrivains suisses n'ont pas cherché Promagus ailleurs qu'à Promasens.

Parmi les restes de la grandeur romaine qui s'offrent sur la ligne de cette route, on doit distinguer les bains ou les hypocaustes découverts tant à Paleisieux qu'à Bossonens; la construction en est très-remarquable.

L'itinéraire et la table théodosienne n'indiquent qu'une route d'Avenches à Soleure et ne place entre ces deux villes qu'une seule station, *Petinesca*, dont l'emplacement n'est pas encore bien déterminé. Les uns la cherchent à Büren, les autres sur la rive gauche de l'Aar et à une distance plus ou moins grande de cette rivière. Il arrive de là que plusieurs écrivains font passer la route par *Morat*, par le voisinage de *Chiètres*, de *Freschels*, de Wyler-Oltingen et par Arberg ou les environs de ce lieu, tandis que d'autres, plus nombreux peut-être, dirigent cette route par Salavaux, la Sauge, Gampeln, etc. Cette direction atteindrait le territoire fribourgeois sur une longueur peu considérable entre la Sauge et Gampeln (Campulus). Entre Salavaux et Allaman on a trouvé un autel antique dédié aux génies qui, selon l'opinion reçue alors, présidaient aux chemins fourchus, *Biviis*, *Triviis*, ce qui pouvait se rapporter à cette route, qui très-probablement entre Salavaux et Gampeln se divisait en deux branches conduisant l'une à Noidenolex, l'autre à *Petinesca*, et de là à Pierre-pertuis, à Soleure, etc. Selon toute apparence, on doit avec M. Haller admettre l'une et l'autre route. L'importance d'Avenches, les nombreuses antiquités découvertes dans le voisinage du lac de Morat, la population de cette contrée, considérable dans tous les temps anciens, autorisent cette opinion.

Selon M. Haller, ces deux routes, celle par Salavaux et Gampeln, et celle par Morat étaient réunies par un grand chemin côtoyant la partie orientale du lac de Morat. On peut reprocher à M. Haller de multiplier trop les routes romaines et de supposer des grands chemins réguliers partout où se trouvent des traces d'établissemens romains. Toutefois ici son opinion porte sur des fondemens positifs. Dans le marais, dans la ligne de cette troisième route, entre Sugiez et Gampeln on a découvert à plusieurs pieds de profondeur des restes de pavé et des troncs d'arbres enracinés dans une terre végétale (M. Koch).

De même entre la Sauge et Gampeln, le terrain offre quelques traces d'une route. On y distingue le *Moll* (*moles*). C'est le Heidenweg (M. Haller). Ces vestiges appartiennent à la route que l'on suppose se diriger d'Avenches par Salavaux et Gampeln.

Une nouvelle étude des traces de pavé, des restes de constructions découverts dans le marais et dans les autres parties de la contrée qui avoisine le lac pourrait répandre de grandes lumières sur la direction réelle et précise des voies romaines.

Le terrain voisin des lacs de Morat et de Neuchâtel offre les indices de révolutions physiques considérables. La hauteur même des eaux de ces lacs a subi diverses variations. Avenches commença à déchoir vers le milieu du troisième

la mer, colonisa les vallées, défricha le désert et posa le fondement d'un petit état, qui subsista pendant plus de mille ans.

Cet état faisait partie du territoire appelé en allemand *Hochgau* et, par corruption sans doute, *Ogoz* en romand. Dans un acte de 1082 il est nommé comté de Tine. On ne peut pas au juste en assigner les limites, mais il semble avoir compris les deux rives de la Sarine depuis sa source jusqu'à Arconciel inclusivement, par conséquent les terres des maisons de Corbières, d'Everdes et celles de l'église de Lausanne jusqu'aux Joux noires du côté de Grasbourg et au château de Pont [1]. Le Gibloux formait peut-être la ligne de démarcation entre le comté de Tine et celui de Romont [2].

A une époque moins reculée, le comté de Gruyère se composait de quatre petites provinces : Saanen, Château-d'Œx, Gruyère et Montsalvens. Les deux premières forment la Gruyère

---

siècle chrétien. Le pays fut ravagé maintes fois par les peuples germaniques ou gothiques. On négligea les routes, tellement que l'on n'a trouvé aucun milliaire dans les environs du lac de Morat. On ne doit donc pas s'étonner, si après seize siècles révolus on ne peut reconnaître le tracé des voies romaines qu'en tâtonnant et par conjectures.

La table théodosienne ou de Peutinger fait connaître la route romaine de Besançon à Avenches. La direction était celle-ci : *Vesontio*, 15 ou 16 M. P. *Filomusiacum*, 14, *Abiolica* ou *Ariolica*, 6; *Eburodunum*, 17; *Aventicum Helvetiorum* (sic). C'est-à-dire : Besançon, Usié, Pontarlier, Yverdun, Yvonan, *Cheires, Montet, Cugy*, Payerne, *Dompierre, Domdidier* ou les environs, Avenches.

On fait passer cette route par Montet, Cugy et Payerne 1° parce qu'il n'existe aucune trace d'une autre route entre la Broye et le lac de Neuchâtel; 2° parce que M. Haller, dans sa carte de l'Helvétie ancienne, dirige cette route de Cheires à Payerne par une ligne sensiblement droite, qui par conséquent ne peut s'éloigner notablement de Montet et de Cugy.

Entre Cheires et Yvonan, des Fribourgeois découvrirent en 1778 des marbres, des médailles de bronze et une mosaïque de la plus grande beauté. Ce monument n'existe plus et la gravure qui en fut exécutée à Fribourg par M. Boily est devenue rare. A Montet, sous une couche de terre on a découvert un ancien chemin pavé, connu sous le nom de *chemin de la reine Berthe*.

On m'a parlé très-positivement d'un chemin pavé découvert près de Cormondes; peut-être est-ce un reste des moyens de communication entre Avenches et les établissemens romains, formés le long de l'Aar à Muri, Bürgistein, Ampsoldingen, etc. J'ai observé les restes d'un ancien grand chemin assez large au pied d'une hauteur boisée à peu près à l'orient d'Attalens. Guilliman croit qu'il y eut des Romains à Romont. On voit des ruines très-considérables près de Lentigny; ces lieux communiquaient avec Moudon, ou Avenches par des chemins, qui probablement n'étaient pas des routes de première classe.

[1] Tableau de la Suisse. Tom. 1. — [2] Ibid.

supérieure, les seconds la Gruyère inférieure, séparées l'une de l'autre par le pas de la Tine, étroit et dangereux défilé qui partage cette grande vallée et où l'industrie de l'homme a tracé une route sur le bord d'un abîme. Chacun de ces quatre districts avait son régime municipal, sa bannière propre, son tribunal civil et criminel composé de prud'hommes et présidé par un châtelain à la nomination du comte. Arconciel avec ses dépendances étant tombé, on ne sait comment, dans la mouvance de l'empire, le reste s'agrandit d'un autre côté par conquête, par héritage et par achat. C'est ainsi que le comté de Gruyère s'agrégea successivement les seigneuries d'Oron, de Palesieux, d'Aubonne, de Coppet, de Corsier, de Rolle et de Pully. Nous verrons même plus tard un comte de Gruyère prendre les titres de seigneur de Corbières, de la Molière et co-seigneur de Bellegarde; mais la population ne dépassa jamais vingt mille ames [1].

On a beaucoup discuté pour savoir si le personnage dont il est fait mention dans une charte très-obscure du dixième siècle sous le nom de Turimbert, et qui fit un échange de territoire avec Boson, évêque de Lausanne, était ou non comte de Gruyère [2]. Il y a quelque apparence pour l'affirmative; mais ce fait isolé n'ayant pour nous qu'une valeur chronologique, nous ne nous y arrêterons pas. Ce qu'il y a de sûr, c'est qu'un siècle avant la bâtisse de Fribourg, vivait le comte Guillaume Ier, qui fonda le prieuré de Rougemont. La maison de Gruyère devait déjà à cette époque être riche et nombreuse, puisqu'au nombre des bienfaiteurs de ce couvent, paraissent neuf membres de cette famille, disséminés dans les châteaux de Gruyère, de Vanel, d'OEx, de Trême et de Montsalvens.

Jusqu'ici l'histoire a nommé de préférence les souverains, qui ont cherché une prétendue gloire dans l'affreux métier de la guerre. Nous citerons avec bien plus de complaisance les chefs pacifiques qui ont préféré la vie et le repos de leurs sujets à une sanglante

---

[1] Bridel. — [2] Voyez le cart. de Laus. déjà cité page 18.

renommée. De ce nombre furent Guillaume Ier et ses deux fils, Guillaume II, Rodolphe Ier et Pierre Ier, comtes de Gruyère. Leur règne assura pendant plus d'un siècle et demi la tranquillité de ces vallées alpestres, et l'on peut croire que durant toute la période du grand Rectorat, ils n'entreprirent rien contre le *Lion* de Zähringen, imitant en cela la prudence de quelques autres seigneurs de fiefs, tels que le sire de Blonay, d'Estavayer et de Montagny. Peut-être payèrent-ils leur tribut à l'esprit des croisades. Une vague tradition raconte à ce sujet que cent beaux Gruyériens se disposant à partir pour la Terre Sainte, les jeunes bergères s'opposèrent à leur départ et qu'il fallut rouvrir de force les portes du château. En l'absence de ces hommes, la ville de Gruyère fut assiégée par un parti ennemi [1]. Les femmes et les filles firent une sortie pendant une nuit obscure, chassant devant elles un troupeau de chèvres, aux cornes desquelles elles avaient fixé des bougies allumées. Cette apparition lumineuse effraya l'ennemi, qui leva le siège [2].

Rodolphe II fut le premier comte, qui par son impéritie compromit cette longue paix. Depuis longtemps l'évêque de Lausanne, déjà maître de la Roche et d'Albeuve, convoitait Riaz et quelques autres terres en Ogoz, entre autres la ville de Bulle [3], qui depuis un temps immémorial appartenait à la Gruyère. En 1210, Rodolphe les lui donna ou vendit et lui céda en même temps pour cinquante-cinq marcs d'argent en faveur de la ville de Bulle le droit de foire, dont celle de Gruyère jouissait depuis des siècles [4]. Après cette transaction impolitique, tout le commerce des vallées et des montagnes jusqu'alors concentré dans la ville de Gruyère, reflua dans celle de Bulle qui prospéra dans la même proportion que Gruyère déchut.

[1] M. Kuenlin (Schweiz. Ritterb.) rapporte gratuitement ce trait à la guerre de 1348. — [2] Notice historique sur le comté de Gruyère par le pasteur Bridel. — [3] Bulle était une des plus anciennes églises de la contrée inférieure, puisqu'un document de Hartmann, Évêque de Lausanne, nous apprend que l'an treize du roi Lothaire, c'est-à-dire en 838, ce prélat tint un synode à Curtilles pour terminer un long procès entre Teutland, curé de Bulle, et Leutram, curé de Vuippens. *Notice sur le comté de Gruyère par Bridel.* — [4] Ibid.

CHAPITRE III.

Albeuve, située au centre de la basse Gruyère, avait été cédée au chapitre de Lausanne par Hugues (entre 1019 et 1038). Cette enclave était une pomme de discorde et donnait lieu à de fréquens conflits de juridiction et à des querelles par fois sanglantes entre les ressortissans respectifs. Ce litige finit par un compromis à l'avantage des chanoines (1226) [1]. Vers la même époque un long procès qu'avaient les barons de Montsalvens avec l'abbaye de Payerne fut terminé par l'entremise de trois arbitres : Guillaume d'Ecublens, évêque de Lausanne, Aimon, baron de Faucigny, et Rodolphe, comte de Gruyère [2].

Rodolphe III, outré des concessions faites par son père, s'en vengea en portant le fer et le feu dans les seigneuries épiscopales. Il pilla Albeuve, brûla une partie de Riaz et ravagea les environs de Bulle. Excommunié par l'évêque Guillaume d'Ecublens, il n'obtint la paix et l'absolution qu'au prix de nouvelles concessions dans le pays de Vaud (1227), comprenant les seigneuries, qu'il tenait du chef de sa femme [3].

Ce prince fut un des bienfaiteurs d'Hauterive. Outre un domaine aux Favarges, il céda à cette abbaye le droit de couper le bois dans toutes les forêts seigneuriales entre le château de Pont et le pas de la Tine, plus le passage libre et le pâturage gratuit à travers son comté. Il détacha Gruyère de la paroisse de Bulle et comme il n'y avait encore là que deux chapelles, celle de St. Jean-Baptiste au château et celle des Sts. Apôtres sur la place, il y fonda en 1254 l'église de St. Théodule et dota cette nouvelle cure de soixante-dix arpens de bonne terre. Ce fut lui qui empêcha le sire de Weissenbourg de se créer sur les montagnes de l'abbaye le droit féodal dont nous avons déjà parlé. Il laissa trois filles et deux fils. L'aîné de ceux-ci, Pierre II, commença à régner du vivant de son père, le cadet Guillaume était en même temps chanoine de Lausanne et Prieur de Broc.

[1] Bridel. — [2] Ibid. — [3] Ibid.

Pierre II qui ne prit le titre de comte qu'en 1267, fit une nouvelle tentative pour répéter à main armée la dot de sa mère Colombe de Belmont, bien que l'expérience de son père eût dû lui en démontrer sinon le danger, au moins l'inutilité. Il n'échappa à l'excommunication que par un nouveau traité, dans lequel il renonçait à toutes ses prétentions sur Bulle, Albeuve et Riaz, ainsi que sur les seigneuries vaudoises (1259) [1].

L'année suivante, Pierre prit part à la malheureuse levée de boucliers contre Pierre de Savoie (1260). Il fut un de ceux qui pour se racheter de la captivité, durent joindre une amende pécuniaire à l'acte de vasselage. Elle fut si forte, que ses fidèles sujets furent obligés de venir à son secours. La haute Gruyère fournit la plus grande partie de la somme exigée pour la rançon et obtint par reconnaissance entr'autres franchises la libre élection par le peuple des magistrats et des tribunaux. Aussi vit-on dès-lors les deux communes de Gessenay et de Château-d'Œx faire plusieurs actes d'indépendance [2]. C'est aussi de cette époque qu'il faut dater les relations plus intimes, qui s'établirent entre les maisons de Savoie et de Gruyère.

Pierre III fut vaincu par les Bernois à la journée de Donnerbühl. Il secourut, comme nous avons vu, le baron de Weissenbourg au siége de Wimmis, fit des donations à quelques couvens, entr'autres à l'abbaye d'Hauterive, qu'il libéra de tout service militaire pour le fief qu'elle possédait dans les terres de sa domination, accorda plusieurs franchises à la Gruyère et mourut vers 1309.

Il s'était établi entre la maison régnante et le peuple de Gruyère une espèce de constitution, qu'à chaque mutation de comte les deux parties juraient d'observer. Pierre IV, petit-fils, à ce qu'il paraît du précédent, prêta et reçut ce serment mutuel quelques années avant la mort de son père [3]. Sa sœur Agnès avait épousé

[1] Bridel. — [2] Ibid. — [3] Ibid.

CHAPITRE III. 111

Nicolas d'Englisberg, bourgeois de Fribourg, et nous avons vu comment Pierre IV, en qualité de tuteur de ses neveux, défendit leur héritage contre les prétentions de Berne et de Fribourg. Il entra dans la coalition de la noblesse contre Berne et vit périr trois seigneurs de sa maison à la bataille de Laupen. Sa mère, Guillemette de Grandson, fonda de concert avec lui, la Chartreuse de la Part-Dieu (1307), au pied du Moléson [1].

Quelques bourgeois de la Tour ayant attaqué Pierre de la Roche, châtelain de Bulle, il s'ensuivit une guerre dont Bulle eut beaucoup à souffrir et pendant laquelle la moitié de la ville de Rue fut réduite en cendres (1333). La paix se fit en 1338. Parmi les personnes qui réclamèrent des indemnités pour les pertes qu'elles avaient essuyées, on cite Conon Ardieu de Bulle, à qui les Gruyériens avaient brûlé la raisse, la foule et le battoir, qu'il tenait en fief de l'évêque de Lausanne [2].

Pierre IV mourut en 1344 et eut pour successeur Pierre V de Vanel et co-seigneur de Corbières [3], prince loué pour sa valeur et

---

[1] Son premier Prieur fut le frère Borcard de Lausanne. Parmi les quatre-vingt-quinze Prieurs qui ont régi la communauté jusqu'aujourd'hui, on distingue Nicolas le Bray, qui mourut de la peste avec quatre domestiques vers le milieu du seizième siècle, en portant des secours à des pestiférés, Amédée Naas, savant antiquaire, Bruno de Camaret, nommé Recteur de la Val-sainte à l'époque de sa suppression.
Une mention particulière est encore due à dom Hermann, procureur de la communauté en 1817. C'était un artiste mécanicien distingué, né à Rueyres St. Laurent. Son premier essai fut d'adapter six cadrans en carton à une horloge ordinaire, où l'on voit le mouvement du soleil, de la lune et des planètes, les jours du mois et de la semaine, les éclipses et tout ce qui concerne le calendrier perpétuel et très-varié du bréviaire des Chartreux. Cette horloge curieuse existe encore à la Part-Dieu. Plus tard il fit une horloge encore plus remarquable. A onze heures de la nuit (heure des matines chez les Chartreux), un serpent venait siffler à son oreille pour l'éveiller, un merle faisait entendre son chant mélodieux, un tambour battait l'appel, un coq chantait et présentait une clé pour remonter le poids de l'horloge, enfin une planche lui tombait sur les pieds et le forçait ainsi à se lever. *Extrait de la notice communiquée par la Chartreuse au Conseil d'Education.* On conserve encore dans le couvent le buste en argent de la fondatrice. Elle est représentée avec les cheveux en tresses roulées autour de la tête, suivant le costume Gruyérien. *Notice sur le comté de Gruyère.*
— [2] Girard. — [3] De tous les auteurs qui ont écrit sur la Gruyère, M. Bridel est, à ma connaissance, le seul qui intervertisse ici l'ordre généalogique des comtes. Il nomme *Pierre IV du Vanel* tandis qu'on s'accorde généralement à suivre le titre numérique que j'ai adopté. Il est vivement à regretter que l'excellente

sa prudence [1]. On verra dans le chapitre suivant les détails de la guerre qu'il eut à soutenir contre Berne et Fribourg.

Corbières formait alors avec Charmey et Bellegarde une seigneurie distincte et indépendante de Gruyère. Mais déjà Corbières n'était plus cette ville, où, selon la tradition, douze bouchers avaient eu assez de besogne [2]. On fait remonter sa ruine au dixième siècle [3]. On n'y découvre aujourd'hui que quelques débris épars, des caves, des restes de murailles, qui attesteraient en effet, une importance primitive.

La seigneurie de Corbières s'étendait sur les deux rives de la Jogne et presque jusqu'à sa source. Le lit de ce torrent est profondément encaissé et forme une gorge étroite, ombragée de noirs sapins. Des montagnes qui le bordent s'y précipitent plusieurs eaux. Après avoir traversé une contrée d'un aspect désolé, parsemée de troncs pourris, de fragmens de rochers, et de décombres de toute espèce, la Jogne coule en paix entre les aulnes, les saules, les pins et les érables, entre de riches prairies et

---

notice de M. Bridel se termine là, l'auteur n'ayant pu l'achever. La suite nous eût sans doute expliqué les raisons de cette anomalie.

A la cour de Pierre V vivait Girard Chalamala, de joyeuse mémoire. Il remplissait à la fois les fonctions de ménestrel, d'intendant et de bouffon. Ce fut lui qui institua la *cour de folie*, qui se réunissait sous sa présidence dans la cour du château aux jours de grandes fêtes. On y discutait gravement les plaisirs du carnaval, les mascarades, les joûtes et spécialement le siége du château d'amour. On y portait des arrêts sur les espiégleries des pages, les galanteries des dames, les infortunes des maris, etc. Le comte Pierre V y pouvait siéger et voter, mais sans éperons, parce que Chalamala l'ayant un jour plaisanté d'une manière trop piquante, il s'en était servi pour lui lacérer les mollets.

Ce fut sous Pierre V qu'eut lieu la fameuse coraula, désignée sous le nom de *grande coquille (Course dans la Gruyère)*, et que les chroniques racontent ainsi : « Il avint un jour que le comte de Gruyère rentrant en son castel trouva en-dessous d'iceluy grande liesse de jouvençaux et jouvencelles, dansant en coraule. Ledit comte, fort ami de ces sortes d'ébattemens, prit aussitôt la main de la plus gente de ces femelles et dansa tout ainsi qu'un autre. Sur quoi aucun ayant proposé comme par singularité dont puisse être gardé souvenance, d'aller toujours en dansant jusqu'au village prochain d'Enney, pas n'y manquèrent, et de cettui endroit continua la coraule jusqu'au Château-d'OEx, dans le pays d'en-haut; et c'était chose merveilleuse de voir les gens des villages par où passèrent se joindre à cette joyeuse bande. »

Cette plaisante caravane fit ainsi plus de quatre lieues en dansant. *Course dans la Gruyère*, page 25.

[1] Tableaux de la Suisse. — [2] Etrennes frib. de 1307. — [3] Ibid.

de petits vallons qui s'ouvrent comme des salles dans le palais des Alpes. C'est là qu'est Charmey, petite bourgade plus populeuse autrefois que maintenant et où l'on voit encore les ruines de trois châteaux [1]. Le premier, situé au nord-ouest sur la Motte, était la résidence du châtelain du sire de Corbières. Le second appartenait aux seigneurs de Prés, co-seigneurs de Charmey. Il était situé entre le village et la Tzintra au lieu dit *sur la Cour*, dans le pré des Chappàley. Le troisième château était celui des nobles de la Beaume. On en voit encore quelques traces au-dessus du hameau des Arses, à côté d'un gros fragment de roche [2].

En remontant le cours de la Jogne on arrive à Bellegarde, qui est le village le plus élevé du canton. Sur la hauteur septentrionale gisent les masures du château qui lui a donné son nom.

Nous reprendrons le fil de l'histoire de la Gruyère à mesure que nous avancerons dans l'histoire cantonale.

---

[1] Notice sur la Gruyère communiquée au Conseil d'Education par le révérend doyen actuel de Charmey, M. Dey. — [2] Ibid.

CHAPITRE IV.

Cause de la guerre de Laupen. — Congrès de Nidau. — Modération des Bernois. — Arrogance des Confédérés. — Conférence de Blamatt. — Rodolphe de Nidau et Rodolphe d'Erlach. — Siége de Laupen. — Contingent fribourgeois. — Jean de Savoie. — Bataille. — Pierre d'Arberg. — Embuscade du Schönenberg. — Incendie du Gotteron. — Succès des Bernois. — Officiers autrichiens. — Griefs des Moratois contre Fribourg. — Trève. — Nouvelles hostilités. — Paix.

Berne devenait déjà puissante. Nous avons vu comment elle s'était mise successivement en possession de Laupen, de Thoune, et de la vallée du Hassli. L'imprudence de ses voisins avait fait tomber en son pouvoir quelques-uns de ces castels menaçans, d'où ses ennemis la provoquaient, entr'autres, Diessenberg, Guminen, Landshut, Æschi, Halten, Strättlingen, Schönfels, etc. Elle s'était fortifiée par de nombreuses et puissantes alliances. Elle avait contraint par la force des armes les sires de Weissenbourg, de recevoir sa bourgeoisie. Ces rapides succès d'une ville naguères encore circonscrite dans les limites de ses murs, avaient éveillé l'attention de l'empire et de la noblesse. Celle-ci ne pouvait lui pardonner la facilité avec laquelle Berne, à teneur de sa constitution, recevait dans son sein, et affranchissait les serfs, qui n'étaient pas réclamés dans le terme d'un an et un jour. Elle voyait avec non moins d'inquiétude s'accroître le nombre de ses bourgeois forains, composés de petits vassaux demeurant à la campagne, qui pouvaient au besoin invoquer le secours de la ville contre leurs seigneurs suzerains. Ce qui déplaisait encore à ceux-ci, c'était l'indépendance de la ville de toute juridiction extérieure.

L'empereur avait aussi ses griefs. Berne s'obstinait à ne pas vouloir le reconnaître, jusqu'à ce que son excommunication eût été levée, et plus d'une cause la maintenait dans cette opposition. Le curé Diebold Baselwind, qui ne tardera pas à reparaître sur la scène, ne cessait de tonner du haut de la chaire contre le souverain mis au ban de l'église et dont on se méfiait avec raison, depuis qu'il avait violé les franchises des villes impériales en hypothéquant St. Gall, Schaffhouse, Zurich et Rheinfelden [1]. D'ailleurs les Bernois avaient appris à se passer de la protection de l'empire et dissipé pendant l'interrègne les revenus affectés à l'entretien des baillis. Ils étaient peu disposés à abdiquer ce qu'ils appelaient un nouveau droit.

A tous ces élémens de discorde vinrent se joindre en 1337 deux événemens qui faillirent en déterminer l'explosion. Ce furent la destruction du château de Rosberg par les Bernois avec toutes les circonstances d'un carnage épouvantable et leur refus de reconnaître la monnaie des comtes de Kybourg et de Neuchâtel, quoique sa valeur et son cours eussent été sanctionnés par un décret impérial.

Il se tint un congrès à Nidau, composé de tous les seigneurs de l'Uchtland, de l'Argovie et du pays de Vaud, et auquel assistèrent les députés de Fribourg et des ducs d'Autriche. Il était présidé par un représentant de l'empereur.

On y convint des mesures à prendre pour réprimer, ce qu'on appelait l'insolence de la jeune république et garantir l'intégrité des souverainetés féodales. La perte de Berne fut jurée. Le favori de l'empereur, le comte Gérard d'Arberg, seigneur de Valangin, fut nommé chef de l'expédition, qu'on jugea à propos de faire précéder d'un blocus hermétique, et d'une foule de notes diplomatiques, absolument comme le firent de nos jours des voisins ennemis de nos libertés. Mais les Bernois ne se laissèrent pas déconcerter. Ils se déclarèrent prêts à accueillir toute réclamation équitable, mais aussi à repousser la force par la force.

On fixa une journée à Neuenegg, pour une conférence amicale.

---

[1] Tillier, tom. 1, page 166.

Voici quelles furent les prétentions des puissances coalisées : 1° Girard de Valangin réclamait trois cents marcs d'argent que l'empereur lui avait assignés sur Berne, parce que cette ville ne voulait pas reconnaître Louis pour roi d'Allemagne ; 2° Rodolphe de Nidau revendiquait trois de ses sujets d'Erlach qui avaient acquis la bourgeoisie de Berne ; 3° Le comte de Kybourg voulait que Berne renonçât à tous les droits qu'elle avait achetés sur Thoune, ces droits lui ayant été cédés à lui par Louis de Bavière ; 4° le comte de Gruyère, appuyé par les Fribourgeois, réclamait une somme de huit mille livres valeur de Berne, que les frères de Weissenbourg devaient à Pierre de Gruyère, tant à titre de prêt que de dédommagement ; 5° enfin les Fribourgeois ne pouvaient que formuler de vagues prétentions sur Laupen, outre quelques griefs relatifs à des particuliers [1]. On voyait aussi clairement que les plaintes du comte de Neuchâtel n'étaient qu'un prétexte pour s'unir à la coalition [2].

Quelque peu fondées que fussent toutes ces prétentions, les Bernois se résignèrent à faire quelques sacrifices pour le maintien de la paix, et dans une conférence qui eut lieu à Neuenegg [3], ils promirent 1° qu'ils engageraient les seigneurs de Weissenbourg à payer leurs dettes en différens termes et qu'ils se porteraient cautions de ce remboursement. Ils ne protestèrent pas même contre l'exagération de la dette primitive par l'intérêt usuraire ; 2° qu'ils délieraient les trois sujets de Nidau de leur serment de bourgeoisie ; 3° qu'ils n'adopteraient plus dans leur ville aucun sujet de Kybourg. Quant aux autres prétentions, ils en appelèrent à une journée de droit.

Après une longue discussion, on se sépara sans rien conclure. La modération des Bernois fut tournée en ridicule par leurs ennemis, et au lieu de considérer les concessions qu'ils faisaient comme une preuve de dispositions conciliatrices, ils n'y virent

---

[1] Justinger. — [2] Ibid. — [3] Schweiz. Geschichtsf., tom. 2, p. 58.

qu'un indice de découragement et de faiblesse [1]. Berne cependant n'avait pas renoncé à tout espoir d'accommodement. Elle fit quelques tentatives pour rompre cette coalition formidable, et en détacher quelques membres, entr'autres le comte Eberhard de Kybourg, mais en vain. Partout on faisait des préparatifs de guerre, et Berne ayant appris que Laupen était le point de mire des hostilités en tripla la garnison, qui était de deux cents hommes et la plaça sous le commandement de Jean Bubenberg. Pour qu'elle fût plus sûre d'être secourue, on y mit de deux frères l'un et le père fut aussi séparé du fils [2]. Par cette combinaison ingénieuse on mit à profit la voix du sang dans l'intérêt d'une mutuelle défense.

Berne ne se dissimulait pas la gravité de l'orage qui s'amassait sur elle. Pour le conjurer, elle prit toutes les mesures que pouvait conseiller la prudence, sans trahir pour cela aucune faiblesse. Ce qui la peinait le plus, c'était de voir Fribourg, son ancienne alliée, la ville-sœur, aveuglée sur ses propres intérêts, se laisser entraîner dans une coalition contre la cité des Zähringen. Elle tenta un dernier effort pour l'en détacher.

Une nouvelle conférence eut lieu à Blamatt entre les députés des deux villes, le jour de St. Marc 1338 [3]. Les Bernois s'engagèrent formellement et par écrit à déterminer les seigneurs de Weissenbourg à satisfaire aux prétentions de la dame de Grasbourg et de Conrad Hauser, bourgeois de Fribourg. Quant aux prétentions sur Laupen, et aux différends de Richard Maggenberg au sujet de la maison de Bümplitz, de Jean de Duens, bourgeois de Fribourg au sujet d'un parcage, de maître Atzo et Conrad de Fribourg au sujet des Lombards de Berne, les deux villes devaient choisir deux arbitres. Berne consentit même à accepter pour surarbitre le comte d'Eberhard de Kybourg. Les autres points de litige devaient être jugés selon les traités existans. Toute réclamation

---

[1] Si es de Berno inclina te et dimitte transire. *Narratio prœlii Laupensis.* —
[2] Justinger. — [3] Ibid.

mutuelle devait cesser à l'égard des réceptions bourgeoisiales, qui avaient eu lieu pendant les cinq dernières années.

Toutes ces concessions ne furent pas jugées suffisantes; le traité fut regardé comme non avenu, et Fribourg ne voulut point se prêter à un accommodement séparé.

Nous ne préjugerons pas la question de savoir si Fribourg était en droit ou non de réclamer Laupen. Ce qu'il y a de sûr, c'est qu'on eût pu et dû préalablement recourir à la voie du droit. Mais l'impartiale histoire doit le dire : nos espérances s'enflaient du danger qui menaçait Berne [1]; Laupen n'était qu'un prétexte pour accabler une rivale, dont la puissance ne nous était pas moins odieuse qu'à la noblesse. Aussi les prétentions devenaient toujours plus arrogantes, à mesure que Berne se montrait plus disposée à la paix.

Les alliés lui envoyèrent plusieurs défis successifs. Morat même se rangea du côté des plus forts. Déjà par un traité daté du dix-huit décembre 1338, cette ville s'était engagée à renoncer à toutes ses relations avec Berne et à défendre toutes les propriétés et tous les fiefs fribourgeois. Laupen y était sans doute compris [2]. Mais l'ennemi le plus acharné des Bernois, était le comte Gérard de Valangin. Ce fut lui qui commença les hostilités, avant même que l'armée des alliés se fût réunie. Il obtint de son cousin Pierre d'Arberg, qu'il livrerait passage à ses troupes sur son territoire. Les Bernois furent tellement exaspérés par cette félonie, qu'ils allèrent assiéger Arberg (1339). Ce fut le signal de la guerre. Les alliés marchèrent au secours de la ville; les Bernois se retirèrent après avoir saccagé les environs.

L'Autriche avait aussi fourni son contingent à la coalition. Le comte Rodolphe, seigneur de Nidau, et administrateur des terres

---

[1] Sed ipsi Friburgenses, licet petitiones alias speciales de se contra Bernenses non proponerent præter prædicta, tamen pro petitionibus omnium prædictorum cum omnibus prædictis Dominis contra Bernenses se opponebant. *Narratio prœlii Laupensis* — [2] Tillier.

ducales dans l'Argovie et l'Uchtland, en avait pris le commandement. Loin qu'il partageât la présomption générale, un sinistre pressentiment l'agitait sur l'issue de cette guerre, et il ne le cacha pas au duc. Ce fut par contre un de ses propres vassaux, qui se mit à la tête des troupes bernoises. Ce brave, nommé Rodolphe d'Erlach, avait franchement déclaré au comte, que si lui, d'Erlach, ne se rangeait pas du parti de Berne, dont il était bourgeois, il risquait de perdre les propriétés considérables qu'il y possédait et qu'il ne pourrait se résoudre à un si grand sacrifice, si on ne lui assurait pas une indemnité proportionnée.

Le comte le licencia avec dépit, en lui disant qu'un homme de plus ou de moins dans cette affaire, était chose assez indifférente. D'Erlach, prenant congé, répondit avec fierté qu'il prouverait ce que peut valoir un homme. Berne, qui à son arrivée, délibérait sur le choix d'un chef, reçut avec transport le fils de celui qui, quarante et un an auparavant, avait décidé la victoire du Donnerbühl. On lui confia à l'unanimité le commandement des troupes, qui devaient marcher au secours de Laupen. L'avoyer Jean de Bubenberg, resta à la tête de celles qui devaient défendre la ville. Mais d'Erlach n'accepta qu'à la condition que l'armée lui obéirait aveuglément, et qu'il aurait droit de vie ou de mort sur chaque soldat [1], l'expérience de six batailles où le petit nombre avait toujours triomphé, lui ayant appris que la concorde et la discipline peuvent seules assurer le succès.

Laupen est situé sur le versant d'un plateau, qui forme la rive droite de la Singine, là où cette rivière se jette dans l'Aar. C'est un bourg aujourd'hui assez chétif, au pied d'un château qui domine la colline voisine.

L'armée des confédérés vint camper sous ses murs, le dix juin 1339. Il s'y trouvait un grand nombre de chevaliers de la Souabe, de l'Alsace, du Brisgau, du Sundgau et du pays de Vaud.

[1] Justinger.

Chaque jour lui amenait quelque nouveau renfort. Dès qu'un grand seigneur paraissait avec sa suite, on allait à sa rencontre; il était accueilli avec acclamations, et beaucoup d'honneurs. On voyait dans le camp les évêques de Lausanne, de Bâle et de Sion, les comtes de Valangin, d'Arberg, de Nidau, de Fürstenberg, de Neuchâtel, de Gruyère, le sire de Montagny, chacun avec ses gens. Le contingent de Fribourg formait le noyau de cette armée [1] qui pouvait s'élever à une vingtaine de mille hommes [2] et à laquelle s'étaient joints un grand nombre de chevaliers voisins. La perspective d'un triomphe certain répandait l'allégresse dans ce camp, où d'ailleurs régnait le luxe et l'abondance [3]. Les jeux, les joûtes, les fêtes y charmaient le loisir des assiégeans. Plus d'une fois aussi on y discuta le sort menaçant qu'on préparait aux deux villes de Berne et de Laupen et déjà, conformément à la jactance de ces temps barbares, on avait préparé les cordes fatales qui devaient servir à la strangulation des vaincus [4].

Le siége était poussé et soutenu avec vigueur. Mais un prompt secours était urgent. L'ennemi avait déjà jeté plus de douze cents pierres dans la place [5]. Les Bernois ne comptèrent pas sans effroi le petit nombre d'hommes qu'ils avaient à opposer à des ennemis si nombreux [6]. Force leur fut de solliciter l'assistance des Waldstettes, leurs anciens alliés, qui s'empressèrent de leur fournir neuf cents hommes. Soleure aussi leur envoya quatre-vingts casques [7], s'excusant de ne pouvoir faire plus, parce que le comte de Kybourg les menaçait de son côté, en passant sous leurs murs pour se rendre à Laupen. Le jeune baron de Weissenbourg, se présenta

---

[1] *In hac obsidione erant Friburgenses cum omnibus suis hominibus. Narratio prælii Laupensis.* — [2] Justinger dit trente mille. — [3] *Abundabat quoque vinum in obsidione, et voluptas cum abundantia rerum aliarum, ac superbia multiplici et magna.* Ibid. — [4] *Jam autem omnes hostes Bernensium conspiraverunt et sub juramento deliberaverunt sine omni gratia et misericordia civitatem et castrum in Laupen destruere et omnes in eis habitantes per laqueos cum funibus ad suspendendum preparatos impia morte privare, ipsam civitatem Bernensem aut penitus delere, etc.* Ib. — [5] Justinger. — [6] *Da ward nit vil ze Bern gelachet.* Justinger. — [7] Tillier écrit ainsi, mais Justinger qui devait être bien instruit, écrit dix-huit.

également avec trois cents hommes au secours des Bernois, qui obtinrent aussi quelque renfort du Hassli et d'Interlacken.

Sur ces entrefaites, Louis II de Savoie, baron de Vaud, avait envoyé en Uchtland son fils Jean, jeune homme plein d'espérance et de qualités chevaleresques, pour essayer de rapprocher les partis et prévenir les hostilités. Il se rendit d'abord au camp de Laupen, mais la noblesse renchérit encore sur ses prétentions exorbitantes, et quand le prince les proposa aux Bernois, ceux-ci ne purent qu'en appeler au jugement d'un tribunal impartial, se résignant à toutes les indemnités qu'il leur serait possible d'acquitter.

Cette réponse fut accueillie avec dérision, et le prince Jean s'apprêtait à retourner chez son père, sans avoir atteint le but de son entremise; mais les chevaliers et particulièrement les Fribourgeois surent l'engager à rester pour prendre part à la bataille. Il est pénible de remarquer que ces derniers encourageaient en général la noblesse dans ses dispositions hostiles [1]. Mais ce reproche ne doit retomber que sur le parti autrichien.

Le contingent des Waldstettes était arrivé le vingt juin, non sans avoir été harcelé en route. Les Bernois résolurent de marcher dès le lendemain au secours de Laupen, qui était déjà cerné depuis douze jours. On fit des prières et des aumônes pour le succès de l'entreprise et toute l'armée communia solennellement [2]. Il fut même décidé qu'on enverrait un cierge à Soleure pour obtenir l'intercession de St. Urs.

Dans la nuit du lendemain, les Bernois au nombre cinq mille hommes, y compris les troupes auxiliaires, sortirent de la ville au clair de la lune [3] et joignirent à Brunnen un détachement qui les attendait [4]. On déjeûna sur une colline dite *Käs und Brod*, puis toute l'armée se remit en marche par Mazenried et Brügelbach, le curé Baselwind portant le St. Sacrement en tête. A midi elle se

---

[1] Friburgenses exhortando inflammaverunt dominos. *Narratio prœlii Laupensis.* — [2] Corpus dominicum ea die, qua exituri erant, unanimes omnes receperunt. Ib. — [3] Müller, d'après Tschudi. — [4] Ils avaient cousu sur leur uniforme la croix blanche fédérale en champ de gueules.

trouva sur les hauteurs du Bremberg, en présence de l'ennemi qu'on découvrit distinctement dans la plaine, s'occupant de jeux militaires, et de la création de nouveaux chevaliers. Alors commencèrent des provocations homériques.

Jean de Maggenberg, avoyer de Fribourg, s'avançant à cheval jusques devant le front de l'armée bernoise, prétendit que la moitié se composait de femmes. *Vous allez voir*, répondit Kuno de Rinkenberg, *de quel sexe nous sommes.* Un homme de Schwitz vint aussi jeter son défi. Maggenberg, de retour chez les siens, leur fit observer ces dispositions belliqueuses. Le porte-drapeau Filistorf de Fribourg ajouta à ses observations le sage conseil de négocier encore, pour prévenir l'effusion de sang, si possible. Deux autres lui répondirent : *Si tu as peur, Filistorf, que ne restas-tu à Fribourg pour y garder les femmes. — Vous verrez si j'ai peur, mais votre présomption sera punie.* Le comte de Nidau lui-même partageait l'avis de Filistorf. Il ne fut pas mieux écouté.

D'Erlach avait disposé les siens en ordre de bataille sur le flanc du Bremberg. Les auxiliaires des Waldstettes insistèrent pour combattre la cavalerie, avec laquelle disaient-ils, ils avaient fait connaissance à Morgarten. On leur associa les Soleuriens, et il fut convenu qu'en cas de détresse, on se prêterait mutuellement secours. Le général stimula la jeunesse bernoise par des provocations piquantes : *Où sont, dit-il, ces gaillards qu'on voyait naguères parcourir les rues de Berne, tant la nuit que le jour, parés de plumes, de guirlandes et de pampres* [1] *toujours occupés de musique, de bals et de femmes. Voyons, voici une autre danse qui les appelle. Il s'agit de défendre la bannière et l'honneur de la ville* [2]. Les bouchers et les tanneurs lui répondirent par acclamations et se placèrent au premier rang.

---

[1] On portait alors des culottes d'une ampleur énorme, percées de plusieurs ouvertures longitudinales. Les dandys de l'époque insinuaient souvent dans ces plis des rameaux de vignes. Tschudi. Tillier. — [2] Tillier.

Vers le soir, les frondeurs bernois commencèrent l'attaque par une grêle de pierres, qu'ils lancèrent à l'ennemi à trois reprises, puis se replièrent de côté sur la montagne pour prendre un nouvel élan. Ce léger mouvement rétrograde fut mal interprêté par l'arrière garde qui le prit pour un commencement de fuite. Un assez grand nombre se sauvèrent dans le bois [1] et faillirent causer du désordre. On les appela dans la suite *Förster*, pour stygmatiser leur poltronnerie. D'Erlach averti, répondit : *Tant mieux : les lâches n'embarrasseront plus les braves, l'ivraie s'est séparée du bon grain.* Cependant d'énormes charriots de fer roulaient des hauteurs sur l'ennemi pour rompre ses lignes. L'intrépide d'Erlach survint avec sa troupe et ne tarda pas à mettre les Romands en déroute. Les Fribourgeois souffrirent le plus, parce qu'ils opposèrent le plus de résistance ; toutes leurs bannières tombèrent au pouvoir de l'ennemi, mais ceux qui les portaient les avaient défendues jusqu'à la mort [2]. Par contre les Waldstettes pressés par la cavalerie, donnaient des signes de détresse. Les Bernois retournent la prendre en flanc et décident ainsi la victoire ; l'ennemi se sauve en désordre, les Romands vers Neuenegg, les Allemands vers Guminen. La bataille n'avait duré qu'une heure et demie (1339).

Parmi les morts se trouvèrent Gérard de Valangin, le comte de Nidau, trois seigneurs de Gruyère, Maggenberg, Filistorf avec quatorze des siens [3], le jeune baron de Vaud, un sire d'Estavayer et un grand nombre de gentilshommes. Un chevalier souabe nommé Blamberg, voyant le sort funeste de toute cette noblesse, retourna chercher la mort dans les rangs ennemis, quoiqu'il eût pu se sauver. Moins noble que lui, Pierre d'Arberg

---

[1]. La chronique porte le nombre de ces fuyards à deux mille. Justinger dit simplement *und flochen gar ein gross Volk vom Huffen*. Mais il les fait revenir au combat, à l'exception de quelques-uns qui se sauvèrent dans le bois. — [2] Ipsi Bernenses, more Samsonis, quasi ruptis vinculis omnis timoris, in se aggressos Friburgenses receperunt et omnia vexilla protinus abstulerunt, vexilliferis eorum et multis aliis occisis, ceterisque omnibus peditibus in fugam miserabiliter conversis. Ibid. — [3] Justinger.

à qui on avait remis la garde du bagage, l'emmena précipitamment à Arberg sans perdre un seul homme, dès qu'il eût vent de la mauvaise tournure que prenait la bataille. Il rencontra le comte de Kybourg qui venait se joindre à l'armée impériale, avec quelques milliers d'hommes. Celui-ci aussi ayant appris sa défaite, congédia ses troupes et retourna chez lui.

Ainsi fut sauvée la garnison de Laupen, sans qu'elle s'en doutât, car à peine le bruit de la bataille était-il parvenu jusqu'à elle. Sa joie fut tempérée par le regret de n'avoir pu prendre sa part à cette glorieuse journée. Les vainqueurs permirent aux Fribourgeois et à quelques seigneurs d'emmener leurs morts, les autres furent enterrés sur le champ de bataille. La perte des alliés fut considérable [1]. Les Bernois perdirent environ vingt-deux hommes, et les Waldstettes treize, mais ils eurent beaucoup de blessés. On ne fait nulle mention de prisonniers, si ce n'est du curé Baselwind qui fut pris, promené avec dérision dans le camp, et relâché encore pendant l'action [2].

Cette bataille fait un digne pendant à celle de Morgarten. Une poignée d'hommes libres y vainquit une armée quatre fois plus nombreuse. Mais ses conséquences furent surtout d'une immense portée; car elle sauva l'Uchtland de la servitude et détourna de la Confédération un des plus grands périls qui l'aient menacée [3].

Les hostilités continuèrent cependant encore sur tous les points de l'Uchtland à la fois, et presque toujours à l'avantage des Bernois, qui faisaient chaque jour une nouvelle excursion [4]. Le

[1] Selon Justinger ils perdirent plus de quatre mille hommes et vingt-sept drapeaux. — [2] Ici toutefois le passage de la chronique, déjà citée plus d'une fois dans cette relation, présente une équivoque, et la prise en question peut s'entendre soit du curé lui-même, soit de la monstrance. Je suis d'autant plus porté à adopter cette dernière version, qu'il est dit plus bas que les Bernois rapportèrent en triomphe *l'arche du Seigneur prise par l'ennemi : archam Domini captam a hostibus cum lætitia reduxerunt.* Justinger par contre a compris qu'il était question du curé. — [3] Müller. — [4] La chronique dit qu'après la bataille, Soleure, Bienne, Payerne, Morat et même Thoune se détachèrent de la cause bernoise. Elle ajoute que les habitans de cette dernière ville, quoique liés à Berne sous plus d'un rapport, de concert avec les Fribourgeois, tendirent une embuscade aux Bernois, qui y perdirent quatre hommes. On a toujours vu la

chevalier Jordan de Burgistein, sans prendre une part active à la bataille, avait imprudemment exprimé ses vœux pour le succès des alliés. Il en fut pour la perte de son château et de la vie. Cette petite guerre dura dix-huit semaines, et fut si destructive que les habitans de Planfayon, Plasselb, et autres lieux voisins achetèrent la neutralité des sires de Weissenbourg, au prix de quarante livres Laus. [1].

Le comte Pierre d'Arberg avait acquis la bourgeoisie de Fribourg avant la guerre. L'acte ne s'en retrouve plus. On la lui avait accordée à condition que pendant dix ans consécutifs il ne lui serait pas libre d'y renoncer, et que, si alors il venait à le faire, il serait cependant tenu à tous les devoirs de bourgeois. Nous avons vu la conduite très-prudente qu'il tint pendant la bataille. Il paraît qu'elle n'ôta rien à la haute idée qu'on avait de sa bravoure, car Fribourg le prit à son service en qualité de capitaine avec neuf cavaliers bien montés dont cinq étaient cuirassés et quatre arbalétriers [2]. On lui paya pour son équipement cinq cents florins de Florence, et la solde de chacun des dix était de quatre gros tournois par jour. L'engagement devait durer un an et au-delà, si la guerre se prolongeait. Effectivement il était encore à notre service en 1342, quoique la paix fût conclue avec Berne depuis longtemps. Il ne considérait pas son poste comme une sinécure; car il fit des excursions continuelles, dans l'une desquelles il prit les fils d'Oron d'Attalens, qui furent relâchés en 1342 [3]. Isabelle de Châlons, dame de Vaud, nous en témoigna sa satisfaction par une lettre authentique. Le comte d'Arberg, qui prétendait avoir des droits sur ces prisonniers, sans doute pour la rançon, consentit à leur élargissement. Dans le cas où le comte

victoire créer des alliances plutôt que des défections. Celle-ci serait un phénomène politique difficile à expliquer, et qu'on ne risque pas de voir se renouveler de nos jours. Il paraît que M. Tillier n'y a pas cru, car il n'en parle pas.

[1] A. C. — [2] Quorum quinque una mecum sint galeati et quatuor belistarii. A. C. — [3] Nous avons une quittance du comte d'Arberg, où il déclare entr'autres qu'il a été dédommagé pour le cheval d'un de ses compagnons tué par les Bernois. *De corserio suo per rotterios bernensium interfecto* A. C.

serait obligé de s'absenter, il devait se faire remplacer par le chevalier Verner d'Eptingen ou bien Rodolphe de Schüpfen.

Un trait qui fait d'autant plus d'honneur aux Bernois que la bonne foi était plus rare, c'est l'exactitude scrupuleuse avec laquelle ils acquittèrent une ancienne dette des sires de Weissenbourg, cautionnés par eux, sans qu'ils se tinssent dispensés de cette obligation par la guerre qui était survenue, et surtout par la prépondérance que leur donnait la victoire. C'était le comte de Kybourg qui avait précédemment réglé cette affaire par un arbitrage. Il avait fixé deux temps pour le paiement de la somme de mille quatre cents livres à trois riches bourgeois de Fribourg, Jean Ramstein, Paul de Helfenstein, donzel, et Conrad Hauser; la seconde moitié fut effectivement payée en décembre 1339.

L'année suivante (1340), les Bernois prirent et saccagèrent la petite ville de Hutwyl, appartenant au comte de Kybourg. Une excursion, que firent après Pâques quarante habitans de Laupen sur le territoire fribourgeois, ne fut pas si heureuse. Enveloppés par un détachement considérable de nos troupes, ils furent massacrés à dix-huit près, qui échappèrent avec peine. Pour les venger, Rodolphe d'Erlach sortit avec mystère de la ville de Berne, à la tête de deux bannières d'infanterie et une de cavalerie, à nuit tombante, et se plaça en embuscade dans les bois du Schönenberg, après avoir défendu que personne ne se montrât avant le signal qu'il donnerait en agitant son épée nue. Puis à la pointe du jour, il s'avança lui-même jusqu'à la porte de Stade avec quelques-uns de ses meilleurs cavaliers, tuant tous ceux qu'ils rencontraient, et emmenant le bétail. A cette nouvelle, on sonna le tocsin et toute la garnison fit une sortie. Huit Bernois, oubliant la consigne, couraient après du bétail; ils furent tués. Enflés par ce petit succès, les Fribourgeois poursuivirent avec ardeur les cavaliers ennemis, tombèrent dans l'embuscade, et furent mis en déroute. Poursuivis à leur tour, ils fuyent vers la ville : plusieurs n'y pouvant plus entrer, et épuisés de fatigue se précipitent dans la Sarine, où ils trouvent la mort. Nous perdîmes dans cette malheureuse affaire plus de monde qu'à la journée de Laupen. De notre propre aveu, cette perte s'éleva à cinq cents hommes [1]. Les Bernois détruisirent encore le castel de Catty, qu'ils avaient déjà pris dans la guerre de Guminen, et rentrèrent à Berne chargés de butin. Quinze jours après ils revinrent à la charge, brûlèrent le Gotteron plus habité qu'aujourd'hui [2] et firent sur la ville une attaque si impétueuse que les habitans épouvantés se sauvaient déjà par les portes Encupit et de Chamblot. Deux braves, dont les noms ont été malheureusement oubliés, sauvèrent la ville d'un désastre imminent, en enlevant quelques planches du pont de Berne. Nos arbalétriers blessèrent un grand nombre d'ennemis dans leur retraite.

Fribourg était frappée de stupeur, et qui pis est, la discorde se mettait parmi nous. On se reprochait mutuellement la perte de la bataille de Laupen, et on en vint au point que la communauté dût rendre une ordonnance, par laquelle il fut défendu sous peine de soixante sols d'amende de s'adresser ces sortes de reproches [3].

Sur ces entrefaites nous reçûmes une députation de Bienne qui réclamait une valeur de dix-sept livres un sol, enlevée par ceux d'Avenches à quelques-uns de ses bourgeois. Ces effets avaient été déposés chez Jacques Richzzo, bourgeois de Fribourg. On ignore si la restitution s'est faite.

Les Bernois savouraient le plaisir de la vengeance. Ils ravagèrent au mois de novembre suivant les terres des Kybourg, jusqu'aux portes de Burgdorf, et en ramenèrent un grand nombre de prisonniers. Ils n'épargnèrent pas davantage celle d'Arberg et de Nidau. Chacune de leur excursion était une victoire, ce qui donna lieu au proverbe : *Dieu s'est fait recevoir bourgeois de Berne; qui peut guerroyer contre Dieu ?* [4]

[1] Selon la chronique sept cents hommes périrent dans la Sarine. — [2] Omnes domus usque ad pontem civitatis spoliaverunt et incenderunt. Ib. — [3] Quicunque nostrum alteri nostrum reprobaverit guerram maliciose qualitercunque, ille condemnabitur in sexaginta solidos villæ. A. C. — [4] Justinger.

Pour le remercier de tant de faveurs, les Bernois fondèrent une messe perpétuelle dans l'hôpital de leur ville [1]. Il paraît même par la teneur d'un document, qu'ils célébrèrent un grand tournois [2], auquel se rendirent les seigneurs qui n'avaient pas renoncé à leur alliance, entr'autres le comte de Thierstein, qui au retour fut dévalisé par les Fribourgeois. Il leur intenta un procès qui fut soumis à l'arbitrage du comte de Kybourg. Celui-ci taxa à cent florins et vingt-cinq livres les dommages qu'on lui avait causés [3].

Dans ces tristes conjonctures, Fribourg réclama l'assistance de l'Autriche qui se borna à nous envoyer Burkard d'Ellerbach, homme aussi prudent que courageux. Les Fribourgeois voulaient qu'il les conduisît de suite à l'ennemi, pour venger les dernières défaites. Il jugea plus à propos de négocier la paix par l'entremise de la reine Agnès. Aussi bien était-on las d'une guerre où l'on n'avait pas mieux ménagé ses amis que ses ennemis. Nous eûmes entr'autres une grave altercation à cet égard avec les Moratois, qui en général s'étaient montrés hostiles à notre cause, et dont la défection à la cause bernoise, paraît n'avoir été qu'apparente et peu sincère. Dix-sept d'entr'eux s'étaient pourtant déclarés pour nous, mais à la fin de l'année seulement, par un acte authentique, auquel ils avaient fait apposer le sceau de leur communauté et celui du comte d'Arberg [4]. Le comte de Savoie fut choisi pour prononcer une sentence arbitrale entre Fribourg et les Moratois. Ils nous reprochaient l'incendie à Chiètres par le comte d'Arberg de trente-deux maisons, avec l'église et le clocher, où l'on avait cru sauver tout ce qu'on avait de plus précieux. Ils accusaient le même d'avoir enlevé tout le bétail et blessé un homme de sa propre

---

[1] Justinger. — [2] D'autres présument au contraire que les Bernois ouvrirent ce tournois avant la guerre (ainsi en 1337 ou 38) pour amener la noblesse à des dispositions plus pacifiques et faire un appel à la concorde; mais que le comte de Thierstein s'y étant rendu seul, le tournois avait eu si peu d'éclat, que les historiens n'ont pas jugé à propos d'en faire mention. Schweiz. Geschichtsforscher. Tom. 2, page 57. — [3] Von den Rossen und Phertden, harnasche und Cleider wegen so die vorgenanten von Friburg demselben Graff Othen namen do er von dem Turnei von Berne reit und ouch als von der gevangenschaft wegen so si im taten des selben males an sinen Knechten. A. C. — [4] A. C.

main, d'y être retourné pour piller ce que l'incendie avait épargné, et emmené le butin à Arberg; d'avoir menacé ceux de Frasses du même sort, de sorte que force leur fut de se racheter pour vingt livres d'argent blanc; d'avoir envoyé ses gens à Charmey et à Buschillon, pour y enlever jusqu'à cinquante muids de blé, le bétail et les meubles; d'avoir brûlé la grange de Nicolas Stunqui de Morat; d'avoir pris et de retenir encore prisonnier le valet du dit Nicolas; de lui avoir enlevé deux bœufs, trois chevaux, un poulain et jusqu'à soixante muids de blé, etc., etc. Par contre Fribourg reprochait à Morat, que dix-huit des siens avaient combattu à Laupen contre nous, nommément Jonod fils de Bastard; que le même jour Borcard Chastelan, avec son fils, son frère et compagnons allèrent se poster de grand matin sur une colline, pour voir quelle serait l'issue du combat; qu'ayant vu plier les Fribourgeois, ils étaient redescendus en poussant des cris de joie, massacrant et noyant les fuyards, dont une soixantaine avaient ainsi péri, presque tous gens de Nidau et de Neuchâtel; qu'un homme de Villars-les-moines s'en était vanté devant des témoins dignes de foi; qu'on avait vu des Moratois à Neuchâtel vendre environ soixante peaux de chevaux écorchés devant Laupen; que malgré la défense faite par le comte de Savoie, ils n'avaient cessé d'approvisionner les ennemis de vin et de sel; que Babo Schwanz de Morat avait montré aux Bernois un sentier pour venir surprendre ceux de Cournillens et des Esserts, où ils tuèrent, blessèrent et prirent plusieurs personnes, enlevèrent le blé et le bétail, etc., etc. [1].

Louis de Vaud, choisi pour arbitre de ce différend, décida que chaque partie produirait ses griefs par écrit et répondrait de même aux demandes en indemnité de sa contre-partie dans le terme de trois mois, passé lequel nulle réclamation ultérieure ne serait plus accueillie. Cela fait, il prononça par un arrêt daté de Romont le 29 mars 1340, l'exil de douze Moratois, qui s'étaient

[1] A. C.

montrés le plus acharnés contre Fribourg; que toute communication cesserait entre Morat et ceux de Berne et de Laupen; que les Moratois enverraient un défi à Berne, mais que cette lettre resterait provisoirement entre les mains du comte jusqu'au premier mai; enfin toutes les anciennes relations de commerce avec la ville de Fribourg fûrent rétablies sur l'ancien pied.

Quatre mois plus tard les Bernois déclarèrent qu'ils étaient prêts à faire la paix sur les bases qu'avaient proposées Burcard d'Ellerbach [1].

Ce fut, comme nous l'avons dit, Agnès de Hongrie qui ménagea cette paix ou plutôt cette trève, car elle ne fut que provisoire; elle fut signée le neuf août 1340. Le même jour avait été conclue la paix entre l'Autriche et Berne. Agnès exigea comme condition préliminaire d'une paix définitive que tous les prisonniers fussent mutuellement rendus, toutefois moyennant dédommagement équitable. On laissa à l'avoyer de Fribourg le soin de décider si les prisonniers récemment pris au comte de Gruyère faisaient un obstacle à la paix. Dans le cas où il l'affirmerait par serment, ainsi que les comtes de Gruyère, les prisonniers devaient être rendus. Si Fribourg s'opposait à une réconciliation entière, la trève devait durer cinq ans et les hostilités ne pouvaient recommencer qu'après une déclaration faite un mois à l'avance. Les prisonniers seraient relâchés sous caution jusqu'à l'expiration de la trève; alors ils devaient se reconstituer. Fribourg devait déclarer aux Bernois huit jours avant la St. Michel, par lettres patentes, si elle voulait la paix définitivement ou une simple trève, et quels alliés elle comptait comprendre. Louis de Vaud serait libre d'y accéder ou non; qu'à l'égard de ses prisonniers on en agirait comme avec ceux des deux villes. Tous les homicides et dommages causés par la guerre seraient regardés comme non avenus. Le traité conclu, les deux villes devaient régler par des arbitrages aux

---

[1] Feuille hebd. de Sol. année 1826, page 388. Schw. Gesch., Tom. 1, page 61.

lieux accoutumés les points litigieux étrangers à la guerre, ainsi que les affaires du baron de Vaud, si celui-ci ne s'engageait ni à la paix ni à la guerre. Les Fribourgeois promirent de lui accorder tel secours, qui serait concerté entre les deux villes par le bailli autrichien. La reine de Hongrie et Burkard d'Ellerbach apposèrent leur sceau à ce traité [1].

Fribourg déclara par une lettre datée de Blamatt, la veille de St. Michel, qu'elle n'acceptait qu'une trêve de cinq ans, avec réserve du baron de Vaud, du comte de Neuchâtel, de son fils Louis, de Pierre de la Tour et du chevalier Wollerswyl, lesquels n'étaient pas compris dans le traité [2]. Cependant Pierre de la Tour déclara adhérer à cette trêve par amitié pour les Fribourgeois : *ob honorem et amicitiam Friburgensium* [2].

Cet ajournement de la paix trahissait des ressentimens non assoupis, et une arrière-pensée de vengeance. Aussi la guerre se ralluma dès la même année, à l'occasion de quelques troupes qu'Eberhard de Kybourg avait jetées dans Thoune contre la teneur du traité de 1323. Les Bernois allèrent faire le siège de cette place. Un assaut fut repoussé avec grande perte. Pendant ce temps, d'Ellerbach à la tête de deux cents cavaliers et quelques fantassins, s'était présenté aux portes de Berne, après avoir pillé Könitz. Il avait cru trouver cette ville dégarnie, mais les Bernois étant venus à sa rencontre jusqu'à Solgenbach, les Fribourgeois craignirent une embuscade et se retirèrent abandonnant la plus grande partie du butin [3].

La seigneurie de Grasbourg, que la Savoie avait hypothéquée à la famille Tüdingen de Fribourg, souffrit cruellement de cette expédition. Ayant livré aux troupes fribourgeoises le passage sur son territoire, les Bernois qui à cette occasion avaient

[1] Feuille hebd. de Soleure, année 1826, page 475. Le mot *Frieden* doit être traduit par *Trêve*. — [2] A. C. — [3] Tillier. Tome 2, page 194.

perdu quinze hommes, s'en vengèrent en y portant le fer et la flamme [1].

Enfin lasses de se faire la guerre sans profit, les deux villes renouvelèrent, le six juin 1341, l'alliance conclue en 1271 par les avoyers Bubenberg de Berne et Vivier de Fribourg. Cette fois-ci ce fut encore un Bubenberg pour Berne et Jacques Rych pour Fribourg, qui eurent une entrevue dans l'église d'Uberstorf. Ils complétèrent ce qui manquait au premier traité [2]. Lorsqu'un citoyen d'une ville aurait contre un citoyen de l'autre des prétentions qui ne pourraient être jugées que par un tribunal commun, il fut décidé qu'avant de convoquer celui-ci, le plaignant choisirait un juge méan parmi les conseillers de l'autre ville, lequel prêterait de suite serment; que dans le cas où les opinions seraient partagées dans le tribunal commun, et que l'affaire ne pourrait pas se terminer à l'amiable, il la jugerait en dernier ressort dans la quinzaine, d'après les lois et coutumes de l'endroit où le délit aurait été commis, l'accord fait, ou les biens en litige se trouveraient [3].

Si le juge ainsi choisi était absent ou qu'il refusât de prêter le serment, le conseil de la ville devait le contraindre à le faire dans le terme de trois jours; et s'il ne terminait pas le différend dans la quinzaine, il devait se rendre dès le lendemain dans l'autre ville à ses propres frais, et y rester jusqu'à ce que tout fut terminé. Le traité devait se renouveler tous les ans, le dimanche après la Pentecôte, pour en graver le souvenir [4].

Ce ne fut que huit jours après ce renouvellement (treize juin 1301) que Berne déclara accéder pleinement à la réconciliation ménagée par la reine Agnès [5].

Berne sollicita notre consentement (1341) pour renouveler son alliance avec les trois Waldstettes [6] et en conclure une pour

---

[1] Tillier. Tome 2, page 195. — [2] A. C. — [3] Tillier. Tome 2, page 196. — [4] A. C. — [5] Ibid. Tillier. Tome 2, page 196. — [6] Solot. Woch. année 1826, page 426.

dix ans avec les ducs d'Autriche [1]. Nous le donnâmes à condition que dans le premier de ces actes, les Fribourgeois seraient réservés comme intimes confédérés [2]. A cette occasion les Bernois renouvelèrent la promesse de ne contracter aucune alliance sans notre consentement [3]. Ils obtinrent plus difficilement notre consentement à l'alliance qu'ils conclurent avec les Kybourg (1343) [4].

Neuf ans plus tard (1352) Pierre V, comte de Gruyère déclara que ses ressortissans étaient bourgeois de Fribourg comme lui, et tenus d'observer dans tous ses points le traité d'alliance conclu entre Berne et Fribourg [5].

[1] Solot. Woch. année 1826, page 427. — [2] A. C. Le second traité ne fut renouvelé en 1348 qu'avec notre permission. Prolongatio confederationis processit de nostra licentia et spontanea voluntate. Ibid. page 467. — [3] Ibid. Tillier. Tome 2, page 196. — [4] Wo es unsern Eidgenossen von Fryburg gefiele und sie das erlaubeten und seit sie noch wir das noch nicht an den vorgenanten unsern Eidgenossen von Fryburg haben mochten, das sie uns das erlauben wollten, etc. Sol. Woch. année 1826, page 450. — [5] Notum facimus universis quod nos et omnes nostri in terra ac nostro dominio tanquam friburgenses sumus et esse volumus. A. C. Cet acte prouve une réception antérieure.

CHAPITRE V.

Suites funestes de la guerre. — Nouvelles lois. — Collégiale de St. Nicolas. — Louis de Strasberg, curé de Fribourg. — Everdes. — Peste. — L'Autriche se montre bienveillante à l'égard de Fribourg. — Construction de nouveaux remparts. — Ordonnances diverses. — Les deux villes renouvellent l'alliance avec la Savoie. — Traité de Laupen. — Fribourg jouit d'une grande considération. — Achat du Simmenthal et de l'Iselgau. — Viviers.

La guerre désastreuse qui venait de finir avait épuisé nos finances et augmenté nos dettes. Nous fûmes obligés d'emprunter mille livres à la communauté d'Hauterive, avec un intérêt de cinquante livres par an (1341)[1]. Nous nous engageâmes par serment à rembourser ce capital au bout de vingt ans et en reconnaissance de ce service, on exempta le monastère pendant sept ans, de toute taille et redevance dont les autres bourgeois pourraient être imposés, excepté les cent sols lausannois que le couvent devait payer annuellement à raison de sa bourgeoisie[2]. Une transaction plus onéreuse fut faite avec Girard Domenget, bourgeois de Romont, dont nous empruntâmes huit cents florins au douze et demi pour cent[3]. Cet acte fut stipulé dans la forme d'une lettre de rente usitée dans ce temps, où le prêt à intérêt était sévèrement défendu[4].

On vendit en outre pour faire face aux dettes, à Jacques Rich, bourgeois de Fribourg, pour la somme de cinq cents livres lausannoises, la quatrième partie de tout le produit de l'ohmgeld pendant quatre années consécutives. On eut soin de

---

[1] A. C. — [2] Ibid. On voit encore par cet acte que les gens d'Hauterive devaient secourir la ville de Fribourg en cas de danger, toujours en vertu de la combourgeoisie. — [3] A. C. — [4] Fontaine.

le prévenir que les Cordeliers, les Augustins, l'hôpital et les Lombards ne payaient point d'ohmgeld, le maître d'école non plus [1].

Nous avions perdu à Laupen toutes nos machines de guerre. Pour réparer cette perte, on fit venir un maître machiniste d'Allemagne, nommé Sang, à qui l'on paya en deux termes la somme de quatre cents florins de Florence [2].

Sur ces entrefaites, Berne avait fait successivement la paix avec tous ses voisins. Nous renouvellâmes aussi notre alliance avec Bienne (1344) en réservant l'Autriche, Berne et la Savoie. Bienne ne réserva que l'évêché de Bâle et Berne, chacun en outre ses autres alliés [3]. Nous nous réconciliâmes aussi avec Morat. En place de Chiètres, le lieu des conférences fut assigné près du bois au-dessous de Courtepin [4].

La communauté profita du calme qui s'était établi dans les affaires du dehors pour achever sa constitution politique sur les bases posées par le fondateur. La première attention se fixa sur les fonctionnaires publics, et il fut ordonné que tous les emplois seraient résignés à la St. Jean, que le dimanche précédent le banneret devait choisir vingt hommes de chacune des trois bannières, alors existantes, ceux qu'ils jugeraient les plus capables (utiliores et communiores) et nommer avec eux le conseil, les Deux-Cent et le boursier, mais pour une année seulement. Ces nominations devaient rester secrètes jusqu'au jour de la St. Jean [5]. Que le jour de la St. Jean, la communauté après avoir nommé l'avoyer, devait nommer les bannerets; qu'on était tenu d'accepter les places, auxquelles on serait appelé, sous peine de dix livres d'amende et un an d'exil [6].

Si par hasard la communauté se trouvait absente ce jour-là (sans doute pour quelque expédition), alors l'assemblée devait avoir lieu le premier dimanche après son retour [7].

---

[1] A. C. Nous voyons par cet acte qu'on fabriquait aussi du cidre à Fribourg (medo) — [2] Ibid. — [3] A. C. — [4] Ibid. — [5] C'est de là que ce dimanche a été nommé le *dimanche secret*. C'est aussi l'origine de la *Chambre secrète*. — [6] A. C. Cette ordonnance était renfermée dans le coffre du banneret. Il n'en existe plus qu'une copie. — [7] A. C.

C'est, comme nous l'avons déjà observé, la première fois qu'il est fait mention officielle des bannerets. Quant aux LX, on voit qu'ils n'étaient encore qu'électeurs et non membres du gouvernement. Mais ils ne tardèrent pas à y entrer, car on les trouve mentionnés comme partie intégrante de la magistrature dans une ordonnance de 1363 et en tête de celle qu'on publia en 1365.

Ils n'en restèrent pas moins chargés avec les bannerets des élections du dimanche secret. Mais de crainte que leurs places, qui ne devaient être qu'annuelles, ne devinssent par le fait des places viagères, et que la magistrature dont ils faisaient partie, n'acquît une influence exclusive sur les élections, on statua en 1404 que les bannerets, aidés chacun des deux prud'hommes, qui avaient été élus en l'assemblée du mardi de Pentecôte, choisiraient parmi les bourgeois et habitans quatre-vingts hommes les plus capables, vingt par bannière, pour former avec les soixante de l'année le corps électoral du dimanche secret.

On voit ici déjà quelque levain aristocratique se mêler à nos institutions, quoiqu'avec beaucoup de réserve. La préoccupation de ses intérêts privés rendait le peuple peu propre à la direction des affaires publiques et il fit preuve de sagesse en la déléguant à quelques hommes sûrs. Mais cette abdication, quoique spontanée et conditionnelle, n'était pas sans danger, comme le prouva la suite des événemens. La communauté le sentit et crut parer aux abus qui pourraient naître en faveur de l'olygarchie, en statuant expressément qu'une assemblée moins nombreuse ne pourrait rien changer aux constitutions décrétées par un plus grand nombre de votans.

On voit par cette dernière clause, que les assemblées de la St. Jean n'étaient pas de simples assemblées électorales, mais qu'elles exerçaient sans restriction le pouvoir législatif et judiciaire, comme le prouvent le code pénal, les diverses ordonnances constitutionnelles, et un grand nombre de lois, par exemple celles de 1282 et 1285 relatives aux testamens. L'avoyer, le bourgmaître, les bannerets et même en certains temps le grand sautier exerçaient le pouvoir exécutif et l'on a vu que tous ces magistrats étaient nommés immédiatement par la communauté.

C'est dans la constitution de 1363 qu'apparaît pour la première fois le bourgmaître comme juge correctionnel et chargé de percevoir les amendes alors très-multipliées. Mais la première institution de ce magistrat date du douze novembre 1334. Comme une partie de ses attributions appartenait dans le principe à l'avoyer, la communauté se réserva la nomination de bourgmaître pour être faite à l'assemblée de la St. Jean [1].

On ne connaît point l'origine des Deux-Cent. La tradition dit que, dès la fondation de la ville, deux cents bourgeois en formaient spécialement la garnison. A-t-on voulu perpétuer leur mémoire ou bien cette institution est-elle une conséquence du décret de 1301 qui établit cent soixante-dix bourgeois pour prêter main forte au conseil exécutif? Comment se fait-il qu'une ordonnance de 1319 ne mette en tête que cent hommes [2]. Nous n'entreprendrons point d'éclaircir ces faits obscurs. Quoi qu'il en soit, c'est à la tête d'une ordonnance du sept août 1338 que les Deux-Cent paraissent pour la première fois comme choisis pour représenter la communauté (*Ducenti electi*). Mais déjà en 1339 ils ne reparaissent plus au nom, mais avec la communauté [3].

Plusieurs autres changemens importans furent faits à la constitution dans la seconde moitié du quatorzième siècle. En 1373, le droit d'assister aux assemblées générales de la communauté ne fut accordé qu'à ceux qui seraient convoqués par les bannerets; mais cette convocation même ne devait s'adresser qu'à des bourgeois. Au moins fallait-il avoir une possession en ville ou dans la banlieue ou être reconnu pour un franc et loyal Fribourgeois. Une amende de dix sous et un mois d'exil étaient infligés à qui-

---

[1] Le premier bourgmaître connu est Jean Huser qui occupait cette place en 1372. Willème de Treyvaux dont il est fait mention dans les années 1375 — 79 — 82, est quelquefois désigné comme lieutenant d'avoyer. — [2] Nos l'advoyer, li conseil, les cent élus et toute la communauté. — [3] A. C.

conque s'introduirait dans l'assemblée sans convocation. Par contre tout invité qui n'y venait pas était également puni [1].

On voit de quelle autorité les bannerets se trouvaient investis pour la composition des assemblées communales. On finit par en concevoir de l'ombrage; et bien que ces fonctionnaires fussent choisis par la communauté et même chacun par sa bannière, et qu'ils ne pussent jamais être confirmés plus de deux fois consécutives, on jugea à propos de limiter leurs attributions, pour prévenir une influence qui eût pu devenir dangereuse.

Dans ce but, on leur imposa dès 1392 l'obligation d'assembler chaque année les soixante, le mardi de la Pentecôte, pour élire ce jour sept hommes les plus probes et les plus capables; savoir trois de la bannière des hôpitaux et deux de chacune des deux autres bannières. Ces sept hommes devaient accompagner les bannerets pour commander les membres de l'assemblée électorale du dimanche secret. Bien plus : on leur associa encore quatre autres mandataires par chaque bannière dans la tournée qu'ils faisaient la veille de la St. Jean de maison en maison pour convoquer les électeurs. Cette dernière institution des douze avait déjà été créée par l'ordonnance de 1387.

Après avoir un peu anticipé sur l'ordre des temps pour mieux résumer les diverses phases de notre constitution civile, nous reprenons le fil des événemens.

Ce fut au commencement du quatorzième siècle qu'on agrandit ou plutôt construisit une nouvelle collégiale; car un acte fait mention d'une *Ecclesiæ sancti Nicolai novæ et veteris*. Louis de Strasberg, curé de Fribourg, y contribua pour beaucoup, en renonçant pour quatre années à tous les revenus de sa cure, pour les employer à la nouvelle bâtisse (1314) [2].

Plus tard (1330), il vendit à la communauté pour le terme de cinq ans, à raison de cent livres lausannoises qui lui furent payées

---

[1] A. C. — [2] Ibid.

ces mêmes revenus pour que le surplus s'employât au profit de cette église [1]. Ce qui atténue un peu la générosité de ces renonciations, c'est que monsieur le curé paraît y avoir été contraint par la multiplicité des fonctions qu'il cumulait; car il était en même temps chantre de la cathédrale de Strasbourg, prévôt de l'église de Soleure, chanoine des cathédrales de Constance et de Bâle, etc., et qu'en renonçant aux revenus, il renonçait en même temps aux charges. Quoiqu'il en soit, une renonciation publique eut encore lieu dix ans plus tard (1340) pour quatre-vingts livres lausannoises et dans la même intention [2].

La mort de ce grand titulaire ayant laissé la cure vacante (1343), la communauté usant du droit que lui donnait la charte, nomma à sa place Richard de Montmacon aussi curé de Belp [3]; mais cette nomination resta sans effet, parce qu'une longue altercation s'établit entre le duc Albert et la communauté au sujet de ce droit de collature. On en référa à M. Jacques de Billens, doyen de Sion et vicaire général de Lausanne, qui, sans vouloir prononcer sur les droits d'ambes parties, nomma par droit de dévolu à la cure M. le chapelain Hugues Wegen que la communauté avait nommé, soit parce que Richard avait renoncé soit pour tout autre motif (1345) [4].

Il paraît que la nouvelle bâtisse de l'église fut achevée en 1343, car le tuilier Conrad de Zurich déclare sous date du vingt-deux juillet de cette année avoir reçu tant du gouvernement que du directeur de la fabrique de St. Nicolas le montant de tout ce qu'il avait fourni [5].

On fit aussi un règlement pour le Gotteron, afin que personne en changeant ses usines ne pût nuire aux propriétés situées plus haut [6]. Long-temps après (1586), on y apporta quelques modifications.

[1] A. C. — [2] Ibid. — [3] Ibid. — [4] Ibid. — [5] Ibid. On payait deux sous le droit d'être inhumé dans cette église, et il était défendu de lancer contre cet édifice des projectiles quelconques. — [6] A. C.

On voit au sud de Corbières, sur la rive gauche de la Sarine, les ruines du château d'Everdes, occupé à l'époque dont nous parlons par un de ces brigands féodaux, qui se mettant au-dessus de toutes les lois, faisaient le métier de voleurs de grands chemins. Malheur au voyageur paisible qui s'aventurait à quelque distance de ces formidables créneaux. Les satellites du châtelain, fondant sur lui comme des oiseaux de proie, ne se bornaient pas toujours à extorquer de lui une forte rançon. Suivant le caprice ou l'intérêt du maître, il était plongé dans une oubliette, ou même mis à mort. Le hasard ayant fait passer par là Mermette, femme de l'avoyer Maggenberg, au retour d'une noce de Lutry, elle fut dévalisée par Othon d'Everdes; on lui enleva treize gobelets, cinq cuillères, une aiguière, cinq boutons et quelques chopinettes en argent, le tout évalué à cinq cents florins (1348) [1].

La communauté déjà lasse des tracasseries incessantes de ce mauvais voisin, résolut enfin de le punir et de venger l'affront fait à son avoyer. Mais comme Othon était soutenu par le comte de Gruyère et le sire de Corbières, on voulut s'assurer de Payerne en renouvelant notre alliance avec cette ville (treize mai 1349), et on réclama l'assistance que Berne nous devait à teneur des traités. Elle s'y prêta d'autant plus volontiers qu'elle aussi avait à se plaindre de ces nobles; un corps de Bernois se joignit à nos troupes, et à notre prière consentit à ne point déployer en cette occasion les drapeaux fribourgeois pris à Laupen. A l'approche de l'ennemi, le chevalier d'Everdes est saisi d'épouvante, et court en hâte à sa rencontre pour entamer une négociation. Il était trop tard; car pendant qu'il parlait on vit briller la flamme vengeresse qui consumait son château. Un détachement de volontaires (Freihart) ayant pris les devans par un chemin détourné, avait surpris, pillé et brûlé le castel [2].

Le voisinage de Gruyère rappela alors aux Bernois l'échec que leur avait fait éprouver le comte deux ans auparavant, lorsque le

---

[1] Dictionnaire de M. Kuenlin. — [2] Tillier. Tome 1, page 207.

banneret Vendschatz, surpris avec une petite avant-garde près de Laubegg, et enveloppé par les Gruyériens n'eut que le temps, avant de périr, de plier son drapeau et de le jeter aux siens. Ce fut pour venger sa mort qu'ils se portèrent en avant et attaquèrent aux environs de la Tour le comte de Gruyère avec des forces supérieures. A peine put-il se dérober à la mort par la fuite, et il ne dut son salut qu'à l'intrépidité de deux habitans de Villars-sous-mont, Clarembault et Ulric bras-de-fer, qui seuls, armés d'énormes glaives, arrêtèrent pendant quelques minutes l'impétuosité des Bernois. Mais Vuippens [1] et la Tour-de-Trême tombèrent au pouvoir des alliés, qui firent au dernier endroit soixante prisonniers, et s'emparèrent de la bannière du comte [2].

Quand l'armée fribourgeoise parut devant les murs de Corbières, les habitans entrèrent en négociation, et se soumirent à l'arbitrage de Berne, Morat et Payerne, et pour garantie qu'ils accepteraient leur jugement, ils fournirent quatre ôtages, savoir : Perro de Malamulier, Mermet de Hauteville, Ulric Udrigar et Estevenet de Rue. La sentence arbitrale les condamna à payer aux Fribourgeois trois cents livres de dédommagement en deux termes [3].

Enfin le comte de Savoie, le baron de Vaud, et l'évêque de Lausanne négocièrent d'abord une trêve d'un mois, qui fut conclue à Morat, le onze janvier 1350, et par laquelle ils s'engagèrent de prime-abord à faire restituer à Fribourg, à son avoyer et à sa femme tout ce qui leur avait été pris, et relâcher immédiatement le prisonnier détenu par Othon, sauf à employer la force pour le libérer, s'il le fallait. Il fut décidé en outre que deux commissaires, l'un de Fribourg, l'autre de Berne seraient chargés d'évaluer les dommages causés par Othon et en particulier le prix des effets qu'il avait enlevés à madame l'avoyère, qu'elle en attesterait la valeur par serment en présence du sire de Blonay [4], que les deux

[1] Li Chastel et la ville de Vippens, ensemble la chastelaine ont été ars et gastes et plisours autres domages faiçts et donnez. Acte de 1349. A. C. — [2] Tillier. — [3] A. C. — [4] Vingt ans plus tard ces bijoux furent remis à Humbert de Colombier en vertu de je ne sais quel arrangement.

villes enverraient à Payerne chacune deux députés pour s'entendre avec quatre députés des deux comtes de Gruyère et d'Everdes et trois députés de Savoie, de Vaud et de Lausanne.

Après quatre jours de négociations, la paix fut effectivement conclue à Payerne dans la maison de Perrod Moralet, le vingt-cinq janvier aux conditions suivantes : La difficulté ventilante entre l'avoyer de Berne et le comte de Gruyère Pierre V sera soumise à l'arbitrage de deux juges choisis par chacun d'eux, et en cas de besoin, le comte d'Arberg sera sur-arbitre; celle ventilante entre le comte de Gruyère et Jean de Kramberg sera jugée de même avec Galésius de la Baume pour sur-arbitre. Les prisonniers du Gessenay seront relâchés sous caution moyennant une rançon de mille florins d'or, payable en deux termes; chaque prisonnier de la Tour devra se racheter isolément en payant six florins; ceux de Bellegarde pour une rançon de cent cinquante florins aussi payable en deux termes. Par déférence pour les contre-parties, les Bernois consentirent à ce que deux cent trente florins fussent défalqués des deux sommes ci-dessus pour le rachat des prisonniers de la Tour. Il y aura échange immédiat et sans rançon des prisonniers faits par les Fribourgeois, et Othon d'Everdes; on donnera quittance réciproque et entière des dommages causés; toute réception à la bourgeoisie des deux villes ou même les simples alliances faites pendant la guerre avec les sujets des dites seigneuries furent déclarées non avenues. On remettra à Corbières la moitié de la somme à laquelle l'avait condamné l'arbitrage des villes; le sire de Vasquésill se tiendra coi envers celle-ci, et les difficultés ventilantes entre les deux parties seront terminées à l'amiable par une diète, ou à défaut en dernier ressort par les dames de Vaud. C'était Isabelle de Châlons, veuve de Louis II et sa fille Catherine de Savoie, veuve de trois maris. Par acte du trois décembre 1349, elles avaient déclaré les Fribourgeois absous pour tous les dommages que leurs gens avaient faits au château, à la ville et à tout le territoire de Vuippens, pendant leur guerre avec le comte de Gruyère et le seigneur d'Everdes; et comme ils avaient rendu les prisonniers faits à Vuippens, elles se réservèrent de prononcer sur les indemnités, qui seraient dues à leurs sujets ou par eux, quand la paix serait conclue [1].

Pendant cette guerre un fléau plus terrible encore désolait la Suisse et toute l'Europe. C'était une espèce de peste, dit la *Mort noire*, admirablement décrite par Boccacio. On pourra juger de l'étendue de ses ravages, par ceux qu'elle fit à Bâle où elle enleva douze mille personnes. Nous n'avons point de détail sur la mortalité qui régna à Fribourg; mais on sait qu'à Berne il mourait vers Noël 1349 jusqu'à cent et vingt personnes par jour [2]. Ce fut le signal d'une atroce persécution contre les juifs, parce qu'on avait cru remarquer que le fléau les épargnait, et qu'ils s'abstenaient de boire de l'eau de pluie et de puits. On suspectait spécialement ceux qui étaient vêtus de rouge, et l'on sévissait contre eux avec une affreuse barbarie.

Cette peste donna aussi naissance à la secte des Flagellants, qui, pour fléchir la colère du ciel, parcouraient le pays par bandes, nus jusqu'à la ceinture, et se flagellant à grands cris. Leurs chapeaux étaient marqués d'une croix par devant, et leurs habits par derrière. Leur nombre s'accrut à un tel point, que l'autorité du pape dût intervenir. D'autres, résignés à mourir, voulaient auparavant épuiser la coupe des plaisirs et s'abandonnaient avec frénésie à tous leurs penchans, mettant à profit le silence des lois et la vacance des tribunaux.

Les Bernois se firent remarquer particulièrement par leur insouciance. Pendant que la contagion sévissait au plus haut degré, leurs troupes entrèrent joyeusement dans le Simmenthal, et passant de la danse à l'assaut, emportèrent successivement les châteaux de Laubegg, de Manenberg et de Zweisimmen [3]. Puis appelés au secours des Fribourgeois que menaçait le comte de Gruyère, ils nous envoyèrent à la hâte un corps d'auxiliaires, qui ne contribua pas peu à lui imposer silence.

[1] A. C. — [2] Tillier. — [3] Ibid.

Isabelle d'Arberg, née comtesse de Gruyère et dame de Montsalvens déclara que moyennant six livres lausannoises que les Fribourgeois lui ont payées, elle les absolvait de tous les dommages qu'ils lui avaient faits en son domaine de Greng, près de Morat, (neuf janvier 1350) [1]. Nous obtînmes une quittance analogue de Pierre de Bulle donzel, et de Godefrey d'Eptingen. Nous payâmes à celui-ci sept florins pour faire cesser ses prétentions au sujet de l'emprisonnement d'un homme qui l'intéressait [2].

Le vingt-cinq janvier 1350 les deux villes conclurent une alliance pour dix ans avec l'évêque de Lausanne, le comte Vert, Amédée de Genève, Isabelle de Châlons et sa fille Catherine [3]. Quelques mois plus tard, elles firent une convention avec les dames de Vaud, au sujet des difficultés que les ressortissans d'un de leur pays pourraient avoir avec ceux des deux autres [4]. Guillaume Felga, Rodolphe Tüdingen et Jean Bratza en furent les négociateurs pour Fribourg [5].

Les deux villes semblaient vouloir remplir religieusement les conditions du dernier traité. Quand il fut question d'accorder la bourgeoisie au chevalier Guillaume de Vuicherens, nous demandâmes et obtînmes le consentement des Bernois. (1352) [6].

On se donnait réciproquement des marques de déférence, et plus d'une fois en preuve de confiance, nous choisîmes parmi les Bernois eux-mêmes un sur-arbitre pour juger des difficultés ventilantes entre les ressortissans des deux états. Ainsi Nicolas Thorwarter de Berne ayant été arrêté à Fribourg, pour avoir blessé un ressortissant de la seigneurie ne tarda pas à être relâché à la prière de l'avoyer de Berne, Pierre de Séedorf. Il en donna la quittance dans les termes accoutumés [7].

Nous possédons aussi la quittance de trois Bernois pour cin-

---

[1] A. C. — [2] Ibid. — [3] Ibid. — [4] Ibid. — [5] Ibid. — [6] A. C. Solot. Woch., année 1828, page 86. — [7] Sciens et spontaneus vinculis ligatus sed ab omni captivitate liberatus, penitus et exclusus stans in strata publica ut homo liber. Acte de 1355 A. C.

quante florins, payés à eux par sentence arbitrale prononcée à Berne [1].

Deux traités d'alliance furent renouvelés vers la même époque, l'un (1349) avec Payerne sur les mêmes bases que celui que nous avions conclu avec Bienne cinq ans auparavant. Le lieu des conférences fut fixé *apud Pontaux*. L'original de cet acte ne s'est pas retrouvé [2].

L'autre traité fut renouvelé avec le comte Pierre d'Arberg (1350) en sa qualité de seigneur d'Arconciel. On confirma en plein l'alliance contractée en 1296 avec Nicolas d'Englisberg et celle avec Guillaume d'Englisberg en 1334 [3].

Cependant la ligue des Waldstettes s'était étendue depuis la bataille de Morgarten, et poussait ses ramifications jusqu'au sein des possessions autrichiennes, tandis qu'à l'ouest de la Suisse s'organisait sous la direction de Berne une confédération de villes à laquelle Fribourg ne tarda pas d'accéder. Les ducs d'Autriche ne voyaient pas sans inquiétude cet accroissement de puissance. Ils craignaient qu'après Zurich, les Fribourgeois ne suivissent l'exemple de Lucerne, qui, lasse de leur domination, était entrée dans la ligue suisse. Cette crainte s'accrut quand Berne sollicita aussi son admission, et ce fut sans doute pour retenir Fribourg dans l'obéissance par l'appât de quelques bienfaits, que le duc Albert d'Autriche, par acte du trente janvier 1352, ordonna à tous ses baillis d'accorder aux Fribourgeois une protection spéciale [4].

La même année la confédération s'accrut des deux nouveaux états, de Glaris et de Zug. L'Autriche avait essayé d'en briser le plus fort anneau par la prise de Zurich (1351). Berne, Morat, Payerne et autres villes impériales durent fournir leur contingent; mais il ne paraît pas que Fribourg y ait envoyé le sien, Zurich étant hors de

---

[1] A. C. — [2] C'est par erreur qu'il a déjà été fait mention de ce renouvellement d'alliance, page 62, sous la date de 1249. — [3] A. C. — [4] Wir empfelen üch ernstlich und wollen dass ir unser lieben getrüwen all unser burgere von Fryburg in Uchlant schirment und inen furderlich beholffen und beraten siet. A. C.

la portée fixée par la charte [1]. Par contre le contingent Fribourgeois se trouva, je ne sais à quel titre, au second siége de Zurich l'année suivante (1352).

L'Autriche ne se lassait pas de renouveler à l'égard de Fribourg ses témoignages de bienveillance. Le duc Rodolphe promit tant en son nom qu'en celui de ses frères Frédéric, Albert et Léopold, de ne jamais aliéner la seigneurie de Fribourg. Il prodiguait en même temps aux habitans les épithètes les plus flatteuses dans le style boursouflé et emphatique de cette époque [2].

Ce prince ayant épousé la fille de Charles IV, cet empereur exempta pour lui plaire, par un diplôme solennel tous les pays appartenant à l'Autriche de tous les tribunaux de l'empire. Un acte semblable nous fut encore délivré dix-huit ans plus tard par l'empereur Venceslas [3] et quoique peu de temps après le gendre et le beau-père se fussent brouillés au sujet de Charles d'Anjou, l'empereur ne laissa pas de confirmer toutes nos libertés par acte du six mai 1365 à Lausanne [4]. Le duc Léopold, qui depuis fut tué à Sempach, les confirma encore une fois vingt ans plus tard [5]. L'original du premier de ces actes ne se retrouve plus, et pourtant il paraît que la communauté y attachait une haute importance, car il en existe une copie vidimée en 1433, munie du sceau du décanat de Fribourg, et accompagnée de nombreuses formalités [6].

Quelques années après (1363), Rodolphe confirma en plein tous les droits et priviléges que la ville de Fribourg tenait de ses seigneurs et enjoignit à tous ses lieutenans et officiers de les respecter. Il ordonna à son cousin le comte Jean de Frobourg, son capitaine en Souabe et en Alsace [7], de protéger d'une manière toute parti-

---

[1] Ce fut d'Ellerbach qui commandait les Autrichiens à Tättwyl. — [2] Sol. Wochenblatt, année 1828, page 87. Quia fideles nostri dilecti cives civitatis nostræ Friburgi in Ochtlandia inter ceteros nostros fideles qui nobis et nostris prioribus recordationis inclytæ indesinentis subjectionis adhæserunt debito semper fidei puritate perpetua et jugis obedientiæ grata promptitudine claruerunt dignum duximus ipsos ad suæ legalitatis robur immarcescibili eximiæ dilectionis indicio invitare. A. C. — [3] Ibid. — [4] Ibid. — [5] Ibid. — [6] Quia præ cæteris nostris subditis nobis et nostris fratribus ferventiori fide et devotione assistunt. Ibid. — [7] C'est le même qui négocia entre Berne et l'Autriche l'alliance de 1363, à laquelle nous donnâmes notre consentement.

culière l'avoyer, le conseil et la communauté de Fribourg, et de les maintenir dans tous leurs usages, droits et priviléges [1].

L'année suivante il engagea les comtes Egon et Hartmann de Kybourg à promettre solennellement, que dès qu'ils en seraient requis, ils viendraient au secours des Fribourgeois avec tout leur monde, tant cavaliers que piétons, et à leurs propres frais [2].

On profita des nouveaux loisirs de la paix pour munir la ville de remparts. Cette construction, quoique bornée encore à la première ligne d'enceinte, entraîna de grandes dépenses. Ce fut pour y faire face que la ville afferma pour cinq ans à quatre bourgeois tous les produits du péage et de la douane pour la somme de neuf cents livres, dont elle leur paya pendant toute la durée du bail une cense annuelle de trente livres. Elle en assigna la garantie sur le produit des bancs de la boucherie. Mais on réserva que pendant les cinq années de bail, les susdits bourgeois payeraient annuellement la somme de quarante-cinq livres à l'abbaye d'Hauterive. Celle-ci contribua également par un subside volontaire aux nouvelles constructions, et la communauté l'en remercia par un acte authentique [3]. On eut aussi recours à un emprunt forcé, ainsi qu'à un grand nombre d'emprunts particuliers [4].

Cette enceinte intérieure commença à la mauvaise tour, qui était alors la porte de Morat, et longeant le Valris, passa par la porte de Jacquemart, alors grande porte, pour se terminer au

[1] La même année le duc Rodolphe confirma ceux-ci à Inspruck. — [2] In casu et eventu in quibus dilectis nostris sculteto, consulibus et communitati de Friburgo in Ochtlandia Laus. diœc. aut eorum successoribus onus seu sinistrum aliquod emergeret in futurum. Cet acte daté du jour de la St. Michel (1364) quoique d'une rédaction non équivoque, n'a pas été interprété ainsi par M. Tillier. Tome 2, page 234. — [3] Notum facimus universis quod cum nos cordialiter et gratiose petierimus venerabilem et religiosum virum D. Rodulfum abbatem Altæripæ et conventum ejusdem loci ut ipsi de bonis et facultatibus suis nobis vellent impendere subsidium in fabrica et opere bastimentorum ville nostre Friburgi et ipsi nobis ex benignitate ipsorum dictum subsidium annuerint gratiose etc. (Coll. dipl. d'Hauterive). — [4] Aymon, seigneur de Montagny, en reconnaissance des bons services que la ville de Fribourg lui a rendus en mainte occasion, lui fait cadeau de sa maison située au bourg sur la place du marché au bétail entre celle de Guillaume Perrusset, bourgeois de Fribourg, et celle du tailleur Jean d'Estavayer. A. C.

bord de la rivière. Devant chacune des portes était un pont pour passer le long et large fossé, qu'on appelle aujourd'hui par corruption *Varis*. Ce fut sans doute à cette occasion que la ville fit l'acquisition de plusieurs propriétés, entr'autres de Jacques Cortaner la moitié d'un verger contigu aux fossés près des murs de la ville, pour le prix de seize livres, de Jean Houser, bourgeois, un champ avec sa grange situé au Schönenberg pour le prix de trente livres, item de trois maisons dans la rue du nouvel hôpital; une maison de Jean de Corbières, habitant à Fribourg, pour le prix de sept livres lausannoises, sise près de la porte de Morat et touchant au mur pour en faire l'arsenal, celle de Perrod Bertschi, bourgeois de Fribourg, contre cent soixante livres parce qu'elle était en pierre. Nous achetâmes aussi des fils de feu le chevalier Guillaume de Willars, bourgeois de Fribourg, leurs diverses possessions hors de la porte de Morat, en dehors des murs, là où sont aujourd'hui les Visitandines et les Capucins [1].

Déjà quelques années plus tôt, la ville avait fait avec Jean de Rich et Jean de Tors une convention par laquelle ils s'engagèrent à couvrir dans l'espace de quatre ans en bon bois de chêne les trois ponts de bois sur la Sarine, et de les entretenir pendant trente ans [2]. On leur paya pour cet ouvrage vingt florins de Florence par an.

La ville ne s'en tint pas à son développement matériel. On chercha par des lois préventives assez sévères à maintenir la paix intérieure. L'avoyer fut chargé d'avoir l'œil sur les querelles des bourgeois entr'eux, et d'amener autant que possible une réconciliation entre ennemis; l'exil et l'amende attendaient les rénitens. Les femmes même ne furent point exceptées de cette ordonnance [3]. On établit un impôt pour payer la dette publique [4] et un poids uniforme en fer marqué aux armoiries de la ville. La livre

---

[1] A. C. — [2] Bene et competenter de bona quercu coperire ita quod coperitura dictorum pontium ex utroque latere excedat in latitudine trabes dictorum pontium saltem ad spatium unius pedis hominis. A. C. — [3] Ibid. — [4] Ibid.

devait être de sept onces et demie, excepté à la petite balance, où elle devait être de dix onces et demie. Ceux qui refuseraient de s'y conformer devaient être punis de vingt sols d'amende [1]. Comme la ville prenait alors fait et cause pour tous les démêlés des bourgeois et même des habitans, puisqu'ils étaient membres de la même communauté, elle se trouvait très-souvent compromise dans des procès dispendieux. Pour remédier à cet abus, il fut décidé que les parties directement intéressées, seraient seules passibles des frais [2].

Afin que les bassins des fontaines fussent toujours remplis, et que l'eau en fût propre à être employée contre les incendies, alors très-fréquens, il fut défendu de prendre de l'eau des bassins des fontaines ou d'y jeter quoique ce fût [3]. On défendit aussi d'acheter des victuailles en ville pour les revendre [4], de laisser plus de huit jours le fumier dans la rue après l'avoir sorti de l'écurie [5], de quitter la bannière sans la permission du banneret [6].

Des peines sévères furent décrétées contre les fugitifs, et ceux qui favorisaient les bannis [7], contre ceux qui se serviraient de faux poids et de fausses mesures [8], contre les fravailleurs [9] et les insolvables [10], et pour mettre un frein à la trop grande fréquentation des auberges, on décréta que les dettes de cabaret ne pourraient être poursuivies en justice [11]. Le clergé fut mis sous la haute surveillance de la communauté par une ordonnance particulière [12].

On fit aussi des ordonnances pour la vente des laines et la fabrication des draps [13] pour les bouchers [14] et pour la vente du

---

[1] A. C. — [2] Quiconque de nos gens qui cite un bourgeois ou résidant à un tribunal étranger, paie cent sols d'amende, et s'il ne veut pas renoncer à la dite citation, il sera exilé de notre ville avec sa femme et ses enfans, jusqu'à ce qu'il ait payé l'amende et se soit arrangé avec celui qu'il avait cité. Ib. — [3] Ibid. — [4] Ibid. — [5] Ibid. — [6] Ibid. — [7] Ibid. — [8] Ibid. — [9] Ibid. — [10] Ibid. — [11] Ibid. — [12] Se prevoyre ou cler offent de jour ou de nuyt et faist nulle chose ou desplaisir de la vile que li burgmeistre doibt enquérir et incerchier cele offense et reporteir per devan les borgeis afin que li borgeis ayent si bon avis. et si bon consed qu'il y mettent teil remeydé qu'il soyt chateyez per teil maniere que un autre y preynye exemplio soins autre marcy. A. C. — [13] Ibid. — [14] Ibid.

pain [1], du poisson [2]. Celle-ci contient un grand nombre d'articles. On rédigea un code pénal pour les cas d'injures, d'altercations [3]. Ce code reçut en 1408 des adjonctions particulières.

On n'oublia pas la santé publique et le soin des malades traités à l'hôpital. Quand le juif Jocet, qui faisait les fonctions de physicien de ville, eut fini son temps, on engagea pour trois ans Jean de Moudon en cette qualité. Son contrat fut renouvelé pour le même terme et aux mêmes conditions [4].

La législation pénale avait quelque chose de sombre, de cruel et d'étrange comme les mœurs de ce temps. On peut s'en faire une idée par l'arrêt rendu contre Johann fils de Ullin d'Esuel, marchand, demeurant au bourg, qui avait commis un vol à Romont. Il fut appliqué à la torture (*mis au selt et traygnit on de lui justice*), puis condamné au gibet, mais en considération du saint temps de carême, et à la prière de quelques dames, on lui coupa seulement les oreilles, et on lui fit signer un acte par lequel il se reconnaissait comme pendu de Fribourg [5].

Les querelles et les meurtres se répétaient avec une effrayante progression dans la banlieue, et les étrangers impliqués dans ces affaires, en appelaient toujours à leurs tribunaux respectifs. Le duc Léopold accorda à la communauté le droit de juger tous les délinquans qui seraient arrêtés sur son territoire [6].

Plusieurs abus s'étaient glissés parmi les meuniers qui fraudaient impitoyablement le public. C'est ce qui donna lieu à l'ordonnance de 1363, sur les moulins et la mouture des grains [7]. Il fut également défendu de gager des débiteurs hors de la ville et de sa banlieue sans la permission de l'avoyer et des conseillers que pour cela il aurait consultés, sous l'amende de soixante sols et d'un an d'exil. Quiconque se laisserait employer pour de tels gagemens,

---

[1] A. C. — [2] Ibid. — [3] Ibid. — [4] Ibid. — [5] On lei osta les orolies et promit qu'il estroit pendare de Fribor. A. C. — [6] Ad evitandum insolentias et cedes hominum quod apud civitatem nostram scilicet friburgum Ochtlandie dicuntur hactenus pius debito contigisse. Ib. L'original de ce diplôme ne se retrouve plus. — [7] A. C.

devait encourir la même amende, et être banni pour un mois [1]. Par contre si celui à qui on avait intimé les gagemens ne comparaissait pas, la partie devait s'emparer de tous ses meubles et le déclarer insolvable [2]. Ce cas entraînait la perte de la bourgeoisie. On prescrivit aussi la manière dont la vente des gages devait se faire.

On remit en vigueur l'article cinquante-un de la charte, et il fut expressément défendu de prendre service à l'étranger contre un ressortissant de la seigneurie sous peine d'exil et dix livres d'amende. Une autre loi ordonna que tous les contrats fussent munis du sceau de la communauté [3]. On prolongea la foire de l'exaltation jusqu'à la fête de St. Gall, et cette disposition devait rester en vigueur pendant trois ans. De cette manière cette foire aurait duré un mois entier, ce qui fait présumer que c'était plutôt un transport qu'une prolongation. C'est aussi de cette époque qu'il faut dater le premier établissement des édiles, et les premières lois de l'édilité. Elles furent provoquées par les incendies fréquens qui avaient eu lieu jusqu'alors [4]. Il fut enjoint aux propriétaires des maisons dans les trois bannières [5], d'élever les façades en pierre jusqu'à trois étages [6]. On voulait faire en sorte qu'insensiblement toutes les maisons fussent bâties en pierre. Les citations par devant les tribunaux étrangers ayant fréquemment lieu, la communauté les interdit sous peine de cent sols d'amende et de remboursement de frais [7]. On imposa au bourgmaître et au trésorier l'obligation de rendre leurs comptes deux fois par an [8], item une amende de trois sous pour le conseiller et de deux sous pour les soixante qui, quoique commandés, n'iraient pas en diète; le conseiller qui ne paraîtrait pas en justice, quand son tour était venu, devait aussi être puni d'une amende de deux sous [9].

On fit aussi divers règlemens de police, soit pour garantir la

---

[1] A. C. — [2] Ibid. — [3] Ibid. — [4] Celui de 1324 paraît avoir été considérable, à en juger par les termes dont se sert la chronique de Berne. 5 *Non. Julii* 1324 *exusta est Friburg.* — [5] La Neuveville, les Hôpitaux-derrière et devant formaient la bannière des Hôpitaux. — [6] A. C. — [7] Ibid. — [8] Ibid. — [9] Ibid.

sûreté de la ville, soit pour la commodité de ses habitans. Ainsi il fut défendu à tous indistinctement, d'entrer en ville ou d'en sortir par une autre issue que par celle des portes, même en plein jour, sous peine d'amende et d'exil [1]. Il ne fut plus permis de creuser de la terre et de l'emporter sur la planche de St. Jean. Une bête qui avait passé trois nuits sur notre territoire ne pouvait être vendue qu'au marché de Fribourg [2]. Les femmes qui se battraient dans la rue furent menacées de peines rigoureuses [3]. L'accès des jardins et autres possessions quelconques ne pouvait avoir lieu sans la permission du propriétaire. Personne ne pouvait entreprendre une expédition militaire sans la permission de l'avoyer et de ses conseillers secrets, c'est-à-dire ceux qu'on agrégeait temporairement à l'avoyer en temps de guerre ou de danger; et dans ces sortes de courses, il fut défendu de piller qui que ce fût sur notre territoire. Comme à cette époque il existait une grave mésintelligence entre Othon de Grandson et les Bourguignons, il fut défendu de loger aucun Français ni Bourguignon et de les laisser circuler dans la ville, pour ne point exposer celle-ci à un interdit [4]. Celui qui était grevé d'une sentence d'excommunication, avec défense de célébrer les saints mystères en sa présence, était amendé, banni jusqu'à ce qu'il se fût fait absoudre [5]. C'est pour cela que dans tous les traités on réservait expressément de ne pas recourir aux tribunaux ecclésiastiques.

Enfin par ordonnance du trente-un décembre 1363, laquelle fut confirmée vingt-neuf ans plus tard, il fut défendu à tout citoyen, quel que fût son rang et son état, de faire des statuts ou ordonnances indépendamment de l'avoyer, conseil et soixante, sous l'amende de soixante sous [6].

L'ohmgeld fut imposé à tout vin déchargé en ville, ou dans le territoire. On n'en exempta pas même le transit, si le char s'arrêtait pendant vingt-quatre heures dans la ville.

[1] A C. — [2] Ibid. — [3] Ibid. — [4] Ibid. — [5] Ibid. — [6] Que nyon ne faist estatuts, mas que per accort de l'advoye, dou Consed et deis LX. CC. A. C.

Il fut défendu aux lépreux d'entrer au cabaret, à la boucherie, aux bains, de paraître dans les rues étroites, et de leur vendre quelque chose, si ce n'est par tierce personne [1].

Berne et Fribourg vivaient alors dans une parfaite intelligence. Nous avions consenti à ce que Berne contractât une alliance avec les ducs d'Autriche. Nous fîmes plus : les Bernois se trouvant mis au ban de l'empire par suite d'un différend qu'ils avaient eu avec le baron de Signau, nous fîmes tant d'instance auprès de l'empereur Frédéric, qu'il les releva du ban (1364) [2]. Les deux villes resserrèrent aussi de concert les relations de bon voisinage qui existaient depuis 1350 avec le comte Vert Amédée VI, et devenues d'autant plus importantes, que ce prince venait de prendre possession du pays de Vaud, dont il avait fait l'acquisition pour soixante mille florins. Cette baronie se trouva dès-lors réunie pour la seconde fois à la Savoie. Berne et Fribourg conclurent avec Amédée un traité d'alliance qui fut ratifié par la Savoie le sept février 1354 et renouvelé neuf ans plus tard pour dix ans [3].

Le nouveau traité imposait aux parties contractantes l'obligation de se secourir mutuellement pendant l'espace de dix ans, et pour le terme de quinze jours aux frais des auxiliaires jusqu'à Sion et de là jusqu'à Genève [4]; puis en franchissant le Leberberg (Tillier dit le castel Liebeck) jusqu'à Windisch au confluent de l'Aar et de la Limmat. Hors de ce cercle le subside était volontaire, et aux frais du postulant. La Savoie réserva le pape, l'empereur et l'empire, ses bourgeois, sujets, vassaux et alliés; Berne l'empire, ses bourgeois, ses sujets, alliés et vassaux; Fribourg les ducs d'Autriche, ses bourgeois, alliés, sujets et vassaux. On s'engagea réciproquement à réprimer toute rébellion aux lois dans le cercle prescrit. On n'oublia pas d'instituer des arbitres pour juger les cas particuliers.

---

[1] A. C. — [2] Tillier. Tom. 1, page 234. — [3] A. C. — [4] Pourquoi M. Tillier met-il ici Leuk pour Genève ? Le texte porte clairement : usque ad Sedunum et ab inde usque donec civitatem gebennensem sicut nives versus nos defluunt. Soloth. Woch. année 1830, pag. 583.

Le lieu des conférences pour Berne et la Savoie fut fixé à Morat, pour Fribourg à Chénens [1].

Cette même année 1364 mourut Agnès d'Hongrie. Privée jusque dans son extérieur des grâces de la femme, elle avait souillé ses jeunes ans par les plus affreux brigandages, sous prétexte de venger la mort de son père. Toute sa vieillesse ne fut qu'une longue hypocrisie, qui ne trompa pas même les hommes.

Berne reçut dans cet intervalle deux fois la visite de Charles IV, dans le voyage qu'il fit à Avignon et au retour (1365). Chaque passage coûta à cette ville trois mille livres, somme qui surpassait ses revenus annuels, mais qui lui valut quelques privilèges [2]. Il ne paraît pas que ce monarque ait passé par Fribourg.

Nous évitions avec soin tout ce qui aurait pu nous brouiller avec nos voisins les plus éloignés. Ainsi un homme de l'évêque de Sion ayant été pris, conduit et détenu à Fribourg, le gouvernement le fit incessamment relâcher, ce dont le prélat nous donna une quittance (1366) [3].

L'invasion des Gouglers et la guerre de Bienne n'eurent aucune influence directe sur nos affaires (1367). On convint avec Pierre d'Arberg, que toutes les difficultés qui pourraient s'élever entre ses ressortissans et les nôtres seraient liquidées dans des conférences qui auraient lieu au grand Marly, et que Jean de Montmacon en serait le surarbitre. Ce convenu se termina par les conditions usitées, que les parties ne pourraient jamais être citées par devant un tribunal ecclésiastique [4]. On en fit un autre avec le chevalier Jean, co-seigneur de Blonay, au sujet du péage du pont d'Aubonne [5].

---

[1] Cet acte très-détaillé porte la date du 17 février 1364 du château de Bourget en Savoie. Il en existe une copie accompagnée du vidimus du doyen de Fribourg et munie de la signature de Pierre de Treyvaux, donzel. — [2] Tillier. — [3] A. C. On sait comment cet évêque fut précipité du château de Seion par Antoine de la Tour son neveu. Cet Antoine avait été seigneur d'Illens avec son frère en 1380, et Antoine a même possédé Corbières (1380) que le duc de Savoie lui avait hypothéqué pour trois mille cinq cents florins d'or. C'est par la fille d'Antoine que la seigneurie d'Illens a passé à Jean de la Beaume, dont les descendans la conservèrent jusqu'en 1475. — [4] A. C. — [5] Ibid.

Rien ne semblait désormais devoir troubler l'harmonie qui régnait entre les deux villes. Cependant elles avaient quelquefois de la peine à s'entendre au sujet des alliances, qu'à teneur des traités elles ne pouvaient contracter sans le consentement l'une de l'autre. Cet article, quelque soin qu'on eût mis à lui donner une rédaction claire, étant sujet encore à des interprétations contradictoires, on en fit le sujet d'un nouveau traité, qui fut conclu à Laupen le quatorze avril 1368. On y stipula que non-seulement les propriétaires de châteaux ne pourraient être reçus bourgeois d'une ville sans le consentement de l'autre, mais encore ceux qui ne tiendraient ces châteaux qu'en fief, *eum cui castrum seu munitio sit commissa*. Les deux villes devaient se réunir pour repousser tout agresseur de l'une ou de l'autre, toutefois avec les réserves accoutumées. Le lieu des conférences fut fixé à Blamatt, Uberstorf ou Laupen au choix de la ville postulante. Ce fut à teneur de ce traité que Berne sollicita la même année notre consentement pour l'adoption de Thuring de Brandis, héritier de la maison de Weissenbourg récemment éteinte [1].

La sagesse de notre administration, la tranquillité qui régnait dans toute la banlieue, notre prospérité commerciale toujours croissante, et l'accord parfait avec tout notre voisinage, inspiraient aux étrangers autant d'estime que de confiance, et plus d'une fois ils sollicitèrent soit notre arbitrage, soit notre entremise. C'est ainsi que Thoune, que la force des événemens avait insensiblement amené sous le joug de Berne, sauf ses franchises municipales nous pria de conserver dans nos archives les documens où ses franchises étaient consignées, ainsi que ses traités avec la métropole (1369) [2]. On les lui rendit quinze ans après contre un reçu [3].

Le jour de St. Nicolas de la même année, le duc Frédéric se trouvant à Fribourg, confirma tous les priviléges de la ville à la prière des bourgeois [4].

[1] A. C. — [2] Annuimus quod dictas litteras in archa nostra communi ceu cista in qua nos habemus litteras nostras et libertates ponant. — [3] A. C. — [4] Cum cives pro se et successoribus suis confirmationem et ratificationem humiliter petivissent. A. C. L'original de ce diplôme ne se retrouve plus. Copie en fut faite par ordre du gouvernement.

La Bourgogne eût joui d'une paix parfaite sans les brigandages continuels qu'exerçait la noblesse des châteaux. Pour les réprimer, le comte de Nidau, bailli d'Autriche, conclut une alliance avec le comte de Kybourg, les villes de Berne, Soleure et Fribourg. Cette alliance défensive de la communauté avec ses seigneurs est une nouvelle preuve de l'indépendance que lui laissait cette vassalité, qu'on pourrait presque appeler fictive, tant elle était limitée [1].

Les parties contractantes s'engagèrent à s'entr'aider contre toute agression jusqu'à la St. Martin, en Argovie et en Bourgogne, entre la Reuss et l'Aar; et en-deçà de l'Aar depuis Fronden par-dessus les montagnes, jusqu'au lac de Lausanne, et de là en redescendant les monts, du côté de Berne et de Fribourg, là où les neiges commencent à se fondre, jusques de rechef à l'Aar (1370) [2].

L'appât du gain entraînait beaucoup de volontaires suisses au-delà des Alpes, pour y prendre part aux guerres continuelles qui désolaient la malheureuse Italie. Les frères Visconti étaient alors aux prises avec le pape (1363), dont les menaces paraissent avoir empêché les Fribourgeois de se mettre comme les autres suisses à la solde de ces princes.

Il n'en fut pas de même, lorsque les troupes de Coucy pénétrèrent jusqu'à Fraubrunnen. On fut obligé d'arrêter par une défense expresse ceux qui voulaient se joindre aux Suisses [3]. Toutefois, au dire des chroniques, on ne put empêcher un certain nombre de Fribourgeois de combattre à Fraubrunnen et à Anet, d'où ils revinrent chargés de butin avec un étendard d'or qui fut

---

[1] Wir bekennen, dit cet acte remarquable, daz wir in dem namen (alz da vor) alle mit einandern durch schirme und fridenswilen unsern liben und gütern ze widerstande allen unerbaren unbillichen und unredlichen angriffen nach guter vorbetrachtunge und einhelligen rate übereinkommen sin, etc. A. C. — [2] Ibid. Outre l'exemplaire de cet acte qui nous appartenait, il existe encore dans nos archives celui du comte de Nidau, que nous acquîmes avec les châteaux de Nidau et de Büren, neuf années plus tard pour quarante mille florins. — [3] Que nion s'aille fors de notre ville contre les compagnies. A. C.

suspendu dans l'église de St. Nicolas [1]. A cette occasion il fut défendu de s'absenter de la ville pour découcher sans permission (1376) [2]. On a lieu de s'étonner de cette indifférence de la communauté pour la cause de l'Autriche, car Coucy revendiquait entre autres l'héritage de Jean de Souabe, dans lequel Fribourg se trouvait aussi comprise [3]. Quoi qu'il en soit, cette expédition tourna entièrement à l'avantage des Bernois, dont la gloire militaire brilla dès-lors du plus grand éclat. L'acquisition importante d'Arberg vint aussi bientôt augmenter leur puissance (1377).

Sur ces entrefaites mourut Hartmann de Kybourg. (1377). Cette famille, naguère encore si riche et si puissante, déclinait rapidement, épuisée par les dépenses qu'elles avait faites pour soutenir l'éclat de son nom. La comtesse douairière négocia un emprunt à Fribourg par l'entremise du curé de Munsingen. Nous lui prêtâmes trois mille florins pour la mettre à même de parer aux besoins les plus urgens.

Fribourg acheta aussi à cette époque (1378) et pour la même somme [4] la moitié du Simmenthal de Jacques de Tüdingen ou Duens, dont la famille avait déjà depuis longtemps acquis la bourgeoisie de Fribourg [5]. Le même jour il fut dressé un second inventaire pour l'acquisition de l'autre moitié, et cela pour la somme de mille cinq cents florins. On l'acheta de Guillaume de Duens [6]. C'était un frère du précédent, et vingt ans après il fut avoyer de Fribourg. Il s'engagea par un autre traité à ce que ses châteaux de Blankenberg, Manenberg et Laubegg fussent toujours ouverts aux Fribourgeois, que ses sujets seraient obligés de servir sous la bannière fribourgeoise, et que lui-même ne pourrait aliéner ses propriétés sans en prévenir six mois à l'avance les Fribourgeois, et qu'il leur donnerait la préférence pour en faire l'acquisition. [7]. L'année suivante on fit l'acquisition de Nidau; elle coûta cinq mille

---

[1] Etrennes fribourgeoises. — [2] A. C. — [3] Voyez une excellente dissertation sur les prétentions et la campagne de Coucy. Schweiz. Geschichtsf. Tom. 2 page 1 et suiv. — [4] Un florin valait treize sous et demi laus. — [5] A. C. — [6] Ibid. — [7] Ibid.

florins [1]. Pour couvrir cette dépense, on fit de l'argent de tout [2]. On fut obligé de recourir à des emprunts et à une contribution extraordinaire [3]. Dans cette acquisition, l'Autriche fut de moitié avec nous, et par un acte du seize novembre 1379, Léopold déclara que ces terres étaient rachetables. Mais les trois lettres d'acquit furent enlevées soixante-dix ans plus tard par le maréchal Thuring de Hallwyl.

Par une autre transaction passée entre Nicod de Vuippens, le château de Viviers qu'il avait acheté de noble William de Treyvaux, fut mis à la disposition des Fribourgeois. Il promit aussi par un serment prêté sur les *saintes vertus* de ne jamais le vendre qu'à un bourgeois de Fribourg [4].

On acheta également des comtes de Kybourg la prévôté de Hettiswyl pour trois cents florins et d'Anne de Nidau, comtesse de Kybourg et de son fils Rodolphe pour le prix de mille cinquante florins toute la contrée de l'Iselgau, comprenant plusieurs villages [5]. Cette dernière vente fut faite à perpétuité. Il paraît par les termes dont on se servit, pour relever les sujets du serment de fidélité qu'on leur cacha cette circonstance pour ne point les effaroucher [6]. Un trait caractéristique de l'époque, c'est que dans le revers de la ville du dix-neuf mai 1382 [7] Fribourg promet de traiter avec douceur ses nouveaux sujets, de ne les point imposer, ni aliéner, ni exproprier, mais aussi de ne leur permettre aucune acquisition de bourgeoisie, ni mariage hors de la seigneurie d'Oltingen, laquelle nous fut remise en gage.

[1] Schw. Gesch., page 300 et 301, année 1827. A. C. — [2] La ville céda à Ulrich Grand, bourgeois de Fribourg, l'usage de toute l'eau qui descend du sentier conduisant à la Neuveville pour la cense annuelle de deux sous. *Fluxum aquæ descendentis a rupe itineris seu gallice* Sendeir *descendentis versus villam novam Friburgi prope ortum Uldrici Grant.* (A. C.). On céda à trois autres bourgeois toute l'eau de la Grand'fontaine, moyennant une cense annuelle de huit sous. On vendit à Jean Kobler le bois de la Haslera pour trente livres. A. C. — [3] Ibid. — [4] Ibid. — [5] Ibid. — [6] Ibid. Uf ein wirderlosung umb tusend und funfzig gulden nach ires hauptbriefes sag. : tandis que l'acte d'acquit porte expressément : imperpetuum vendidimus et vendimus. Plus bas : Promittimus communitati de Friburgo omnia superius vendita et concessa imperpetuum manutenere, guerentire, etc. — [7] Soloth. Woch., année 1825, page 495.

Fribourg voyait avec indifférence la ruine progressive de la maison des Kybourg. Nous ne prîmes aucune part à la guerre suscitée par l'extravagante et barbare entreprise du comte, qui espérant relever ses affaires délabrées par une conquête éclatante, avait tenté de surprendre Soleure et d'enlever à Berne Thoune et Arberg. Il s'ensuivit une guerre désastreuse, et force lui fut de vendre Berthoud aux Bernois pour trente-sept mille florins d'or.

Par contre nos troupes auxiliaires jointes à celles de Bernois, allèrent renforcer l'armée du comte Rouge Amédée VII contre les Valaisans (1384), et quoiqu'elles n'en vinssent pas aux mains, elles ne laissèrent pas d'opérer une heureuse diversion, en faveur du comte. Cette coopération des troupes fribourgeoises est démontrée avec évidence par le texte d'un document que nous délivra la commune de St. Etienne au Siebenthal. Elle promettait de payer quatre cents florins d'or, pour avoir été exempte de fournir son contingent pour cette expédition [1]. Loin de rapporter ces circonstances, Tillier prétend que nos relations avec Berne n'étaient alors rien moins qu'amicales, le traité de Morat qu'elle conclut avec Amédée ne faisant nulle mention de Fribourg [2].

[1] A. C. — [2] Hist. de Berne. Tom. 1, page 283.

CHAPITRE VI.

L'Autriche provoque une nouvelle brouillerie avec Berne. — Ravages causés autour de Fribourg par les troupes bernoises. — Auxiliaires inutiles. — Trêve. — Ordonnance de 1387. — Reprise des hostilités. — Echange de prisonniers. — Siége de Büren, de Nidau et de Berlens. — L'Autriche vient à notre secours. — Henri de Mörsberg. — Trêve. Ordonnances diverses. — Albigeois. — Traité de combourgeoisie avec Berne.

Nous restions fidèlement attachés à l'Autriche dont la politique cauteleuse cherchait partout à faire des dupes [1], tandis que l'arrogance de ses officiers lui aliénait tous les esprits. Pour mettre un terme à ses empiétemens, une grande confédération s'organisait entre les villes des deux Souabes. Dans la crainte que Fribourg n'y prît part, le duc Léopold chercha à la retenir dans ses filets par de nouvelles cajoleries. Il confirma de nouveau nos priviléges (1385) [2], augmenta le nombre de nos foires [3] et ne ménagea ni les promesses, ni les récompenses. Aussi fîmes-nous à cette maison un nouveau sacrifice de nos intérêts. Il paraît que la communauté fut entraînée dans ce système par les intrigues et l'influence de la noblesse, et que ses sympathies étaient toutes pour la cause populaire. Elles durent même se prononcer avec éclat, car la chronique d'Estavayer-Molondin parle expressément d'une émeute qui eut lieu à Fribourg le vingt-six février 1386. C'est malheureusement la seule indication historique que nous ayons de ce fait. De concert avec Nidau et Büren, nous tînmes les Bernois en échec, et ce fut une des raisons qui les empêcha de prendre part à la bataille de Sempach, où périt Léopold. Leur ressentiment ne

---

[1] Le duc d'Autriche, pour contenter Emerald de Coucy, comte de Guise, son oncle, lui avait donné le comté de Nidau, en se chargeant de le retirer des mains des Fribourgeois. Cette concession ne lui coûtait rien, depuis que la communauté avait acheté le droit de péage. — [2] A. C. — [3] Ibid.

tarda pas à éclater. Trois semaines après ils nous déclarèrent la guerre [1]. Dès le lendemain, douze août, ils se mirent en campagne, et après avoir incendié les environs de Viviers, ils passèrent la nuit près du château. Le jour suivant, ils s'approchèrent de Fribourg, abattirent la potence, qui était alors au Schönenberg, et en moins de trois heures, Agy, la grange de l'hôpital et autres maisons de campagne furent réduites en cendres. Vers midi l'ennemi alla piller le couvent d'Hauterive, et après avoir repassé la Sarine, alla camper près de Corbières sur la colline où était la vieille église. Le lendemain il recommença ses dévastations endeça de la Sarine. On le vit bientôt paraître sur les hauteurs de Bourguillon, d'où il se replia sur Tavel par la vallée du Gotteron. Dans une nouvelle excursion, les Bernois détruisirent pour ainsi dire sous nos yeux toutes les moissons et mirent le feu à trente-six églises; les châteaux de Catty, Maggenberg, Dachsbourg et Schönfels éprouvèrent le même sort. Le jour de la nativité ils assiégèrent pendant deux heures le quartier des Hôpitaux, qui n'était encore entouré que de palissades. Mais ils furent repoussés après avoir perdu deux chevaliers, des trois qui combattaient avec eux : Conon de Burgistein et Othon de Bubenberg. Le même jour au moyen d'engins, ils avaient lancé sur la ville des projectiles qui tuèrent sept habitans et en blessèrent une trentaine. Ils eurent de leur côté quelques hommes de tués, entr'autres un banneret et plusieurs blessés. Le lendemain ils tentèrent un assaut infructueux sur le castel de Viviers, puis retournèrent à Berne [2]. Ce fut à cette occasion que fut construite une nouvelle tour sur le rempart des Places. Elle fut finie la même année.

Les Fribourgeois s'étaient tenus sur la défensive, dans l'attente du secours de l'Autriche, qui tardait bien à venir. Par contre nous reçûmes vers la fin du mois d'août (1386) une seconde déclaration de guerre, ce fut celle des Biennois [3]. Dans cette lettre

[1] Des unrechten wegen so ir und die uwer an uns und den unsern begangen haut. A. C. — [2] Tillier. — [3] A. C.

qu'ils nous envoyèrent ouverte, ils nous reprochaient les conseils et les secours que nous avions donnés à ceux de Wiedlisbach leurs ennemis. Effectivement nous leur avions prêté environ six mois auparavant quarante malter de blé, et vingt-trois malter d'épeautre, sous promesse qu'ils nous les rendraient [1].

Enfin vers la mi-septembre, le duc d'Autriche nous envoya six-vingts lances sous les ordres des seigneurs de Roy, de Blamont, de Vergy et de Neuchâtel. Ainsi renforcée, la garnison forte de deux cents lances et de cinq cents fantassins tenta une attaque contre Berne, qu'on croyait dégarnie de ses troupes, parce qu'alors elle guerroyait avec Bâle. Mais les Fribourgeois furent aperçus du haut du clocher de St. Vincent, au moment où ils débouchaient depuis Bremgarten à travers les champs. Tout ce qu'il y avait de soldats disponibles marcha à leur rencontre et les força de se replier jusqu'à la Singine. Quoique la cavalerie protégeât la retraite, nous eûmes cent hommes tués et vingt-cinq prisonniers [2]. Outre cela, nous reperdîmes tout le butin que nous avions fait en avançant. Mais un Bernois de distinction, nommé Yves de Bollingen, fut pris par les nôtres et resta longtemps prisonnier à Fribourg, jusqu'à ce qu'on l'échangeât contre Ulric de Tattenried. Après la prise de Büren, les Fribourgeois lui brûlèrent aussi son château de Rietbourg [3].

Les auxiliaires autrichiens voyant que leur présence nous était peu utile, nous quittèrent. Sur quoi les Bernois ravagèrent encore les possessions du baron de Thurn à Planfayon, Attalens et Illens, tout en ménageant celles de la Savoie [4]. Puis profitant de la faiblesse de l'Autriche, ils détruisirent les châteaux de Thorberg et de Koppigen, pour punir le sire de Thorberg de son orgueil. Ils s'emparèrent aussi des propriétés des sires de Duens dans le haut Simmenthal, dont le châtelain et la commune jurèrent obéissance

---

[1] A. C. Soloth. Woch., année 1827, page 292. — [2] Tillier. Une chronique fribourgeoise dit quatre-vingts hommes tués et ne parle pas de prisonniers.— [3] Tillier, tom. 1, page 291. — [4] Ibid.

aux Bernois [1]. Cette conquête fut suivie de celle d'Untersée, Unspunnen, Oberhofen et Balm.

Les villes d'empire négocièrent une trêve entre les confédérés et Léopold le superbe, laquelle fut conclue le huit octobre 1386, et dans laquelle la comtesse de Valangin et Fribourg furent aussi comprises. Elle devait durer depuis la St. Gall jusqu'à la Chandeleur (1387). Mais mal observée par les Autrichiens, elle ne fit qu'irriter les esprits, au lieu de les disposer à la paix. Telle était la haine du nom autrichien, que quiconque eut osé se parer d'une plume de paon eût été puni de mort.

Cette disposition hostile de nos voisins jetait Fribourg dans la situation la plus précaire. On sentit la nécessité de resserrer les rênes du gouvernement, en concentrant d'avantage le pouvoir. A cette fin parut la fameuse ordonnance de 1387 (ou troisième lettre du banneret), en vingt-huit articles dont voici la teneur [2] : 1° L'élection des hauts fonctionnaires aura lieu à la St. Jean, à notre Dame; 2° chaque bannière élira son banneret à part; 3° chaque banneret choisira dans son quartier quatre hommes, qui seront chargés de vérifier les poids et mesures, de visiter les boulangeries, pintes, moulins, etc., en général de surveiller l'exécution des règlemens de police; 4° les non bourgeois ou non résidans sont exclus des élections; 5° les soixante seront supprimés, et dorénavant on ne nommera que les vingt du conseil et les Deux Cent; 6° un message officiel ne pourra être lu par l'avoyer qu'en présence de deux membres du conseil, d'un banneret et de deux membres des Douze; 7° aucun secret de l'état ne pourra être divulgué sans le consentement des Douze; 8° les Douze s'engageront par serment à convoquer quatre fois par an les Deux Cent et les bourgeois de la ville, pour entendre le compte rendu des diverses administrations; 9° le trésorier ne pourra faire construire une maison, dont la valeur excéderait la somme de cent sous sans le consentement de la communauté; 10° le cumul des emplois est

[1] Tillier, tom. 1, page 291. — [2] A. C.

défendu; 11° les comptes pour objet de dépense publique devront être rendus devant une commission composée des trois bannerets, des Douze, de quatre conseillers et présidée par l'avoyer; 12° un fonctionnaire qui, après la réddition de ses comptes, resterait encore à devoir à la ville, s'engagera par serment à la restitution dans le terme d'une année sous peine d'exil et de confiscation; 13° tout administrateur des deniers de la ville, qui découvrirait un déficit, s'engagera par serment à restituer au trésor tout ce qui se retrouvera; 14° tout citoyen qui, revêtu des fonctions de conseiller, ne les remplirait pas, sera condamné à une amende de six sols pour un membre de conseil et de justice, et de trois sols pour un Deux Cent, sauf excuses valables; le tiers de ces amendes appartiendra au grand sautier; 15° la révélation d'un secret d'état, confirmée par deux témoins dignes de foi, sera punie d'une amende de vingt sols et d'un mois d'exil. Le coupable sera déclaré incapable de fonctionner, et s'il ose se présenter en conseil, il sera expulsé [1]; 16° tout fonctionnaire reconnu incapable pourra être destitué et remplacé, à quelle époque de l'année que ce soit; 17° un Douze ou Deux Cent accompagnera chaque députation ou chevauchée [2]; 18° excepté l'avoyer et les chevaliers, nul député ne pourra chevaucher avec trois chevaux que pour le cas où il serait envoyé vers quelque prince ou princesse; 19° la paie d'un cheval sera de cinq sols par jour, quand il lui aura été impossible de retourner pour la nuit; 20° l'article de la lettre des Eynons concernant les blessures faites, est abrogé; 21° celui de la charte concernant les compromis entre particuliers et ennemis est maintenu dans toute sa vigueur, sauf le cas d'effusion de sang; 22° les juifs égorgeront leurs bêtes devant et non dans la boucherie sous peine de dix sous d'amende pour une grande bête et de cinq pour une petite. Le tiers de ces amendes appartiendra aux inspec-

---

[1] Nos volons que le banderet de la cui bandeire il serait ou nostre advoyer ou le gros souttier pue celuy prendre par les épaules et butir dehors en disant : Tu non est pas digne de venir ni d'estre à consed — [2] On donnait ce dernier nom aux députations, parce qu'alors elles ne se faisaient encore qu'à cheval.

teurs de la boucherie; 23° on nommera parmi les conseillers ceux qui seront chargés de tenir justice tous les jours gratuitement, entr'autres un jour pour dettes et deux jours pour fravail. Ils n'auront pour salaire qu'une partie des amendes; 24° l'article de la charte relatif aux paysans contre lesquels un bourgeois aurait quelque réclamation à faire, est maintenu dans toute sa vigueur; 25° sera puni d'une amende tout membre du conseil, des Douze ou des Deux Cent, qui refusera de faire partie d'une chevauchée; 26° sera puni de cent sous d'amende et d'un an d'exil tout bourgeois qui déclinera son élection au conseil des Douze; 27° tous les fonctionnaires jureront de se conformer aux présens statuts; 28° tout perturbateur du repos public, et quiconque convoquerait le peuple sans le consentement des autorités, sera condamné à dix livres d'amende et un an d'exil.

Cette ordonnance dictée alors par les circonstances critiques, où se trouvait la république, doit être considérée comme une constitution exceptionnelle et temporaire, puisque plus tard on y renonça complètement.

En nous vendant Büren, Nidau, Altren et Balm, le comte s'était réservé le droit de rachat, qu'il céda ensuite au duc Albert. Celui-ci le fit valoir et déclara rédimer les localités sus dites; mais au lieu de nous rembourser, il se borna à des promesses qui ne furent jamais remplies [1].

Cette même année (1387), chacune des deux villes éprouva un grand désastre. Un violent incendie éclata à Berne, et y dévora plusieurs maisons; à Fribourg la Sarine extraordinairement débordée exerça beaucoup de ravages sur les deux rives et notamment sur la Planche. Ces funestes événemens n'arrêtèrent point la reprise des hostilités. Les Fribourgeois s'y préparèrent en déclinant par une prompte satisfaction le ban spirituel, qu'ils avaient

[1] A. C. L'original de cet acte nous a été enlevé par le maréchal Thuring de Hallwyl, le dix novembre 1449, avec les autres pièces qui constataient les redevances de la maison d'Autriche à raison de Nidau, Büren, etc.

encouru pour avoir arrêté des frères hospitaliers des commanderies de Buchsée et de Thunstetten, ainsi que plusieurs prêtres séculiers. On se hâta de les élargir et de les renvoyer chez eux à la prière de Henri Gessler, baillif d'Argovie. Mais ils durent préalablement promettre qu'ils feraient relever les Fribourgeois de l'excommunication. Les prêtres séculiers en firent serment sur l'évangile, et les frères hospitaliers sur les croix cousues à leurs habits [1].

Après avoir ainsi mis la conscience en paix, on se remit en campagne. Les Fribourgeois passèrent le carême à incendier quelques petites propriétés bernoises (1388). L'ennemi ne tarda pas de son côté à se présenter et il parut devant la tour rouge le jour de l'Annonciation. Dans les escarmouches qui s'ensuivirent, il paraît que les nôtres eurent le dessus. Le capitaine Kerr de Berne fut pris avec trois autres à la porte de Stalde. Les Bernois perdirent neuf hommes outre plusieurs blessés. Ils se retirèrent enfin après avoir lancé quelques pierres dans la ville et brûlé quelques granges, et allèrent faire le siége de Büren. Ils s'étaient assurés que la comtesse de Neuchâtel tiendrait ses communications de vivres ouvertes pour eux, et fermées pour leurs ennemis. Ils jetèrent dans la ville des boulets ignés, des flèches sulfureuses et autres projectiles incendiaires, lesquels portés par un vent violent, réduisirent bientôt la place à l'extrémité. Habitans et garnison demandèrent merci en arborant les drapeaux de détresse. Il paraît que les assiégeans firent main basse sur la garnison, composée de soudards autrichiens, qui mal payés, n'avaient vécu que de brigandages. On n'épargna que le commandant Hans Ulrich de Tattenried, pour l'échanger contre Yves de Bollingen, qui languissait en prison depuis dix-huit mois. Les murailles de Büren furent rasées. Cette prise que la chronique fribourgeoise attribue à la trahison, eut lieu le cinq avril.

Pendant ce temps Rapperswyl se défendait avec plus de succès

[1] A. C.

contre les troupes des confédérés, qui furent obligés de lever le siége. Les Bernois et les Soleuriens brûlèrent en retournant les faubourgs d'Aarau, par manière de passe-temps, puis vinrent mettre le siége devant Nidau. Cette place était défendue par une forte garnison commandée par Jean de Rosay (la chronique donne au commandant le nom de Gaspard), au nom de l'Autriche et du sire de Coucy. C'était un brave chevalier de la Picardie; il avait sous ses ordres deux de ses compatriotes Raoul de Péquigni et son écuyer Vivian de Merlo. Quelques nobles du voisinage s'étaient joints à eux, entr'autres Ulric d'Avenches, et Alraume de Vigny, avec un grand nombre d'aventuriers. Le commandant se méfiant des habitans, et trouvant que la place n'était pas tenable, y mit le feu et se retira dans le château après avoir tranché la tête à quelques bourgeois. Il comptait sur le lac et les marais qui l'environnaient. Les assiégeans le poursuivirent avec tant d'ardeur, qu'une barque chavira avec une cinquantaine d'hommes d'armes.

Le vingt-six mai la garnison fit une sortie et détruisit un engin, coupa les câbles des autres, ainsi que ceux d'un bateau qui échoua emporté par la dérive.

Le vingt-sept, les assiégeans attaquèrent au moyen d'un gros bateau chargé de combustibles le pont et un échaffaudage qu'on avait élevé dans l'eau; mais les assiégés réussirent à mettre le feu au bateau et s'emparèrent d'une targe qui était fixée à la proue; ils la suspendirent aux yeux des Bernois, de manière que l'ours qui y était peint, avait les pattes en l'air. Les Bernois pour s'en venger eurent la bizarre idée de lancer dans le fort des tonneaux pleins d'excrémens humains, pour que la puanteur forçât la garnison de se rendre. Mais celle-ci tenait bon, comptant sur un secours considérable que devaient amener le duc d'Autriche et le sire de Coucy pour le jour de la St. Jean.

Dans la nuit du six au sept juin (1388), les Fribourgeois firent une excursion du côté d'Arberg; ils en tuèrent un habitant, firent le bourgmaître prisonnier et vendirent pour cinq cents florins le butin fait en cette occasion, et consistant en deux cents vaches et cinq cents porcs. Le onze, quatre cents lances du baillif d'Argovie enlevèrent une quantité de bétail aux environs de Soleure et de Burgdorf et tuèrent quarante paysans.

Par contre le dix-huit, les Bernois entreprirent un nouvel assaut sur le château de Nidau. Le bâtiment situé sur la porte fut incendié, mais ils perdirent beaucoup de monde.

Enfin l'évêque de Lausanne, Guido de Prangins, entama des négociations pour la reddition de la place. On conclut une trève de six semaines, pendant laquelle après chaque quinzaine, la moitié des assiégeans se retira dans les villes, et comme nul renfort ne parut, le castel ouvert en plus d'un endroit fut remis aux Bernois. La garnison était réduite à l'extrémité et avait déjà mangé trois chevaux. Elle obtint une libre retraite avec son commandant de Rosay. En examinant l'intérieur des bâtimens, on trouva dans un donjon l'évêque de Lisbonne et le prieur d'Alaçova, que des soudards de Nidau avaient enlevés et pillés entre Soleure et Büren. Ces malheureux prêtres dont les vêtemens étaient à moitié pourris, furent parfaitement restaurés à Berne. On leur donna des habits, des chevaux et de l'argent pour continuer leur voyage. Pleins de reconnaissance, ils ne se bornèrent pas à rendre les trois cents ducats qu'on leur avait avancés; ils y ajoutèrent cent ducats de plus [1].

Le jeudi avant la St. Jean, les Bernois commencèrent le siége du château de Berlens [2], défendu par quarante Fribourgeois. Huit engins et deux truies y lancèrent chaque jour plus de deux cents pierres. Celles que lançait une des truies était de douze quintaux. Toutefois la garnison ne perdit que dix hommes [3].

Le deux juillet les Bernois demandèrent une trève pour entamer des négociations; à cet effet quatre conseillers de Fribourg se rendirent à Berne le lendemain. On leur proposa de renoncer au

---
[1] Tillier. — [2] Tillier dit *Prélaz*. — [3] Tillier.

patronage des ducs, de faire la paix, de renouveler les anciennes alliances avec Berne, et de racheter leurs céréales au moyen d'une somme de cinq mille florins; car on menaçait de ravager les moissons. La communauté préféra tout risquer plutôt que d'accepter ces conditions honteuses. Nous cherchâmes pourtant à prolonger la trêve autant que possible, parce que le sire de Coucy devait nous envoyer un renfort de cinq cents lances [1]. Mais le douze juillet parut un corps de cinq cents moissonneurs dans les environs de Morat èt commença le treize à couper les blés sur le territoire fribourgeois. Ils passèrent la nuit autour de Misery et de Cormerod, tandis qu'un détachement de cent cinquante hommes de pied avec cinq cavaliers enlevait le bétail du côté de Bourguillon [2].

Le mercredi quatorze juillet, ils vinrent couper les blés devant Belfeaux, Givisiez et jusques devant les Places [3]. Là il y eut quelques escarmouches où nous eûmes un homme de tué et sept blessés. Le même jour l'ennemi enleva mille pièces de bétail sur les terres du sire de Montagny et blessa quelques hommes. Il campa cette nuit près de Cormondes. Dix lances fribourgeoises vinrent les mettre en fuite, leur tuèrent quarante-sept hommes et firent sept prisonniers. Les Fribourgeois se vantent de n'avoir perdu que deux hommes dans cette affaire. Le quinze du même mois les Bernois revinrent du côté d'Agy, fauchant les blés, coupant les arbres, et descendirent jusqu'au Schürberg (la Poya). Mais le plus grand nombre était posté sur les hauteurs de Tory. C'est là que deux courriers de Romont vinrent leur annoncer que des troupes étrangères approchaient de Fribourg. A cette nouvelle ils se replièrent sur Berne. Le seize juillet entrèrent dans Fribourg deux cent soixante lances, la fleur de l'armée du sire de Coucy, parmi lesquels on comptait cinquante chevaliers et quatre capitaines. Ces derniers étaient le seigneur Jean de Royes, Connétable du sire de Coucy, le sieur Girard de Cusantés,

---

[1] Tillier. — [2] Ibid. — [3] Chronique.

le sieur Alleaume de Langres, et le sieur Desfontaines [1]. Ils avaient mille cinq cents chevaux, cent soixante balistes et arbalètes. Ainsi renforcés, les Fribourgeois reprirent l'offensive.

Nous n'entrerons point dans les détails de cette guerre qui ne fut pendant tout le mois de juillet et une partie du mois d'août, qu'une suite de surprises partielles, d'incendies et de ravages sans résultat décisif, et dont le paisible habitant de la campagne eut le plus à souffrir. Le neuf août, nos auxiliaires étrangers étant repartis, les Bernois vinrent se poster en embuscade sur le Schönenberg, et quoique nos troupes en eussent été averties, elles se laissèrent mettre en déroute. Henri de Mörsberg, leur capitaine, jeta honteusement son bouclier en fuyant, et nous perdîmes plusieurs soldats.

Les prisons de Berne regorgaient de prisonniers autrichiens et fribourgeois. On fut même obligé d'en mettre une soixantaine dans les caves de la douane.

On finit enfin par soupirer après le terme de ces brigandages, où, après tout, Berne avait encore le plus de profit; aussi n'accepta-t-elle que malgré elle l'entremise des villes impériales, dont les députés arrivés à Zurich le neuf mars 1389, parvinrent à négocier une trêve de sept ans, à dater du premier avril [2]. Les confédérés demeurèrent en possession de toutes leurs conquêtes, de sorte que Berne garda pour son compte le Simmenthal supérieur, Untersée, Unspunnen, Oberhofen et Balm, la seigneurie de Nidau; et conjointement avec Soleure, Büren. Cet accroissement de territoire offrait un ample dédommagement pour tout ce qu'ils avaient perdu. Fribourg seul y fut pour ses soldats et son argent. L'alliance aussi impolitique qu'ignominieuse de l'Autriche ne lui valut que la haine des peuplades libres de la Suisse, et diminua la considération et la puissance de notre communauté, en même temps qu'elle ajouta à celle des Bernois.

[1] Tillier le nomme *des Ponts*. — [2] Tillier. Cette paix, faite par le Duc Albert à des conditions honteuses, fut publiée à Fribourg le 4 avril. Chronique.

Le traité fut signé à Zurich le premier avril entre les cantons de Zurich, Berne, Soleure, les quatre Waldstettes et Zug [1]. Berne y accéda le quatre par une déclaration particulière et consentit à traiter avec Fribourg. On fixa une journée pour les conférences à St. Urbain [2], après quelques tergiversations. Le document qui en constate les résultats n'existe pas dans nos archives. Ce qu'il y a de sûr, c'est que le Simmenthal ne fut point compris dans la trève.

Plusieurs gentilshommes, entr'autres le sire de Blamont étaient venus prendre du service à Fribourg, et avaient formé une troupe d'environ quatre cents cavaliers; mais voyant que l'Autriche ne donnait aucun secours aux Fribourgeois, ils s'en retournèrent chacun chez eux après s'être fait payer la solde qu'on leur avait promis [3]. L'un d'eux, Jean de Pradie, dit Guascard, resta cependant sept mois à notre service avec neuf autres lanciers. Outre la solde, il eut aussi sa part du butin que l'on fit sur les Bernois.

Après de longues altercations, on paya cent soixante livres à la châtellenie de Morat pour les dommages qu'on lui avait causés pendant la guerre, outre vingt-cinq livres qu'on paya à un de ses bourgeois [4].

Nous avons vu que la communauté s'était laissé pour ainsi dire entraîner malgré elle dans cette guerre, qu'elle ne partageait pas les sympathies de la noblesse pour l'Autriche, et qu'il y eut même une émeute à cette occasion. L'issue funeste de cette campagne n'était pas propre à calmer les esprits. Aussi trouva-t-on à propos de faire revivre les ordonnances constitutionnelles. Il fut enjoint (1389) à tout conseiller, sous peine d'une amende de soixante sous et d'un mois d'exil, de se rendre sans faute à l'assemblée de la St. Jean [5]. Pour un soixante, l'amende était de

---

[1] A. C. — [2] Ibid. — [3] Tschudi. — [4] A. C. — [5] Liquel dou Consed qui ne vindra le jour de la nativité S. Johan Baptiste à la chapale de nostre Dame qu'il soit sens mercy en la peine de LX s. l. A. C.

trente sous et l'exil de quinze jours; pour les autres bourgeois et habitans [1], de cinq sols et l'exil de huit jours. Tout autre étranger qui prendrait part aux élections, devait être puni d'une amende de dix sous et d'un mois d'exil. On décréta des peines non moins sévères contre ceux qui chercheraient à ameuter le peuple devant l'église, ou se permettraient de convoquer une assemblée à l'insu des autorités [2]. Le signal de convocation devait se donner au son de la cloche à trois reprises; le dernier signal devait se prolonger assez longtemps, pour que chacun eût le temps de se rendre à l'église.

Cette ordonnance fut faite pour trois années [3], puis renouvelée. Il fut statué que la veille du dimanche avant la St. Jean, quatre bannerets accompagnés d'hommes choisis iraient convoquer les bourgeois les plus *idoines* pour la recomposition du conseil des soixante et du trésorier, et que la veille même de la St. Jean, ils convoqueraient tous les électeurs à notre Dame pour l'élection des fonctionnaires.

Le même jour on remit en vigueur la constitution de 1347, à laquelle on avait momentanément dérogé par l'ordonnance de 1387 [4].

En 1392 on incorpora les faubourgs à la ville, savoir: les Places en dehors de Jacquemart, la rue de Morat en dehors de la mauvaise tour, et toute la Planche avec Montorge. La partie de l'Auge, qui est au-delà du pont de Berne, et qui porte encore le nom de Schmidgasse avait déjà été agrégée trente-neuf ans auparavant. Ces faubourgs, qui naguères ne contenaient encore que quelques fermes, étaient devenus populeux depuis la paix. Quiconque y avait demeuré pendant un an et un jour, devait être considéré comme résidant [5]. Mais à dater de cette époque, ils perdirent leur droit d'asile pour les banqueroutiers insolvables [6].

---

[1] On les appelait aussi *prodomanz. Cil qui havrait hosteil ou possession in nostre ville.* — [2] A. C. — [3] Ibid. — [4] Ibid. — [5] Ibid. — [6] Ibid.

On fixa les sessions périodiques du conseil de justice de manière à ce que chaque membre fût de service pendant un mois de chaque trimestre. On exempta les conseillers d'une partie de l'ohmgeld [1]. Par contre on imposa des amendes aux membres qui négligeraient d'assister aux séances pour affaires majeures, dits *cas atres*, ou qui sortiraient avant midi sonné [2]. Cependant en cas d'empêchement légitime, on pouvait se faire remplacer par un autre membre. Plus tard (1398), il fut décidé que l'avoyer convoquerait tous les jours le conseil de justice, excepté les dimanches, les samedis et les jours de fêtes. Ces assemblées devaient se composer chaque fois d'au moins six membres et de quelques soixante, pour qu'ils y fissent leur apprentissage [3]. Si l'avoyer n'indiquait pas les absens au bourgmaître, c'est lui qui devait payer l'amende pour eux. Toutes les ordonnances et lois furent inscrites dans le grand livre.

La ville ayant essuyé de grandes pertes par suite de différens cautionnemens, on résolut de n'en plus faire [4]. Il fut également défendu de se mettre en otage pour un étranger quelconque [5].

Quiconque refuserait l'emploi auquel on l'aurait élevé serait condamné à cent livres d'amende et à dix ans d'exil [6].

Toutes les fondations furent déclarées rachetables, en payant vingt fois la cense annuelle en sus de la cense courante. Mais celui qui recevait le rachat était tenu de placer ce capital en sûreté; on fit plus tard des additions à cette ordonnance (1410 et 1420) [7].

L'industrie et le commerce prenant chaque jour plus d'extension, on fixa le taux et le cours des monnaies d'or et d'argent [8]. Il fut défendu sous dix livres d'amende et un an d'exil à tout particulier de battre monnaie ou d'en faire commerce. Cette ordonnance fut renouvelée en 1401. On permit toutefois aux marchands de se procurer des monnaies étrangères pour faire leurs achats [9].

[1] A. C. — [2] Liquel dou dit Consed soudroit fur dou luef divens que li reloge heust firit xii cops por nindis de cil jor. — [3] Ibid. — [4] Ibid. — [5] Nos dix ors en avant jamaix ne nos obligerons ne flancerons et ne farons traite por seignours ne por autrui de quel estat qui soit. — [6] Ibid. — [7] Ibid. — [8] Ibid. — [9] Ibid.

On établit entre l'hôpital et le pont de la chapelle une halle *bonne et honorable, byen fundée et cuverte de tyola* [1].

On chercha à s'assurer des débouchés pour les produits de nos fabriques, et à la demande de son beau-frère le duc d'Autriche, le comte de Savoie défendit à tous ses baillis de laisser arrêter les marchandises de Fribourg, à moins que ce ne fût pour dettes prouvées et reconnues par eux [2]. Il ordonna également à tous ses officiers d'empêcher que les deux fils de Jean de Vuippens ne se permissent des voies de fait contre les marchands de Fribourg (1398). Peut-être voulaient-ils se venger de ce que leur père n'avait pu rentrer dans la place d'avoyer qu'il avait occupée pendant longtemps. Ils avaient attaqué tout récemment à main armée des marchands de Fribourg qui revenaient de la foire de Genève. On rappela aussi les exilés, mais sous cautionnement. Il fut même défendu sous peine de vingt sous d'amende d'intercéder à l'avenir pour eux [3].

On imposa une amende de soixante sous à quiconque s'opposerait à une saisie de gages officielle.

On fit plusieurs ordonnances de police. Il fut décidé que le tiers des amendes appartiendrait au seigneur du condamné, le second tiers à la ville, et l'autre au bourgmaître [4]. Les bouchers [5] et les boulangers [6] furent soumis à des règlemens spéciaux. Chaque banneret fut chargé de faire en compagnie de deux ou trois édiles la visite des maisons de son quartier, tant à l'extérieur qu'au dedans, d'en faire ôter la paille, copeaux et autres combustibles dangereux, et de faire faire des cloisons de terre là où il le trouverait à propos [7]. Chaque propriétaire devait payer douze deniers aux édiles pour chaque visite extraordinaire [8].

Défense fut faite d'élever une construction quelconque sur un terrain communal sans la permission du banneret [9]; de sortir de la ville autrement que par les portes; de pêcher de nuit à la

---

[1] A. C. — [2] Ibid. — [3] Ibid. — [4] Ibid. — [5] Ibid. — [6] Ibid. — [7] Ibid. — [8] Ib. — [9] Ib.

Sarine, de descendre de nuit au Grabensal, c'est-à-dire avant l'angelus du matin et après l'angelus du soir [1].

On commença le pavage des rues. Tous les propriétaires furent tenus de niveler le terrain, chacun devant sa maison et de fournir les pavés nécessaires [2].

Quoique appartenante à la paroisse de Tavel, la Planche s'était mise sous l'administration spirituelle des frères hospitaliers dès l'époque de leur établissement. Le curé de Tavel, soit par incurie soit à cause de la grande distance, avait négligé cette partie de ses ouailles, et au lieu de leur donner un chapelain ou un vicaire capable, il s'était reposé sur les Augustins du soin de leur administrer les sacremens. Or dans ce temps, ces pères n'avaient pas encore ce droit et plusieurs paroissiens avaient refusé de se confesser à eux. Mais ce qui gênait le plus ceux-ci, c'était l'obligation de porter leurs enfans jusqu'à Tavel pour les faire baptiser, tandis que St. Nicolas était bien plus à leur portée. Le curé de Tavel n'en venait pas moins percevoir ses redevances, et en cas de refus, recourait même aux gagemens. D'un autre côté, le commandeur se permettait aussi des vexations. Il voulait percevoir son tribut de toutes les funérailles, sans fournir ni le drap mortuaire ni le plat pour l'offertoire. Il était allé jusqu'à enlever le drap dont on avait couvert les corps des lépreux de Bourguillon et d'autres pauvres, qui n'avaient pas été en état de payer. Les habitans de la Planche nommèrent une commission pour terminer les difficultés. Elle se composa de Henri de Gruyères, Pierre dei Piris, Janin Bomer, Pierre Steinbrecher, Hentzik Walther et Pierre Filling, tous bourgeois de Fribourg et demeurant sur la Planche. Ces messieurs s'adressèrent à la communauté et la choisirent pour arbitre. Après avoir consulté le doyen et le curé de Fribourg, elle décida que le curé de Tavel devait procurer et payer un prêtre pour administrer tous les sacremens de l'église à ceux de la Planche, que les enfans nés dans le quartier devaient

[1] A. C. — [2] Ibid.

être portés à l'église de St. Nicolas à Fribourg, pour y être baptisés; que le commandeur ne devait pas empêcher qu'on sonnât les cloches de l'église de St. Jean pour les enterremens de ceux de la Planche, ni leur refuser la sépulture, moyennant quatre deniers par enterrement, mais les parens devaient fournir le drap mortuaire et le bassin pour l'eau bénite, etc.[1]. En 1528 les habitans de la Planche furent exemptés de contribuer à l'entretien de l'église paroissiale de Tavel et le chapitre de St. Nicolas fut astreint à payer annuellement pour cet entretien vingt livres, pris sur les revenus de la cure de Tavel [2].

Nous avions prêté à la Savoie une somme de 4050 florins sous le cautionnement du comte de Gruyères, du seigneur de Langeno, du seigneur d'Everdes, de Pierre, chevalier de Dompierre et de Rodolphe de Chastonay. Pour parfaire cette somme, nous avions été forcés nous-mêmes d'emprunter 2756 florins de différens particuliers au huit et un huitième pour cent sous l'hypothèque de toute la ville, de toutes ses propriétés et droitures, et sous le cautionnement des dix plus riches bourgeois. Dans le cas où la cense ne serait pas acquittée à Bâle au jour fixé, ces cautions devaient quatorze jours après l'échéance, aller chacune avec un cheval, se mettre en otage dans l'auberge qui leur serait marquée par le créancier [3]. La Savoie ne s'étant point acquittée au terme convenu, ses cautions en demandèrent une prolongation, se déclarant prêts à rester cautions solidaires jusqu'à l'extinction entière de cette dette, ainsi que de tous les intérêts et frais qui en dépendraient [4]. Plus tard le donzel Guyonet d'Allyens se joignit aux cautions de la Savoie, et promit par serment que si la somme due n'était pas payée dans un an avec tous ses intérêts, il viendrait se mettre en otage à Fribourg jusqu'à bout de paiement. Il paraît que chaque fois qu'on manquait de parole pour l'acquittement promis, on ajoutait une nouvelle caution, car dans cet acte (1399)

---

[1] A. C. — [2] Commanderie, n° 163 a et 163 b. — [3] A. C. — [4] Ibid.

le chevalier de Dompierre et Rodolphe de Chastonnay n'étaient pas encore au nombre des cautions.

L'Autriche toujours déloyale continuait à notre égard ce système de déceptions, qu'elle suivit pendant toute la durée de son protectorat. Elle avait emprunté de la communauté la somme de 31000 florins [1] pour laquelle elle avait offert le cautionnement de Pierre de Thorberg. Celui-ci sut adroitement s'en dégrever sur un de nos propres bourgeois et notre ancien avoyer Jean de Vuippens, chevalier et seigneur de Maggenberg. Conformément à l'usage du temps, il vint à Fribourg se mettre en otage avec deux domestiques et deux chevaux (1392). Il y resta pendant quatre cent quarante-trois jours et dépensa trois cent soixante et onze florins et six sous, le tout en pure perte, et le trop confiant chevalier y fut pour ses frais ; car jamais il ne fut possible d'obtenir de l'Autriche un denier de cette somme [2].

L'inconstante possession de Nidau nous valut de graves embarras (1397). Non-seulement l'Autriche s'en empara sans nous rembourser, mais nous eûmes à supporter plusieurs charges dont ce comté était grevé, et d'anciennes dettes de ses seigneurs. La communauté fut entr'autres forcée de faire un compromis avec Pierre de Wengi, bourgeois de Büren, qui avait des droits sur le comté de Kybourg [3].

La ville de Büren fit aussi des réclamations. Dans le temps qu'elle nous appartenait, nous lui avions promis de contribuer pour notre part à la bâtisse d'un pont. Nous lui avions même livré un à-compte de trente florins. Elle vint réclamer le reste et d'autres sommes encore que les anciens seigneurs de Nidau lui devaient, et qu'elle prétendait être à notre charge [4] ; ses députés parurent en conseil, où les dites prétentions furent longuement

---

[1] Il paraît donc que Tschudi se trompe quand il dit que pour retirer le comté de Nidau des mains des Fribourgeois, le duc Léopold d'Autriche leur fit une obligation de quarante-huit mille florins payables en sept ans, à raison de sept mille florins par an, à moins qu'il ne soit question d'une autre dette. — [2] A. C. — [3] Ibid. — [4] Ibid.

discutées. Ils durent à la fin reconnaître, qu'elles étaient mal fondées, et comme ils étaient munis de pleins pouvoirs, ils donnèrent acte d'entière quittance [1].

Nous ne restâmes pas longtemps en possession de l'Iselgau. Déjà avant la guerre nous avions envoyé à Nidau Jacques Rych avec d'autres députés, pour relever les habitans de la ville et de la campagne du serment de fidélité, et les remettre à l'Autriche. Les Bernois se prévalurent de cette circonstance pour garder cette conquête, sur laquelle nous essayâmes de faire valoir quelques droits. Jean de Perroman et Jacques Bargin firent partie de la commission arbitrale que les deux villes établirent pour juger cette contestation. Le fait de l'émancipation préalable ayant été constaté, le sur-arbitre Jean de Müllinen, de Berne, adjugea le territoire en litige à ses compatriotes (1398) [2].

Ce fut à cette époque (1399), que la secte des Albigeois commença à paraître dans nos contrées. Déjà en 1268 elle s'était manifestée dans le Schwarzenbourg, et quelques-uns de ses adhérens avaient subi à Berne le supplice du feu [3]. Cette fois-ci les Bernois s'en débarrassèrent seuls et sans l'intervention de l'inquisition apostolique et d'aucune autorité ecclésiastique étrangère. Fribourg par contre pria Monseigneur Guillaume de Menthona, Evêque de Lausanne, de lui envoyer des inquisiteurs. Il choisit à cet effet son official, le père Humbert Frank, docteur en théologie, dominicain et grand inquisiteur, le père Guillaume de Vufflens, Gardien des Cordeliers, et monsieur Aymon de Tüdingen, licencié ès droits. Ils s'adjoignirent une partie de notre conseil, et commencèrent par prier les Bernois de leur communiquer la procédure qui avait été instruite à Berne sur le même sujet. Mais ces républicains, toujours jaloux de leur autorité, refusèrent poliment de correspondre en aucune manière avec les délégués épiscopaux, craignant sans doute qu'ils ne pussent faire envisager la commu-

---

[1] A. C. — [2] Tillier. — [3] Stettler.

nication directe des procédures comme un compte-rendu. Les inculpés étaient au nombre de cinquante-trois [1].

Ces hérétiques niaient l'efficacité de l'eau bénite, la sainteté du mariage, l'existence du purgatoire et partant l'utilité des indulgences, des consécrations, des pélérinages, des prières, des messes et des bonnes œuvres en mémoire des trépassés, prétendant que les prêtres n'avaient imaginé les offrandes et les aumônes que dans leur intérêt, et qu'un mort peut aussi bien être enterré dans les champs qu'au cimetière. Ils n'exemptaient du travail que les dimanches et les jours de fête des apôtres. Quoiqu'ils eussent leurs prêtres, qu'ils ne consacraient qu'à l'âge de trente-quatre ans, ils se confessaient entr'eux, s'imposant des pénitences, etc.

La commission de l'inquisition fit citer Jean de Duens, avoyer de Fribourg, Jean Felga l'aîné, Jean de Seftigen écuyer, Jacques Lambert, Jean de Guschelmuth et Jean Seyler, bourgeois de Fribourg au domicile de Perrod de Domdidier, pour faire leurs dépositions touchant les articles ci-dessus. Après avoir prêté serment ils déclarèrent tous individuellement, que l'avoyer de Berne, Louis de Seftigen, avait dit à celui de Fribourg, à Wünnewyl, en présence des Fribourgeois ci-dessus nommés, que les inculpés avaient été dénoncés par les sectaires de Berne; ce qu'il avait encore déclaré par écrit.

En conséquence on procéda à la maison-de-ville à l'interro-

[1] Voici leurs noms : Jacques Perroman, François Buchillon, Bertschy de Morat, la femme Verver, Jaquette Mossu, la femme et la fille Degen, la fille Sibillon, Wirrecht Mossu et sa femme Marmette, les deux Chatel, Jackli d'Alterswyl, Willi Mossu, Jackli de Perroman, Willi de Perroman, la femme Cléri, Herman le tondeur de draps, Jean de Perroman, Henri Wutzo, Ita Rubina et sa fille Alexie, Marmet de Wile, Théobaldine, femme de Chatel cadet, Agnès Mossu et son fils Rollet, la femme Ferwer des tisserands, Petermann Masset, cordonnier, sa femme Anneline, la femme Buchillon, la femme de Willi Mossu, Jaquette, servante chez Janod Mossu, la femme de Nickli Zurlinden, Marguerite Studer, la femme d'Ulli Reif, la femme Bucher née Studer, Hansi Studer, Hans Studer, Hensli Gruwerstein, Willi Studer, Frini, femme de Jeckli d'Alterswyl et ses filles, Pierre d'Heitenwyl, Nickli, fils de Willi de Perroman, la femme Claire Bertschy de Morat, sa fille Elsi, Hensli Kursiner de Perroman, la femme Stranger, Hensli, fils de Bindo, Elsi Mossu et son fils.

gatoire des inculpés. Ce fut alors que sous date du trois décembre 1399, les inquisiteurs adressèrent aux Bernois la demande susdite de leurs procédures; ceux-ci les refusèrent s'en rapportant à ce qu'ils avaient dit de bouche et par écrit. Tous les inculpés, ayant fait serment qu'ils étaient bons et fidèles catholiques, furent renvoyés absous le mardi vingt-trois décembre à huit heures après minuit l'an 1399, huit Indict. sous le pontificat de Benoit XIII, en présence des conseillers Jean de Chénens, Pierre Corpastour, Hensli d'Englisberg, Hensli Houser, Nickli de Gambach, Marmet de Chamloz et autres bourgeois de Fribourg.

On poursuivit avec activité les travaux de fortification. Une ligne de remparts déjà commencée trente-six ans auparavant et qui descendait depuis le flanc du Schönenberg jusqu'à la Sarine, mit à couvert le Gotteron et la Schmidgasse. C'est de cette époque que datent la tour rouge et celles de la porte de Berne. Ces premiers ouvrages, selon Guilliman, furent déjà achevés en 1375. Mais l'enceinte des faubourgs supérieurs ne fut fermée que dans les dernières années du quatorzième siècle par ces beaux murs crénelés et flanqués de huit tours, dont la plupart subsistent encore [1].

La commanderie, l'abbaye d'Hauterive et autres propriétaires de fiefs ayant accordé à la ville un subside pour trois ans pour la bâtisse des murailles, la communauté déclara par un acte authentique que ces subsides étaient purement volontaires, et qu'à l'avenir ils ne devaient porter aucun préjudice aux droits de ces propriétaires [2].

Il fut défendu de faire aucun prêt à des étrangers, seigneurs ou autres avec déclaration que la ville ne donnerait aucun secours pour faire rembourser [3].

La même année (1400), on publia un règlement très-détaillé sur les bouchers. Un article, qui malheureusement fut livré depuis

---

[1] Chronique. — [2] A. C. — [3] Ibid.

à un long oubli, défendait de laisser tomber à terre le sang d'un animal quelconque [1].

On fit une loi qui condamnait celui qui faisait un faux serment en justice à être attaché à un poteau pendant vingt-quatre heures, puis à avoir deux doigts coupés [2]. On défendit aux boulangers de donner des braises hors du four [3] et aux marchands de se servir d'autres pierres pour les poids que de celles marquées au coin de la ville (1402) [4].

Nos relations amicales avec Berne continuant sur un bon pied, les deux villes résolurent de les cimenter par un traité de combourgeoisie qui fut conclu et signé dans l'église de Laupen le huit novembre 1403. Ce traité, dont la rédaction est très-diffuse, est le premier de ce genre que nous ayons négocié avec nos voisins. Berne y fit la réserve de l'empire et de ses confédérés, savoir les quatre Waldstettes, Bienne, Soleure, Zurich et Zug. Si l'empire commençait une guerre contre l'Autriche, Berne ne devait y prendre part et n'attaquer Fribourg qu'à teneur de la charte de fondation, c'est-à-dire les troupes auxiliaires devaient sortir de grand matin et rentrer le soir [5]. Si l'empire ne coopérait à une guerre contre l'Autriche qu'en qualité d'auxiliaire, alors Berne devait porter secours aux Fribourgeois [6].

Fribourg prit les mêmes engagemens pour le cas où l'Autriche déclarerait la guerre à Berne et à ses confédérés. Les deux villes se promirent un secours mutuel contre les seigneurs et villes de la Bourgogne, qui prendraient le parti de l'une ou l'autre partie belligérante [7], et se réservèrent le maintien d'une libre communi-

[1] Que nulz masailler ou varlet de masailler ne saignioit bestes quelle quelle soit en menière que il ne recovre lo sang en ung aise affin de ce que lo sang ne chee a terre. Estatutz pour les masailliers 1400. — [2] A. C. — [3] Ibid. — [4] Ibid. — [5] Dass wir eins tags bi sunnen usszichen und och dezselben tags bi sunnen wider in unser state keren sulen. — [6] Ce passage a été étrangement interprété par M. Tillier ou plutôt il contient une faute d'impression qui en dénature tout à fait le sens. Voy. 2ᵉ partie, page 7. Le texte dit : Wolte das rœmische reich wider die vorgenante unser lieben mitbürger Friburgs eimans helfer sin, so sollen wir den vorgenanten von Friburg als unsern lieben getruwen mitburgern beholfen sin und nicht iren widersachern. — [7] Cet article n'est qu'imparfaitement énoncé dans Tillier.

cation, même pour le cas où l'on requerrait le secours de l'une contre l'autre. Dans les expéditions en commum, la ville secourue ferait tous les frais de transport. Fribourg s'engagea à marcher avec Berne au secours des Waldstettes, et Berne promit de son côté d'obtenir la coopération des Waldstettes pour secourir Fribourg. Une ville ne pouvait imposer les ressortissans de l'autre, à moins qu'ils ne s'y établissent à demeure. On stipula la franchise du tarif ou bénéfice réciproque. Rien ne fut changé aux anciennes transactions concernant la liquidation des litiges et l'extradition des criminels. Ce traité devait se renouveler tous les trois ans dans les deux villes le jour de la Trinité [1].

Chaque année devait ajouter quelque nouvelle pierre à l'édifice encore inachevé de la constitution. On statua que le grand sautier et les autres sautiers ne pourraient être tuteurs ou curateurs de personne (1403). (Cette défense fut appliquée cinq ans plus tard à l'avoyer, aux conseillers, aux bannerets et au chancelier [2]. Plus tard encore on en excepta le cas de proche parenté); qu'ils ne pouvaient siéger en justice comme suppléans des absens; qu'ils seraient tenus de faire toutes les notifications dont on les chargeait. Toutes les causes réservées qu'on nommait alors *cas atres* ou *attroits*, devaient être mises par écrit [3].

On accorda un délai de quinze jours aux propriétaires ruraux pour faire droit aux réclamations que les bourgeois feraient contre les paysans albergataires, avec faculté au bout de ce terme de procéder à une saisie de gages [4].

On décida que dans les grandes ambassades les conseillers seraient accompagnés de quelques Soixante [5].

Nous eûmes sans doute à cette époque quelque brouillerie avec la Savoie, dont nous ignorons le sujet, car il fut défendu d'envoyer des marchandises à Genève [6].

Un incident bien léger en lui-même, mais auquel la super-

[1] A. C. — [2] Ibid. — [3] Ibid. — [4] Ibid. — [5] Ibid. — [6] Ibid.

stition dut donner un certain caractère de gravité, occasiona dans Fribourg des troubles, qui requirent l'intervention de l'autorité. Ce fut au sujet d'un cierge que les boulangers faisaient brûler à St. Nicolas. Sa suppression causa un tel scandale, qu'on rendit à ce sujet une ordonnance spéciale [1].

Parmi les douze avoyers qui présidèrent la république dans le courant du quatorzième siècle, on trouve cinq Felga [2], trois Rych [3], deux Maggenberg, Pierre de Chénens et Jean de Vuippens [4].

[1] A. C. — [2] On les appelait aussi Duens ou Düdingen. — [3] Prononcez : Rytsch. — [4] Dict. de Kuenlin.

CHAPITRE VII.

Constitution de 1404. — Règlemens divers. — Aymonot. — Division du cercle en quatre bannières. — Grand incendie à Berne. — Alliance avec Bienne. — Pouvoir extraordinaire accordé au Conseil. — Règlemens de police. — Duel juridique. — Code militaire. — Préparatifs de guerre. — Grande mortalité. — Libertinage. — Incendie. — Mésintelligence avec Berne. — Concile de Constance. — Conquête de l'Argovie. — Guichard de Raron. — Passage du Pape par Fribourg. — Monnayeur. — Grasbourg. — Prospérité intérieure.

Nous avons vu dès les premiers temps de la république, la communauté se partager en *grands* et *petits bourgeois* [1], et plus tard en *bourgeois proprement dits* et *habitans* [2]. Nous verrons dès le seizième siècle se reproduire une nouvelle dualité sous le nom de *bourgeois secrets* et de *bourgeois communs*. On a souvent établi un parallèle entre ces distinctions périodiques en les basant sur le même principe. On a même essayé de justifier le monopole des emplois par l'autorité des traditions historiques. Il importe donc d'examiner celles-ci.

Les grands bourgeois des temps primitifs n'étaient autre chose que les nobles, presque tous de seconde classe, qui étaient venus chercher dans la communauté une garantie contre le voisinage inquiétant des grands vassaux. Cette protection tout-puissante les dédommageait de l'assimilation aux affranchis et aux industriels, que commandait l'égalité devant la charte. Ils n'en constituaient pas moins une aristocratie de fait, soutenue par le prestige des titres nobiliaires, par l'exercice des armes [3] et une fortune

---

[1] Recueil dipl. II, XIII, XIV. — [2] Ordon. de 1347 et 1387. — [3] C'est pourquoi ils se nommaient aussi dans quelques actes *milites* (chevaliers). Rec. dipl. VI.

plus ou moins grande. Ce fut pour faire valoir cette supériorité qu'ils sollicitèrent la permission de se faire enterrer dans les monastères d'Humilimont, d'Hauterive et de Payerne [1], pour tracer jusqu'en delà du tombeau une ligne de démarcation entre les grands et les petits bourgeois. Car ces derniers, hors d'état de doter ou défendre les couvens, ne pouvaient que difficilement faire usage du droit d'y être enterrés. Nous voyons en effet par le texte de l'acte cité, que l'évêque Roger octroya cette permission à la prière des *barons de Fribourg* (*rogatu baronum de Friburch*); mais on voit aussi que le prélat ne voulut ou n'osa pas blesser l'égalité constitutionnelle, car le privilége de ces sépultures fut étendu à tous les membres de la communauté sans distinction (*annui petitioni Friburgensium ut* quicunque *ex eis*, etc.)

Cette noblesse féodale fut bientôt absorbée par l'élément démocratique et à peine en restait-il quelques rejetons abâtardis vers le milieu du dix-septième siècle. La bourgeoisie secrète n'a donc aucun rapport avec la grande bourgeoisie du moyen-âge et n'a point été fondée sur le même principe. Reste à savoir ce qu'on entendit plus tard par *bourgeois proprement* dits et *habitans*.

Le mot *bourgeois* vient de l'allemand *Burg*, *Burger* et désignait d'abord tous ceux qui étaient chargés de défendre un fort. Leur devoir était d'y demeurer armés et de ne jamais s'en éloigner qu'à une distance telle qu'ils pussent regagner leurs foyers au coucher du soleil. C'est ainsi que s'exprime l'article six de la charte fondamentale. La bourgeoisie de Fribourg était donc originairement une corporation militaire, chargée de défendre la ville, commandée par l'avoyer (Stadthauptmann) et divisée en trois bannières. Pour devenir membre effectif de la bourgeoisie, il ne suffisait pas d'être reçu comme habitant, il fallait posséder un immeuble en ville ou une rente effectuée sur un immeuble. Cette propriété était une garantie

---

[1] Recueil dipl. III.

pour la communauté et répondait de la fidélité de chacun de ses membres. En retour la communauté prenait le nouveau bourgeois sous sa protection et le défendait contre tous ses ennemis. Le service militaire de la place resta d'abord restreint à un certain nombre de garnisaires, qui donna peut-être lieu à l'établissement des Deux-Cent. Mais à mesure que les dangers se multiplièrent, que la population s'accrut, que l'enceinte de la ville s'élargit, et surtout après l'incorporation des faubourgs en 1391, on augmenta le nombre des bourgeois appelés à la défendre et on les choisit parmi les habitans. Le recensement fait en 1415 par le chancelier Petermann Cudrefin, qu'on avait chargé de refondre les anciens rôles, porte les inscriptions suivantes : vingt-quatre conseillers, y compris l'avoyer Jacques Lombard, le chancelier, les quatre bannerets, et cinquante-six membres des Soixante, savoir : dix-huit pour la bannière du Bourg, quinze pour celle de l'Auge, douze pour celle de la Neuveville et douze pour celle des Hôpitaux soit des Places. Ensuite cent-cinquante-neuf membres du conseil des Deux Cent, savoir : quarante-huit pour le Bourg, trente-neuf pour l'Auge, trente-huit pour les Hôpitaux et trente-quatre pour la Neuveville. Ajoutez-y six sautiers et trois-cent neuf individus tirés de la masse des habitans, on aura un effectif de cinq cent cinquante-neuf bourgeois au commencement du quinzième siècle. Or, l'assemblée communale qui fit la constitution de 1404, s'étant trouvée composée de neuf cent quarante membres, il s'ensuit nécessairement que près de la moitié n'étaient pas *bourgeois proprement dits*.

Cette limitation du nombre des bourgeois est d'ailleurs démontrée par le mode des inscriptions. Ainsi 1° le décès d'un bourgeois était toujours marqué en marge par le mot *obiit;* 2° un bourgeois renonçait-il à son titre, on l'annonçait également en marge par le mot *vacat;* reprenait-il son titre? on l'inscrivait comme nouveau reçu avec l'observation *qui fuit antiquitus noster Burgensis;* 3° une veuve ne pouvait conserver la bourgeoisie qu'en s'engageant à remplacer son mari dans le service par une personne capable.

Un caractère distinctif de la bourgeoisie fribourgeoise, c'est qu'elle n'était que personnelle et que le fils ne pouvait l'acquérir qu'après la mort de son père. Voilà pourquoi les inscriptions [1] portent souvent : *recepit burgensiam sui quondam patris* ou bien *factus est burgensis loco patris sui*. En général, voici quels étaient les termes de l'inscription : *Tel, fils de feu tel est devenu bourgeois un tel jour et a reçu sa bourgeoisie sur telle propriété*. C'est de cette individualité de réception qu'est née dans les derniers temps l'obligation de renouveler sa bourgeoisie à chaque génération sous peine d'en perdre le droit. Cet usage n'a même commencé qu'au seizième siècle.

Le bourgeois, qui s'absentait pendant une année entière, devait se faire remplacer dans son service par un homme capable, ou payer dix sols. Cette contribution s'élevait même quelquefois jusqu'à soixante sols lausannois. On appelait *bourgeois forains* (Extraburgenses) ceux qui étaient autorisés à demeurer ainsi hors de l'enceinte de la ville moyennant une contribution annuelle [3].

Après avoir tracé les critères de la bourgeoisie proprement dite, il est facile d'expliquer ce que l'on entendait par *habitant*. C'était celui qui n'était pas spécialement attaché au service de la ville par le contrat dont nous avons parlé plus haut. En refusant la charge, il renonçait par là même au bénéfice de la protection. Mais, à cette différence près, il participait à tous les autres avantages de la bourgeoisie, et les ordonnances les plus anciennes ne l'ont jamais excepté. Celle de 1285 comprend le bourgeois et l'habitant dans la même catégorie [4]. Il était appelé aux assemblées communales [5] comme le bourgeois, et puni comme lui, s'il y manquait. L'accès lui était ouvert à tous les emplois, même à celui d'avoyer. Souvent même dans les élections, il l'emportait par ses capacités sur le bourgeois proprement dit [6].

---

[1] Les inscriptions, tant sur les anciens rôles que dans le grand livre en parchemin, se faisaient toutes en latin. La première inscription allemande se fit le huit novembre 1483. Fontaine. — [2] Ibid. — [3] Ibid. — [4] Omnis burgensis de Friburgo et omnis residentiam faciens. Rec. dipl. XL. — [5] Ordon. de 1392 et 1404. — [6] C'est ainsi que la majeure partie des familles patriciennes actuellement existantes ont fait insensiblement disparaître les familles plus anciennes. Fontaine.

De ce qui précède, il résulte clairement que le patriciat n'a rien de commun avec la grande bourgeoisie du moyen-âge, ni avec la bourgeoisie proprement dite des siècles suivans. Cette élucidation d'un point longtemps controversé nous a paru indispensable pour l'intelligence de nos ordonnances constitutionnelles. Nous avons vu au commencement du quatorzième siècle le duc Fréderic d'Autriche reconnaître en termes explicites le droit qu'avait la bourgeoisie de nommer l'avoyer et le conseil [1]. Elle a constamment exercé ce droit sans opposition. En 1282 et 1285, elle fit des ordonnances pour les testamens, en 1334 contre les meurtriers, en 1363 pour les gages; en 1374 et 1381 pour la conduite du bourgmaître, etc. [2].

Dans la communauté se trouvèrent donc concentrés dès son origine le pouvoir législatif et le judiciaire avec le droit électoral. Ces attributions étaient non-seulement devenues inaliénables, elles étaient communes à tous les bourgeois indistinctement. S'il y avait entr'eux quelque différence, ce ne pouvait être que sous le rapport de la fortune ou des capacités; car la supériorité de l'esprit, de la vertu ou des talens constitue dans toutes les sociétés une puissance, qu'on essaierait en vain de contester. C'est à elle que s'adressent les dénominations de *bourgeois bons* et d'*habitans bons*, qui reviennent si souvent dans les anciennes ordonnances, et qu'on a plus tard voulu interpréter par *bourgeois privilégiés*.

Nous avons aussi vu dans le chapitre précédent comment, pour remédier aux inconvéniens de la démocratie pure, la communauté inséra un petit correctif aristocratique dans la belle constitution de 1404. Le sénat fut divisé en trois conseils, celui des vingt-quatre, des Soixante et des Deux Cent, qui devaient être convoqués séparément ou simultanément, selon l'importance des délibérations. Quant à la communauté elle-même, elle ne devait se réunir qu'une fois par an en assemblée ordinaire. Mais ses commis devaient assister à toutes les assemblées du sénat, pour veiller à

---

[1] Acte du dix-sept octobre 1309 — [2] A. C.

ses intérêts et à l'inviolabilité de ses droits. Ces commis s'appelaient *bannerets*. Jusqu'au milieu du seizième siècle, ils furent toujours choisis par la communauté et dans les conditions inférieures, parce qu'ils devaient avoir un caractère tout populaire.

En déléguant aux membres les plus *idoines* le choix des bannerets, la communauté n'entendit point aliéner ce droit, mais seulement en garantir l'exercice utile, et de ce que la charte fondamentale ne fait aucune mention des bannerets, on ne peut pas conclure que leur nomination n'appartenait pas à la communauté, d'autant plus que ce choix devait porter sur les classes inférieures de la société fribourgeoise. Comme les anciens tribuns de Rome, les bannerets donnaient le veto et arrêtaient au nom du peuple toutes les délibérations, qui eussent pu léser ses droits [1]. Si le conseil n'acceptait pas leur opposition, ils en appelaient à la communauté, qui jugeait en dernier ressort [2]. L'élection annuelle de tous les magistrats, laquelle jusqu'alors s'était toujours faite à la pluralité des suffrages de la bourgeoisie assemblée, fut confiée à un comité électoral, pour prévenir les brigues et les désordres [3]. Les délibérations devaient se faire à huis clos dans l'église des Cordeliers. On commençait par publier les noms des conseillers élus pour l'année. On procédait ensuite au choix de l'avoyer à la majorité absolue des voix, puis à celui du bourgmaître et des quatre bannerets. Ceux-ci devaient être choisis parmi les bourgeois de la classe inférieure [4]; on procédait ensuite à l'élection du grand sautier. On lisait les ordonnances relatives aux sessions du conseil de justice; les fonctionnaires prêtaient serment. Quiconque se refusait à un emploi était condamné à cent livres d'amende et à dix ans d'exil. Tout employé qui se laisserait corrompre serait incontinent déposé, et déclaré inhabile à revêtir aucune charge pendant cinq ans. Le corrupteur serait aussi puni. Les quatre bannerets devaient choisir cent hommes dans leurs bannières respectives pour

---

[1] Exposé de la situation politique du peuple fribourgeois, page 7. — [2] Ibid. — [3] Ibid. — [4] A banderet ne soent esliez fors que bons hommes idonces deis gens dou Coumon et non personne d'autre estat. A. C.

les accompagner en campagne. Ces cent hommes devaient jurer qu'ils ne s'écarteraient jamais de leur bannière sans la permission du banneret, sous peine de mort et de confiscation. En cas d'émeute et de danger, cinquante de ces hommes devaient se rassembler aussitôt auprès de leur banneret pour lui prêter main forte, ceux du bourg devant St. Nicolas, ceux de l'Auge plus bas que le puits, ceux des Hôpitaux devant l'hôpital, ceux de la Neuveville devant le peuplier. Il fut défendu de sonner le tocsin, si ce n'est en cas d'incendie, et seulement lorsque la flamme s'échapperait du toit. Des peines furent décernées contre les rénitents aux ordonnances présentes, qui ne devaient porter aucune atteinte à la charte fondamentale. L'assemblée composée de neuf cent quarante *bourgeois et habitans*, fit serment de maintenir cette constitution, avec réserve que rien ne pourrait y être changé que par le même nombre de votants. Cette constitution datée du vingt-quatre juin 1404 servit de complément aux précédentes et demeura en vigueur jusqu'au milieu du siècle suivant [1].

Le gouvernement fit ensuite plusieurs règlemens d'administration et de police. On fixa le taux de l'ohmgeld et la taxe des notaires. Le grand sautier et les sautiers furent sevrés du droit de tutelle active. On désigna les locaux où devaient s'opérer la vente des gages saisis. Pour l'Auge elle devait se faire depuis les Merciers jusqu'au puits; pour le bourg depuis la maison Micholet jusqu'à celle des Rych; à la Neuveville depuis la maison Trommo jusqu'au grand peuplier; pour les Hôpitaux depuis la porte des Hôpitaux-derrière jusqu'à la maison Gambach. Ce marché ne pouvait se tenir que depuis l'heure de prime jusqu'à l'angelus. Le terme de la prescription fut étendu à dix ans [2]. Pour assurer la sanctification des fêtes et dimanches, il fut défendu d'ouvrir les boutiques

---

[1] Ce fut une de celles dont la bourgeoisie réclama inutilement l'exhibition en 1781. L'original en était conservé dans le coffre des bannerets. Il existe encore aux archives la copie que le gouvernement avait fait faire et collationner le vingt-deux décembre 1756 par le chancelier Montenach, et celle sur vélin, dont on fesait annuellement la lecture à l'assemblée de la St. Jean. — [2] A. C.

ces jours là, de vendre ¹, de travailler à quel métier que ce fût, aux ferremens des chevaux près ². Cependant comme les fêtes étaient extrêmement nombreuses, on restreignit ces défenses aux quatre fêtes de N. D. et à celles des apôtres. Plus tard 1430, on y ajouta celle de St. Nicolas, laissant les autres à la disposition de M. le curé (1404) ³.

La disette étant grande (1405), il fut défendu, sous l'amende de soixante sols d'acheter du grain au-delà de la provision nécessaire pour une année, et d'acheter de l'avoine pour la revendre ⁴. Cette dernière ordonnance fut renouvelée en 1410 — 1415 — 1416 — 1417.

On eut alors à se plaindre des Bernois pour certaines collisions de voisinage que l'histoire ne précise pas. On en parla vivement dans l'assemblée de la St. Jean. Jacquet Aymonot de Bulle était alors bourgmaître. S'étant rendu à Berne, il y divulgua les propos qui avaient été tenus contre cette république par quelques Fribourgeois. Il paraît que ces rapports indiscrets occasionèrent une grave mésintelligence entre les deux villes; la communauté s'irrita contre le délateur qui ne laissait pas de compter beaucoup d'adhérents parmi le peuple. Aussi les autorités pensèrent-elles qu'il serait prudent de ne point convoquer à ce sujet toute la communauté, mais seulement une partie ⁵. Messire Jacquet Aymonot fut déposé de son office, banni pour cinq ans et au bout de ce terme livré à la merci des bourgeois. De plus on le déclara incapable de revêtir jamais aucune charge. On décréta également l'exil contre quiconque intercéderait en sa faveur.

Pour donner sans doute satisfaction aux Bernois, on punit également ceux qui avaient donné lieu à tous ces tripotages par les invectives qu'ils s'étaient permises contre la ville alliée. C'étaient

---

¹ A. C. — ² Ibid. — ³ En 1465 on statua que quand une de ces fêtes susdites tomberait sur le samedi, qui était le jour du marché, on pourrait ouvrir la halle et les boutiques pour vendre après la grand'messe, mais sans travailler. — ⁴ A. C. — ⁵ In la presence de l'avoye dou Consel, deis LX et deis CC et de pliousours autres. A. C.

Jean Progins [1], Richard Chastel ex-banneret et son frère Marmet, banneret en charge. Ils furent bannis pour un an et les deux derniers privés de leurs droits politiques pendant cinq ans. Hensli fils de Jacob Perroman qui avait révélé au bourgmaître déposé ce qui avait été décidé le dimanche secret, fut condamné à la même peine. L'année suivante (1407) à l'assemblée du vingt avril dans l'église des Cordeliers, les adhérents d'Aymonot provoquèrent du tumulte. On demanda à grands cris et avec menaces la révocation de la sentence prononcée contre le bourgmaître. On en voulait surtout à l'avoyer Jacques Lombard. Les perturbateurs furent arrêtés : C'étaient Pierre Goudar, Cugnet, Pierre Treideiz, Jean Papouz, Jean Lavenchat fils, Jean Lochar, Jean Pignar, Jean Borly, Ulli Feriant, le grand Pierre de Perraules, Hensli Blechuz. Ils furent punis le vingt-neuf suivant, les uns d'une amende de dix livres lausannoises, les autres de cent sous, et tous exilés pour trois ans à la distance de trois lieues de la ville [2]. Le même jour (29 avril) on ajouta à la constitution de 1404 un acte additionnel portant que quiconque troublerait les assemblées par des cris ou gestes insurrectionnels serait puni de dix livres d'amende et de cinq ans d'exil à la distance de trois lieues de la ville et que ceux qui voudraient intercéder pour les coupables seraient punis de la même manière [3].

Aymonot qui s'était constamment renfermé dans un système de dénégation absolue, finit par tout avouer et déclara par un acte authentique, qu'il avait bien mérité son châtiment, et qu'il jurait de ne jamais s'en plaindre, ni s'en venger [4]. On lui fit alors prêter serment de soumission entière. Le grand sautier au nom de l'avoyer, alla recevoir ce serment à Perraules devant la maison de Pierre Duchesne (*Douchano*) [5].

Sur ces entrefaites on fit encore quelques ordonnances de police.

[1] Quarante-cinq hommes, avec deux sautiers, furent employés pour l'arrêter à Belfeaux dans la maison de Nicod Chénens. — [2] A. C. — [3] Ibid. — [4] Ibid. — [5] On peut voir aux pièces justificatives, n° 2, la lettre qu'il écrivit au banneret, lorsqu'après avoir subi les cinq années d'exil, il demanda à rentrer en ville.

On défendit les jeux intéressés, entr'autres celui qu'avaient importé dans le pays les écorcheurs et qu'on appelait *Gougler Tescheli*; on ne permit que les jeux des tables et du *Marallier* [1]. Les dettes de jeu ne purent plus être réclamées en justice.

De nombreuses profanations d'églises et de cimetières ayant nécessité des ablutions dispendieuses, il fut décidé que les frais en seraient dorénavant à la charge du profanateur [2]. Il fut défendu sous l'amende de soixante sous de fondre aucun métal ailleurs que dans les fonderies établies hors de la ville [3], item de prendre en gage les armes ou la cuirasse d'un débiteur [4].

Les Bernois qui venaient à Fribourg étaient exposés à beaucoup d'avanies depuis l'affaire Aymonot. Il en était même résulté des rixes sanglantes qui eussent fini par nous brouiller avec notre alliée. Ce fut pour prévenir ce malheur qu'on décida que quiconque, dans une querelle de ce genre blesserait un Bernois ou lui causerait un dommage quelconque, serait mis en prison jusqu'à entier dédommagement. Berne prit les mêmes mesures à l'égard des nôtres [5].

C'est encore à cette époque que se rapporte la division légale des quatre bannières [6], dont chacune comprenait une portion de la banlieue et était placée sous les ordres d'un banneret. Ces quatre bannières étaient celle du Bourg, de l'Auge, des Hôpitaux et de la Neuveville.

La première se composait de la cité proprement dite, avec la rue de Morat. La ligne de démarcation hors de la ville remontait la Joux, longeait la paroisse de Praroman, et descendait par Treyvaux et Arconciel jusqu'à la Sarine, de sorte que *Marly*, *Dirlaret* [7], *Planfayon*, *Chevrilles*, *Praroman*, *Ependes*, *Treyvaux* et *Arconciel* appartenaient à la bannière du Bourg.

La bannière de l'Auge comprenait le quartier situé entre la

---

[1] A. C. — [2] Ibid. — [3] Ibid. — [4] Ibid. — [5] Ibid. — [6] Ibid. — [7] Dirlaret était une succursale de Tavel.

porte du Stalden, celle de Berne et le Gotteron, ainsi que les paroisses de *Guin*, de *Bösingen*, de *Wünnewyl*, d'*Uberstorf*, y compris *Heitenried*.

La bannière des Hôpitaux renfermait l'église de Notre-Dame, le couvent des Béguines, celui des Cordeliers, la rue de Lausanne depuis le Cheval-blanc et celle des Hôpitaux-derrière. Tout *Belfeaux*, *Groley*, *Courtion*, *Cressier*, *Barberêche* et *Cormondes* appartenaient à ce quartier.

La bannière de la Neuveville comprenait les deux Planches [1], Montorge, la Grand'fontaine, la Neuveville, le Petit-Paradis, les Places [2] et hors de ville *Givisié*, *Prez*, *l'Echelle*, *Autigny*, *Onnens*, *Ecuvillens*, *Matran* et *Villars*.

Le duc d'Autriche ayant requis nos arquebusiers pour une expédition, ces jeunes gens commirent quelques excès en passant sur les terres de l'évêque de Lausanne. L'official les ayant cités à ce sujet devant son tribunal, ils n'en tinrent pas compte. Sur quoi il lança un monitoire qui menaçait d'excommunier non-seulement les arquebusiers, mais l'avoyer et le conseil de Fribourg. La communauté voulant réprimer cet abus une fois pour toutes, rendit un arrêté par lequel il était défendu sous peine de soixante sous d'amende de citer aucun séculier par devant un tribunal ecclésiastique [3].

La ville de Neuchâtel, mécontente du comte Conrad, qui se permettait toutes sortes d'empiétemens sur les franchises de ses sujets, sollicita l'alliance et la combourgeoisie de Berne (1406). Dès que le comte vit cette république disposée à conclure le traité, il se hâta d'aller à Berne solliciter la même faveur. Mais la ville de Neuchâtel se réserva Fribourg, Soleure, ses franchises et les droits du comté [4].

---

[1] La paroisse de Tavel, qui s'étendait jusqu'au village de Planfayon, comprenait aussi la Planche. — [2] Elles en furent détachées en 1406 et incorporées à la bannière des Hôpitaux. — [3] Excepta por yrisy por usura publica ou por fait de mariage ou por autre cas apertignient à la sentence de sainte egliesy. — [4] Hist. de Neuchâtel, par Fréd. Chambrier.

Berne était parvenue à l'apogée de sa puissance. Forte au-dehors, tranquille au-dedans, redoutée de ses ennemis, elle était l'arbitre suprême de toutes les contestations entre les voisins, et ses alliés pouvaient attendre d'elle une protection efficace. L'orgueil qu'eût pu lui inspirer tant de prospérité, fut cruellement humilié par une calamité qui la frappa à cette époque. Le quatorze mai (1406) un incendie épouvantable réduisit une grande partie de la ville en cendres. Tout le voisinage s'empressa de venir à son secours. Fribourg surtout se fit remarquer par l'importance de ses services. Le conseiller Gambach se rendit aussitôt à Berne avec douze charriots bien chargés de vivres et cent ouvriers pour déblayer les rues. Ils restèrent à Berne à leurs frais pendant un mois entier, et s'acquittèrent de leur mission avec non moins de zèle que de probité, remettant scrupuleusement aux habitans tous les objets de prix trouvés dans les décombres, conformément au serment qu'ils avaient prêté entre les mains de Gambach [1].

L'année suivante (1407), Berne et le comte de Gruyères se brouillèrent au sujet du Château-d'Œx dont les habitans étaient opprimés par le bailli du comte. Ils s'en plaignirent à leurs combourgeois de Berne et forts de leurs droits, ils arrêtèrent le châtelain et six des principaux Gruyériens. Les Bernois avertis ordonnèrent au châtelain du Simmenthal de garder provisoirement les prisonniers dans la tour du Blankenbourg. En même temps ils envoyèrent des commissaires sur les lieux pour s'assurer de l'état des choses. Comme le comte de Savoie prenait le parti de son vassal, ceux de Thoune, Frutigen, du haut et bas Simmenthal, entrèrent dans le Gessenay et à Château-d'Œx, bannières déployées, et emportèrent les châteaux de Bellegarde, d'Œx et de Rougemont. Deux sires de Corbières furent pris au château de

---

[1] A l'occasion de cet incendie, la chronique anonyme qui dépose aux archives, rapporte qu'un enfant bernois ne pouvant obtenir du pain de ses parens, parce qu'ils en manquaient, et sachant que les Fribourgeois avaient apporté des comestibles, s'écria : eh bien! puisqu'on ne veut pas me donner du pain, j'irai chez les Fribourgeois. Ces paroles passèrent en proverbe et coururent longtemps dans les auberges.

Bellegarde et conduits à celui de Thoune, d'où ils ne furent relâchés qu'au bout d'un mois sur parole. Ces événemens compromirent tellement la paix publique que Bâle, Fribourg et les confédérés furent obligés d'intervenir par l'entremise de leurs députés, de ceux de Soleure et de Bienne, de l'évêque de Lausanne et du prieur de Payerne. Un traité fut conclu à Morat en vertu duquel Berne rendit au comte le Gessenay et Château-d'Œx avec les châteaux de Vanel et de Bellegarde, et libéra les habitans du serment prêté à la ville, à la condition d'une amnistie entière pour le passé. Tous les prisonniers furent mis en liberté, et le comte de Savoie ratifia cet arrangement comme seigneur suzerain.

Nous saisîmes cette occasion pour renouveler notre alliance avec Bienne (1407). Les deux villes se garantirent le maintien de leurs constitutions; Fribourg ne se réserva que ses seigneurs les ducs d'Autriche et ses confédérés de Berne; Bienne, la cathédrale et l'évêque de Bâle et ses confédérés de Berne et de Soleure. Chiètres fut assigné pour le lieu de conférence. Le traité devait être renouvelé tous les cinq ans [1]. Il ne le fut cependant plus jusqu'en 1496 [2].

On continua à organiser la police sur un meilleur pied et à réprimer les nombreux abus qui s'étaient glissés dans l'administration (1408). On supprima le simulacre de guerre que les enfans allemands faisaient avec les romands la veille de la St. Jean [3]. On imposa l'exil et une forte amende à toute personne qui injurierait une autre en public. Les filles de joie ne furent point soumises à ce règlement [4]. Il fut défendu d'acheter sur les marchés de la ville des bardeaux, liteaux et semblables marchandises pour les revendre [5], de jeter le sang humain ailleurs qu'au Grabensaal ou à la Sarine [6], d'enlever de l'argile ou autre terre en certains lieux [7], de vendre du sel avant que la ville eût vendu sa provision [8],

---

[1] A. C. — [2] Chronique Lenzbourg. — [3] A. C. — [4] *Et de ce sont exceptes defurs ly une dez aultres fames communaulx du siécle.* A. C. — [5] Ibid. — [6] Ibid. — [7] Ibid. — [8] Ibid.

de pêcher aux étangs de la ville, ou d'y prendre de l'eau et surtout de détourner le ruisseau qui alimente les étangs [1]. Défense fut faite aux garçons de métier étrangers de rester à l'auberge après dix heures du soir. Les aubergistes qui leur donnaient à boire plus tard étaient passibles d'une amende de dix sous [2].

Quiconque pour avoir refusé de paraître en justice, se laissait proclamer par le sautier comme étant hors de la ville, perdait par le fait sa bourgeoisie [3]; on inscrivait alors sur le livre de bourgeoisie la formule suivante : *Laniatus est per præceptum magistri burgensium, quia se permisit clamare extra villam.*

Un homme qui se séparait de sa femme devait la loger et lui rendre non-seulement sa dot, mais encore une portion du bien qu'ils avaient amassé ensemble. Les concubines devaient être expulsées de la ville [4].

On renforça les ordonnances relatives aux charges des conseillers. La passion du commerce avait tellement pris le dessus, que personne ne se souciait des affaires du gouvernement. On considérait comme un temps perdu celui qui était dérobé aux affaires domestiques. Aussi fut-on obligé de doubler les peines décernées contre les conseillers négligens. On décida même que tous les membres qui ayant été commandés la veille, ne seraient pas entrés dans la salle au premier coup de l'heure, paieraient douze deniers et les Soixante ainsi que les Deux Cent la moitié [5].

En attendant le Conseil avec les Soixante, forcés d'assumer toute la besogne législative, se crurent autorisés non-seulement à fabriquer de nouvelles lois, mais à retoucher les anciennes en cas de besoin sans l'intervention des Deux Cent. Cette autorisation leur fut solennellement accordée par la déclaration du dix-huit juillet 1416, et ils la conservèrent jusqu'en 1439.

Les progrès de nos fabriques de draps et de cuirs fixa l'attention du gouvernement. Il voulut veiller à ce que la bonté de ces produits

---

[1] A. C. — [2] Ibid. — [3] Ibid. — [4] Ibid. — [5] Ibid.

ne fût pas altérée, et que leur bonne réputation se conservât. A cette fin on fit divers règlemens relatifs à la vente et à la préparation de la laine [1], ainsi qu'au tissage des draps [2]. On fit construire une grande halle pour la vente de ceux-ci. Il ne fut permis de vendre le drap en détail que là ou à la fenêtre de sa maison [3]. On y fit faire un plancher et des bancs. Chacun de ceux-ci devait être de cinq pieds et chaque pied devait payer cinq sous. Plus tard on baissa ce tarif à deux sous. On défendit aux juifs de faire du drap ou de prêter de l'argent sur des laines soit brutes soit filées [4]. Il fut également défendu de saisir en gage les marchandises qui seraient exposées à la halle, à moins d'une autorisation spéciale ou contre les étrangers, ainsi que cela se pratiquait à la douane [5]. On ne perdait pas de vue les boulangers et les bouchers. Dans chaque bannière on établit un maître boulanger, chargé d'accompagner le banneret dans la visite du pain. Plus tard (1413), ces maîtres reçurent l'ordre de faire leurs visites chaque semaine, et en 1422 on imposa une amende de quarante sous à tout boulanger qui refuserait de montrer son pain à ces visiteurs ou qui leur dirait des injures [6]. On imposa dix sous, puis vingt sous d'amende pour chaque pain qui serait trouvé au-dessous du poids légal [7].

Quant aux bouchers, il leur fut défendu sévèrement de faire gonfler les rognons, et de s'associer plus de deux au commerce [8]. Celui qui refuserait d'accompagner l'inspecteur de la boucherie dans sa visite, lorsqu'il en serait requis, devait payer cinq sous d'amende [9].

Les fossoyeurs reçurent l'ordre de creuser toutes les fosses du cimetière à une profondeur de quatre pieds, et on fixa un tarif proportionné à l'âge des inhumés [10].

Pour prévenir les incendies qui devenaient d'une fréquence alarmante, on plaça une sentinelle chargée de veiller toute la nuit

---

[1] A. C. — [2] Ibid. — [3] Ibid. — [4] Ibid. — [5] Ibid. — [6] Ibid. — [7] Ibid. — [8] Ib. [9] Ibid. — [10] Ibid.

chaque fois qu'il ferait du vent [1]. Celui chez qui éclatait un incendie était puni de dix livres d'amende et d'un an d'exil. Chaque propriétaire devait garder devant sa maison une cuve pleine d'eau, et sur le toit un autre vase également rempli d'eau avec deux drilles en linge ou en drap pour servir d'aspersoir ou goupillon.

Deux hommes de chaque rue furent chargés d'inspecter les maisons deux fois par semaine et veiller à ce que toute lumière fût éteinte pour la nuit. Pendant les grands vents [2], il devait toujours y avoir un habitant de chaque maison, veillant et vêtu.

Chaque carrefour devait avoir ses pompiers prêts à s'ébranler au premier signal.

Chaque quartier devait avoir son nombre déterminé d'échelles.

Tout étranger ou personne suspecte, qui serait rencontrée dans les rues après le son de la cloche, devait être arrêtée [3].

Les comptes du trésorier, pour l'année 1410, contiennent une rubrique énigmatique dont il est difficile de deviner le mot. Il y est question d'un personnage mystérieux, qui n'est indiqué que sous le nom de *champion* et qui nécessita une dépense de vingt-trois livres treize sous trois deniers. Quatre hommes en eurent alternativement la garde pendant onze jours. Il y eut à son sujet dix journées de manœuvres. On tailla des pierres, on répandit du sable, on dressa une colonne, et les trois portes d'en haut, les deux de Morat et celle du Dürrenbühl furent étroitement gardées. Le champion lui-même fut mis en secret, puis gardé à vue pendant trente-deux jours. On employa des chandelles, des trompettes, des cordes, de la paille de bourre, quatre éperons, deux épées, un char de bois. On paia à Jean Harnischer six livres pour la cuirasse du Champion. Enfin derrière cet appareil se montre comme un spectre funèbre la hideuse figure du bourreau Andelot, à qui on donna vingt-huit sous, son salaire ordinaire pour une exécution. Le grand sautier et sept sautiers furent également en

[1] Quand grosse orc correit. A. C. — [2] Ibid. — [3] Ibid.

fonctions. Les chroniques se taisent sur le héros et les circonstances de cet événement. Peut-être fut-ce un duel juridique, car le terme de champion est employé une fois au pluriel ; d'ailleurs il est fait mention de quatre éperons et deux dagues. Le vaincu fut probablement livré aux flammes. Je suis d'autant plus tenté d'adopter cette version, que la même année on rendit une ordonnance touchant ces sortes de duels [1], laquelle imposait à l'appelant l'obligation de payer tous les frais du combat, même ceux du défendant, si celui-ci pouvait prouver par serment, qu'il n'était pas en état de le faire.

On n'était pas sans inquiétude à Fribourg sur l'issue de la querelle qui venait de s'élever entre Berne et la Savoie au sujet de la seigneurie d'Ottonange (1410). Les habitans s'étaient révoltés contre le sire de Montbéliard leur seigneur, l'avaient assiégé dans son château, et tué. Le comte de Savoie, dont il était le vassal, s'apprêta à châtier les rebelles, mais les Bernois prirent leur parti et s'opposèrent à ce que ce fief retournât à la Savoie. Le comte les accusa d'avoir excité cette révolte. Ce qui donnait à cette inculpation quelque vraisemblance, c'est que, quoique bourgeois de Berne, le sire de Montbéliard n'avait pu en obtenir la moindre assistance. On se prépara à la guerre des deux côtés et Fribourg, sommée par les Bernois d'y prendre part à teneur de sa combourgeoisie, crut également devoir se mettre en garde contre toute surprise. On fit venir de St. Gall et de Mayence deux maîtres artilleurs expérimentés et un troisième de Zofingen. La communauté, assemblée aux Cordeliers au nombre de huit cents hommes, élabora à la hâte un code militaire où l'on trouve les dispositions suivantes : 1° En temps de guerre les bannerets revêtent la suprême dictature. Ils sont indépendans et inviolables [2]; 2° quiconque abandonne son poste, sans permission, perd sa bannière et sa bourgeoisie et ses biens seront confisqués ; 3° tout ré-

---

[1] A. C. — [2] A lour devons aidier et conseillier de cors davoir et per intiere flota et leaulté de cuer. E se il aventast auxi laquelle chose Deux non willie que aconc foy a nos aventamaul o nos meschisist de lour consel, etc.

calcitrant sera puni d'une amende de vingt livres et d'une année d'exil; 4° sera puni quiconque cherchera à troubler l'accord qui doit régner entre les bons citoyens ; 5° quiconque pillera une église, maltraitera un prêtre ou une personne du sexe, aura la main coupée; 6° celui qui abandonnera sa bannière sera puni comme un traître; 7° le marodeur pendant la bataille subira le même châtiment; 8° un simple écart de la bannière sera puni d'un an d'exil et de dix livres d'amende; 9° même peine sera infligée à ceux qui pilleront un allié; on ne peut exiger de celui-ci que des vivres, et cela avec courtoisie (*O plus gracieusement et discrètement que faire se porra*); 10° le dommage causé dans un pays neutre sera réparé; 11° tout le butin pris sur l'ennemi quelle qu'en soit la valeur (*pog o pro*) sera abandonné à la ville. Il en sera de même des prisonniers pour lesquels la ville paiera vingt sous lausannois par tête; 12° défendu de sortir de la ville sous l'amende de vingt livres.

En tête de ce code qui fut décrété le vingt-huit août, il est question d'un capitaine secret. C'était sans doute le chevalier Hermann de Büttikon, à qui on avait envoyé un message au château de Rur (Rue?) et qui fit un long séjour à Fribourg. On lui offrit à son arrivée du vin et des poires dans *la galerie des moines*. Il est aussi parlé de quatre compagnons secrets (espions). On fit fermer diverses issues de la ville derrière les Augustins et ailleurs. Les portes furent gardées par des sentinelles pendant cent deux jours, ce qui ne se pratiquait qu'aux jours de foire. On en plaça aussi dans les auges (fouillis) de Perraules et d'Agy. On fit explorer le pont d'Illens et les chemins jusques même au Simmenthal. On fit faire par tour de corvée les fossés devant le rempart de Curtil novel (derrière les murs) au Pertuis et au-dessus de Bisenberg. Le conseil fut autorisé à faire un emprunt pour subvenir aux frais des fortifications. On dressa des palissades du côté de Marly, d'Arconciel, de Posieux, etc. Les curés reçurent l'ordre de fournir la liste de tous leurs paroissiens et on dressa le rôle de tous les hommes disponibles, tant de la ville que de la campagne. Il paraît qu'on fit venir ceux-ci en ville. On organisa des colonnes mobiles et la réserve.

Le matin de la veille de St. Jean, on fit jurer aux hommes de la réserve, qu'ils ne sortiraient pas de la ville sans permission, et le lendemain de la St. Jean de ne pas sortir de la seigneurie. On fit provision de fer, de plomb, de salpêtre, de soufre et de sel. Les maîtres artilleurs ne quittaient presque pas la tour rouge, où ils s'occupaient de la confection de la poudre. On *infléchia* les carrels et *empenna* les flèches. On couvrit les carquois de peaux de veau, on tanna trois cuirs de Hongrie pour en faire des baudriers. On acéra, trempa, emmancha les piques. Il y avait des boîtes ou canons sur roues ou à mains, munis de tampons (tzaupons), et qu'on chargeait avec des maillets. On fit couper le rocher derrière et au-dessous de la tour de Dürrenbühl, parce qu'il favorisait l'entrée furtive de la ville. On bénit les bannières. Les exilés furent rappelés, même Aymonot qui n'avait pas encore achevé ses cinq années d'exil [1]. Mais il dut garantir que sa présence ne porterait point le trouble ni dans la ville ni au-dehors. Par contre Jean Clevié et son fils furent exclus de l'amnistie pour avoir écrit une lettre de défi au comte de Savoie [2]. L'année suivante (1411), on n'excepta plus que les homicides et les criminels [3].

Comme on avait un besoin urgent de blé, les propriétaires ruraux accaparaient tout ce qu'ils pouvaient d'ouvriers pour activer la moisson. Le gouvernement, craignant que la ville ne se dépeuplât dans un moment où l'on croyait avoir besoin de tout son monde, défendit aux gens de la ville d'employer d'autres ouvriers que leurs domestiques. Quant à ceux de la campagne, la journée d'un homme fut taxée à deux sous et celle d'une femme à quinze deniers [4].

---

[1] A. C. Cet acte a pour titre: *Sunt repalei ly furissus à cause de la guerre que lon intens davoir*, et en marge 1410. Au-dessus *ihs xus*. — [2] Lesquels nos non rappelons pas a cause dau defflement per lour fait à Monseigneur le comte de Savoye. — [3] A. C. — [4] Ibid.

Toutes ces mesures de précautions furent heureusement inutiles, la paix s'étant faite au moyen de l'achat que les Bernois firent de la seigneurie d'Oltingen pour sept mille florins. Pour s'assurer une provision de vin pour l'armée, on avait permis à nos gens de faire venir du vin d'Allemagne; la paix faite, on voulut favoriser le débit de ce vin devenu inutile. A cet effet il fut défendu de vendre du vin de Lavaux, et on ne permit d'en boire qu'aux malades alités [1].

Malgré la paix faite, les Savoyards ne cessaient pas de nous en vouloir, à cause des préparatifs que nous avions faits contr'eux, et en venaient même aux voies de fait dès que l'occasion s'en présentait. Des Fribourgeois furent insultés et pillés à Grenilles. On se plaignit au comte par l'entremise de la députation bernoise, qui s'était rendue auprès de lui pour disculper la république de toute participation à la mort de Hugues de Montbéliard. En attendant la réponse, on décida qu'au cas où ces hostilités se renouvelleraient, on userait de représailles. On réitéra aussi la défense faite déjà quelques années plus tôt d'aller ou d'envoyer qui que ce fût sur les terres du comte de Savoie. Il fut cependant permis d'en faire venir du vin sans aller le chercher [2]. Ceux qui allaient à la foire de Genève devaient en revenir ensemble le jour ou le lendemain de la Toussaint. Celui qui se séparait de la caravane avant d'avoir atteint les terres de Fribourg était condamné à une amende de cent sous [3]. Cette ordonnance fut réitérée à la foire de Genève suivante [4].

Une grande mortalité régna à Fribourg à cette époque (1411). Les chroniques ne spécifient pas si elle fut causée par une maladie épidémique ou contagieuse. Elles se bornent à parler du grand nombre de morts. Et comme c'était alors l'usage de sonner trois

[1] Que nyons meiscleit aucons vin do pais de la romagnye avci lou dit vin d'autzai (Alsace) et dalamagnye. Auxi que nyons non beive daucons vin fors que dou vin dautzei exceptaz gens malades lesquels giesont in lief per maladie ensi malade que les chambes non poent sostenir lo corps sain agait. A. C. — [2] Ibid. — [3] Ibid. — [4] Ibid.

fois pour chaque enterrement et d'exposer à l'église le cadavre même pendant les funérailles, la population fribourgeoise se trouvait constamment attristée par l'image de la mort et des spectacles funèbres. Pour en diminuer le nombre, il fut ordonné qu'on ne sonnerait pour les morts qu'une seule fois à la messe matinale, pendant laquelle devaient être enterrés ceux qui étaient morts après complies ou pendant la nuit. Ceux qui mouraient après la messe matinale devaient être enterrés à la grand'messe; et ceux qui mouraient après la grand'messe, devaient être enterrés à complies. On plaça à cet effet devant l'église de St. Nicolas un banc couvert d'un drap noir et quatre cierges [1]. Cette même année (1411) fut construite l'horloge de Jaquemart, dont la direction fut longtemps confiée à un père Augustin [2].

Nos chroniques font une mention vague de troubles, qui eurent lieu à Fribourg en 1411. On ne trouve rien aux archives qui s'y rapporte. Elles racontent aussi que l'Autriche nous demanda un subside de deux mille hommes, que nous refusâmes. Ce fait acquiert quelque vraisemblance, quand on considère la situation précaire où se trouvaient les possessions autrichiennes en Suisse depuis la bataille de Sempach [3]. Ce qu'il y a de sûr, c'est que nos *très-redoutés* seigneurs, à défaut d'hommes, nous extorquaient tout l'argent possible sous les prétextes les plus ridicules et de la manière la plus ignoble [4].

[1] A. C. n° 196. On parut se convaincre que la propreté des rues était une condition hygiénique indispensable. On imposa une amende de six deniers au propriétaire d'un cochon trouvé dans les rues. Quelques années plus tard on doubla même cette amende. Ces animaux allaient exhumer les cadavres des cimetières. — [2] Chronique anonyme. — [3] On sait avec quelle stupide barbarie l'Autriche vengea sur les pauvres habitans de Sempach et de l'Entlibuch, la défaite et la mort de Léopold. Le comte de Thierstein, qui possédait encore dans notre banlieue des fiefs à Römerswyl, Dirlaret et Planfayon, et la plus grande partie des dîmes depuis Courtepin jusqu'à Bösingen, marcha le vingt juin 1388 à la tête de huit cents hommes contre Sempach, *cette ville impie et réprouvée devant laquelle avait été tué l'illustrissime prince et duc d'Autriche, monseigneur Léopold*. La ville fut prise et détruite, tous les habitans égorgés. Le treize juillet suivant, le grand bailli d'Argau vint massacrer tout ce qui habitait la vallée d'Entlibuch. Plus de mille personnes périrent, parce que ces vils paysans *n'avaient point voulu faire quartier à leur seigneur, qui valait beaucoup mieux qu'eux*. Conservateur. — [4] Ainsi nous trouvons dans les comptes du tré-

On ne put se dispenser d'envoyer également une députation au comte de Savoie pour hâter la conclusion de la paix (1412). Elle se composa de Petermann Felga, avoyer, Jacquet Lombard, ancien avoyer, Hensli Felga, Pierre Cudrefin, ancien chancelier et Hensli Bonvisin, banneret du Bourg. Les frais de cette ambassade s'élevèrent à cent vingt-cinq livres seize sous trois deniers. Au moins ne fut-elle pas inutile. Elle signa le traité de Roussillon du dix-huit janvier 1412 conjointement avec Berne. La Savoie y déploya surtout à l'égard des Bernois une morgue monarchique, qu'il n'eût sans doute tenu qu'à eux de réprimer. Pour ce qui concernait Fribourg, les anciennes alliances furent confirmées avec les mêmes réserves. On régla plus particulièrement le mode de recevoir à la bourgeoisie les ressortissans des états respectifs qui passeraient de l'un à l'autre. Ce qui mitigea un peu aux yeux des Bernois l'arrogance des expressions dont on se servit à leur égard [1], ce fut la cession qui leur fut faite par un autre traité et par notre médiation de la seigneurie d'Ottonange pour sept mille florins qu'ils payèrent à la veuve d'Hugues.

Le libertinage des mœurs allait toujours croissant (1413). La rue Cherreire se composait presque tout entière de maisons de débauche. Le feu y ayant pris en 1370, étendit ses ravages jusques sur l'hôpital et la porte de Morat. Un second incendie détruisit cette rue presque en entier en 1413. On l'attribua à la vengeance de Dieu, et il fut défendu de rebâtir cette rue maudite, à moins que chaque maison ne fût close des quatre côtés par un mur [2]. Les villes de

---

sorier pour 1412, que le duc Ernst d'Autriche s'étant marié, nous députa un héraut pour nous annoncer cette *heureuse nouvelle*, nous invitant en même temps à étrenner ce messager, en *signe de réjouissance*. On lui donna dix florins valant huit livres quinze sous. Sa dépense à l'auberge de Perrod Nesa coûta en outre trente-deux sous (environ treize francs de notre monnaie). A. C. Ce fut sans doute à cette même occasion qu'il y eut cette année à Fribourg un tirage franc, où se trouvèrent mêlés les romands et les allemands. Chronique anonyme.

[1] Cum propter delictum dudum perpetratum per nonnullos malefactores Bernenses teneremus culpabiles et suspectos, tanquam delicti predicti auxiliatores et fautores super quibus tamen se competenter excusaverint, de qua eorum excusatione contentamur. A. C. — [2] Per remembrance de la deshoneste vie qui lei s'est minei. A. C.

Berne, de Bienne et Thoune nous envoyèrent à ce sujet une députation de condoléance. Pour garantir le voisinage, on imagina, non pas d'extirper la prostitution, mais seulement de la déplacer et concentrer par l'établissement d'une maison *ad hoc*. En attendant un local convenable, on loua la maison de Diétrich Ochser, ventouseur en l'Auge, et la même année on acheta celle de Pierre Bosset sur les Places pour cent onze livres deux sous [1].

On ne se borna pas à ces mesures. On fit ôter le voile à toutes les Béguines et Augustinesses qui vivaient dans le libertinage, et à qui le voile ne servait qu'à tromper le public. Celles qui récidivaient ensuite, étaient reléguées au lupanar, et en cas de résistance, bannies du pays [2]. Il fut même défendu aux Cordeliers et aux Augustins de donner le voile aux filles qui voudraient suivre leur règle avant l'âge de trente ans [3].

A ces précautions morales contre les incendies, on joignit prudemment des précautions matérielles. Comme toutes les maisons étaient couvertes en bois, il fut ordonné à ceux qui bâtiraient à neuf, d'élever des deux côtés des murailles mitoyennes en pierres à trois pieds en-dessous du toit. Si on se bornait à hausser la charpente, on devait faire au lieu du mur mitoyen une paroi en terre [4].

Le couvent des Cordeliers s'était fortement endetté par la mauvaise administration de quelques Gardiens et conventuaux, et déjà vers la fin du siècle précédent (1393) il s'était placé à l'invitation

---

[1] Elle était située en-delà du grand fossé, à la place qu'occupe aujourd'hui la maison n° 43. Quand l'avoyer alla visiter le nouvel établissement, on donna trois sous d'honoraires à la maîtresse et à ses compagnes. On appela dès-lors cette maison *l'hostoul dei ballé fillié*. Pierre Bosset dont la conscience s'alarmait sur la destination donnée à sa demeure, crut y apporter un correctif en se réservant dans la vente sept sous de cense en faveur d'une confrérie. On lui donna sept livres pour le rachat de cette cense. En 1470, il y eut une rixe sanglante dans ce repaire ; il fallut faire intervenir la force armée.

La rue Cherreire a disparu comme la rue Schillengasse, la ruelle Bataillard et la rue des Orfèvres devant St. Nicolas A. C. — [2] Ibid. — [3] Ib. Il y avait entr'autres trois béguines ou sœurs de la tierce règle dans la maison, qui avaient appartenu à Don Christin, savoir : Estévena de Corsalettes, Alix de Juvisié et Marguerite de Domdidier. A. C. — [4] Ibid.

du gouvernement sous la curatelle de trois bourgeois pour tout le temporel de la maison. Pierre Vogel était à cette époque P. Gardien. Aux embarras pécuniaires s'associa un grand relâchement dans la discipline. Le Père Jean qui était alors Provincial pour toute la haute Allemagne fut obligé de requérir l'intervention de notre Conseil pour rappeler à l'ordre les Cordeliers de Fribourg (1414). En témoignage de reconnaissance, Fribourg (appelé dans cette lettre *Friburgum superius* pour le distinguer de Fribourg en Brisgau) fut rendu participant de toutes les bonnes œuvres de l'ordre. Le même Général remit ensuite au conseil la curatelle perpétuelle du couvent de Fribourg pour le temporel, le priant de prêter main forte au Gardien et au Provincial pour faire exécuter les réformes nécessaires [1].

Les Bernois avaient acheté en 1407 la ville et le comté de Wangen en Argovie des nobles de Grünenberg. Quelques marchands fribourgeois ayant passé par là avec leurs marchandises, refusèrent de payer le péage fixé par les nouveaux porpriétaires, prétendant que cette imposition ne devait pas regarder les alliés. Berne nous écrivit à ce sujet une lettre fort polie, pour se plaindre de ces marchands et surtout de Pierre Schino qui avait répondu fort grossièrement au bailli bernois [2]. Ils finissaient en demandant une conférence à Laupen. Notre gouvernement fit une enquête à ce sujet. On entendit les marchands, le premier entr'autres Jeckli de Perroman, qui depuis quarante ans avait toujours passé par Wangen et Bleienbach avec ses marchandises [3]. On dressa un mémoire détaillé de ces enquêtes, qu'on envoya à Berne par Jacquet Lombard alors avoyer. Hensli Zurlinden, banneret de l'Auge, l'y accompagna et le tarif fut réglé à l'amiable. L'article des faulx rédigé d'une manière équivoque donna plus tard (1441) lieu à de nouvelles contestations, et fut réglé à Berne en plein Conseil avec nos députés.

[1] A. C. — [2] Do gaben dei üweren den unsern zemal unbescheiden antwurt und sunderlich Piero Schino verweis inen da offentlich vor menlichen unser Bünde so wir mitüch hant. A. C. — [3] Ibid.

En revenant d'Italie, où il était allé pour rétablir l'autorité impériale, Sigismond passa par Romont, où il fut reçu par Amédée VIII et arriva à Fribourg le lundi deux juillet 1414 [1]. Il logea aux Cordeliers. Son passage coûta à la ville quatre cent cinquante-huit livres six sous onze deniers [2]. Il était acompagné du comte de Savoie, du fils du marquis de Montferrat, du marquis de Saluces, du duc de Milan et d'un grand nombre de seigneurs du premier rang. Le roi avait une suite de huit cents chevaux, le duc de Savoie en avait six cents. Le premier repartit le mercredi après dîner, et dès le lendemain quatre juillet, il nous fit remettre à notre requête depuis Berne un diplôme par lequel il confirmait tous nos priviléges [3] et en particulier l'acte que nous avait octroyé son père Charles IV en 1365.

Le grand concile de Constance venait de s'assembler (1414) et toute l'Europe était dans l'attente de ses décisions. Le roi y appela les députés de la confédération pour les engager à prendre part à la guerre qu'il allait faire à Frédéric d'Autriche, contre lequel il avait plus d'un grief à articuler. Ils s'excusèrent sur le manque d'instruction et la paix que la Suisse avait conclue. Cependant Frédéric pressentant l'orage qui allait fondre sur lui, se rendit également à Constance pour justifier sa conduite et commit même l'imprudence de se plaindre des confédérés. Le roi plus rusé, en informa ceux-ci en présence même du duc, dans le dessein de provoquer une rupture décisive. Il réussit particulièrement auprès des Bernois qui convoitaient l'Argovie, et qu'avait déjà indisposés l'indiscrète conduite de Burkard de Mansberg, bailli autrichien.

De son côté Frédéric sut encore influencer la Diète de Lucerne en sa faveur, et la paix se fut peut-être maintenue malgré les intrigues de Sigismond, sans la tentative que fit le pape Jean XXII de dissoudre le concile, en se sauvant déguisé en messager. Cette fuite s'étant opérée sous les auspices de Frédéric, celui-ci fut excommunié par le concile. Le roi de son côté le mit au ban de

---

[1] L'avoyer était allé à sa rencontre jusqu'à Vevey. — [2] On acheta entr'autres des crochets pour les rideaux du lit, un *brotzet* et deux jaleites (chaises percées), de grandes cuillers et écuelles de bois. A. C. — [3] Ibid.

l'empire pour avoir maltraité l'évêque de Trente, emprisonné celui de Coire, et imposé celui de Brixe, pour avoir dépouillé la veuve et les enfans de Henri de Rothenbourg, avoir agi iniquement à l'égard de Catherine de Bourgogne, veuve de son frère. Tous les vassaux de l'empire furent sommés d'attaquer le duc d'Autriche, avec promesse que chacun conserverait ce qui serait acquis, et aurait part aux indulgences. Il y eut bientôt une armée sur pied, commandée par Frédéric Burgrave de Nüremberg. Elle débuta par l'occupation du Hegau. La diète de Lucerne préféra observer religieusement les conditions de la paix; mais Berne, encouragée par Sigismond, entreprit la conquête de l'Argovie. Ce fut un moment bien critique pour Fribourg, qui gardait à l'Autriche une fidélité scrupuleuse. Les Bernois pouvaient exploiter la circonstance pour humilier une rivale qui s'obstinait à faire une politique opposée à la leur. D'ailleurs la prudence leur commandait, avant de marcher en avant, de s'assurer les derrières, en mettant Fribourg dans l'impossibilité de les attaquer. Avant de prendre un parti, ils firent aux Fribourgeois une sommation préalable de leur aider à conquérir l'Argovie. C'était les placer dans la plus fâcheuse alternative de se déclarer contre Berne ou contre l'Autriche. Les Fribourgeois se tirèrent de ce mauvais pas par une espèce de juste-milieu. Ils envoyèrent à Berne huit cents hommes [1] pour garantir cette ville contre toute surprise et lui servir de garnison en l'absence de l'armée bernoise. A Fribourg même on prit des mesures en cas d'attaque. Les bannerets firent assembler dans chaque quartier les étrangers qui demeuraient en ville sans avoir été reçus habitans, et leur firent prêter le serment de fidélité. On fit choix de cinquante bourgeois par chaque bannière pour renforcer le corps des arbalétriers, et après les avoir assermentés, on les posta sur les remparts. La porte de Romont fut fermée par une barricade de palis (*ouna*

---

[1] Chronique de Wettingen. D'Alt, et d'après lui la chronique Lenzbourg, disent sept cents. Il est singulier que Tillier d'ailleurs si riche en détails exotiques ne fasse aucune mention de cette circonstance.

seya de verge). Les tours furent munies de pièces d'artillerie et l'on fit transporter en hâte les piques qui étaient à la Singine. Chacun eut ordre de faire sa provision annuelle de grains et de sel, et les bannerets furent chargés de la vérifier. Le préambule de cette ordonnance est d'une curieuse naïveté [1].

Le même ordre fut réitéré plus tard d'une manière encore plus pressante. L'exportation des comestibles fut prohibée [2], et il ne fut permis de vendre du grain aux étrangers que sur les marchés de Fribourg [3]. Il fut défendu à tous les gardes de nuit de quitter leurs postes avant qu'on eût sonné la messe matinale à St. Nicolas [4]. Tout commerce de grain fut interdit [5].

Cependant les Bernois poussaient la guerre avec la plus grande énergie. En dix-sept jours ils prirent dix-sept villes et châteaux, sans autre perte que celle de quatre hommes devant Wildeck [6]. Ils envoyèrent ensuite un renfort de mille hommes et de cinquante chevaux avec une forte artillerie aux confédérés qui faisaient le siége de Baden, défendu par le chevalier Burkard de Mansberg. Sur ces entrefaites, Frédéric s'étant soumis au roi, celui-ci voulut arrêter les progrès des Suisses. Il lui importait surtout de sauver le rocher de Baden, cette belle et noble résidence des ducs d'Autriche, mais il était trop tard. Quand ses envoyés pa-

---

[1] Por porveir, y est-il dit, contre les mirivillous et pirillous cors qui poent sorvenir, per lesquels quant les villes non sont porveues de bla et de saul, et quant on se trove ensi desporveu, plusours ne sont pas ensi corragious de deffendre et mantenir lour droit et lour honor comant se lour fussent bien porvehuz, quar, à la fin quant pan et saul faut, adonques lon est contraint maintefois de faire tel moul pac qui jamais non se fareit se bonne proveance fust faite. A. C. — [2] Ibid. — [3] Ibid. — [4] Ibid. — [5] Ibid. — [6] Tillier. Fribourg, alors seule ville autrichienne dans la Suisse méridionale, servit d'asile à plusieurs réfugiés de l'Argovie. Mais l'évêque Lenzbourg se trompe quand dans sa chronique il compte ses ancêtres parmi ces réfugiés. Le premier Lenzbourger ne vint à Fribourg qu'environ trente ans plus tard. C'était un boucher (Hensilinus Lenzburger carnifex factus est burgensis 1450. Burgerb. 17). Mais il n'est pas question de ses descendans. Environ un siècle après (1540), nous trouvons Hans Lenzbourger, bourgeois, marchand et propriétaire de Carouge, petit hameau près Montagny (Rathserk, fol. 94. verso). Nous croyons que c'est lui qui est la véritable souche de la famille. Ce n'est qu'en 1766 que le banneret Lenzbourger sollicita et obtint l'autorisation de supprimer la terminaison roturière *er* de son nom pour l'assimiler à celui des comtes de Lenzbourg.

rurent sur les côteaux de Baden, ils aperçurent la flamme qui dévorait les derniers débris de l'antique castel. Les archives avaient été transportées à Lucerne. On y trouva entr'autres certains actes diplomatiques d'une très-haute importance pour la communauté de Fribourg, et sur sa demande on les lui confia sous promesse de les rendre. Ces actes étaient : 1° le contrat de vente de la seigneurie pour trois mille quatre cents marcs fribourgeois en 1277 [1]; 2° deux diplômes l'un latin, l'autre allemand, par lesquels la communauté choisit Rodolphe de Habsbourg pour son défenseur; 3° une lettre du comte de Thorberg; 4° la cession du privilége d'élire l'avoyer et le curé; 5° le diplôme par lequel le roi Frédéric place Fribourg sous la sauve-garde de l'Empire [2].

Les confédérés s'assurèrent leurs conquêtes communes en payant à Sigismond une certaine somme. Cette campagne mémorable fut terminée au mois d'octobre 1415. Notre fidélité à Frédéric ne broncha pas un instant et pendant son ban, l'avoyer et le bourgmaître allèrent le trouver à Schaffhouse et à Constance, à sa réquisition.

Ces troubles furent suivis de ceux du Valais où le puissant Guichard de Raron s'était brouillé avec ses compatriotes. En qualité de bourgeois de Berne, il avait réclamé son assistance mais en vain. Les Bernois étaient trop occupés de l'Argovie. Pour justifier leur refus, ils lui reprochèrent de n'avoir pas payé exactement sa contribution bourgeoisiale (Udel) et de n'avoir pas voulu prendre part à l'affaire d'Oltingen. Cependant à la prière de Fribourg, Guichard obtint qu'on ferait cesser les hostilités des Valaisans à condition qu'il se démettrait de ses charges [3].

Mais la trève fut de courte durée. Les Valaisans qui venaient

[1] Guilliman se trompe en citant quatre mille marcs. — [2] Par une lettre datée du trente octobre 1429, et dont l'original se trouve dans nos archives d'une manière inexplicable, Fribourg promet aux confédérés de leur restituer ces actes à requête. — [3] Tillier. Tom. 2, page 45 et suiv.

de conclure une alliance avec Lucerne, Uri et Unterwalden vinrent assiéger le château de Séion. Par l'entremise des petits cantons et celle de Fribourg, la dame Raron obtint la liberté de sortir du château avec l'évêque Guillaume, ses enfans et les précieux débris de son immense fortune [1]. Cent Fribourgeois franchirent le Grimsel avec l'armée bernoise et ses alliés contre les Valaisans (neuf août 1418). Ils firent aussi partie de l'expédition qui eut lieu l'année suivante (premier octobre 1419), et dont les succès furent arrêtés, tant par l'approche de l'hiver que par l'énergique résistance des Valaisans. Cette fois-ci nos gens passèrent le lac de Genève et revinrent par le Hasli et Berne. Les bateaux avaient été fournis par l'évêque de Lausanne et les Bernois [2]. Le Valaisan Thomas in dem Bündt, périt glorieusement en combattant pour sa patrie contre ses envahisseurs. Cette guerre qui ne pouvait procurer beaucoup de gloire aux Bernois, se termina enfin par la médiation du duc de Savoie au désavantage des Valaisans, au commencement de 1420.

Deux années auparavant nous avions renouvelé notre alliance avec Berne selon l'usage accoutumé. Cependant les paysans ne furent point appelés et l'assemblée ne se tint pas en plein air, mais aux Cordeliers. Tout le guêt fut sur pied et les ménétriers firent musique par la ville [3]. Cette même année (1417), on dressa le rôle des dettes de la ville à l'abbaye des Merciers que desservait alors Thomi Perroman.

La moindre brouillerie servait de prétexte à toute espèce d'attentat contre les propriétés et les personnes, surtout contre les voyageurs inoffensifs. Pendant les dissensions qui naquirent entre le marquis Bernard de Baden et les confédérés, trois bourgeois de Fribourg qui se rendaient à la foire de Zurzach (1417) furent

---

[1] Tillier. Tom. 2, page 45 et suiv. — [2] A. C. — [3] A Lorio minestre por corna la corna musa avei lo banneret deis hospitaux lo jor que len juraz aweit Berna. *Comptes du trésorier*, année 1417. Ibid.

pillés par les gens du comte Louis d'Oltingen. Pour prévenir les suites de cette agression, il fallut recourir à un arbitage [1].

Le pape Martin V repassa par Fribourg à son retour du concile le vendredi trois juin 1418. On envoya à sa rencontre des cohortes d'enfans, les ménétriers à leur tête, et quand il fit son entrée, ce furent les quatre bannerets qui portèrent le dais. D'après les informations prises par Jacquet Lombard qui avait été envoyé exprès à Berne, on enjoignit à tous les habitans de Fribourg sous l'amende de soixante sols de loger toute personne qu'on leur amènerait. On paia soixante-six journées de charpentiers, sans doute pour construire soit des hangars soit un échaffaudage. On se procura trois sceaux et autres meubles [2]. On fit au pape un cadeau de mille sept cent quatre-vingt dix-neuf pots de vin tant rouge que blanc, sans compter le vin d'honneur. Les bannerets et plusieurs hommes furent envoyés dans les villages pour faire parader les milices. On les paia des caisses des compagnies militaires (Reisegesellschaften). On planta des *mais* (arbres) dans les rues; on répara les chemins; trois hommes furent placés à chaque porte pendant quatre jours et les bannerets veillèrent à tour de rôle; quatorze manœuvres furent chargés du déballage et du transport des effets.

La suite du pape se composait de huit cardinaux, deux archevêques, cinq évêques, parmi lesquels se trouvait celui de Lausanne et d'un grand nombre de députés. On remarquait aussi le neveu du pape, âgé de quatorze ans, le patriarche de Constantinople, l'ambassadeur impérial, etc.

Après l'entrée du pape, il s'éleva une contestation à laquelle on ne s'attendait pas. Les courriers du pape prétendaient que le dais leur appartenait de droit. Il fallut le racheter pour quatre florins valant soixante et onze sous, soit trente francs à peu près de notre monnaie. Les frais de cette solennité s'élevèrent à deux cent trois livres treize sous deux deniers, c'est-à-dire passé cent

[1] A. C. — [2] Por un eschierra (vase de nuit) et trei tinier. Ibid.

louis. Le comte de Savoie vint trouver le pape, et cette visite coûta aussi en proportion.

Dès le lendemain de son arrivée, le pape accorda trois bulles aux Fribourgeois. La première datée du quatre juin, confirmait tous leurs droits et priviléges; la deuxième portant la même date accordait quelques franchises spirituelles pour le cas où la ville serait mise en interdit sans qu'il y eût de sa propre faute. Elle permettait alors de célébrer la messe et autres offices divins, dans l'église de notre Dame mais à huis clos, sans sonnerie, à voix basse, et sans y admettre les excommuniés [1]. La troisième également datée de ce jour octroie cent jours d'indulgences (*de injunctis pœnitentiis*) à tous ceux qui contribueront par quelque don à la fabrique de la collégiale, mais ce bref ne devait avoir de valeur que pendant quinze ans. Chacun de ces actes était censé avoir été délivré gratis; ce mot se trouvait même écrit à côté de la signature. Ils n'en coûtèrent pas moins quatre cent quarante-sept livres quatorze sous, soit trois mille six cents francs, monnaie d'aujourd'hui. De nouvelles indulgences en faveur de la fabrique furent accordées en 1502 par le cardinal Raymond et en 1533 par Clément VII, mais pour un temps illimité.

Martin V resta trois jours à Fribourg [2]. Comme il s'intéressait aux Valaisans, il n'avait pas vu sans un souverain déplaisir, que Fribourg eût livré passage aux troupes bernoises, quand elles envahirent le Valais. Aussi par une bulle datée de Mantoue le vingt-quatre novembre, leur fit-il défense d'y consentir une seconde fois, annulant en vertu de son autorité apostolique tous les traités qu'on pourrait alléguer [3].

[1] Clausis januis excommunicatis et interdictis exclusis non pulsatis campanis et submissa voce. A. C. — [2] Il retourna par Romont, Lausanne et Genève, où il resta trois mois. Les députés de Fribourg qui l'accompagnèrent jusqu'à cette dernière ville furent Jacques Lombard avoyer, Jean Bonvisin ancien trésorier, et Jean Progin. L'abbé d'Hauterive, qui l'avait aussi suivi, revint avec une bulle qui lui donnait ainsi qu'à tous ses successeurs, le privilége de porter la mitre, la bague et autres ornemens pontificaux. Chronique Lenzbourg. — [3] Ea omnia apostolica auctoritate in quantum requisitioni nostre hujusmodi repugnarent omnino revocamus, irritamus, annullamus, ipsaque juramenta relaxamus, ac ab eorum vinculo et observatione vos reddimus absolutos. A. C.

La guerre ayant continué malgré cela avec notre participation, comme nous l'avons vu plus haut, les Bernois une fois satisfaits sollicitèrent le relevé de l'excommunication. Le légat qui leur fut envoyé en 1425 pour les absoudre, vint aussi à Fribourg à la requête des Bernois. Il se logea avec son domestique et deux chevaux chez Hensli Matzo, qui tenait l'auberge favorite des Bernois. Il y fut quatre jours et l'on paia pour la dépense de ces quatre jours cinquante-six sous six deniers. On lui offrit le vin d'honneur le plus ordinaire, consistant en six pots de clarey et trois pots de vin. On lui paya six livres (trente francs) pour l'absolution, c'est-à-dire pour sa peine [1].

Ce fut à cette époque (1422) que l'empereur Sigismond en reconnaissance des services distingués qu'il avait reçus de Fribourg lors de son retour de Lombardie, accorda à cette ville le privilége de battre toute espèce de monnaie d'argent à son coin, et avec cours dans tout l'empire. On envoya à Rome Petermann Maltchi pour solliciter la confirmation de ce privilége que l'évêque de Lausanne s'obstinait à ne pas vouloir reconnaître, sous prétexte qu'en qualité de prince d'empire, il avait le droit exclusif de faire battre monnaie et d'en permettre le cours dans toute l'étendue de son diocèse [2]. Maltchi fut en même temps chargé de solliciter une autre bulle au sujet des ajournemens par devant les tribunaux ecclésiastiques. Il fut à Rome pendant treize semaines y compris le voyage pour aller et venir. Il en coûta pour ses frais deux cent dix-sept livres treize sous six deniers, valeur de Lausanne et pour l'expédition des bulles, on dut payer cinq cent soixante-neuf livres quinze sous lausannnois [3]. Malgré cette taxe énorme, on eut l'air de n'accorder ces bulles qu'en reconnaissance de l'accueil distingué que le pape avait reçu à Fribourg à son retour du concile de Constance. On ne fit cependant usage du privilége de battre monnaie que treize ans plus tard, et au commencement du seizième siècle. Jules II en vertu de *sa toute-puissance,*

[1] A. C. — [2] Chronique Lenzbourg, ad annum 1414. — [3] A. C.

nous permit aussi de battre des pièces d'or. Quant au bâtiment de la monnaie, qui a gardé jusqu'aujourd'hui le même emplacement, le gouvernement n'acheta qu'en 1438 pour cet usage la maison de maître Pierre l'arbalétrier.

Voici les motifs qu'on fit valoir en cour de Rome pour obtenir l'exemption des ajournemens à Lausanne : 1° autrefois les citations ne regardaient que les affaires spirituelles et ce ne fut qu'insensiblement que s'introduisit l'abus des ajournemens pour causes toutes temporelles et même les moins graves [1]; 2° Fribourg étant éloignée de Lausanne de huit lieues et le chemin étant pénible et dangereux, il fallait franchir des rivières souvent et longtemps débordées [2], sans ponts, et traverser la longue forêt du Jura; 3° il s'ensuivait qu'à peine pouvait-on se rendre à Lausanne en un jour [3], souvent même il en fallait deux aux habitans des montagnes; 4° ce voyage ne pouvait se faire à moins de huit sous par jour (trente-deux batz) et les pauvres qui ne pouvaient l'entreprendre encouraient misérablement l'excommunication ; 5° la population fribourgeoise se composant en grande partie d'allemands, ceux qui étaient cités se trouvaient forcés de payer fort cher un interprète [4]. En conséquence le pape décida (1423) que dorénavant le doyen de Fribourg, à l'exclusion de l'officialité de Lausanne, jugerait en dernier ressort toutes les causes fribourgeoises qui n'excéderaient pas la somme de trente florins du Rhin, et où il ne s'agirait ni de mariage, ni d'hérésie.

La même année le duc de Savoie Amédée VIII vendit le château et la seigneurie de Grasbourg aux deux villes de Berne et de Fribourg pour la somme de six mille écus d'or au coin du roi de France. Les deux villes firent un convenu pour la jouissance parfaitement égale de cette seigneurie, qui était pour elles d'une

---

[1] Pro pluribus ac variis ac quandoque parvis ac modicum importantibus causis. — [2] Per valles et aquas pluribus anni temporibus etiam ultra ripas superhabundantes et periculosas. — [3] Nonnunquam citati et moniti propter temporis mutationem per unam diem ad curiam accedere nequeunt. — [4] Interpretes absque magnis salariis et expensis reperire nequeunt, etc. A. C.

si haute importance par sa position. L'administration devait s'en faire en commun [1], et on devait s'en garantir mutuellement la possession contre toute attaque étrangère; mais aucun ressortissant de la seigneurie ne devait être reçu bourgeois par l'une ou l'autre ville, à moins qu'il n'y eût établi son domicile depuis un an et un jour. Par contre un citoyen des deux villes qui s'établirait dans la seigneurie, perdrait pendant ce temps son droit de bourgeoisie [2].

Quinze ans plus tard on convint à Fribourg d'un règlement pour Grasbourg, conjointement avec les députés de Berne. Pour parfaire la somme qu'il fallut payer pour cet achat, la ville de Fribourg fut obligée d'emprunter cinq cents florins du Rhin, de Jeannette, veuve de Hanso Zurlinden, bourgeoise de Fribourg, et de sa fille Alexie, mariée à Jean d'Avenches, donzel, sous l'hypothèque de toutes les propriétés de la ville et cautions bastantes. La lettre de rente qu'on fit à ce sujet est un curieux specimen de ces titres fabriqués pour éluder la loi qui défendait de prêter à intérêt. On vendait au prêteur le droit de retirer annuellement une telle cense, et celle-ci n'était dans le fond que l'intérêt de la somme dont on avait besoin. On se réservait la faculté de racheter ce droit pour la même somme.

Le péage de Montagny faillit amener des complications sérieuses avec la Savoie. François Schönweis, châtelain du dit lieu pour le bâtard de Savoie, s'était avisé de grever d'un octroi le passage de l'Echelles et de Lentigny. Les marchands fribourgeois élevèrent des réclamations, se fondant sur le traité de 1412. Le gouvernement les soutint et la cause fut déférée à un arbitrage.

Tout en protégeant ses ressortissans, la communauté punissait aussi ceux qui, par des agressions imprudentes auraient pu la brouiller avec ses voisins. C'est ainsi qu'on fit le procès à deux

---

[1] Cette possession indivise ne fut interrompue qu'en 1448 pendant la guerre de Savoie. Bernard Wendschatz fut le premier châtelain bernois de Grasbourg. Jean Bugnet lui succéda en cette qualité pour Fribourg. Chronique Lenzbourg. —
[2] Traité du quatre septembre 1423. A. C.

partisans de Conrad Lysimann, alors en guerre avec Bâle, pour avoir arrêté un Bâlois sur les terres de Fribourg (1424). Ce ne fut qu'à la sollicitation d'un grand nombre d'amis et de parens et sous un très-nombreux cautionnement qu'ils furent relâchés.

Fribourg ne prit aucune part à la glorieuse expédition de Domo-d'Ossola (1425). Notre république ne semblait alors s'étendre au-dehors qu'à regret, et loin de convoiter un agrandissement de territoire, elle se renfermait prudemment dans son enceinte, s'occupant toute entière à perfectionner ses institutions. Fribourg exempte de commotions politiques tant en dedans qu'en dehors, jouit d'une profonde paix et porta son industrie et ses fabriques à l'apogée de leur perfection. Aussi peut-on considérer les trente-sept années qui s'écoulèrent depuis la grande mortalité de 1411 jusqu'à la funeste guerre de Savoie comme l'époque la plus heureuse de notre histoire [1] sous le rapport politique.

Nous profiterons du calme qui s'établit dans les relations du dehors pour signaler quelques actes de notre vie intérieure et esquisser le tableau de la ville de Fribourg vers le milieu du quinzième siècle.

[1] Une chronique parle bien de troubles qui eurent lieu à Fribourg en 1417 au sujet de Cormanon et de Jaquet Arsent. Mais les archives non plus que les historiens n'en font nulle mention.

CHAPITRE VIII.[1]

Aspect topographique de la ville. — Fortifications. — Beltzai. — Portes. — Carrières. — Château de la Seigneurie. — Eglise de N. D. — Grande halle. — Collégiale. — Cordeliers. — Merciers.— Abbaye des prêtres.—Rue des bouchers. — Auberge du Chasseur. — Maison-de-ville. — Grand'rue. — Maison de la monnaie. — Hôpital St. Jacques. — Les deux Baumes.— Montorge.— St. Jean. — Neuveville. — Auberges. — Fontaines. — Environs de la ville. — Léproseries. — Haute-croix. — Poya. — Agy. — Abbayes. — Art militaire. — Jurisprudence criminelle. — Usages singuliers. — Superstitions. — Lèpre.—Juifs. — Exécution du juif Abraham. — Service de la collégiale. — Costumes. — Ordonnances diverses. — Fabrique de draps. — Grande procédure contre les Albigeois. — Bohémiens.

On a vu qu'à peine il s'était écoulé un siècle depuis la fondation de la ville, que déjà trois faubourgs s'y trouvaient aggrégés, à l'est celui de l'Auge, à l'ouest les Hôpitaux, et au sud la Neuveville. Mais cette ville n'était plus simplement un camp militaire, prêt à s'ébranler aux premiers ordres de son chef. Cent soixante années de paix l'avaient changée en un vaste atelier; les deux bords de la Sarine s'étaient couverts d'usines et de fabriques, dont les produits se vendaient dans les boutiques du Bourg; c'était le quartier des marchands ou des *Messieurs*, le préjugé attachant déjà alors plus de considération aux débitans d'une marchandise qu'à ceux qui la fabriquaient.

Dans ces temps de fer, où le cliquetis des armes ne cessait qu'à de rares intervalles, il était urgent de multiplier les mesures de précaution. Aussi la ville, quoique déjà défendue par sa position avantageuse, s'entoura encore d'un double rang de fortifications. Nous n'entrerons pas dans le détail de ces travaux. Il

---

[1] Pour ne point prodiguer inutilement les renvois dans le cours du texte, il est utile de faire observer que presque tous les détails de ce chapitre sont extraits des comptes des trésoriers, qui déposent aux archives cantonales. Une grande partie en a déjà été publiée dans la Revue suisse. (Tome Ier, 8e et 9e livraison, et tome 3, 1re livraison.)

est présenté avec élégance et précision dans l'opuscule qui porte le titre modeste d'*Explication du plan de Fribourg en Suisse* [1]. Nous ne pouvons qu'y renvoyer nos lecteurs, sauf à y ajouter quelques éclaircissemens.

Le *Varis*, qui sépare le pensionnat du collège, porte un nom allemand corrompu. On disait dans le principe *Wallriss*, c'est-à-dire *fossé* ou *ravin de rempart*. Il fut en effet creusé de main d'homme, et les matériaux qu'on en tira servirent à la construction du rempart qui s'étend depuis la Mauvaise Tour jusqu'à Jaquemart. La longueur de ce mur est de cinquante toises trente pieds (la toise évaluée à cent pieds). Pour subvenir aux frais de cette construction, on fut obligé de lever un impôt sous titre d'emprunt. Les maçons qui la dirigèrent furent Ruodi de Hohenberg, Hensli Löwenstein et Hensli Seltentritt. On munit ce rempart de trois tours, dont deux subsistent encore. Celle du milieu a été démolie; elle était carrée, et s'appelait la tour de *quatre livres*.

Le monticule occupé aujourd'hui par le Collège et le Lycée portait le nom de *Beltzai*. Il y avait déjà un étang et quelques maisons éparses parmi lesquelles on remarquait celle du comte de Gruyère.

Tout le plateau qui s'étend en-delà du Varis, depuis le grand étang jusqu'à la porte de Morat, était couvert de jardins qu'on appelait *Curtils novels*. L'évêque de Lausanne y avait une petite maison sur laquelle reposait son droit de bourgeoisie. On l'appelait *Bischofshof*, et elle occupait l'emplacement du pensionnat.

Plus à l'ouest, le grand quartier des Places ne tarda pas à se couvrir de maisons, et à former des rues, principalement habitées par des romands. Ce fut pour les couvrir qu'on éleva les nouveaux remparts. Cette seconde ligne embrasse aussi les Curtils novels, et ne fut achevée que peu avant la guerre de Bourgogne. Les huit fortes tours qui la garnissent étaient pour la plupart déjà

---

[1] Lucerne, chez Xavier Meyer, 1838.

construites, et servaient de jalons à une rangée de palissades provisoires.

La partie sud-est de la ville, en-deçà de la rivière, offrant des points trop accessibles, on les barra et on acheva tous les travaux déjà commencés dans le siècle précédent, tels que le pavé de Schönenberg, le mur du fossé devant la porte de Bourguillon, le mur de la Baume à l'entrée du Gotteron, l'escalier du Dürrenbühl. Ici on fit couper le rocher qui favorisait l'escalade, derrière et au-dessous de la tour.

Ainsi fut complété ce grand système de défense, qui fit si longtemps l'orgueil des Fribourgeois et l'étonnement des étrangers. Les hommes de guerre venaient exprès à Fribourg pour l'examiner, et n'admiraient pas moins les fortifications de la nature que celles des hommes, dont la main audacieuse avait suspendu ces murs aux crêtes des rochers sur le bord d'affreux précipices.

Cette extension de la ville nécessita la construction de trois nouvelles portes, dont les noms restèrent longtemps indécis. La porte de Morat fut appelée porte *Dona Mary*. Un pont de ce nom couvre encore le ruisseau qui longe le rempart extérieur depuis le grand étang jusqu'à la Sarine, où il forme une jolie petite cascade. La porte des étangs était alors la porte *Chamblot* ou de *Payerne*. Celle de Romont fut fortifiée avec un soin tout particulier; on y travailla pendant près de deux siècles; on l'appela d'abord porte *Encupit*, du nom de celui qui la gardait, puis porte du *St. Esprit*, et enfin porte de *Lausanne*. On ne négligea pas les portes de la première enceinte, et il y en eut alors huit à garder [1]. La ville de bois se métamorphosait insensiblement en ville de pierre : sept grandes carrières s'exploitaient sans relâche, sans compter les matériaux que fournissaient les saillies du rocher

---

[1] On voyait encore les traces des portes du Bourg au Petit-Paradis, au bas de la rue de Lausanne et au commencement de celle de Morat. Celles du Stalden et de la Grand'fontaine ne furent entièrement démolies que sous le régime helvétique.

même sur lequel la ville s'élevait. Ces carrières étaient : celles de St. Nicolas, de Pérraules, du Gotteron, des Curtils novels, du pont Dona Mary, de la Maigrauge et des Corbés-roches. On désignait sous ce dernier nom les saillies de cette gigantesque paroi à pic, sur laquelle sont assises la porte de Bourguillon et la chapelle de Lorette. Elles se composaient de blocs énormes qui se sont successivement détachés, non sans causer quelques dégâts. Le terrain au-dessous s'appelle encore le *Jardin des oliviers*. On y voyait autrefois une chapelle avec un petit sentier qui conduisait jusqu'au sommet. On ignore aujourd'hui où était la carrière de St. Nicolas; à en juger par les prix de transport, elle devait être ou plus rapprochée ou plus accessible que celle de Pérraules[1].

Dans le grand fossé Valris, qui séparait le quartier des Hôpitaux de celui des Places, on avait construit près de Jaquemart un four à chaux. La communication entre les deux quartiers se faisait par le pont de la grande porte.

Le château, dit de la seigneurie, existait encore à la place de l'hôtel de ville avec sa tour noircie par les siècles, séparé de la Grand'rue par un pont levis et des Hôpitaux par un long et large fossé, qu'on franchissait sur deux ponts de pierre. Sur la place St. George se tenait le marché au poisson, plus tard celui au grain. Derrière la fontaine était la forge de Rollet que le gouvernement acheta pour la démolir. On construisit ensuite le long de cette place une galerie couverte.

L'un des ponts du château conduisait au grand hôpital, près de la chapelle de la Ste. Vierge. Celle-ci avait considérablement grandi. La congrégation de la Vierge l'avait convertie en église et tant les particuliers que les corporations y avaient élevé de part et d'autre des chapelles latérales, propriétés de certaines familles, dont elles portaient les armoiries. Un archevêque (sans doute *in partibus*) la bénit en 1412. Derrière cette église on voyait le

---

[1] Les archives de la commanderie parlent d'une carrière située derrière le pont suspendu. C'est probablement celle de St. Nicolas.

couvent des Béguines franciscaines. A la place de la Grenette était la fameuse auberge de la Croix-Blanche, propriété du comte de Savoie et longtemps desservie par Jean d'Avry ou d'Affry, frère de l'abbé d'Hauterive.

A l'orient de l'hôpital, un seul vaste bâtiment contenait la halle aux draps, la halle aux cuirs et celle au pain. Dans la suite il fut converti en arsenal. Ses vastes caves furent mises à la disposition de l'hôpital. Il paraît que pour établir cette halle, on a dû niveler le terrain et combler des fondrières. Mais le roi de nos édifices publics était sans contredit la collégiale de St. Nicolas, belle encore de ses proportions primitives [1]. L'ancien clocher, que surmontait la statue de St. Nicolas, était au bout de l'escalier par lequel on monte aujourd'hui à la charpente de l'église du côté de la rue des Prêtres. Sous le grand portail, plus riche en sculptures qu'à présent, se tenaient les assises du tribunal ecclésiastique, présidé par le doyen. La triple nef était ornée de vingt chapelles, dont chacune était la propriété d'une abbaye ou de quelques particuliers. Le maître autel appartenait aux tanneurs, l'autel de la messe des primes aux chasseurs, l'autel de St. Martin aux chamoiseurs, celui de la confrérie de St. Martin aux tisserands de draps, etc.

Au mois de janvier 1426, on fit une convention avec maître Conrad de Waldshut pour l'établissement d'un orgue à St. Nicolas. Il coûta cinq cents florins du Rhin, le florin évalué à trente sols lausannois. On recueillit cette somme au moyen d'une souscription volontaire. Le peintre, maître Stefan, peignit l'orgue en 1428, pour le prix de cinquante-cinq florins, soit quatre-vingt-deux francs dix sous, et la même année cet instrument fut déjà mis en usage. En 1462 on confectionna les belles stalles du chœur ainsi

[1] En 1423 on paia cinquante florins d'Allemagne soit trente-sept livres dix sous à maître Ludmann de Bâle, pour une fenêtre de verre qu'il fit à cette église.

que la grande grille dont la main d'œuvre seule coûta quatre cent trente-neuf francs [1].

L'espace compris entre la mauvaise tour (Schelmenthurm) et la porte de Morat, était encore désert. Pour en niveler le terrain, on mit en œuvre tous les habitans de la ville sans distinction et ils durent y travailler à tour de corvée pendant trente-cinq jours. Le gouvernement avait une forge au bas du Varis. Vis-à-vis était l'arsenal. La Visitation et son enclos n'existaient pas; celui des Cordeliers s'étendait jusqu'au rempart. On logeait dans le couvent les étrangers de distinction, qu'on voulait mettre à l'aise. Souvent aussi on y enfermait les prisonniers d'état. Derrière le couvent était un petit escalier par lequel on descendait au Grabensaal. Il fut supprimé en 1470 ainsi que le cimetière.

L'hôtel des Merciers existait déjà depuis maintes années. Delà une longue rangée d'arcades s'étendait jusqu'au bas de la rue du Pont-suspendu. Sous ces arcades se tenait le marché du samedi, même les jours de fête. L'auberge des Maréchaux appartenait à l'abbaye des Prêtres. Ils y tenaient leurs conférences, et ceux de la campagne venaient y loger. Entre la maison d'Hauterive et la Tuerie (aujourd'hui le Théâtre), on comptait seize maisons et delà sept encore jusqu'à la fontaine. Parmi ces dernières on remarquait celle du juif Simon. Ici se tenait le marché au bétail devant l'auberge du Chasseur, qui avait remplacé le château des comtes de Thierstein. Toutes ces maisons avaient une issue sur le Grabensaal, dont les rochers faisaient une saillie très-prolongée vers la Sarine.

En remontant la rangée opposée, on rencontrait vis-à-vis de la Tuerie l'ancienne maison-de-ville, à l'angle de la petite ruelle appelée alors rue *des Voleurs* (Schelmengasse). Le bâtiment se distinguait par ses treize fenêtres de verre, tandis que les autres

---

[1] On y employa cinquante-un quintaux de fer à trois francs trois sous le quintal. Ajoutez-y le pétrole, le minium et l'étamage (ces grilles étaient en effet étamées), et l'on aura une dépense énorme pour ce seul objet.

maisons n'avaient que des vitres de corne, de toile, de parchemin ou de papier huilé. On y montait par un escalier extérieur. En 1419 on le dégagea des maisons adjacentes [1].

La Grand'rue (magnus vicus fori) avait aussi ses arcades et ses magasins, mais ne contenait aucun bâtiment public. La première maison à gauche du Stalden était un couvent d'Augustines; plus bas était la maison de maître Pierre l'arbalétrier et vis-à-vis, l'abbaye des Cordonniers. Le gouvernement acheta la maison de maître Pierre en 1436 pour y établir la monnaie.

La fontaine du *Plätzli*, en l'Auge, n'existait pas, mais là était peut-être ce grand puits qu'on devait nettoyer chaque année. L'hôpital St. Jacques situé un peu plus bas servait d'asile aux pèlerins. L'abbaye des Tanneurs et celle des Tisserands n'ont changé ni de place ni de destination. Devant l'église du petit St. Jean qui a été démolie il y a quelques années, était une place soigneusement entretenue, où l'on se réunissait pour danser en rond. La rue de la *Linda*, dont il ne reste plus que quelques maisons, traversait le jardin à côté du cimetière des Augustins.

La rue qui conduit à la chapelle de St. Béat, s'appelait *Baume supérieure*, celle qui conduit au Gotteron, *Baume inférieure*. Pour construire le mur de la Baume il fallut transporter des baraques et creuser des fondemens dans le roc. Tout auprès on venait de creuser un étang à la rue des Forgerons. Ici on voit encore les traces d'une porte, appelée *Reigelschoff*, qui conduisait par un petit sentier à la grande tour rouge, au moyen-âge vaste prison d'état avec un petit étang tout auprès et un souterrain, qui doit, dit-on, s'ouvrir sur le Gotteron [2].

[1] Les chroniques du seizième siècle font mention de fondemens remarquables qu'on découvrit devant cette maison-de-ville, quand on construisit la fontaine des bouchers. C'étaient de belles pierres de taille, disposées en cercle comme la base d'une tour. Je suppose que c'étaient les fondemens de l'ancienne église de St. Nicolas. — [2] Les traditions les plus absurdes se sont accréditées sur ce monument.

Il y avait à l'entrée du Gotteron un petit pont de pierre, auprès duquel le couvent de la Maigrauge possédait un moulin. Au fond de la gorge gisaient encore les ruines du château Felga.

Le pont du milieu et celui de St. Jean étaient encore en bois. Lorette n'existait pas, et à Montorge, quartier populeux, où l'on reléguait les insolvables, il y avait un étang. La commanderie était un véritable couvent où quelques chevaliers de St. Jean vivaient en communauté. C'était un de nos plus anciens établissemens religieux ; le tombeau du fondateur se voit encore au nord de l'antique église avec le millésime 1224. Sur la Planche on remarquait la maison des Maggenberg, famille puissante, et la place du tir, transférée en 1420 sur les Grand'places [1].

A la Neuveville on retrouvait d'obscures arcades que l'on commença à démolir dès 1428. Là demeurait Jacques Aymonot, ce banneret turbulent, qu'il fallut exiler pour le maintien de la tranquillité publique. Sur la petite plate-forme au-dessus de la fontaine se voyait déjà le peuplier qu'on a abattu il y a quelques années. Dans ce quartier se trouvaient aussi la synagogue et le cimetière des juifs [2].

La Grand'fontaine avait aussi son étang sur le Plätzli. Le couvent d'Hauterive possédait dans cette rue trois maisons qui lui avaient été léguées par des particuliers. Au Petit-Paradis ou plutôt au Cheval-Blanc on remarquait la maison Gambach, nom d'une famille qui s'est illustrée dans l'administration.

L'état d'aubergiste était assez éminent à une époque où un régal était l'accompagnement obligé de toute visite et de toute affaire administrative. Dans la première moitié de ce siècle les principaux aubergistes étaient Goltchi au haut de la Grand'rue,

---

[1] L'année suivante il y eut un grand tirage auquel assistèrent des arbalétriers des environs. Les nôtres leur donnèrent un souper sur la galerie de l'abbaye des Hôpitaux, et le gouvernement y contribua pour dix livres. Dans un seul semestre de 1427 il y eut vingt-un tirages. — [2] Selon toute probabilité à la Mottaz, au bord de la Sarine.

Jean d'Avry à la Croix-Blanche et Bérard Chausse probablement aux Merciers. Ce dernier était en même temps chancelier, et le conseil s'assemblait souvent chez lui. Il y avait encore les auberges de la Tour-Bleue, de la Couronne, du Cerf, du Chasseur, du Lion, de l'Ange, de l'Agneau, du Sauvage, de l'Autruche, etc., sans compter trois *Badstuben* soit maisons de bains, dont l'une, celle des Trois-Suisses subsiste encore.

Peu de rues étaient pavées ; les terrains encore en friche s'appelaient pâquiers. L'herbe en était broutée par des pourceaux dont les étables, ainsi que les poulaillers faisaient saillie devant les maisons. On était lent à imiter nos voisins les Bernois qui dès 1313 avaient supprimé ces étables. Pour entretenir les chemins, on les couvrait de branches de sapin.

On avait déjà construit la plupart des fontaines, mais en bois et dans la forme la plus simple [1]. Les bassins de pierre et les belles colonnes sculptées que nous y voyons encore, datent du siècle suivant. Le nombre des sources vives étant encore peu considérable, on avait muni les tuyaux d'un robinet qu'on n'ouvrait qu'au besoin. La fontaine de la place Notre Dame était beaucoup plus rapprochée de l'église.

Sur les Places, l'avenue de la porte des étangs s'appelait rue *St. Maure*. Elle tirait son nom d'une petite chapelle située près de la porte. Celle de St. Jacques était près du rempart, à l'endroit où il fléchit dans le fossé. Non loin de là était le prieuré de St. Pierre avec un logement pour les chanoines du St. Bernard.

Dans cette ville circulait une population de quinze mille habitans, parmi lesquels on comptait trois mille bourgeois. Les environs de la ville avaient aussi des noms et une physionomie différente. Les forêts ruinées par les nombreuses constructions du siècle précédent ne présentaient plus qu'un terrain couvert de broussailles et de jeunes bois, qu'on appelait *auges*. Il favorisait singu-

---

[1] Les voisins d'une fontaine devaient contribuer à sa construction.

lièrement les surprises et les guet-apens. Aussi en faisait-on souvent la visite avec la force armée. Malgré cette grande quantité de combustibles, le gouvernement achetait tout le bois de chauffage et de bâtisse, ce qui donnait lieu à de scandaleuses dilapidations. Le Burgerwald surtout abondait en hêtres [1]. Les noyers étaient extrêmement rares, les peupliers assez communs. On en voyait çà et là de taille gigantesque. En 1405 on en abattit un à Bösingen à grands frais. On paia deux journées au maître charpentier Swerfuos, qui dut s'aider de cinq garçons charpentiers et de sept manœuvres; le char de l'hôpital mit deux jours à le conduire en ville.

La lèpre était une maladie si commune, qu'il fallût établir des léproseries dans plusieurs paroisses. Il y en avait une à Bourguillon, une aux Marches, et une troisième à St. Barthélemy non loin de la tuilerie. On appelait aussi cette dernière la Maladeire de Stades ou de Villars-les-joncs.

Le sommet de la Haute-croix était bien plus élevé qu'aujourd'hui; l'on n'y arrivait que par un petit sentier remplacé par la promenade du Palatinat trois siècles plus tard. Tout le plateau de la Poya s'appelait *Schürberg*. On avait planté des vignes à Granfey et derrière la Maigrauge, et le chemin du Gors de la Torche était déjà praticable.

Bertigny était un village ainsi que Perraules, où demeurait la famille des Mossu.

On remarquait à Misery la campagne de Petermann Faucigny, à Domdidier celle de l'avoyer Pavillard et à Uberstorf la maison du chevalier d'Englisberg, qui avait aussi un château sur les bords de la Sarine, non loin de la chapelle de St. Théodule hors de la porte de Morat.

Le pré de St. Léonard s'appelait le *marais d'Agiez*, Schmitten *Farvages*, Schwarzenburg *Nericastel*, Laupen *Loye* (du patois

---

[1] Une forêt s'appelait la Grossa Feca; d'autres le Raffort, la Costa, la Combarrichie, le Creston, etc., pour la garde desquelles le gouvernement nommait des forestiers.

Louye qui signifie en même temps une oie, et une galerie, en allemand *Laube*). A Castels, que nous appelons aujourd'hui Catty, demeurait une fameuse devineresse. Il faut en général beaucoup d'attention pour se reconnaître dans la nomenclature du moyen-âge. Qui retrouverait par exemple l'île de St. Pierre dans celle que les chroniques appellent île de *Milé?* C'est encore l'intelligence de notre patois, qui doit ici venir au secours. Le mot *Milé* est un composé qui signifie mi-lac; c'est une île au milieu d'un lac.

Le marais d'Anet était impraticable, et il n'y avait point de route depuis Cressier au Landeron. A Guminen, où l'empereur Rodolphe avait donné une maison de pierre au Fribourgeois Maggenberg [1], il n'y avait point de pont sur la Sarine. En revanche il y en avait un à Corbières, qui était une ville alors.

Outre la division de la seigneurie par bannières, il en existait une autre par tribus ou abbayes. C'étaient des corporations militaires, qui toutes avaient leur auberge dans la ville et une enseigne distinctive. Chaque bourgeois devait s'y faire inscrire d'après son métier. Les nobles mêmes n'en étaient pas exempts et devaient, au moins nominativement, appartenir à quelque abbaye. La plus riche et la plus considérable était celle des *Merciers*, qui subsiste encore, mais dépouillée de toute attribution guerrière. Venaient ensuite celle des tisserands, des tanneurs, des forgerons, etc. Une ordonnance de 1425 qui prescrit l'ordre dans lequel chaque corps de métier doit suivre la grande procession de la Fête-Dieu, donne le pas aux maçons, puis aux charpentiers, aux maréchaux, etc. C'était sans doute un rang d'ancienneté.

Personne n'a encore suffisamment expliqué l'origine, le but et l'organisation de ces sociétés, qui devant être militaires, se distinguaient cependant par métiers, avaient un chef dit *abbé*, admettaient aussi les femmes et s'appelaient en allemand *com-*

---

[1] In augmentum specialioris gratiæ ipsis (Ulrico de Mackenberg et hæredibus suis) domum nostram lapideam, et aream quæ a porta castri usque ad puteum se extendit super locum, qui gerita in eodem castro dicitur, assignamus et concedimus pro personali residentia facienda.-Acte du dix-huit septembre 1278.

pagnies de voyage (Reisegesellschaften). Peut-être ces dernières étaient-elles une institution différente des abbayes, comme à Berne. Ce qu'il y a de sûr, c'est qu'elles étaient chargées de pourvoir aux frais de route d'un membre qui allait à la guerre.

L'armée fut d'abord divisée en trois bannières d'après le nombre des quartiers de la ville, puis en quatre, commandées chacune par son banneret, premier capitaine après l'avoyer. Après eux venait le maître artilleur, sous les ordres duquel était placé le banneret des arquebusiers.

Plus tard on organisa des compagnies d'archers et d'arbalétriers. Des huissiers étaient placés au service de l'état-major. La cavalerie était peu nombreuse. D'abord toute composée de nobles, elle se recruta ensuite de tous ceux qui pouvaient s'équiper et entretenir un cheval.

Le bourreau marchait toujours à la suite de l'armée, pour exécuter les sentences du conseil de guerre. Un orgue monté sur un char remplaçait quelquefois les ménétriers, et exécutait des airs de marche et d'attaque. Ce n'est qu'en 1460 qu'il est question pour la première fois d'un tambour. Mais la trompette paraît avoir été le plus ancien instrument de musique guerrière. Il y avait aussi un aumônier.

Au retour d'une expédition, des enfans allaient à la rencontre de l'armée; c'étaient sans doute les jeunes garçons qui s'exerçaient à tirer l'arbalète. On leur donnait alors des baignets, de l'argent, du pain blanc, etc. Nos soldats accoutumés à manier l'arme blanche eurent beaucoup de peine à faire usage des armes à feu, et les arbalètes restèrent encore longtemps en vogue. On s'étonne de voir une communauté essentiellement militaire, ne pas même posséder un armurier dans son sein. C'est qu'une longue paix avait substitué le goût des arts utiles à celui de la guerre.

Les Bernois, quoique plus belliqueux encore, se trouvaient dans le même cas : comme nous, ils tiraient les armes de l'étranger.

Nous trouvons cependant un arbalétrier chez nous dès l'an 1378. Sa paie était de seize florins payables par trimestre. On l'avait engagé pour dix ans, et il était tenu de fournir chaque année deux arbalètes qu'on pût tendre avec les pieds. Il paraîtrait par quelques termes du contrat qu'on fit avec lui, qu'il s'était déjà fait des engagemens de ce genre à une époque plus reculée. Il eut pour successeur Fritzmann de Worms.

En vertu d'une ordonnance souveraine, les bouchers étaient tenus de lui livrer les boyaux des bêtes tuées. Il y avait plusieurs espèces d'arbalètes; les plus simples se tendaient avec la main et ne lançaient qu'une flèche; d'autres dites *à polita* en lançaient plusieurs à la fois; enfin il y avait aussi des flèches incendiaires, destinées à porter la flamme sur les édifices. Il y avait des arbalètes si massives qu'on ne pouvait les tendre qu'au moyen d'un tour à vis, et d'autres instrumens nommés Wallkrapf, Bock, etc.

Les traits d'arbalètes étaient liés en trosses de trois douzaines chacune et munis de fers à quatre pans qu'on appelait *carrels*. On disait *infléchier les carrels*, quand on les adaptait aux traits. A l'extrémité opposée au *carrel*, chaque trait était muni de deux ailes en fer : il était alors *empenné*.

La pique, quelquefois démesurément longue ou la hallebarde que chacun connaît, complétait avec l'épée l'armure offensive du soldat. L'épée était munie d'une poignée longue et se portait comme aujourd'hui du côté gauche, quelquefois le côté droit de la ceinture était armé d'une dague ou d'une hache d'armes. On ne faisait pas usage du sabre. Pendant la guerre de Zurich, lorsque nos gens allèrent renforcer l'armée bernoise, on confectionna des massues de plomb adaptées à un manche de bois et on les fit voiturer dans des tonnes à la suite du contingent. Ces massues étaient quelquefois en fer, ou bien en bois dur hérissé de pointes de fer. On les appelait alors *Morgenstern*.

Après l'introduction de la poudre à canon, on confectionnait des *boestes*. C'étaient de gros fusils, qu'on chargeait de boulets de pierre [1] ou de plomb avec un maillet, et auxquels on mettait le feu avec des mèches ou avec un clou rougi au feu. Il y avait des boîtes sur roues et des boîtes à main munie de tampons. On les tirait d'abord de Nüremberg, de Fribourg en Brisgau, et autres villes d'Allemagne. On sentit plus tard la nécessité d'avoir un maître artilleur en propre.

Hanso Greffy, de Fribourg même, fut le premier qu'on engagea en 1401. Il devait dresser quatre apprentis à tirer le canon (*trahere lo canon*); ce sont les termes de l'acte d'engagement. Neuf ans plus tard, Greffy fut remplacé à peu près aux mêmes conditions par Simon Zinkfeld de Mayence, et Rodolphe Metzer de Rheineck. On commença à les appeler *magistri pixidarum* de l'allemand *Büchsenmeister*. Ils durent promettre qu'ils feraient au besoin tout le mal possible aux ennemis sans miséricorde (*dampnificando inimicos ville absque misericordia*). On promit à Metzer un cadeau de vin pour chaque place qu'il emporterait avec le secours de son artillerie. De son côté il s'engagea à former deux élèves. L'année suivante (1411), on engagea Jean Obetz, surnommé Störenfried de la Lusace, et en 1416 pour un an le maître canonnier Lamprecht de Trêves à raison de soixante-seize florins du Rhin, un habit comme celui du grand sautier et quatre ambrisanes pour chaque journée de travail. Il promit de son côté de fondre deux canons de fer avec les matériaux que la ville fournirait et de former quatre élèves. En 1444 on donna au maître artilleur Klaus Liebi un gobelet d'argent pour qu'il en fît un cadeau à sa femme [2].

En 1474 Fribourg fit une dépense de trois mille florins en canons (près de trente mille francs de notre monnaie). Au com-

---

[1] En 1406 on construisit une loge pour les ouvriers qui travaillaient aux pierres des boîtes. Le maréchal François Treweir fournit pour trente-six sous de charbon destiné sans doute à sécher et durcir les pierres taillées en boulets. Une de ces pierres existe encore à l'ancien arsenal. On tâcha de découvrir une carrière de meilleure qualité pour la confection de ces boulets. A cette fin on envoya le maître carrier Pierre Rossel avec deux ouvriers du côté de Belfeaux (Combés?) et de Montikon. — [2] Ce gobelet coûta cent seize sous (environ cinquante francs monnaie d'aujourd'hui.

mencement du seizième siècle, il se trouvait à l'arsenal de Fribourg cent quatre-vingts pièces d'artillerie. Il paraît qu'à cette époque l'art de l'armurier avait atteint un certain degré de perfection, car on fit cadeau au belliqueux Jules II de deux épées et de dix arbalètes. Le budget de la guerre absorbait des sommes immenses; on était obligé de se procurer dans l'étranger, non-seulement les matières premières, telles que le métal, le salpêtre [1], le soufre, etc., mais encore des ouvriers pour les mettre en œuvre. Comme il n'y avait point encore de moulins à poudre, c'était le maître canonnier qui se chargeait de confectionner cette substance à la main. Pour en améliorer la qualité on y mêlait de l'ambre. On trouve encore dans un vieux manuscrit la recette suivante à cet effet : *Recepissé de poudre III quart et demi de livre. Item II quart de salpêtre. Item I pot de vin blanc et demi untze de samalioux; pileir bien prin et mettre dédan lo vin et laissiez buillir ensemble et puis arrosa la puvra de celui vin et puis mettre et moudre cette pudra ensemble.*

Les armes défensives consistaient en un casque plat dit *salade*, une cotte d'armes [2], gorgerette, des gantelets, des brassards et des cuissards. On se servait aussi d'une espèce de bouclier, orné de peintures. On l'appelait *targe*.

On s'exerçait beaucoup au tir de l'arbalète. On dressait à cet exercice de jeunes garçons à qui on fournissait la culotte, alors très-ample et coûteuse. On invitait ordinairement les voisins aux grands tirages dits de la *Fleur*. Lorsqu'en 1421 le tir eût été transféré sur les Grand'places, il y vint des arbalétriers de Berne, de Zurich, d'Aarau, de Bienne, de Morat, de Payerne, de Moudon, de Romont, de Gruyère et de Rue.

En temps de guerre, chacun devait faire sa provision de grain et de sel. A l'approche de l'ennemi on garnissait les tours et les

[1] On achetait le salpêtre à Francfort et à Genève. — [2] On saupoudrait les cottes d'armes avec une poudre inconnue, sans doute pour les garantir de la rouille.

remparts de pièces d'artillerie : on avait même recours à des buissons d'épines pour défendre les côtés les plus faibles contre l'escalade.

On confiait le rôle d'espions à des femmes et à des moines, ou du moins à des individus déguisés en pèlerins. On les appelait *compagnons secrets*.

Les curés recevaient l'ordre d'envoyer la liste de tous leurs paroissiens, sur laquelle on dressait un rôle de tous les hommes disponibles. On faisait venir en ville ceux de la campagne, et on les distribuait dans leurs bannières respectives. On faisait choix de ceux qui devaient marcher et de ceux qui devaient rester en réserve.

Le danger croissant, on tendait une forte chaîne à travers la Sarine, et l'on ouvrait les ponts-levis de toutes les portes.

La guerre finie, le gouvernement dédommageait les partisans qui avaient fait des prises, quand ils les renvoyaient sans rançon. C'était aussi l'usage de solliciter des indulgences et de se faire absoudre pour tous les désordres commis. Souvent même on fut dans la nécessité de dédommager des particuliers pour dommages causés par nos propres gens, car les troupes étaient faiblement disciplinées. On recourut au code militaire rédigé en 1410 et dont nous avons déjà parlé. Ces règlemens se maintinrent longtemps. Au retour d'une compagnie d'auxiliaires que nous avions fournis à la France en 1505, le nommé Sagunz, accusé d'insubordination par son capitaine, fut publiquement décapité.

Le traitement barbare qu'on faisait subir aux prisonniers de guerre contraste péniblement avec les mesures d'humanité prescrites par ce code. Ils étaient étroitement gardés, mis aux fers et à peine nourris. Souvent même on les mettait à mort. C'est ainsi qu'après la bataille de Morat onze Bourguignons furent noyés dans la Sarine par la main du bourreau. Un Anglais fut aussi exécuté. L'entretien des troupes en campagne était à la charge des communes respectives ou des abbayes : ou bien la solde seule suffisait. On a vu que les abbayes étaient des compagnies militaires, qui se chargeaient de fournir à l'entretien de leurs membres enrôlés à l'armée. Ainsi la compagnie du chasseur solda pendant la campagne de Morat l'aumônier, le trompette, les ménétriers et le bourreau. Ces arrangemens furent insensiblement modifiés. Les blessés étaient soignés aux frais de l'Etat, et dans son contrat avec la ville, le physicien s'engageait au service des troupes.

On a déjà vu dans les chapitres précédens des exemples d'une législation cruelle. Les prisonniers étaient nourris au pain et à l'eau. Dans certains cas on leur donnait aussi de la viande et même du vin. Les cachots dits *juyères* n'avaient point de portes; une trappe pratiquée au plafond servait au passage de la nourriture, qu'on descendait avec des cordes, ainsi que le prisonnier lui-même.

Il y avait trois degrés de torture à la corde. Quand le prévenu n'était accusé que d'un seul crime qu'il ne voulait pas avouer, on le tirait à la corde sans pierre, pendant trois jours de suite, chaque jour une fois. S'il supportait cette épreuve, il était relâché. Mais quand l'accusation était multiple, on le tirait à la corde pendant trois jours, et chaque jour trois fois. Le premier jour sans pierre, le second avec la petite pierre, et le troisième avec le grand poids [1].

Ceux qu'on mettait au carcan étaient affublés d'une mitre pointue. C'était la peine ordinaire des parjures, outre la prison. Au sortir, on leur coupait deux doigts de la main, à moins de quarante livres de rachat. On traînait les criminels au supplice sur une claie de bois ou de cuir. Les hommes y étaient parfois conduits à cheval. Souvent on les préparait à la mort par des libations de vin copieuses. On en fit boire une fois deux pots à un malfaiteur.

Les femmes condamnées à mort étaient ordinairement conduites

[1] Appliquer la torture s'appelait *mettre au martyre*.

à la Sarine, enfermées dans un sac ou dans un tonneau et noyées.

La décapitation se faisait avec une espèce de guillotine, dite *taille-tête*, qu'on chargeait d'un grand poids en fer chaque fois que l'on voulait s'en servir [1]. Ce ne fut qu'en 1450 que l'on commença à couper la tête à bras franc. Après une exécution, les huissiers déjeûnaient avec le bourreau.

On touchait le cadavre des noyés avec le bâton de la justice, les conjurant au nom de la St. Trinité d'indiquer par un signe quelconque, si quelqu'un était cause de leur mort.

Un sanglant appareil présidait à l'inauguration du bourreau. Le choix tombait toujours sur un malfaiteur qu'on agraciait. On le tenait enfermé dans un cachot pendant plusieurs jours, au pain et à l'eau, puis on lui coupait les oreilles. Il s'astreignait au service des hautes-œuvres par un acte en due forme par devant notaire [2].

Ces préliminaires cruels ainsi que le grand nombre d'exécutions rendaient cette charge extrêmement pénible. Aussi les candidats manquaient-ils le plus souvent. Un bourreau ayant obtenu son affranchissement à la sollicitation de protecteurs accrédités, il s'ensuivit une vacance qui entrava les opérations de la justice. On se repentit d'avoir cédé, et pour ne plus tomber à l'avenir dans un pareil embarras, on défendit par un arrêt formel d'intercéder pour le bourreau.

L'inconvénient n'était pas moins grand quand ce fonctionnaire commettait un délit qui entraînait la peine de l'exil. On fut obligé

---

[1] Por ostar, mollar et mettre le fert dou taille testa. Comptes du trésorier.
— [2] En 1441, un pauvre homme, nommé Willi Pletscher, s'étant présenté pour être bourreau, on l'emprisonna quatre jours et sa femme trois jours à la tour de la porte de Morat, puis on le mit encore deux jours au cachot. On paya un sou par jour à ses geôliers pour sa garde et pour sa nourriture. Le bourreau de Berne lui coupa les oreilles et le maître barbier Hans Güiguer pansa et traita les blessures. Comme ce malheureux candidat était fort pauvre, on lui acheta un lit de l'hôpital à raison de quatre florins soit cent seize sous et pour lui donner de l'ouvrage en attendant quelque exécution, on l'employa à couper le bois à brûler pour la maison-de-ville, à raison de deux sous six deniers par jour.

de faire une exception à la loi en sa faveur et de substituer l'amende et la prison à l'exil.

L'année commençait le vingt-cinq mars d'après le style florentin qui était suivi par la cour de Lausanne. Cette différence a souvent causé de la confusion dans la date des titres. En 1461 on adopta le style allemand, qui fesait commencer l'année à Noël.

Dès qu'un étranger de distinction ou un ami de la communauté venait à Fribourg, on lui présentait le vin d'honneur. C'était soit du vin pur, soit du claret ou vin cuit avec du sucre et de la cannelle. On le préparait si bien à Fribourg, qu'une fois l'avoyer de Berne non content d'en boire son saoul, en prit aussi avec lui à son départ. Aussi son prix était-il le double de celui du vin. Le vin d'honneur s'offrait toujours dans des bouteilles d'étain de la contenance de trois pots et nommées *Channes*. Quand les magistrats faisaient compagnie à des étrangers à l'auberge, la ville ne payait point l'écho de ces derniers [1].

Outre le vin de Lavaux et de France, on buvait encore du vin d'Alsace ou d'Autzey et un vin rouge du Valais qu'on appelait vin de *Chontagny*. On excitait la soif par un usage immodéré du sel.

On ne déjeûnait pas, mais on dînait à huit ou neuf heures du matin. Au lieu d'assiettes on se servait de tranchoirs, qui étaient souvent une espèce de gâteaux à la fois solides et masticables; de sorte qu'à la fin du repas, quand le gâteau s'était imprégné de diverses sauces, on avait encore le plaisir de manger son assiette. Dans les grands festins on servait du poisson en gras, les domestiques mangeaient avec les maîtres, les sautiers avec le Conseil. Cet usage s'est même conservé chez nous jusqu'au milieu du dix-huitième siècle.

[1] Quand le patriarche de Constantinople passa par Fribourg en 1414, le vin d'honneur qu'on lui offrit coûta douze sous ; ce qui ferait au prix d'alors cinq pots de claret et dix pots de vin ordinaire. On envoya aussi soixante pots de claret d'une bonté extraordinaire à Guillaume Challant, évêque de Lausanne, quand il vint à Avenches en 1406. En 1438 on cessa d'offrir du claret. On y substitua du vin rouge.

La viande salée faisait partie des provisions ordinaires. On la préparait vers la St. André. Conformément à un article de la charte, chaque flèche de lard devait être accompagnée d'une partie considérable de la bajoue.

Il est souvent question dans les comptes du trésorier du fol qu'on faisait venir de Berne pour s'amuser. Chaque année on lui donnait un habit et quelquefois la chaussure. Il y avait aussi des représentations théâtrales analogues sans doute aux mystères qu'on jouait en France à cette époque. Les Augustins représentèrent une fois la résurrection sur la Planche. Des musiciens ambulans venaient souvent produire leur art [1].

Nos ancêtres étaient très-superstitieux. Ils entretenaient avec un soin religieux les nids de cigogne. Une éclipse ou une comète mettait toute la population en émoi. Quand l'astrologue du duc d'Autriche passa par Fribourg en 1414, il paraît qu'on s'empressa de le consulter; car on trouve qu'il reçut une gratification de trente-cinq sous. On cherchait à conjurer les orages par un grand carillon de cloches, et six hommes étaient alors occupés à cette sonnerie. On croyait aux sortiléges, aux maléfices, et rarement il s'écoulait une année sans qu'on fît mourir une ou plusieurs personnes convaincues de sorcellerie. Il y eut un jour une assemblée extraordinaire de maîtres maréchaux, parce qu'un maréchal d'Engertswyl avait frappé de stérilité un maréchal de Berne. Un charpentier fut détenu en prison pendant huit semaines et cinq jours, parce qu'on voulait le forcer de détruire le charme jeté sur un homme et une femme. (*Qui estoit pris por le fait qu'il devait savoir faire à disrumpre aucounes sorceries faites entre homme et femme.*) Une femme de Thoune fut également vexée la même année (1426) pour un sujet semblable. Souvent aussi on s'emparait des fournitures de harengs importés du dehors et on les livrait à une combustion publique sous la potence, formalité sans doute motivée par quelque raison superstitieuse. Il en fut de même

[1] Donné dix sous a dues fames guigueresses et qui menavant la lutaz (1437).

lorsqu'on fit garder en 1442 pendant cent jours les portes de la ville à cause du *Varentschueler*, personnage mystérieux dont il n'est fait qu'une mention vague dans les comptes du trésorier Bugniet, et auquel se rattachait sans doute quelque préjugé. La même année huit personnes des deux sexes furent brûlées comme sorcières.

Le Conseil de justice, qui d'abord ne comptait que cinq membres choisis par l'avoyer et les bannerets fut ensuite composé de huit membres [1]. Leur salaire qui dans le principe était de cinq sous par présence, fut élevé à dix livres de traitement annuel. Ils avaient beaucoup de peine à se réunir à cause de leurs occupations industrielles [2]. D'autres préféraient exploiter leurs terres et il fallut plus d'une fois aller les y chercher.

Les affaires se traitaient plus par députations que par correspondance. Les députés étaient toujours à cheval et accompagnés d'un messager, qui leur servait de domestique. Leur salaire était de dix, quinze à dix-huit sous par jour, celui des messagers (Oberritter) de deux sous. Par contre ils étaient nourris par leurs chefs. En vertu de la pension en avoine qu'on leur donnait chaque année, les messagers étaient obligés de se procurer un cheval. S'ils ne recevaient point d'avoine on leur donnait deux sous de plus par jour pour le cheval. Quand un messager était député seul, sa paie était de deux sous. Celle de l'avoyer en mission était de douze sous par jour, parce qu'il avait trois chevaux à nourrir. Plus tard le luxe fit augmenter le nombre des chevaux.

Le conseil s'assemblait quelquefois dans la cour ou grande salle (*magna aula*) de Cudrefin devant St. Nicolas. Le grand sautier tenait en main une épée nue au lieu du bâton de justice.

Le lèpre importée d'Orient était une maladie très-commune.

---

[1] L'ordonnance organique est du vingt-six août 1428, mais elle ne se retrouve plus aux archives. — [2] Ainsi Jean d'Affry avait à desservir l'auberge de la Croix-Blanche, Hensli Perroman était charretier, Gambach cabaretier, etc. Le trésorier Ulric Stanqui était boucher, Techtermann teinturier, Rodolphe Kübler était en même temps banneret de l'Auge et charretier, etc.

On a vu qu'outre la léproserie de Bourguillon, il y en avait encore à Villars-les-joncs, aux Marches et dans plusieurs communes. Dès qu'une personne était soupçonnée d'être atteinte du mal, on la faisait visiter par le physicien de ville ou à défaut par quelque meige étranger. Chaque vacation se payait quatorze sous (plus de cinq frans de notre monnaie) [1]. Quand la veuve Gambach tomba malade en 1422, on fit venir deux barbiers de Berne. Une fois la maladie constatée [2], celui qui en était affecté était soumis à un séquestre rigoureux. Deux chanceliers distingués furent atteints de la lèpre, Cudrefin et Bérard Faucon. Il paraît que le premier se suicida de désespoir, car il est fait mention de son *exécution*. Le danger de cette contagion faisait entr'autres recourir à un fréquent usage des bains chauds et des ventouses. Rigolet est souvent nommé parmi les ventouseurs de cette époque.

Il est si souvent question des juifs dans nos archives du moyen-âge que le lecteur ne sera pas fâché de trouver ici quelques détails sur ce sujet.

Il est difficile d'assigner une époque précise à l'entrée des juifs en Suisse. S'il est vrai, comme l'affirme Lazius [3], qu'il y en avait déjà aux environs de Vienne cent vingt ans avant Jésus-Christ, on peut conjecturer qu'ils pénétrèrent dans la Souabe supérieure dès les premiers siècles de l'ère chrétienne. Les empereurs d'Allemagne les avaient pris sous leur protection et se considéraient sous ce rapport comme les descendans de Titus, qui, par égard pour l'historien Joseph, avait consenti à épargner les débris de cette malheureuse nation. Telle est du moins la raison qu'en allègue l'ancien code allamanique. Mais, comme on le pense bien, les juifs durent payer bien cher cette protection, et encore ne les

---

[1] Tandis que la journée d'un charpentier n'était que de deux sous six deniers, celle d'un maçon d'un sou huit deniers. — [2] Il paraît que nos physiciens s'y connaissaient, car ce fut à eux qu'on s'adressa une fois depuis Soleure pour s'assurer qu'un homme avait la lèpre. A cet effet, on envoya à Fribourg du sang et des cheveux du malade, et cette inspection suffit pour établir le diagnostic. Cependant en 1415 on fut obligé d'envoyer le Gardien des Cordeliers à Bâle, pour en faire venir un barbier. — [3] De emigrat. gent. p. 19.

mettait-elle pas à l'abri des fureurs populaires. L'impôt énorme dont le fisc impérial les grevait, portait le nom de *Judensteuer* ou *Schutzgeld*. Ils payaient en outre l'*Opferpfenning* à chaque nouvelle élection d'un empereur, sans compter les contributions extraordinaires. En échange les Israélites étaient qualifiés du nom de *servi cameræ speciales*. Les villes où ils séjournaient, devaient surveiller la perception de ces impôts régaliens. Elles en percevaient elles-mêmes pour leur propre compte. Ainsi à Fribourg on faisait payer trente deniers à chaque juif passant ; ce chiffre devait faire allusion aux trente deniers de Judas.

Lorsque Constantin monta sur le trône, il y avait déjà des juifs disséminés dans les Gaules, dans la Narbonaise, dans la Celtique et dans quelques villes du Rhin. Il a dû en exister aussi dans le diocèse d'Avenches.

Ces malheureux réfugiés étaient à cette époque encore peu troublés dans les pays où ils cherchaient un asile, soit que le souvenir encore récent de la prise de Jérusalem disposât les chrétiens à la pitié, soit parce que ceux-ci étaient eux-mêmes encore dans un état de souffrance. Il n'était même pas rare de voir une fusion par mariages mixtes s'opérer entre les chrétiens et les juifs. Mais dès le sixième siècle commencèrent dans tous les pays chrétiens ces vexations odieuses, dont le peuple juif fut périodiquement accablé. Cependant les juifs furent encore assez heureux en France sous les premiers rois de la seconde race. Ils étaient soumis à une administration spéciale, dont le chef portait le titre de *magister Judæorum*. Philippe-Auguste les frappa enfin d'une expulsion générale de France et il en reflua sans doute alors en Bourgogne et dans nos contrées.

On ne saurait disculper entièrement les juifs des vices et mêmes des crimes qui ont servi de prétexte à leurs persécutions. Il est assez naturel que des individus sans patrie, sans ressource, sans protection, sans asile et continuellement menacés cherchent à accaparer par tous les moyens possibles la seule puissance qui soit à leur portée, celle de l'argent. Pour y atteindre, la faiblesse n'a guères d'autres voies que celles de la ruse et de la fraude. Mais il est difficile d'admettre que les juifs tuaient des enfans chrétiens pour faciliter les couches au moyen de leur sang, et soulager les mourans; qu'ils empoisonnaient les sources, volaient les hosties consacrées, etc. Non-seulement aucun juif converti n'est jamais convenu de ces faits, mais les papes même en ont absous les juifs[1].

Les empereurs prirent aussi plus d'une fois le parti des Israélites et il a été fait mention plus haut de la guerre que Berne eut à soutenir contre Rodolphe de Habsbourg pour les avoir expulsés. On peut donc conclure avec Basnage que les juifs ont été le plus souvent calomniés et que la plèbe aveugle s'est laissé ameuter contr'eux par ceux qui avaient intérêt à les persécuter.

Dans le livre que les Hébreux lisent le sabbat noir, quand ils remémorent la destruction de Jérusalem, ils nomment tous les pays où ils ont eu à souffrir, entr'autres la Suisse. Elle y est appelée *Medinah* ou *Medinah Poroth*.

Parmi les monumens qui attestent le séjour des juifs dans notre pays, il faut remarquer le conte mis en vogue par les bonnes et les nourrices du *chou qui ne voulait pas reverdir*. C'est la variante d'une chanson juive, qui doit avoir été composée vers la fin du douzième siècle [2].

---

[1] Voyez ce que dit Grégoire IX dans l'Epitre qui commence par ces mots: *Lacrymabilem Judæorum Franciæ* etc.— [2] Ce chant allégorique commence ainsi:
Mon père (Dieu) a acheté un chevreau (Israël) pour 2 deniers (Moyse et Aaron).
Le chat (Les Assyriens) vint dévorer le chevreau ;
Le chien (les Babyloniens) mordit le chat, qui dévora le chevreau, qui fut acheté par mon père.
Le bâton (Cyrus) battit le chien, qui mordit le chat, qui dévora le chevreau et :.
Le feu (Alexandre) brûla le bâton qui battit le chien, qui etc.
L'eau (Les Romains) éteignit le feu, qui brûla le bâton, qui etc.
Le bœuf (les Sarrazins) but l'eau, qui éteignit le feu, qui etc.
Le Schochet (boucher) tua le bœuf, qui but l'eau, qui etc.
Malakh Hamavet (l'ange de la mort) extermina le boucher, qui etc.
A l'appui de cette allégorie, M. le prévôt von der Hardt, cite ces paroles de Jérémie (30. 16. 17.) : Tous ceux qui te dévorent seront dévorés et tous tes ennemis

Il paraît que depuis leur expulsion de Berne en 1288, les juifs étaient parvenus à s'y introduire une seconde fois, car il est fait mention d'eux sous la date de 1391 dans un manuscrit cité par Ulric [1].

Ne vinrent-ils s'établir à Fribourg qu'après leur expulsion de Berne, ou y en existait-il déjà antérieurement? Quoique tout porte à adopter cette dernière conjecture, nos archives ne font mention des juifs qu'en 1370. Le juif Jocet, qui exerçait alors l'état de physicien, donna cette année une quittance en latin du traitement annuel de 10 livres laus., qui lui avaient été payées régulièrement par la communauté depuis quelques années. Il s'engagea même par serment juré selon son rit: *je jure par ma loi* de n'élever aucune réclamation à ce sujet, et quant aux contestations qu'il pouvait avoir avec des particuliers, de ne faire aucune citation par devant les tribunaux étrangers. Ce Jocet possédait une maison en ville, et avait fait des avances pour la construction des remparts.

Onze années plus tard on accorda pour dix ans le droit de bourgeoisie à trois familles juives, comprenant tous les individus de cette nation qui étaient entretenus par elle. L'octroi de cette bourgeoisie semble même avoir été moins limité qu'à l'ordinaire, car ailleurs on n'entendait par là qu'une protection particulière, tandis que la patente dont nous parlons [2] dit expressément que non seulement il sera permis aux récipiendaires de résider, trafiquer et échanger librement, mais de participer à toutes les franchises accordées aux bourgeois, par les empereurs, les rois et la seigneurie d'Autriche. On fit même plus. Ils furent exemptés du service militaire moyennant cent florins par tête, et de tous les impôts que payaient les bourgeois, à celui du vin près. On leur permit aussi de faire l'acquisition d'un terrain en ville ou hors de ville,

---

seront jetés en prison. Tous ceux qui te saccageront seront saccagés, et tous ceux qui te dépouilleront seront dépouillés.

[1] Jüdische Geschichten. — [2] L'original de cette pièce intéressante n'existe pas, mais le chancelier Nonens (de Nigro castro) nous en a conservé la copie en 155 lignes dans son protocole. A. C.

pour en faire un cimetière, ou tel emploi qui leur conviendrait. Ils demeuraient juges de leurs propres causes, excepté en cas de meurtre, d'assassinat, ou lésion de franchises communales. La communauté se réserva aussi prudemment le droit de ne point intervenir pour ces bourgeois temporaires dans leurs querelles du dehors. On fixa le taux de l'intérêt qu'ils pouvaient exiger, et l'on voit par ce curieux document que dans ce temps on faisait des obligations portant intérêt, dont le capital était au dessous de sept sous [1]. On excepta des objets que les prêteurs israélites pouvaient prendre en gage, les ornemens d'église, les effets volés et les instrumens aratoires, conformément à une disposition du code allamanique, qui était encore en vigueur dans toute la Suisse orientale [2]. Plus tard, lorsque nos fabriques de drap commencèrent à prospérer, on défendit aux juifs de fabriquer du drap et de prêter sur des gages consistant en laines brutes ou filées. Ils devaient annoncer leur départ de la ville huit jours d'avance, pour qu'il fût loisible aux débiteurs de racheter leurs gages. Cependant après un an et un jour le rachat n'était plus permis. Quand ils prêtaient serment, c'était sur les livres de Moyse et avec des formalités vexatoires. Voici quel était à cet égard l'usage prescrit par le code allamanique. Debout sur une peau de porc, et la main étendue sur les cinq livres de Moyse, l'Israélite devait dire : si je me parjure, je veux être souillé de mes propres ordures, comme le roi de Babylone. Je veux qu'une pluie de poix et de soufre coule sur ma nuque, comme sur Sodome et Gomorrhe, que la poix qui fit périr deux cents Babyloniens tombe aussi sur moi, que la terre s'ouvre sous mes pas et m'engloutisse comme Datan et Abiron, et que mon corps qui est composé de terre et de cendres, ne soit pas réuni aux autres corps dans le sein d'Abraham; qu'Adonaï ne me

---

[1] Il était de 32 et 1/2 p. %, c'est-à-dire de 3 1/2 deniers par semaine pour la livre, sauf encore les sûretés convenables, les cautions et les bons gages. — [2] On ne dérogeait à cette loi que dans les cas extrêmes. C'est ainsi que le couvent de St.-Gall, appauvri par les guerres, fut obligé de mettre en gage chez les juifs de Zurich quelques calices et autres ornemens d'église (1273).

vienne plus en aide; que je sois couvert de lèpre, comme Naïm et Gehasi, etc. [1].

On accorda aux Israélites établis à Fribourg la fondation d'une synagogue, d'une horloge et la libre célébration de leurs fêtes: Pendant celles-ci, personne ne pouvait les citer en justice. Les juifs étrangers accueillis chez les juifs fribourgeois devaient jouir de la protection de la ville. Il fut défendu d'inquiéter ces derniers pour toute cause antérieure à leur lettre de bourgeoisie. Ils pouvaient porter des plaintes et articuler des griefs en tout temps.

Malgré ces avantages accordés aux juifs reçus, les autres n'en restaient pas moins soumis à des règlemens odieux [2]. On les forçait de porter des chapeaux d'une certaine forme, et sur leurs vêtemens des marques distinctives. Ces chapeaux s'appelaient *pilei cornuti*. Paul IV et Pie IV expédièrent à ce sujet des bulles spéciales, et le concile de Vienne des ordres précis [3]. Les mêmes chapeaux cornus furent imposés à tout chrétien accusé de fornication avec un individu de cette nation.

Les juifs ne pouvaient toucher aucune victuaille sur les marchés publics, si ce n'est du bout d'une baguette. Ils avaient leur propre boucherie, dans l'enceinte de laquelle ils ne pouvaient rien vendre aux chrétiens. A leur installation dans une ville, ainsi qu'à leur départ on leur faisait payer dix marcs d'argent. Dans aucun cas il n'était permis de les recevoir sans l'autorisation impériale. Mais Fribourg n'étant placée que médiatement sous la protection de l'Empire, agissait à cet égard comme bon lui semblait. Le prix de tolérance était aussi fort élevé.

---

[1] Le code saxon ajoutait à cette cérémonie des détails encore plus humiliants. La peau devait appartenir à une truie, qui avait porté pendant 14 nuits. Il fallait l'ouvrir par le dos, l'étendre sur les mamelles, et le juif qu'on assermentait devait s'y placer pieds nuds, sans autre vêtement qu'une tunique et un cilice. Au reste chaque ville avait à cet égard ses usages particuliers. — [2] Entre autres charges imposées aux juifs fribourgeois, on remarque celle de fournir annuellement deux ou trois arbalètes. La pièce coûtait jusqu'à 10 florins(4 livres 10 sous). Le carquois avec son baudrier valait 10 sous 6 deniers. Le juif Samuel payait 16 livres de cens annuel, tandis que Maggenberg p. ex. n'en payait que 3. — [3] Districte precipimus ut Judei, qui discerni debent in habitu a Christianis, etc.

D'autres mesures étaient dictées par la prudence. Il était p. ex. défendu aux juifs de garder chez eux des nourrices et des domestiques chrétiens, plusieurs personnes croyant que les juifs forçaient les premières à jeter leur lait aux pourceaux le jour de la communion. Pendant la semaine sainte, les juifs devaient se tenir enfermés chez eux, autant par convenance, que pour ne pas s'exposer à être maltraités par la populace [1].

Beaucoup de familles juives s'établirent à Fribourg au commencement du quinzième siècle. Ils avaient, à teneur du contrat, leur synagogue à la Neuveville, et leur cimetière à la Mottaz sur les bords de l'eau. Presque tous les physiciens que la ville prit à son service à cette époque étaient juifs. Vivant, de la Côte St. André, fut celui qui fonctionna le plus longtemps. Après vingt ans de séjour il renouvela son droit de bourgeoisie avec d'autant moins de difficulté qu'on était fort content de lui [2]. Cependant il finit par se brouiller avec la ville, et il lui intenta un procès, qui ne laissa pas de coûter beaucoup [3]. Il fallut entr'autres envoyer à ce sujet à Zurich et à Constance une députation, dont les frais s'élevèrent à 21 francs 5 sous 6 deniers.

Les juifs exerçaient aussi l'état de banquier. Ceux de la Lombardie avaient pour cela obtenu de l'Empereur un privilége particulier. C'est la raison pour laquelle on appelait ces juifs *Lombards;* en Allemagne on leur donnait le nom de *Kaverschins*. Un diplôme impérial de 1156 autorise le duc d'Autriche de garder dans ses terres des Kaverschins sans autre permission supérieure.

Ainsi tolérés, les juifs se maintinrent à Fribourg jusqu'à l'an 1428. L'un d'eux, nommé Abraham, y avait acheté des religieuses

---

[1] En 1421 un homme fut incarcéré pour avoir battu le juif Vivant, et en 1475, on paya 15 sous aux sautiers qui gardèrent pendant trois nuits la maison du juif contre les assauts des jeunes gens. En 1420 des fanatiques qui avaient maltraité les juifs la nuit du vendredi saint furent exilés pour un mois, et deux gardes qui s'étaient joints à eux perdirent en outre un trimestre de leur paie. Déjà en 1413 on avait déposé deux gardes de nuit pour le même sujet. — [2] Se graciose et amabiliter cum christianis pertractavit. — [3] Deux années auparavant on lui avait permis de faire venir son gendre.

de la Maigrauge deux maisons, dont l'une valait 220 francs, somme alors assez considérable. Accusé de malversation, et n'ayant pu rendre compte de 800 fr. qu'il devait à l'État, Abraham fut condamné à être brûlé vif la tête en bas. On prit les plus grandes précautions pour l'arrêter. Sa demeure fut cernée pendant la nuit, mais les huissiers n'ayant pu le découvrir, on alluma neuf torches de poix pour éclairer la rue, et on fouilla l'intérieur à la clarté de plusieurs flambeaux. Comme on s'était assuré qu'il se cachait, on plaça aux issues une garde de trois hommes, et le pauvre malheureux, qui s'était abrité derrière une cheminée, fut forcé de se produire. Il fut gardé pendant 8 jours à la tour rouge par deux hommes. Ceux qui l'avaient arrêté furent gratifiés d'un petit souper, qui coûta dix sous six deniers. Pendant son exécution sa famille fut gardée à vue chez Habersatz, tandis que les bannerets faisaient un dîner de vingt-huit sous. La maison et les effets du condamné restèrent quatre-vingt-six jours sous la surveillance de deux hommes, et l'on fit venir de Berne le juif Bachi pour déchiffrer ses papiers. On fit signer à la femme du supplicié une quittance solennelle envers la ville.

Après cette terrible exécution, on rendit une ordonnance par laquelle il fut défendu de ne plus recevoir de juifs [1]. On laissa toutefois au physicien Akin, et autres juifs résidant par bail, la liberté d'en achever le terme. Malgré cette ordonnance, on retrouve encore des juifs à Fribourg en 1471, et en 1466 il est encore question de leur cimetière.

La collégiale de St. Nicolas était desservie par onze chapelains et un doyen, qui était en même temps Curé de la ville [2]. Quoique éventuels, les émoluments de ce dernier ne laissaient pas d'être considérables; presque toutes les offrandes lui appartenaient, et chaque paroissien était tenu de porter la sienne les sept prin-

[1] Quant tuyt ly Jueif de nostre ville havront fait lour terme, l'on ne les doibt plus avant recevoir, mais tuyt deivont allar deffors de nostre ville. A. C. — [2] Celui-ci était à la nomination des bourgeois. En 1403 Niquilli Gambach banneret du Bourg, alla commander les bourgeois *por mettre et establir l'encureir*. A. C.

cipales fêtes de l'année, savoir : à Noël trois deniers [1] pour les trois messes, à Pâques deux deniers, dont l'un pour la confession, et l'autre à l'offertoire; à la Pentecôte, à l'Assomption, à la St. Nicolas, le jour de la Dédicace, à la Toussaint. Outre cela le curé percevait toutes les offrandes portées pendant l'année sur tous les autels de l'église, au dixième près, lequel revenait au marguillier [2]. Il faut y ajouter toutes les offrandes en nature, telles que poulets, jambons, cire, pain, etc.; plus, l'argent déposé dans le tronc de St. Alexis. Il faut aussi remarquer qu'il y avait alors quarante fêtes de plus qu'aujourd'hui, et que les frais d'inhumation à St. Nicolas devaient être payés avant toute autre dette. Le curé percevait encore pour chaque veillée faite dans l'église un gros, soit treize deniers par livre pour le luminaire [3]; pour chaque bénédiction nuptiale un gros et une prébende avec deux pots de vin. Si le mariage n'était pas béni à la collégiale, chaque publication de ban faite par le vicaire valait cinq sous au curé. Par contre les jours de grande fête celui-ci était tenu de donner aux chapelains un dîner taxé à dix-huit deniers par tête.

Le service du chœur alternait par semaine, et cet usage a subsisté jusque vers la fin du seizième siècle [4]. Le marguillier était aussi prêtre, et chaque année on en choisissait un nouveau à la St. Jean. La messe des clochettes avait déjà été fondée au commencement du quatorzième siècle par Willinus de Bullo, en l'honneur de N. D. de Bulle; on l'appelait tout simplement messe *de Beata*, mais elle n'était pas chantée par les enfans de chœur, dont l'institution ne date que de 1502.

Après la communion on donnait du vin aux laïcs, et cet usage s'est conservé jusqu'au commencement du dix-septième siècle.

[1] Le denier avait la valeur du cruche d'aujourd'hui. — [2] Et est sciendum quod omnes oblationes quæ fiunt post Evangelium, quæ dicuntur ordinarii *Doysimon* in omnibus altaribus totius Ecclesiæ factæ spectant et sunt Curati, excepta decima, quæ est matricularii. — [3] De omnibus vigiliis factis in ecclesia ratione luminis, recipit unum grossum. — [4] Sacerdotes ebdomarii tenentur esse in omnibus horis illius septimanæ. Ce fut en 1418 que l'on commença a sonner la grande cloche à midi le vendredi, en mémoire de la passion du Sauveur.

Entre autres effets appartenant à la cure, et inventoriés en 1425, se trouvaient une hache d'armes et un coffre ferré, où étaient contenues les archives de l'église. C'est là qu'on remarquait ce magnifique bréviaire, qui avait coûté une somme considérable pour l'époque [1]. Il appartenait à l'autel de St. Sylvestre, qui possédait déjà un missel précieux pour l'exécution calligraphique [2]. Ces ouvrages sortaient des mains des prêtres, qui s'occupaient alors de toutes sortes de métiers.

Nos archives ne contiennent rien qui ait rapport au *siége du château d'amour*, dont le Conservateur suisse fait mention [3].

Le costume des femmes variait déjà beaucoup. Au nord de la banlieue, il se rapprochait de celui de nos paysannes allemandes, ou même des montagnardes du Guggisberg. Dans la partie romande

---

[1] Un bréviaire tout nouf, loquel fist à faire et écrire Don Pierre de Ville, curé de Fribor, in sa maison de la cure, per la main de maître Gillie, lyquel bréviaire est ly meillour et ly plus costable qui soit por le temps présent ou deinaz (décanat) de Fribor, et costa de faire plus de 10 libres losanney celluy bréviaire. — [2] Illuminaz mie et ly mellionr et ly plus costable qui soit in l'égliese. Et incelluy messoul sont les armes dou fondarre susdites illuminaz in un escu de gaules, didant lyquel est un lyon d'argent rampen et cinq rosettes d'argent. — [3] Voici ce qu'il en dit : Dans divers villages, soit fribourgeois soit vaudois, le premier dimanche de mai on élevait une espèce de château en planches de sapin et quelquefois on l'entourait d'un petit fossé. Après l'avoir construit, les jeunes gens non mariés se partageaient en deux troupes; l'une devait attaquer le château, l'autre le défendre du haut de la galerie qui en faisait le tour; à un signal donné, les assiégeans, ayant tous une rose à leur chapeau, entonnaient la chanson du château d'amour, et le siége commençait de part et d'autre. On se servait des armes du siècle. Les assaillans prenaient ordinairement le château par escalade. Après quelques heures de siége ils y mettaient le feu, et la journée finissait par des danses et des libations bachiques, dont la garnison prisonnière faisait les frais.

A Fribourg, sur la grande place, paraissait une forteresse en bois, ornée de chiffres, d'emblèmes et de devises analogues à l'esprit de la fête. Chargées de la défense du château, les plus jolies filles de la ville et des environs montaient sur le donjon. Les jeunes garçons en costume élégant venaient en foule les assiéger. La musique sonnait la charge en jouant les airs les plus tendres. De part et d'autre il n'y avait pour armes que des fleurs; on se jetait des bouquets, des guirlandes, des festons de roses, et quand cette innocente artillerie était épuisée, quand le donjon et les glacis étaient jonchés des trésors de Flore, on battait la chamade, le château arborait le drapeau blanc, la capitulation se réglait, et l'un des articles était toujours que chacune des amazones choisissait un des vainqueurs, et payait sa rançon en lui donnant un baiser et une rose. Ensuite les trompettes sonnaient des fanfares, les assiégeans montaient à cheval et se promenaient dans les rues; les dames, dans leur plus belle parure, du haut des fenêtres, les couvraient de feuilles de roses, et les inondaient d'eaux parfumées. La nuit amenait des illuminations, des festins, et des bals, etc. Conservateur suisse, tome V.

on voyait déjà les longues tresses ramassées circulairement autour de la tête. Les hommes portaient des chausses très-amples, et tailladées, un chapperon, et en hiver des fourrures. Ils étaient tous armés d'un coutelas dont les dimensions étaient fixées par un règlement. La classe aisée avait adopté les souliers à la poulaine.

L'année 1420 fut, au dire des chroniques, d'une précocité et d'une fertilité remarquables, malgré la rigueur de l'hiver. Au mois de mars les arbres étaient en pleine floraison, et le 5 avril on vendait déjà des fraises à Bâle. Quelques jours après la vigne fleurit, et quand vinrent les vendanges, l'abondance du vin ne nuisit point à la qualité.

A part une querelle avec Morat [1], à cause d'un péage perçu sur le vin (1422), nos relations avec nos voisins furent constamment amicales, surtout avec Berne.

En 1422 on fit la renovation de tous les fiefs par ordre suprême, et Jean Albi fut commis pour stipuler les actes allemands; Petermann Cudrefin stipula les actes français et latins [2].

Un traité de commerce pour les denrées et le bétail fut conclu avec les villes de Berne, Soleure, Thoune et Berthoud (1425) [3].

[1] Cette ville avait éprouvé un grand incendie en 1416. A. C. Pour l'en dédommager, Amédée VIII, qui venait d'être créé duc de Savoie, exempta les habitans de cense pour 15 ans, de tout péage dans ses états pour dix ans, et sur le lac pendant cinq ans. Il leur octroya en outre le droit de percevoir douze deniers d'argent pour chaque chariot de vin qui entrerait dans leur ville. Pellis, Elém. de l'hist. etc. tom. 2, page 111. — [2] Cudrefin fut en outre chargé des travaux suivans : 1º Une traduction libre de l'allemand juif de l'acte d'anathème que les juifs de Zurich avaient lancé contre le comte de Gruyère, et qui lui fut envoyée à sa réquisition, sur parchemin. 2º Une copie des indulgences envoyées par les électeurs pour la croisade contre les Hussites. 3º Un double des conditions stipulées avec le juif Vivant, lors du renouvellement de sa bourgeoisie. 4º Un autre double du contrat stipulé avec le juif Akin, quand il fut nommé physicien de ville. 5º L'acte latin, par lequel William Felga, commandeur de St. Jean cédait à la ville mille florins au nom de la commanderie (pour faire l'acquisition de Grasbourg); lequel acte cependant il ne voulut point ratifier, quand on lui en fit lecture. Cudrefin réclamait pour tous ces actes 19 écus d'or (33 fr. 7 s. 6 den.); on lui objecta que quand il bâtit sa grande maison, il avait reçu de la ville des pierres, de la chaux et du sable, qu'il n'avait pas payés. Enfin, par composition faite en l'assemblée des 13, on lui donna quittance de tout ce qu'il pouvait devoir à la ville, et en sus 10 fr. A. C. — [3] Ibid.

On fit de nombreux règlemens de police, surtout à l'égard des boulangers: il fut défendu de vendre du pain ailleurs qu'à la halle au pain, ou à la fenêtre du vendeur, et celui que les étrangers venaient vendre était mis à l'épreuve comme celui de la ville. Cette épreuve se faisait par trois inspecteurs qui s'associaient un boulanger. Le privilége de cuire de plus petits pains à Noël fut aboli; ceux qu'on appelait watel (du patois *vuati*) furent exceptés quant au volume, mais devaient être taxés [1]. Profitant des céréales qu'on mettait à leur disposition, les boulangers nourrissaient un grand nombre de porcs pour les revendre. Ils prélevaient en conséquence une certaine quantité de farine ou de pâte pour la cuisson du pain, et mettaient ainsi à contribution le public. On fit cesser cet abus en fixant à quatre le nombre de porcs que chaque boulanger pouvait garder, et à six deniers le prix de cuisson par coupe [2]. On leur défendit aussi de mettre du houblon dans la pâte [3].

Le vin qui faisait un grand objet de consommation et partant de revenu public, était depuis longtemps soumis à un impôt, que l'on appelle encore aujourd'hui *ohmgeld*. Les étrangers devaient en payer la moitié comme ceux de la ville, quand ils achetaient du vin en ville; les curés le payaient aussi pour le vin qu'ils vendaient, mais non pour celui qu'ils encavaient à leur usage. Les Bernois en furent exemptés, aussi bien que Hauterive pour le vin nécessaire à l'entretien du ménage de sa maison à Fribourg. Cette exception fut ensuite limitée à trois muids [4]. Les seigneurs avaient le droit de percevoir l'ohmgeld sur le vin de leurs paysans [5]. Le vin de Lavaux fut taxé à quatre deniers le pot, et celui de Neuchâtel et du Vully à trois deniers. Plus tard cette taxe fut haussée, et en 1421 il fut permis à chacun de vendre son vin à volonté. Les dettes pour l'ohmgeld, comme pour les censes dues à la ville, avaient le pas sur toutes les autres. On défendit de vendre ailleurs que sur la place devant l'hôpital le vin importé dans la seigneurie [6].

[1] A. C. — [2] Ibid. — [3] Ibid. — [4] Ibid. — [5] Ibid. — [6] Ibid.

On assigna aux marchands forains une place pour leurs boutiques, à la Grand'rue, entre la ruelle, vis-à-vis le second portail de l'église et celle qui conduisait au marché du bétail (rue des Miroirs) [1]. Le marché du samedi, qui jusqu'alors s'était tenu devant Notre-Dame, sur la place du cimetière, fut transporté sur celle qui s'étendait depuis la maison de feu Jean N. jusqu'à la grande auberge [2]. Le marché du blé ne devait commencer qu'à trois heures [3]. On prit des mesures contre la vente du poisson corrompu [4]. Il fut défendu aux revendeurs de rien acheter sur le marché avant midi sonné, et de revendre la livre de serac plus de cinq deniers; celle de beurre, neuf. Les seracs et fromages achetés en ville ne pouvaient être revendus au dehors [5].

Toute vente publique les jours de fêtes et les dimanches était défendue [6]. On assigna au petit marché une place près de la halle, du côté de l'hôpital [7].

Chaque année devait avoir lieu la visite des poids et mesures, et les mesures faites à Genève devaient être vérifiées à Fribourg [8].

On n'oublia pas les aubergistes. Il leur fut défendu de servir de la brebis ou de la chèvre pour du mouton, et de faire les portions trop petites [9].

Comme chaque maison de la rue des Prêtres avait sur le Grabensaal une issue dont on eût pu abuser, au sujet de la guerre entre Berne et le Valais, on dressa un rôle de tous les propriétaires de jardins situés de ce côté; plus tard l'ordre fut donné, à quatre reprises (1418, 1422, 1423, 1428), de murer en grilles de fer toutes ces issues [10], mais il paraît que ce règlement fut constamment éludé. Il fut défendu, sous dix livres d'amende, aux maîtres maçons et charpentiers de se charger de plusieurs ouvrages à la fois [11]. Toute charpente neuve devait être construite de manière à pouvoir être couverte en tuiles [12].

[1] A. C. — [2] Ibid. — [3] Ibid. — [4] Ibid. — [5] Ibid. — [6] Ibid. — [7] Ibid. — [8] Ibid. — [9] Ibid. — [10] Ibid. — [11] Ibid. — [12] Ibid.

CHAPITRE VIII.   253

Les carriers ne purent plus exploiter les carrières pour des particuliers, sans permission supérieure, et il fut enjoint aux ouvriers, sous serment, de dénoncer tous les contrevenants [1]. On décida aussi qu'à moins d'être carrier de profession, personne ne pouvait trafiquer avec les matériaux d'une carrière à lui appartenant [2].

On prit aussi des mesures sanitaires tant pour les hommes que pour le bétail. La ville prit à son service un médecin juif [3], et l'on prohiba l'importation de toute bête atteinte de la clavelée [4].

Les bouchers mettaient tant de ruses pour éluder les règlemens et frauder le public, que l'on fût obligé d'intervenir dans tous les détails de leur profession. Outre l'amende de soixante sous, qu'on infligea à ceux qui vendaient au-dessous du poids légal [5], on établit des hommes pour vérifier les balances dans divers quartiers de la ville; on exigea que celles-ci, ainsi que leurs chaînettes, fussent en cuivre ou en fer, que les bassins eussent plusieurs trous pour laisser écouler le liquide, et que la chair fût placée alternativement sur l'un et l'autre bassin [6], et afin qu'ils ne pussent substituer de la chèvre ou du chien au mouton, on leur enjoignit d'exposer en vente le corps entier des animaux tués, et non point des quartiers isolés [7]. On leur défendit de saigner et vuider les animaux dans l'intérieur de la tuerie, mais seulement dans la galerie attenante [8]. Les nerfs, ou plutôt les boyaux et tendons des animaux tués devaient être livrés au maître arbalétrier, à raison de cinq sous le cent [9]. On imposa encore aux bouchers d'autres conditions, qu'ils devaient jurer de remplir sous peine d'être cassés. Nul boucher ne pouvait tuer un porc, sans qu'il eût été visité par les inspecteurs [10]. L'on soumit les lépreux à un séquestre rigoureux [11]. Cependant il leur fut permis de venir mendier en ville aux quatre bonnes fêtes, le vendredi saint, et en temps de foire. Outre celà, la grande confrérie avait reçu l'ordre, dès 1392, de

---

[1] A. C. — [2] Ibid. — [3] Ibid. — [4] Ibid. — [5] Ibid. — [6] Ibid. — [7] Ibid. — [8] Ibid. — [9] Ibid. — [10] Ibid. — [11] Attendu que ly povres malades sont battus de la verge de Dioux. A. C.

donner chaque année, vers la St. Michel, huit coupes de froment à chaque malade de Bourguillon [1]. Jusqu'alors cette léproserie ne demeurait en possession que des vêtemens des lépreux qui y mouraient; tout ce qu'ils laissaient de métallique revenait aux parens ou aux légataires.

En 1437 une délégation du conseil se rendit à la léproserie de Bourguillon, et proposa aux malades les conditions suivantes :

1° Tout lépreux qui voudra jouir du bénéfice de l'établissement devra en mourant lui abandonner ses propriétés.

2° Ceux qui n'y consentiraient pas devaient aller s'établir ailleurs, dans un endroit isolé.

Ils consentirent presque tous à cet arrangement ; quelques-uns cependant demandèrent un terme pour se décider [2].

On augmenta le salaire de deux gardes stationnés sur le clocher de St. Nicolas, et on leur assura 20 livres par an, afin que, n'étant pas obligés de travailler, ils pussent exercer une surveillance non interrompue [3]. Ils servaient à tour de rôle. Pour diminuer la fréquence des incendies [4], on ordonna que tous les mantellemens en bardeaux fussent remplacés par des parois en terre ou en briques [5]. On encourageait par un don gratuit de tuiles la confection des toitures. La ville en fournissait la moitié, à condition qu'on s'engageât à maintenir ensuite la toiture à ses frais. Les couvertes de cheminées devaient être de tôle, de tuiles, ou du moins en planches bien rabottées, et les Ediles furent chargés de veiller à ce que les cheminées des fours à pain fussent en pierre, en tuf, en briques ou plâtre de gyps. Plus tard, toutes les maisons dont les murs étaient trouvés assez solides par les inspecteurs durent être couvertes en tuiles, sous peine de dix francs d'amende. On mit la forêt d'Illens à la disposition des bourgeois qui voulaient bâtir. La ville

---

[1] A. C. — [2] Il y avait alors 25 lépreux à Bourguillon, parmi lesquels se trouvaient 3 prêtres. — [3] A. C. — [4] Les chroniques font mention de celui qui éclata à la Grand'fontaine en 1424. La même année la Sarine débordée emporta un pont.— [5] A. C.

acheta pour cent quarante francs la maison de Pierre Cudrefin, située devant Notre-Dame.

On régla aussi la vente du sel; personne ne devait en débiter avant que la ville eût épuisé sa provision. Ceux qu'elle chargea de la vente faisaient payer soixante-un sous par charge, ou dix deniers et une maille [1] par chaque *benéte* [2] en détail. Ils avaient pour leur peine douze deniers par charge. Leur bénéfice était donc de 1 ⅔ p. %.

L'huile végétale était encore inconnue, et on ne faisait usage que de l'huile animale, que préparaient les bouchers. Il leur fut défendu de s'associer pour la vendre, dans la crainte qu'ils ne s'entendissent entr'eux pour le prix. Chacun devait vendre cette denrée devant sa maison; les étrangers eurent seuls la permission de tenir un marché d'huile devant l'hôpital [3].

On abolit la coutume inhospitalière qu'avaient les gens du peuple d'entrer dans les auberges pour y rançonner les étrangers [4]. On fit des lois contre les fravailleurs [5], et il ne fut permis qu'aux bourgeois de couper des hêtres dans les Joux-noires [6].

Jusqu'alors il paraît que le torrent du Gotteron n'avait coulé qu'au profit des particuliers qui les premiers avaient pris possession de ses bords. La communauté résolut d'en tirer parti à l'avantage de tous les bourgeois; à cet effet elle acheta de la Maigrauge le moulin que cette abbaye possédait à l'entrée de la vallée; les trois foulons furent convertis en moulins, et tous les jardins qui payaient un cens à la ville dûrent lui être abandonnés. On plaça la fontaine du Gotteron sous une surveillance particulière, afin qu'on pût en tout temps y abreuver les chevaux [7].

Les abbayes furent sommées de soumettre à la sanction des Deux-Cents un nouveau projet de règlement; mais on conserva

---

[1] Le marc d'or valait alors 65 écus, l'écu 33 sous, le denier 4 mailles. Il y avait aussi une espèce de monnaie qu'on appelait des *blancs* et des *seizains*; sept blancs valaient 4 sous 1 denier. — [2] 12 pains de sel faisaient une *benéte*, et 4 benétes une *charge*. — [3] A. C. — [4] Ibid. — [5] Ibid. — [6] Ibid. — [7] Ibid.

préalablement un statut consacré par un ancien usage, et excluant de l'abbaye tout ouvrier qui refuserait de se soumettre à sa juridiction [1]. On régla la réception des apprentis, et l'on fixa la finance à payer pour devenir maître (1425) [2]. On assigna aussi à chaque corps de métier sa place respective à la procession de la Fête-Dieu, et l'abbaye des charpentiers, qui n'en faisait alors qu'une avec celle des maçons et des carriers, eut le pas sur les autres [3]. Il fut défendu de recevoir membre des abbayes un domestique quelconque [4]. L'hôte de l'abbaye devait éclairer la maison et entretenir les portes ouvertes comme si c'eût été une auberge. Cependant un valet pouvait se faire recevoir en l'absence de son maître, avec la permission de celui-ci [5].

Il fallut aussi mettre un frein à la fureur du jeu, qui commençait à s'emparer de notre population, malgré les défenses antérieures. Une ordonnance de 1427 défendit de jouer ailleurs que près de la tour du bourg, sur la place publique, près de la porte. On excepta de cette défense les membres des abbayes dans le lieu de leur réunion, les jeux des tables et des échecs. On finit même par interdire tous les jeux à la campagne dans les auberges. On pria les seigneurs de consentir à ce que toute personne qui laisserait jouer chez elle fût condamnée à soixante sous d'amende, au profit de la fabrique de St. Nicolas. On n'excepta que l'arbalète, la boule, et autres jeux semblables [6].

Mais la sollicitude du gouvernement se portait spécialement sur l'industrie manufacturière des draps, dont la renommée était alors européenne, et l'on veillait avec sévérité à ce que les matières premières ne fussent point livrées à des manipulations frauduleuses. Aux règlemens déjà mentionnés plus haut, on ajouta les suivans : Avant d'être vendue, la laine devait être passée à la douane et examinée [7]. On avait nommé à cet effet deux inspecteurs à chaque

---

[1] A. C. — [2] Ibid. — [3] Ibid. — [4] Ibid. — [5] Ibid. — [6] Que nul non y juig saulva a arbalestez gangala et tels juef. A. C. — [7] Les tisserands étaient obligés de rendre fidèlement toute la laine non tissée qui restait au bout de la pièce de draps.

faubourg [1]. Ils étaient en outre chargés de vérifier la bonne qualité du drap, et d'apposer le sceau de la ville [2] à chaque pièce reconnue bonne. Quand le drap n'était pas trouvé bon, au lieu de le plomber, on faisait deux trous au bout de la pièce [3], qui alors, pour être exportée, devait être placée de manière à ce que la lisière percée fût en évidence. Les plombeurs, qu'on appelait *Sellare*, avaient pour salaire la moitié de leur recette [4].

Il fut défendu de vendre de la laine qui n'eût pas été préalablement lavée, pesée à la douane et examinée par les inspecteurs ; toute la laine non tissée qui restait au bout d'une pièce, devait être rendue aux marchands ; on fixa la dimension que devait avoir chaque pièce ; on interdit aux juifs la fabrication du drap, et comme à l'approche des foires on foulait et appareillait les pièces trop précipitamment, on ordonna que ces préparatifs fussent achevés huit jours avant chaque foire de Genève, sous peine de non expédition. On obtint même des Bernois la permission de vendre dans leur ville les produits de nos manufactures, et notre drap était le seul de fabrique étrangère dont ils autorisassent le débit. Quand Fribourg eut été admis dans la Confédération par l'entremise de Nicolas de Flue, on ne crut pouvoir mieux reconnaître ce grand service, qu'en lui faisant cadeau de deux pièces de notre drap, l'une blanche, l'autre grise.

C'était à Genève que se faisaient les emplettes de laine les plus considérables, mais la diversité des monnaies rendait les transac-

---

[1] Le quartier du Bourg n'avait point de scelleur, parce qu'on y vendait seulement les draps, et que ceux-ci étaient fabriqués dans les faubourgs. La prospérité de cette industrie se mesurait sur la quantité de sceaux apposés chaque année. — [2] On avait changé l'inscription primitive dès l'an 1334. Ce sceau, qu'on appelait le grand, et dont on commença à se servir vers la fin du quatorzième siècle, représentait aussi trois tours, mais la première était ronde et plus élevée que les deux autres. Celles-ci étaient de hauteur égale et jointes par une espèce de rempart. Elles étaient munies de cinq petites ouvertures en sautoir avec cette légende : *Sigillum magnum communitatis Friburgensis.* Chronique Lenzbourg ad annum 1370. — [3] Lon fa dou pertuys au chavon dou drap qui non est salaz. Ordon. de 1424. — [4] Dans les temps prospères on plombait jusqu'à vingt mille pièces de drap par an, et, s'il n'y a pas d'erreur de chiffre, on trouve dans les registres officiels qu'en 1466 on employa 37,500 sceaux.

tions commerciales difficiles. On fut même obligé d'enjoindre aux fabricans fribourgeois de ne pas convenir des prix en écus de France, qui ne leur étaient pas familiers, mais en florins de Genève, évalués à sept gros. On fit une addition aux anciennes ordonnances sur les draps, et s'il s'en trouvait qui ne fût pas de mise, le fabricant était puni d'une amende, dont le tiers revenait au délateur. On construisit entre l'hôpital et le pont de pierre la halle aux draps, dont le rez-de-chaussée fut destiné à la vente du pain. On employa à cette construction 26,350 tuiles [1].

La communauté possédait aussi à Genève une halle destinée à la vente de nos draps; mais les Fribourgeois qui y demeuraient pouvaient vendre le drap dans leurs chambres. En 1432 on fit avec l'évêque de Genève un traité pour l'agrandissement de cette halle, et l'on mit un impôt sur les draps pour payer les frais de cette construction.

On comptait alors dans le seul quartier du Bourg quatre-vingt-quinze magasins de draps. On en voyait dans presque chaque maison de la Grand'rue; toute la place des Rames était garnie d'échelles pour suspendre jusqu'à cent pièces de drap [2]. Il y avait en ville quatre-vingt-seize boulangeries, et autant d'ateliers pour les cordonniers.

D'autres industries par contre n'étaient que peu ou point cultivées. Nous étions obligés de faire venir de Berne les paveurs, les chirurgiens et les barbiers. Nous n'avions point de couvreurs, et il fallut une fois recourir à Soleure pour avoir des ménétriers [3].

Conformément à une ordonnance de 1409, les bourgeois forains devaient payer annuellement un impôt de dix sous. Le receveur des censes de la ville eut ordre de les enregistrer dans sa recette, et ceux qui refusaient de les acquitter étaient

---

[1] Chronique anonyme. — [2] Das Tuchgewerb was dermassen uffkhommen dass in der nüwen statt von den krutgartnern so den Hüser uff der Burg an der Richengas gehörend sind, bis gegen der sana derselb Platz allein mit Ramen die Tücher daran uffhenken und stecken verfüllt war, also das man 100 stuk einsmals uffhenken mochte, Ibid. — [3] A. C.

CHAPITRE VIII. 259

censés renoncer à leur bourgeoisie, et partant condamnés à payer soixante sous; par contre les paysans s'inscrivaient dans le livre neuf commencé en 1415.

Jusqu'ici on n'avait inscrit les noms des bourgeois que sur des rôles de papier comme on inscrivait les lois et ordonnances sur des feuilles de parchemin détachées. On résolut à la fin de cette année d'inscrire les bourgeois dans un grand livre en parchemin et solidement relié [1].

Par contre les teyses [2] furent déclarées rachetables, à l'exception de celles qui étaient dues au curé de ville. Chacun put s'en affranchir en en payant vingt-quatre fois la valeur, mais personne ne fut libéré de cette redevance foncière. On décréta en outre que nulle cense ou rente quelconque ne pourrait à l'avenir être affectée sur un immeuble de la ville, en y ajoutant qu'elle ne pouvait être rachetée au taux légal. En conséquence de la première ordonnance, il s'opéra de suite un grand nombre de rachats, comme on peut le voir dans les comptes du trésorier [3].

Les parens d'un homme qui avait été tué, ayant fait leur paix avec l'homicide, à condition qu'il ne se montrerait jamais dans certaines rues, le conseil cassa cette condition, toute la ville devant être libre pour tous ses habitants (1426).

Plusieurs débiteurs se défaisant clandestinement de leurs propriétés pour frustrer les créanciers de la part qu'ils pouvaient y prétendre, il fut défendu de vendre les immeubles autrement qu'entre les mains du chancelier qui, après en avoir écrit la stipulation, devait l'afficher à la salle du conseil, et l'y laisser pendant un an. Si une subhastation se trouvait déboutée par un titre plus ancien, le porteur de celui-ci n'était tenu à aucun dédommagement.

[1] Le parchemin, y compris le ferrement en bronze, coûta 11 fr. 8 sous 4 den. La reliure fut confiée au curé d'Ependes, à qui l'on paya 50 sous. A. C. — [2] C'était les censes de 12 deniers affectés sur les maisons, jardins ou tout autre immeuble de la ville, lesquelles constituaient l'impôt fiscal, le seul qui restait au seigneur depuis qu'il avait aliéné le péage. — [3] A. C.

260 PREMIÈRE PARTIE.

Nous terminerons ce chapitre par la grande procédure qui fut instruite contre les Albigeois, en 1430. Nous avons vu, sous date de l'année 1399, comment la doctrine de ces sectaires s'était insinuée dans Fribourg. Malgré l'enquête inquisitoriale qui eut lieu, cette secte, loin de s'éteindre, ne cessa de s'alimenter en secret. Il paraît cependant que le gouvernement en eut quelque soupçon, car ayant remarqué qu'il s'établissait des écoles particulières, où l'on apprenait aux enfans la palette, les sept psaumes, et même d'autres livres de grammaire, *voire la logique*, on défend tous ces établissemens, et, hors de la grande école, il ne fut permis d'apprendre aux enfans qu'à lire et à écrire [1]. Cette ordonnance fut réitérée à six mois d'intervalle.

On fit venir alors (1423) le missionnaire maître Raphaël [2], le même qui, l'année précédente avait prêché la croisade contre les Hussites [3]. Il prêcha sur la Planche quatre jours de suite. Pendant ce temps on plaça un homme de garde à chaque porte; outre cela quatre hommes à la Neuveville, quatre hommes en l'Auge, quatre sur les Places, quatre aux Hôpitaux et deux au Bourg; en tout vingt-trois hommes, à qui l'on donna trois sous par jour. A cette même époque eut lieu à Berne une inquisition contre les Vaudois. Maître Bertrand Dominicain qui la présida, s'arrêta à Fribourg avec trois compagnons pendant vingt jours. L'année suivante (1429) arriva à Fribourg le général des Dominicains. (*Lo Soverain dei Jacopin.*) Plusieurs personnes suspectes d'hérésie, la plupart du sexe, furent arrêtées, en suite de la procédure qui s'instruisit. Yanno Michels du Valais, et Anne Grauser de Cerlier furent condamnées au feu [4]. L'année suivante eut lieu une nouvelle

---

[1] A. C. — [2] Maître Raphaël était venu à Fribourg accompagné d'un chevalier, de trois religieux et de deux pèlerins. Cette escorte lui avait été donnée par l'évêque de Lausanne, qui intervenait par ses députés chaque fois qu'un envoyé du pape venait exercer quelque acte d'autorité apostolique. L'entretien de toutes ces personnes coûta cent sous six deniers. On fit en outre cadeau au prédicateur de 5 1/2 aunes de drap noir, à 36 sous l'aune, et de 6 aunes de drap bleu, à 16 sous l'aune. — [3] Déjà en 1421 les quatre électeurs d'Empire nous avaient requis officiellement de prendre part à la guerre contre les Hussites. On donna un florin d'Allemagne, valant 24 sous au messager qui apporta leur lettre. — [4] Les actes de cette procédure ne nous sont pas parvenus, mais bien ceux de l'an 1430. Ils forment un cahier de 84 feuilles in-folio, avec un répertoire contemporain.

procédure, qui commença le 23 mars 1430, et ne finit que le 30 juin de la même année. Le tribunal siégeait à la chambrette de St. Nicolas (sacristie), et se composait de Jean de Columpnis, licencié en droit canon et commissaire épiscopal; de Guillaume de Vufflens, commissaire; d'Uldric de Tarente, inquisiteur (*Inquisitor hæreticæ pravitatis*). Les assesseurs étaient maître Bertrand Borgognon, professeur en théologie, frère Guido Flamochetti, de Chambéry, Jacques Lombard, avoyer (remplacé quelques fois par Hensli Felga, son lieutenant), Jacques d'Englisberg, Petermann Cudrefin, secrétaire, Jacques Perroman, Petermann Malchi, Mermet Arsent, banneret des Hôpitaux, Jean Papin, banneret du Bourg, et Jacques Gugglenberg, banneret de l'Auge. Y assistèrent aussi quelquefois Ulli Bucher, bourgmaître, et frère Hans, lecteur des Augustins à Fribourg. Le premier interrogatoire eut lieu à la maison de ville [1]. Le principal accusé était la femme Anguille Brechiler de l'Auge, Béguine de l'ordre de St. Augustin, qui fit un exposé sincère de la doctrine, avoua s'être trouvée deux fois aux assemblées; la première fois dans la maison de Marmet Hugues à la Neuveville, où elle avait été introduite par la femme Greda Nükommen de Brünisried, la seconde fois dans la maison de la femme Troguerra, au Stalden, et que la femme Greda *cum naso* avait été son introductrice; que les apôtres de la secte étaient reçus et hébergés chez Watzower de Bâle, qui avait épousé la fille de Marmet Hugues; qu'à la seconde assemblée elle avait trouvé, outre la Troguerra, sa fille et le mari de celle-ci, Conrad Wasen, ainsi que Richard de Maggenberg [2]; qu'elle s'était confessée aux apôtres, et leur avait payé trois deniers; qu'ils portaient le costume d'honnêtes marchands, etc. [3].

Les interrogatoires eurent aussi lieu sur le cimetière de St. Nicolas, où l'on dressait des sellettes pour les accusés. Ils y parais-

---

[1] Rue du Pont suspendu. — [2] Celui-ci était depuis longtemps accusé d'user de sortiléges et d'évocations magiques pour découvrir des trésors cachés dans les souterrains de son manoir, dont on voit encore les ruines sur les rochers sauvages qui dominent la Singine. — [3] Wilhelm Studer était alors curé de Fribourg depuis

saient affublés de vêtemens baroques, auxquels on avait attaché des croix jaunes en toile. Pendant les huit semaines qu'il resta à Fribourg, maître Bertrand fit quarante-six sermons, pour lesquels il reçut soixante-six florins d'Allemagne. On fit à l'occasion de cette procédure neuf cent six écots chez Bérard Chausse, à raison de deux sous six deniers par tête, sans compter ce que coûta l'entretien des chevaux et des mulets. Les frais d'auberge s'élevèrent à cent louis de notre monnaie, et la somme que coûta toute cette affaire s'éleva à six cent quatre livres, deux sous, dix deners, soit deux mille quatre cent trente-trois francs.

1412. Son frère et ses sœurs appartenaient à la secte; sa mère défunte les y avait introduits. Lui-même avait tenu une conduite équivoque et entretenu des liaisons intimes avec la Béguine Nesa. En 1424 il fut nommé par le pape chapelain du St. Siége. La ville, craignant que cette nomination ne portât préjudice au droit de patronage de la cure de St. Nicolas, députa le chancelier Cudrefin à l'archevêque de Tarentaise pour s'en assurer. En 1425 Studer partit pour Avignon, où il avait étudié autrefois, dans le but d'y continuer ses études. Il avait dressé auparavant un état de tous les meubles de la cure, des devoirs du curé (cet état détaillé se trouve aux archives) et de ses revenus. Il avait remis ceux-ci à la fabrique de l'église, à la charge de faire desservir convenablement la paroisse, et de lui envoyer annuellement 2 marcs d'or (le marc d'or était compté à 66 écus de France, plus tard à 60 florins du Rhin). Pendant l'absence du curé, ce fut le Dominicain inquisiteur qui remplit ses fonctions, mais son premier remplaçant avait été Dom Rodolphe Raissy, auquel on assura un traitement de 20 fr. pour sa table, avec logement, et les bénéfices du vicariat. On fit également un convenu avec Dom Pierre Machiraz, curé de Villars-le-terroir et vicaire de la paroisse de St. Nicolas. Il percevait 18 francs par an. La mère de Dom Huser fut chargée de recueillir les offrandes. Le recteur de la fabrique eut ordre de placer dans la cave de la cure un tonneau de vin rouge de 2000 pots, pour l'usage des autels. Il paraît par la lettre de rente qu'on fit en 1439 en faveur du remplaçant, que la ville fut très-mécontente de la conduite du curé. (*Cum jam diu discretus vir D. W. Studer... residentiam cessaverit facere personalem in villa Friburgi, et sibi, ecclesiæ populoque parochiano ejusdem servire, prout decet et congruit, non curaverit; quod in præjudicium et displicentiam totius popularis dicti loci friburgi cadit atque dampnum redundat etc.* Arch. de la Commanderie, n° 101.) Cependant plusieurs personnes crurent que les études n'avaient été qu'un prétexte, et que le véritable motif de son éloignement était que son frère, sa sœur et sa belle-sœur avaient donné dans la secte des Vaudois sans qu'il ait pu les ramener. Peut-être ses propres convictions étaient-elles aussi ébranlées, et qu'il voulut les raffermir par de nouvelles études. Quoi qu'il en soit, après une absence de 7 ans, pour laquelle M. Studer donna une quittance de ce qui lui était dû, il fit un nouvel arrangement pour 3 autres années, à raison de 120 florins du Rhin par an. Son étoile, ne moins que ses goûts peut-être, devaient le tenir éloigné de ses ouailles. Après dix ans d'absence, M. Studer revint à Fribourg, mais n'y resta que 3 ans. Le 28 août 1438, appelé pour assister au concile de Bâle, il fit avec la ville un nouveau convenu pour 6 ans, par lequel il se réservait une pension annuelle de 120 florins, payables par dividendes trimestriels. Deux Perroman se portèrent cautions de cette redevance, sous l'obligation de tous leurs biens. Mr. Studer ne fut donc point présent à l'inquisition.

On arracha aux accusés plusieurs aveux par la torture. L'un d'eux, Péter Sager, fut condamné au feu, les autres à une longue prison ou à des amendes plus ou moins fortes, dont la somme s'éleva à quatre mille cent trente-une livres quatorze sous. Le frère du curé y fut pour six cent quatre-vingt-sept livres dix sous. Plusieurs personnes distinguées payèrent des amendes pour hérésie, sans que le public en fût instruit.

L'inquisiteur et l'official de Lausanne, accompagnés du curé d'Avenches et de frère Guillaume, vinrent à Fribourg (1432) pour délivrer les femmes qui étaient détenues par sentence de l'inquisition. A cette occasion, l'avoyer et plusieurs membres du conseil dînèrent avec les délégués épiscopaux chez Bérard Chausse [1].

Ce ne fut pas sans peine qu'on s'empara de Richard de Maggenberg. Il paraît qu'il opposa une vive résistance aux sbires chargés de le prendre. Il parvint à s'évader, et ses biens ayant été confisqués, il cita tous les Fribourgeois par devant le tribunal de Rothweil; l'avoyer fut obligé de se rendre à Bâle à ce sujet. Richard ne fut arrêté qu'en 1437, à Bâle, par le bourgmaître Jean Bugniet, ou plutôt par le *sudant* du concile, auquel on donna huit florins d'Allemagne pour sa peine. Sa famille obtint pourtant son élargissement sous caution, et on lui envoya un sauf-conduit de la part de Messeigneurs et de l'Evêque. Celui-ci fut requis, ainsi que l'inquisiteur, de poursuivre la procédure. Ce fut maître Antoine de Prez, chantre de Lausanne, qui plaida contre Richard à Bâle. On fit venir de Soleure les époux Wasen, ainsi que d'autres personnes de Neuchâtel et de Schwarzenbourg, comme témoins à charge. Enfin la sentence fut prononcée contre lui au prône par frère Guillaume de Vufflens [2].

Des réfugiés de l'Orient, nommés mal à propos Bohémiens, et chassés de leur pays pour des raisons que nous ignorons, vaga-

---

[1] L'apothicaire Raymond fournit pour ce dîner une boîte de confitures qui coûta 18 sous. — [2] En 1438, Hensli d'Oberschwenny, fils de Richard de Maggenberg, fut également arrêté.

bondaient alors par toute l'Europe par bandes plus ou moins nombreuses. Ils avaient déjà paru à Fribourg en 1419, sous le nom de Sarrazins, et conduits par un chef qui prenait le titre de duc André d'Egypte. Pendant leur séjour on les fit garder pendant quatre nuits par dix hommes, et quand ils repartirent on les fit escorter jusqu'à la frontière par deux sautiers à cheval. On donna au duc dix-huit pots de vin d'honneur, à ses gens pour soixante sous de pain et une bosse de vin contenant trois chevalées (300 pots) et 5 coupes (40 pots). L'un d'eux, nommé Barthélemy, resta et se fit baptiser. On lui donna un florin d'Allemagne (21 sous).

Une seconde bande moins considérable, et commandée par le duc Michel le petit parut treize ans plus tard (1432) aux portes de la ville. On y plaça de suite trois hommes pour les empêcher d'entrer, et on leur assigna une place où ils pussent camper. Les sautiers se rendirent à plusieurs reprises dans ce camp, pour voir ce qu'ils faisaient. On leur donna cent trente-cinq pots de vin, trois chars de bois, vingt-cinq gerbes de paille, ainsi que de l'argent pour du foin et du pain. Quand ils repartirent, au bout de deux jours, on les fit escorter jusqu'à Farvages (Schmitten), par l'huissier Wolleben.

CHAPITRE IX.

Administration de la justice. — Sigismond confirme nos priviléges. — Brouillerie entre l'Autriche et la Savoie. — Tribunal secret de Westphalie. — Pierre Herzog. — Usage de la langue vulgaire dans les actes publics. — Grande famine. — Les Ecorcheurs en Bresse. — Déloyauté de la Savoie — Visite du Pape. — Visite de l'Empereur. — Sévérité des lois. — Règlemens de police. — Instruction publique. — Modifications législatives. — Petites expéditions militaires. — Louise Rich. — Interdit. — La Savoie déclare la guerre à l'Autriche. — Conséquences fâcheuses qui en résultent pour la Communauté. Réclamations infructueuses. — Le bourreau de Berne est tué à Fribourg. — Ce meurtre brouille les deux villes.

Le Conseil de justice était alors composé comme suit : Hensli Felga, Petermann Cudrefin, Pierre Marsel, Ulli Bucher, Jean Bugniet, et Jean Aygro. Chaque membre avait un traitement annuel de vingt livres, et recevait en outre des mains du grand sautier six sous par présence (Sitzgeld); celui-ci avait pour sa peine un florin par an. Malgré celà les absences au tribunal étaient fréquentes et nombreuses. Les conseillers préféraient passer leur temps à la campagne, ou le consacraient tout entier à leurs affaires commerciales. Aussi la communauté avait-elle recours à des règlemens périodiques très-sévères pour l'administration de la justice. On supprima les séances des jours de marché et pendant tout le temps que durait la foire de Genève, et même les quinze jours suivans. On fit une exception en faveur des étrangers. Le tribunal était convoqué par l'avoyer, à l'heure qui lui convenait, mais toujours avant midi. C'étaient les gardes du clocher qui donnaient le signal, en frappant d'abord sept ou huit coups sur la petite cloche, puis autant sur la grande. Les vacances du tribunal duraient depuis la St. Jacques jusqu'à la St. Barthélemi. Plus tard on imposa au Tribunal une session d'un mois, pendant laquelle toutes causes devaient être appelées sans autre interruption que les dimanches et jours de fête, *attendu*, est-il dit dans cette ordonnance, *que les bonnes gens de la ville sont meney per justise aucone fois trop longuement, et que ung très-grant profit seroit au communaul peuple que ly justise fust abréviée, à celle fin que chascun poust faire sa besognie en son hostel ou autre part*[1]. Tous les seigneurs de fiefs avaient leur justice particulière, l'hôpital même avait la sienne. Les seigneurs et chevaliers et l'avoyer même ne faisaient pas difficulté d'assister à ces tribunaux inférieurs comme assesseurs.

Tous ceux qui paraissaient en justice, tant l'acteur que l'accusé, devaient promettre qu'ils s'en tiendraient à la sentence prononcée à Fribourg, et qu'ils n'en appelleraient pas à un tribunal étranger.

On fixa le débat des causes des ressortissans de la seigneurie de la ville au lundi, mardi et mercredi. C'est le premier établissement du tribunal qu'on a ensuite nommé la *Chambre du droit rural* (Landgericht). Il fut pareillement décidé (1440) que, pour ne pas laisser traîner les procès, le tribunal s'assemblerait l'après-dîner quand il y aurait conseil le matin.

On trouva à propos d'envoyer l'avoyer Jacques Lombard et le chancelier à Bâle, où se trouvait alors Sigismond, pour obtenir de cet empereur une nouvelle ratification de nos priviléges (1433). Cette bulle d'or, qui se trouve encore dans nos archives, coûta près de cent louis (291 livres, 10 sous, 9 deniers)[2].

Le même empereur octroya l'année suivante aux frères Perroman de Fribourg une bulle d'indemnité contre la Savoie et l'Autriche. Ces deux princes se faisaient mutuellement tout le mal possible, sans en venir à une guerre ouverte. Les préposés autrichiens arrêtaient et dépouillaient non-seulement les marchands

---

[1] A. C. — [2] Le chancelier Techtermann nous en a laissé une traduction allemande, qui se trouve dans la collection de 1589. Le sceau seul de cette bulle, qui était d'or, coûta 25 ducats.

savoyards, mais même ceux de Fribourg, quoique ressortissans de la seigneurie. D'un autre côté la Savoie, munie de patentes de représailles, se vengeait sur tous les vassaux de l'Autriche. Qu'on juge de la situation de notre commerce! Les ducs d'Autriche n'en continuaient pas moins d'exercer leurs droits de suzeraineté. Frédéric confirma le chevalier Guillaume Felga, et plus tard Jacques Perroman, dans la place d'avoyer [1].

On sait quelle redoutable autorité exerçait alors en Allemagne le tribunal secret de Westphalie, connu sous le nom de *Vehmgericht*. Elle s'étendait jusqu'en Suisse, et plus d'une fois sans doute le poignard vengeur d'un franc-juge frappa sa victime dans les sentiers solitaires de nos Alpes. Les empiétemens de ce tribunal sur les juridictions municipales se multiplièrent à tel point, qu'il se tînt tout exprès un grand congrès à Bâle, au mois d'Août 1436, auquel assistèrent les députés de l'Autriche, ceux de quinze villes de la Suisse, et pour Fribourg l'avoyer Felga et Bérard Chausse. On y décida qu'on ferait d'énergiques réclamations auprès de l'Evêque de Cologne, duc de Westphalie. Jakob d'Englisberg fut envoyé deux fois à Berne à ce sujet, avec Augustin Vogt. L'avoyer Felga y fut aussi à deux reprises.

Un certain Pierre Herzog, fils de Jacques Herzog, bourgeois de Fribourg, fit quelque bruit à cette époque. Puni de prison pour usure, il avait été relâché sous serment (Urfehde) prêté sur le cimetière des Cordeliers [2]. Il fut incarcéré de nouveau pour s'être répandu en menaces contre les Fribourgeois, et avoir dit qu'il brûlerait volontiers la maison de Marmet Arsent (1437), si elle ne se trouvait pas si près de la sienne. Avant de l'exiler on lui fit prêter un nouveau serment sur le cimetière de St. Nicolas [3]. Il alla s'établir à Strasbourg, où il fut reçu bourgeois, et inquiéta encore beaucoup les Fribourgeois par des procès qu'il leur suscita pendant les années 1454, 55, 56, 57 et 58. Ce qu'il y a de remarquable, c'est que dans aucun des actes rédigés à son sujet, ce

[1] A. C. — [2] Ibid. — [3] Ibid.

Herzog ne soit titré de bourgeois, quoique son père le fût; nouvelle preuve que le droit de bourgeoisie était purement personnel, malgré quelques assertions contraires.

L'usage s'était conservé de stipuler les actes publics en pleine rue et en latin. On exigea que dorénavant toute stipulation notariale se ferait en présence de deux témoins [1]; on permit aux notaires l'usage de la langue vulgaire [2] (cette sage mesure ne fut adoptée par l'empire que seize ans plus tard), mais la charge de tuteur leur fut interdite, *quar*, dit naïvement l'ordonnance, *il semble à aulcone gens que les dits notoires soent trop subtil à desbattre ou faire desbattre la raison de ceulx ou de celles deisquelx lour sont advoye*. La même interdiction fut imposée aux gens d'église, hormis pour leur proche parenté [3], et en renonçant à tous leurs priviléges (1438).

Il y eut cette année une grande famine. Pour émouvoir les grands propriétaires en faveur des pauvres, des clercs représentèrent l'histoire du mauvais riche.

Les écorcheurs ayant envahi la Bresse, la Savoie réclama notre secours, et fut si contente de ce que nous fîmes à cette occasion, que les deux princes de Piémont vinrent à Fribourg faire leurs remercîmens. Cette visite inutile coûta encore beaucoup à la ville, car ces messieurs n'avaient pas moins de trois cent soixante-cinq chevaux, et ils burent deux mille cent cinquante-neuf pots de vin [4].

Cinq années après, nous assistâmes encore la Savoie contre les mêmes ennemis. Deux cent cinquante Fribourgeois partirent pour cette expédition, et furent vingt-six jours en campagne. Les hommes de cheval recevaient dix sous par jour, et les piétons six. Nos troupes furent commandées par Guillaume d'Avenches. Jean-Pavillard était son lieutenant. Les autres officiers étaient: Antoine de Saliceto, Jean Musilier, Pierre Feguilly et Marmet Bollion. La chronique de Fruyo place la fin de cette expédition à la date du

---

[1] A. C. — [2] Ibid. — [3] Ibid, — [4] Ibid.

11 mai 1443. Les Bernois qui avaient pris part à la campagne passèrent à leur retour par Fribourg, au nombre de neuf cent quatrevingt-un hommes et trois cent trente-huit chevaux [1].

Mais c'est surtout dans ses crises financières, que la Savoie avait recours à Fribourg, et quoique l'emprunt fait cinquante ans auparavant ne fût pas encore remboursé, on se laissait toujours abuser par les cajoleries de ce perfide voisin. Toutefois avant de renouveler une demande d'argent, Louis essaya de nous tranquilliser au sujet du premier emprunt fait à Bâle par son grand-père, en 1387 (*in solutionem gravium debitorum*, etc.). Par un acte daté de Thonon, le 18 mars 1438 (la cour de Savoie ne suivait pas alors le style florentin), il annula la validité des lettres de rente, qui s'étaient égarées, et que les créanciers, quoique déjà satisfaits, eussent pu refaire valoir, si elles étaient retombées entre leurs mains sans être cancellées. Puis, pour s'insinuer encore plus dans la confiance des Fribourgeois, et les engager à fréquenter les foires de son ressort, il défendit (1438) de gager ou barrer les marchandises des Fribourgeois [2].

Jean de Prangins occupait alors le siége de Lausanne. Il fut déposé par le concile de Bâle, qui nomma à sa place la Palud. Un député du concile vint pour en afficher les bulles à la porte de St. Nicolas. Mais Fribourg, attachée à l'ancien prélat, ne tint pas compte de cette déposition, non plus que le reste du diocèse. Il s'ensuivit un interdit (1439) dont on ne permit pas la publication, et l'on plaça deux sentinelles, qui veillèrent nuit et jour aux portes de la Collégiale, et de Notre-Dame, pour empêcher qu'on l'y affichât.

Sur ces entrefaites, le duc Amédée fut élu pape, et prit le nom de Félix V (1439). La plus grande partie de la France, la Bourgogne, les ducs d'Autriche et de Bavière, la Savoie, le Milanais et les Suisses, de même que les villes de Fribourg et Soleure, em-

---

[1] Chronique. — [2] Cet acte ne se retrouve plus aux archives.

brassèrent son parti. L'empereur Frédéric IV et plusieurs princes d'Allemagne demeurèrent neutres, jusqu'après la mort d'Eugène IV, qui arriva en 1447. Avant de se rendre au concile de Bâle, il donna à Humbert de Savoie, son frère naturel, une très-grande quantité de fiefs de la baronnie de Vaud, entr'autres le comté de Romont et Montagny [1].

Une petite brouillerie avec le sire de Chalant sembla être le prélude de la guerre qui nous menaçait. Ses paysans ayant coupé la potence de Cottens, le bourguemaître de Fribourg, accompagné de trente hommes que commandait le grand sautier, se transporta à Torny-le-grand, et enleva par manière de gagemens trois hommes qu'il emmena à Fribourg. Trois autres étaient déjà détenus à la mauvaise tour (1439) [2].

Deux années après, le duc de Savoie sollicita et obtint un nouvel emprunt de dix mille florins, que Félix V, son père, devait payer à la chambre apostolique. Celle-ci s'engagea au rembours de cette somme, et, en attendant, à payer un intérêt de cinq pour cent (*cum censu de quinque pro centenario solvendo*). Les deux fils du pape et dix seigneurs se portèrent cautions de cette dette. Cependant, loin d'en retirer une obole, nous fûmes obligés d'en acquitter une valeur triple, comme on le verra bientôt[3]. En retour, par bulle datée de Bâle le 27 Juillet 1441, le pape accorda à l'abbé de Marsens l'usage des ornemens pontificaux. Il daigna même en se rendant au concile de Bâle, nous honorer d'une visite (1440), dont les frais pour la ville s'élevèrent à cinq

---

[1] Pellis. Elémens de l'histoire de l'ancienne Helvétie, tome 2, pag. 116. — [2] Fribourg, ainsi que tout son territoire, était entouré de trois côtés par des seigneuries et des vassalités de Savoie, parmi lesquels la baronnie de Pont était une des principales et des plus voisines de cette ville. — Boniface de Chalant, seigneur de Villarsel sous le Gibloux, possédait, avec la maison de Menthon, la seigneurie ou baronnie de Pont. Il était aussi seigneur de Cottens, conjointement avec l'abbé d'Hauterive. Chronique Lenzbourg. — [3] En 1445 la cense due par le duc de Savoie pour l'année précédente n'étant pas encore payée, nous fûmes obligés d'envoyer à Francfort les ôtages suivans: Ruof Reinhart pour W. Felga, le garçon de P. d'Englisberg pour son maître; le garçon de Willi Perroman pour son maître; Willi Corday pour J. Pavillard; Marmet Grand pour J. Gambach.

cent soixe-neuf livres, huit sous, sept deniers (plus de 4,500 francs). On envoya à sa rencontre Guillaume d'Avenches jusqu'à Payerne [1]. Chaque propriétaire reçut l'ordre de placer devant sa maison une cuve pleine d'eau, et de tenir sa cuirasse prête. On donna trois sous à chacun des hommes qui sonnèrent les cloches. Le Bourg fut chargé de nourrir trois cent soixante chevaux, l'Auge trois (?), la Neuveville cent deux, les Places trois sent soixante-deux [2]. Ce fut peut-être à l'honneur de sa Sainteté qu'on célébra sur la Planche une espèce de joûte, où l'avoyer Felga rompit une lance avec le comte de Gruyère. Ce jour-là vingt-quatre hommes montèrent la garde [3].

L'année suivante une affaire peu grave occasiona de grands frais. Un nommé Jota ayant contrefait le sceau de la ville se sauva. Le messager Schwendimann fut envoyé avec une lettre patente pour le faire arrêter où qu'il se trouvât. Ce fut à Constance. Monsieur Wilhelm Felga s'y rendit de suite, avec Rodolphe de Vuippens. Ils y furent à deux reprises, car le messager avait été arrêté. Jota fut banni [4].

Divers règlemens furent faits à cette époque pour l'entretien des étangs, la police des fontaines, les assignaux des femmes, le parcours des brebis, les échelles de la ville, les cas d'incendie, la propreté des rues et des conduits, les actes obligatoires, les cabaretiers, les mascarades, la réception des apprentis, contre les mendians sans aveu, les blasphémateurs et les tapageurs qui s'armaient pour aller aux dédicaces et aux nôces [5]. On obligea tous les membres du gouvernement à avoir un cheval en propre [6].

On mit à la disposition de chaque banneret cinquante hommes attitrés, dont ils pouvaient disposer en cas de tumulte et de feu [7].

---

[1] D'Alt dit que Guillaume Felga et Guillaume d'Avenches allèrent avec un cortége magnifique au devant du St. Père jusqu'à Lausanne, pour prier S. S., de la part de l'Etat, de vouloir bien honorer la ville de Fribourg de sa présence, etc., et que les mêmes députés l'accompagnèrent jusqu'à Bâle. — [2] Chronique. — [3] Je croirais plutôt que cette joûte fît partie des réjouissances qui eurent lieu cette année à Fribourg pour célébrer l'avénement de Frédéric d'Autriche au trône impérial. —[4] A. C. — [5] Ibid. — [6] Ibid. — [7] Ibid.

On établit deux inspecteurs des communes de la ville, et le bourguemaître ne put plus être lieutenant d'avoyer [1].

On ordonna de fermer les portes de la ville à sept heures du soir, et de ne pas les ouvrir avant six heures du matin. Pendant la nuit les clés étaient déposées chez les bannerets [2].

Le gouvernement s'occupa aussi de l'instruction publique, et sentant déjà le besoin d'un enseignement uniforme, il prit à sa solde un maître d'école, et ne voulut point permettre qu'il se formât d'autres établissemens d'instruction à côté de la grande école, où l'on enseignait la palette, les sept psalmes, les *pars* et les *caton* [3].

Le maître d'école Jean Piry recevait un traitement de vingt-cinq florins du Rhin, qu'il retirait en parcourant la ville, accompagné d'un sautier. Celui-ci était chargé de gager les non-payans. Mais Piry devait aussi porter l'eau bénite dans les maisons; c'était même le premier de ses devoirs, et il fut une fois renvoyé pour l'avoir négligé. On retrouve cependant encore ce régent à Fribourg, en 1441.

Une modification, temporaire il est vrai, mais d'une haute importance, avait été adoptée par les Deux Cents. Ils avaient sanctionné à deux reprises (1416 et 1422), par un acte solennel, toutes les lois portées jusqu'alors par le Conseil et les Soixante, sans le concours des Deux Cents. Cet essai de législation, provoqué par l'insouciance des commerçans, n'eût pas tardé à faire prédominer dans notre constitution l'élément aristocratique. On s'en aperçut, et vingt-trois ans plus tard cette autorisation fut révoquée par une ordonnance formelle [4]. Il fut aussi décidé qu'à l'avenir la condition de serf serait un titre d'exclusion pour les places des Deux Cents et des Soixante, et que les ordres donnés par les Deux Cents ne pourraient point être changés par le Conseil et les Soixante [5].

---

[1] A. C. — [2] Ibid. — [3] Ibid. — [4] Ibid. — [5] Ibid.

La guerre qu'avait allumée entre Zurich d'un côté, Glaris et Schwitz de l'autre, la succession du comte de Toggenbourg, mort ab intestat (1436), n'amena pas de grandes complications dans nos affaires. Nous fîmes cependant notre possible pour prévenir les hostilités et empêcher les Bernois d'y prendre part; ceux-ci ne laissèrent pas de faire marcher deux mille hommes contre Zurich, auxquels se joignirent quelques troupes de Soleure (1440). Fribourg mit au service de Berne le trompette Bontems [1]. On fit venir de Lausanne l'ancien trompette Jean Jaquemet. Antoine de Salixeit, qui était alors à Lutry, fut chargé d'organiser une lance, et les sautiers allèrent dans les paroisses porter des ordres à ce sujet. Heiny, le ménétrier des bannières, reçut un habit neuf. On fit faire par le maître Michel cinquante massues de plomb, avec des manches de bois, et on les emballa dans un tonneau, qui fut charié à la suite des troupes. On avait fait à Genève une emplette de cottes d'armes, de salades, de gorgerettes, de brassards (ferrum brachiale) et de gantelets. Mais Zurich s'étant jetée dans les bras de l'Autriche, nous retirâmes nos troupes, et les Confédérés firent seuls justice de cette orgueilleuse cité.

Après avoir obtenu de Fribourg le prêt qu'elle demandait, la Savoie changea bientôt ses prévenances en hostilités, et les exactions de ses péagers furent poussées si loin à l'égard de nos marchands, que la communauté fût forcée de faire intervenir la protection seigneuriale. L'empereur Frédéric écrivit à ce sujet au duc de Savoie. Sa lettre est datée de Fribourg, où il se trouvait alors (1442) [2]. Ce prince méditait alors la reprise de l'Argovie. Il venait

[1] On trouve dans les manuaux du Conseil, sous date du mercredi 26 octobre, que Petermann Felga, Guillaume d'Avenches, Hugonin Bosset et Hensli d'Englisberg furent nommés capitaines des archers pour une expédition qui n'eut pas lieu. —
[2] Les Fribourgeois, dit d'Alt, charmés de posséder dans leur ville un prince de la maison d'Autriche en la personne d'un empereur romain, lui firent tout l'accueil possible, en festins, en bals, en comédies, et autres fêtes propres à amuser la cour impériale. Frédéric confirma leurs priviléges et franchises de la meilleure grâce du monde, et les Fribourgeois, outre qu'ils le défrayèrent avec toute sa suite, lui donnèrent par reconnaissance un présent de la valeur de 3551 (?) florins d'empire, qui joints à 2110 gulden, qui furent les frais de son séjour, faisaient une somme très-considérable dans un temps où l'on n'avait pas encore enseigné l'art de tirer l'or des pierres (?).

de Zurich et retournait à Constance par le pays de Vaud et de Genève. Depuis longtemps Fribourg n'avait vu son seigneur dans ses murs, mais cette auguste visite coûta encore à la petite république la somme de trois mille cinq cent cinquante-une livres, huit sous, neuf deniers, ce qui fait presque trente-deux mille francs de notre monnaie. Frédéric reçut à Fribourg les députés de Berne, Lucerne, Schwitz, Unterwalden, Zug et Glaris, qui vinrent lui demander la confirmation de leurs franchises; Berne seule l'obtint [1]; les autres furent ajournés à Constance.

Le comte de Thierstein possédait encore plusieurs fiefs de notre seigneurie, tenus par les Felga, Englisberg, Guillaume d'Avenches, etc., et la ville en fit l'acquisition pour la somme capitale de deux mille florins du Rhin [2], sur laquelle on lui paya cinq cents florins comptant. Le baron de Ramstein, tuteur du jeune comte, donna son consentement à cette vente [3]. L'Empereur la confirma (1442) à Constance [4], où l'avaient suivi les députés de Fribourg.

Cependant les Armagnacs approchaient de Bâle. En vain les Bernois nous sollicitèrent-ils de nous joindre à eux contre ce ramas d'aventuriers et de brigands, appelés par l'empereur et le pape, et commandés par le roi de France; Fribourg, toujours engagée dans de fausses voies par la politique de l'Autriche, ne voulut point agir contre les intérêts de son seigneur suzerain. Elle n'eut aucune part à la glorieuse journée de St. Jacques [5], au siége de Zurich et à celui de Farnsbourg, et l'indigne surprise de Brugg [6] lui resta totalement étrangère. Malheureusement elle assista au massacre de Greifensée [7], trouvant que ce secours n'était pas di-

---

[1] Tillier, qui confirme ce fait, cite à ce sujet une lettre datée du mercredi après la St. Gall 1442 à Fribourg en Suisse. D'Alt qui n'avait aucune connaissance de ce document, nie que Berne ait obtenu une préférence. — [2] A. C. — [3] Ibid. — [4] Ibid. Le comte reçut en 1443 son dernier dividende, s'élevant à 1500 florins. [5] L'avoyer Guillaume Felga se trouvait alors à Bâle avec le chancelier Cudrefin. — [6] Des gentilshommes dévoués à l'Autriche s'étaient emparés de cette ville à la faveur d'un stratagème et de la nuit, l'avaient pillée et brûlée. — [7] Le cruel Ital Reding, plus digne de commander les troupes d'un despote que celles d'un état démocratique, y fit décapiter de sang-froid tous les braves qui avaient vaillamment défendu cette place.

rectement contre l'Autriche, parce que les Suisses n'attaquaient pas son territoire [1]. Fribourg ne tarda pas à rappeler ses troupes, à teneur de la réserve formulée dans ses traités d'alliance avec Berne, Soleure et Bienne en faveur de l'Autriche [2].

Mais les Confédérés et les Bernois en particulier voyaient avec indignation que notre ville servait de place d'armes à leurs ennemis, et que les odieuses plumes de paon flottaient librement dans ses murs. Une querelle de famille vint encore aggraver la mésintelligence entre les deux villes, et une belle et riche fribourgeoise faillit, nouvelle Hélène, allumer la guerre entre les deux états. Louise Rich, qui demeurait au château de Viviers, était fille d'un riche bourgeois de Fribourg. Sa mère avait épousé en secondes noces Rodolphe de Ringoldingen, bourgeois de Berne très-considéré, et avait promis au fils de celui-ci sa fille en mariage, tandis que la même promesse avait été faite à Henri Felga [3] de Fribourg par le sire de Vuippens, oncle de Louise. Les deux rivaux avaient intéressé à leur concours non seulement leurs amis et leurs proches, mais même les deux villes. Plusieurs pourparlers avaient déjà eu lieu à cette occasion à Bâle, à Soleure et autres endroits. Cette affaire avait même été agitée dans le concile pendant deux années. Pour prévenir les suites d'une préférence contestée, Louise alla subitement s'enfermer dans le couvent de Steinen à Bâle. Mais la concurrence n'ayant par là que changé d'objet, on se disputa avec plus d'acharnement encore le bien de la demoiselle. Le comte Palatin, qui fut choisi pour arbitre, rendit en 1446 une sentence qui mit un terme à toutes les prétentions.

L'essor de notre industrie ne fit pas perdre de vue nos affaires militaires. Nous jouissions d'une profonde paix, il est vrai, mais tout autour de nous avait pris une attitude guerrière, et il fallait se garantir d'une de ces surprises si communes à cette époque, et telles que l'avaient éprouvé récemment les villes de Baden et de

[1] D'Alt. — [2] Chronique Lenzbourg. — [3] D'Alt l'appelle Jean.

Brugg. D'ailleurs nos relations avec Berne et la Savoie prenaient chaque jour un caractère plus hostile.

Les gens du duc Albert d'Autriche, qui ne reconnaissaient pas Félix V, avaient enlevé un grand nombre d'effets appartenant aux gens de sa suite, et par représailles les gens du duc de Savoie enlevèrent les marchandises et denrées des Fribourgeois, comme étant sujets autrichiens [1]. C'était une infraction évidente aux traités [2]. On députa en conséquence Guillaume d'Avenches vers le duc, qui l'assura que nos gens pourraient fréquenter la foire de Genève sans empêchement, à condition que Fribourg s'emploierait efficacement à la restitution de ce que le Truchsess de Diessenhofen avait enlevé au camérier du pape. Nous chargeâmes en effet de cette commission la députation envoyée à Rheinfelden. Mais comme la restitution se faisait attendre, on ecrivit au duc de Savoie, pour savoir à quoi s'en tenir relativement à la foire de Genève [3]. La réponse fut très-défavorable [4]. Une seconde réclamation n'eut guère plus de succès. La Savoie consentait seulement à tenir une journée de droit, pour s'entendre sur l'interprétation des traités [5]. Félix V écrivit lui-même à Guillaume d'Avenches et au chancelier Chausse; il feignait comprendre que nous sollicitions une prolongation de terme pour la restitution demandée à l'Autriche, et quoique nous prétendissions au contraire n'être point responsables de ces pillages, il nous accordait cette prolongation, dont nous n'avions jamais parlé [6].

---

[1] Déjà en 1434 Jakob et Willi de Perroman, Jean Papou, Jakob Gugglenberg, Willi Moiry se trouvant à Versoix pour affaires de commerce, y avaient été arrêtés par Arnaud la Villa et Laurent Tana, marchands de Gênes, en représailles de ce que ceux-ci avaient été pillés par les ducs d'Autriche. Ils obtinrent pourtant, sous serment, la permission de s'absenter pour soigner leurs affaires, mais ils furent forcés de retourner. — [2] Il y était dit expressément: Conventum est inter nos partes prælibatas quod gentes nostræ neque nos ad invicem et mutuo debeamus per aliquem eventum impignorari, arrestari seu debarrari, nisi pro debitis recognitis, de quibus litteræ seu professiones haberentur. Ailleurs encore: Notandum etiam firmiter et sciendum quod nos dictæ partes alterius vel aliorum subditorum burgenses et mercatores suis cum mercimoniis nostro in Dominio et districtu fideliter defendere debemus et tutam præstare (si indigeant) salvam gardam absque omni dolo et fraude. A. C. — [3] Ibid. — [4] Ibid. — [5] Ibid. — [6] Ibid.

Sur ces entrefaites la Savoie ayant déclaré la guerre à l'Autriche (1445), Fribourg catégorisa ses réclamations, et somma le duc de Savoie de s'expliquer sur les trois points suivans :

1°. Fribourg se trouvait-elle comprise ou non dans la déclaration de guerre?

2°. Les Fribourgeois auront-ils la libre jouissance des biens qu'ils possèdent sur le territoire savoysien?

3°. Les marchandises achetées auront-elles un transit libre par la Savoie [1]?

Le duc répondit d'une manière équivoque sur le premier point, qu'ayant déclaré la guerre, à la prière des Bernois, il serait avec Fribourg sur le même pied qu'eux. Sur le deuxième il consentait à la libre exportation des vins fribourgeois. Touchant les marchandises, il s'en réfèra à ce que le pape son père avait écrit. Il consentait aussi au libre passage des comestibles.

Malgré ces assurances, Pierre de Moudon arrêta à Portalban un char chargé de sel et de laines; le châtelain de Romont barra plusieurs chars de vin. Des moutons, achetés par des bouchers Fribourgeois, furent arrêtés à Payerne et par le châtelain d'Illens. Celui-ci s'empara aussi d'un cheval chargé de blé, appartenant à un paysan de Grenilles, alors propriété de Rodolphe de Vuippens, et le vendit à l'aubergiste d'Ecuvillens. Le duc retenait aussi les dîmes et censes des terres situées en Savoie.

Fribourg alors éleva un peu le ton, et somma le duc de restituer ces objets et autres [2], à teneur des traités, dont on cita les articles mentionnés ci-dessus. Le duc répondit quant aux premiers objets qu'il donnerait des ordres à son bailli de Vaud, mais il ne voulut point se relâcher sur la saisie des dîmes [3].

Une cinquième et sixième réclamation étant également restées sans effet, on se préparait à faire une déclaration de guerre à la

[1] A. C. — [2] Ibid. — [3] Ibid.

Savoie. Les Bernois nous engagèrent à ne pas nous presser, promettant d'écrire au duc et de lui envoyer des députés à ce sujet [1]. Dans la réponse qu'on leur fit, on les pria de tenir prêts les secours qu'ils nous devaient en vertu de la combourgeoisie, pour le cas où le duc nous refuserait satisfaction [2]. En attendant il fut défendu sous vingt livres d'amende d'aller à la foire de Genève ou d'y envoyer des marchandises, sans la permission de l'avoyer [3]. Tous ceux qui devaient avoir des chevaux furent sommés de les tenir prêts, dans le terme de deux mois [4]. Tout le peuple de la ville et des villages, assemblé sur le cimetière de St. Nicolas, fit serment d'obéir à Messeigneurs et à tous les préposés, et de ne pas quitter le poste assigné [5]. Pour prévenir d'autres complications, on bannit tous les excommuniés jusqu'à ce qu'ils eussent produit leurs actes d'absolution [6]. Le port d'armes en ville ne fut permis qu'au bourgmaître, aux Conseillers et aux portiers [7].

On avait été frappé de la déclaration donnée par la Savoie relativement à la guerre contre l'Autriche, qu'elle s'en tiendrait à notre égard sur le pied des Bernois. On demanda en conséquence à ceux-ci comment ils l'entendaient, et, en attendant la réponse, on jugea à propos de se fortifier par une alliance avec le Valais, à qui on demanda du secours. Malgré le refus de l'Évêque [8] et du Conseil, qui, prévenus par les confédérés, avaient demandé que leurs troupes vinssent garder les défilés, quatre cents Valaisans se mirent en marche pour Fribourg, commandés par Christ de la Place et Jean Straler, et ne purent être arrêtés ni par ceux de Thoune ni par Berne. Cette garnison valaisanne resta à Fribourg depuis le 19 novembre 1445 jusqu'au 16 septembre 1446, et coûta deux mille dix-neuf livres et seize sous [9].

Berne et Soleure, déjà vivement occupées dans la Suisse orientale contre Hans de Rechberg, et craignant une nouvelle compli-

---

[1] A. C. — [2] Ibid. — [3] Ibid. — [4] Ibid. — [5] Ibid. — [6] Ibid. — [7] Ibid. — [8] Celui-ci ne put pas même empêcher qu'on recrutât pour Fribourg. Tillier. — [9] A. C.

cation si la guerre éclatait entre Fribourg et la Savoie, s'efforçaient de prévenir une rupture; Berne en particulier tâchait de former une alliance entre le Valais et la Savoie [1]. Malheureusement un incident vint ajouter encore au mécontentement des Bernois contre nous. Le bourreau de Berne, maître Pierre, était venu à Fribourg avec une vingtaine de joyeux compagnons au commencement du mois de mai. Dans un tumulte qui survint devant l'abbaye, il fut tué par des Fribourgeois (1446) (on prétend que ce fut en haine de ce qu'il s'était prêté à la boucherie de Greifensée), et ce ne fut qu'avec la plus grande peine que le banneret de la Neuveville parvint à prévenir de plus graves désordres. Ce meurtre fit une grande sensation à Berne, où l'on se hâta d'envoyer une relation fidèle du fait, fortifiée du témoignage de ceux de Gessenay, qui en avaient été témoins, et du marchand Ulrich Klotz, de Ratisbonne [2]. Ils constaient que le bourreau s'était permis dans l'ivresse des propos offensans, qui avaient provoqué son assassinat. Fribourg en manifesta un sincère regret, se déclara prête à ouvrir une journée de droit, si l'affaire ne pouvait pas se terminer à l'amiable, et pria le Conseil de Berne de faire en sorte que cela n'eût pas de suites; car déjà un rassemblement hostile s'était formé à la frontière. Les Bernois répondirent qu'un premier rassemblement avait eu lieu sur notre territoire, que leurs ressortissans n'entreprendraient rien sans l'ordre de leurs chefs, et qu'ils attendaient de Fribourg des mesures analogues. Nous demandâmes en outre si ce différend pouvait être jugé à teneur de la lettre de combourgeoisie, et si les ressortissans de la seigneurie pouvaient rester dans le territoire bernois sans crainte pour leurs vies et propriétés; sur quoi on nous répondit sans détour, que cet assassinat ayant soulevé une vive indignation dans tout le pays, les Fribourgeois agiraient avec prudence en s'abstenant de mettre le pied sur le territoire de Berne; qu'on ne voyait

---

[1] Tillier. — [2] Voyez ce rapport et toute la correspondance qui eut lieu à ce sujet. Schweiz. Geschichtsf. Tom. 8, page 102 et suiv.

pas à quoi aboutirait une journée de droit, Berne ne se sentant coupable d'aucune infraction aux traités ; qu'en attendant une décision définitive on allait sommer les ressortissans bernois de rentrer chez eux [1]. A la réception de cette réponse, où tout respirait le soupçon et le ressentiment, Fribourg se crut obligée de fermer également sa frontière.

[1] Tillier.

CHAPITRE X.

Guillaume d'Avenches. — Sa félonie et sa fuite. — Il déclare la guerre à la communauté sous les auspices de la Savoie. — Négociations avec le Duc. — Préludes et préparatifs de guerre. — Meyer, capitaine autrichien. — Abandon général. — Commencement des hostilités. — Les Fribourgeois prennent Villarsel et Montagny. — Les alliés de la Savoie nous déclarent la guerre. — Précautions militaires. — Escarmouches. — Trahison de Rumlinger. — Expédition contre le Gouggisberg. — Combat et défaite du Gotteron. — Mécontentement des paysans. — Paix de Morat. — Scission dans la communauté. — Modus vivendi. — Fribourg obligée de payer des contributions énormes — Impôts et emprunts forcés. — Hauterive. — Eléonore d'Ecosse passe par Fribourg.

Les choses en étaient venues au point qu'une seule étincelle devait produire une conflagration. Cette étincelle brilla, et la communauté fribourgeoise qui jusqu'alors avait joui des bienfaits d'une parfaite union, dut trouver l'ennemi le plus acharné dans le plus distingué de ses membres. Le chevalier Guillaume d'Avenches, seigneur de Cugy et autres lieux, avoyer de Fribourg depuis 1445, était, sans contredit, le citoyen le plus accrédité par ses richesses et ses alliances, tant dans sa patrie que dans le voisinage. Il avait reçu en 1437 l'ordre du St. Sépulcre à Jérusalem, et à son retour un collier d'or du roi de Chypre. Malheureusement tout cet éclat n'était qu'extérieur; Guillaume était avide d'argent et d'honneurs et intrigant à l'excès. Nous l'avons vu chargé de missions délicates s'en acquitter avec zèle et capacité. Mais déjà avant d'être avoyer, il avait extorqué vingt-un florins de Jean Schocher et de Marmet son fils, tous les deux prévenus et arrêtés, sous prétexte de partager cette somme entre ses collègues pour les faire élargir. Cette indigne manœuvre lui ayant réussi, il y recourut une deuxième fois à l'égard d'un paysan de Räsch, nommé Pierre Winkler, détenu au secret pour avoir tenu des propos séditieux. Toujours en leur présentant l'appât d'un affranchissement que faciliterait la corruption des juges, il se fit payer par les parens du prévenu dix florins pour lui, et soixante florins pour les autres conseillers, tout en leur faisant jurer qu'ils garderaient le secret. Aussi ne transpira-t-il qu'au bout de quelques mois. Dès que les quatre bannerets en furent instruits, son arrestation fut résolue. Guillaume, averti à temps, se hâta d'aller rendre sous main l'argent à la famille Winkler. Il ne répondit d'abord aux diverses interpellations que par une dénégation absolue. Il fut enfermé à la tour rouge, et là, accablé par des témoignages irrécusables, il fut forcé de tout avouer.

Cette révélation fit beaucoup de bruit. Toute la parenté, toute la clientelle de Guillaume se mirent en mouvement pour sauver leur chef de la condamnation infamante qui le menaçait. On remarqua parmi ses intercesseurs le prince d'Oranges, le comte d'Arberg, de Valangin, le sire de Vaumarcus, le comte de Neuchâtel, Henri de Bubenberg et Louis Hetzel, députés de Berne, la bourgeoisie d'Avenches, Jean de Colombier, Pierre de Cléry, envoyé du comte de Gruyères, et plusieurs autres personnes de distinction [1]. Le gouvernement, trop faible pour résister à des sollicitations si pressantes, laissa au prévenu le choix ou d'attendre l'issue du procès, ou de s'en rapporter à la grâce qu'on pourrait lui faire [2]. Guillaume n'hésita pas, et se remit entièrement à la discrétion de ses juges. Il obtint en effet son pardon, mais il dut prêter serment, dans la salle du Conseil, que jamais il ne chercherait à se venger, ni par lui-même, ni par d'autres; qu'il ne sortirait point de la ville sans la permission de l'avoyer et du Conseil; qu'il n'aliénerait point ses dîmes, rentes, censes et vassaux; qu'il ne traduirait jamais ses concitoyens devant les tribunaux, et qu'il demeurerait fidèle à sa patrie, sous peine d'être traité comme parjure, et de perdre la vie et ses biens sans autre forme de

---

[1] Girard. — [2] Ibid.

procès. Il signa et scella cet engagement le 27 avril 1446. A la requête du tribunal on y annexa le vidimus du doyen de Fribourg au nom des enfans de Guillaume. On y apposa aussi les sceaux de ses protecteurs ou de leurs envoyés. Sa famille et la bourgeoisie d'Avenches promirent de payer six cents florins s'il contrevenait à un des articles qu'il avait acceptés [1].

Mais Guillaume ne se croyant point lié par son serment, résolut de rompre son ban. Pour y parvenir, il représenta au gouvernement combien les arrêts nuisaient à ses affaires, qu'il était de toute nécessité qu'il pût visiter de temps en temps ses nombreux domaines; que pendant les courtes absences qu'il ferait, sa famille et ses amis se porteraient cautions pour lui; que l'engagement formel qu'il avait pris le 27 avril n'en aurait pas moins son plein effet, etc. On ajouta foi à ses protestations, et on lui permit de s'absenter par intervalles, chaque fois avec la permission de l'avoyer. On expédia le chancelier à Avenches et à Lutry, pour y prendre la caution de Jean Meyer donzel, et de sa femme Marguerite, fille de Guillaume; de leurs enfans Othon et Grédelin, ainsi que de la communauté d'Avenches et d'Antoine donzel. Cet acte fut dressé le 1er décembre 1446.

Guillaume, sans tenir compte de ses engagemens, profita d'une absence qu'on lui avait permise pour s'échapper. Il se réfugia d'abord à la cour du comte de Savoie, qui le reçut contre la foi des traités, et tira de lui de grandes lumières sur les moyens d'asservir Fribourg. Le parjure alla s'établir à Yverdon, d'où il ne tarda pas à commencer contre sa patrie une série d'hostilités, qui provoquèrent enfin une rupture ouverte avec la Savoie. Un garçon boucher de Heizmann Wuffly, de Fribourg, s'étant rendu à Avenches, y fut surpris en sortant de la ville par deux hommes, qui le garottèrent, le bâillonnèrent, lui prirent ce qu'il avait d'argent, et l'emmenèrent à Grandcour. Un autre Fribourgeois, nommé Petermann de la Fontana fut cruellement maltraité à St. Branchi dans le Bas-Valais.

[1] Girard.

Les agens les plus zélés de Guillaume étaient ses domestiques, Hensli, et un certain Estévenin, bâtard du Terraul, dit Malmesert. Ces deux hommes, accompagnés de quelques autres, s'étant donné rendez-vous à Morat, arrivèrent le mercredi-saint vers minuit à Ueberstorf, y surprirent dans son lit Willi, surnommé *le loup d'Ueberstorf*, et l'enlevèrent. Ils trouvèrent à l'auberge de la Singine un jeune Fribourgeois, qu'ils dépouillèrent jusqu'à la chemise, en lui faisant jurer qu'il ne ferait aucune révélation sur leur compte. Willi fut conduit à Montillier, près de Morat, et de là les ravisseurs traversèrent le lac, la Broye et le lac de Neuchatel, et arrivèrent pour dîner à Colombier, où le prisonnier fut déposé dans le château. Les gens de Guillaume allèrent le rejoindre à Yverdon; les autres se retirèrent à Orbe.

Un maréchal d'Avenches, nommé Drochat, se vanta publiquement, non seulement d'avoir été un des complices de cet enlèvement, mais d'avoir même encore porté une lettre de défi à l'avoyer Felga, qu'il l'avait placée sur un buffet, dans la chambre de ce magistrat, où on la trouva en effet. Le gouvernement confisqua les biens du chevalier, et contraignit ses fermiers et censitaires de rendre compte des revenus de ses terres et fiefs, et d'amener en ville les provisions qui étaient dans ses greniers. On se mit en garde contre ses émissaires. L'un d'eux, nommé François Borcard, fut saisi et écartelé. Il avait avoué qu'il était chargé, de concert avec Antoine Cornu, d'enlever Rembrecht d'Eckelried, Guillaume Felga, Willi Perroman, J. Gambach, et J. Aygro. En même temps on se hâta d'écrire aux souverains respectifs des endroits qui recelaient ces ennemis, savoir: au duc de Savoie, au duc d'Oranges, à la ville d'Orbe, au comte de Neuchâtel et à l'évêque de Lausanne. On avait avec ce dernier une autre difficulté touchant la seigneurie de la Roche; elle nécessita une nouvelle délimitation du Burgerwald de ce côté [1].

---

[1] A. C.

CHAPITRE X. 285

Nous reçûmes de tous ces voisins des réponses plus ou moins obligeantes, à l'exception du duc de Savoie et du bailli de Vaud. Le prince d'Oranges ordonna à ses officiers de garder la neutralité [1]. Le lieutenant du châtelain d'Avenches s'offrit à toute espèce de satisfaction [2]. Le comte de Neuchâtel s'excusa du mieux qu'il put [3]. L'évêque de Lausanne promit de châtier Drochat [4]. Mais le duc de Savoie, après avoir d'abord annoncé que justice nous serait faite [5], renvoya l'affaire au bailli de Vaud [6]. Celui-ci prétendit que les inculpés lui avaient échappé [7], puis, haussant brusquement le ton, il nous somma de payer vingt mille livres de dédommagement à Guillaume [8], nous reprochant d'avoir saisi des céréales à Marly appartenant à Guillaume, d'avoir expulsé sa servante et son chapelain de sa maison [9], d'en avoir cloué les portes et changé les serrures. Il ajoutait le détail des provisions qui s'y trouvaient renfermées. Il réitéra cette sommation trois jours après [10], et une troisième fois le lendemain, en réponse à une lettre où nous lui exposions qu'on n'avait point gagé Guillaume, mais confisqué légalement ses biens. Enfin huit jours plus tard, il nous fit une quatrième et dernière sommation [11].

Sur ces entrefaites la Savoie ne discontinua pas de traiter les Fribourgeois en ennemis, tolérant les menées hostiles de Guillaume, qui se répandait ouvertement en menaces contre Fribourg, entr'autres une fois à Lausanne, et plus tard dans un cabaret du Vully. Les ravisseurs de Willi Wolf parcouraient librement les terres de Savoie [12].

Antoine de Saliceto ou Salixeit, partisan de l'avoyer, s'évada au moment où le sénat, instruit de sa perfidie, allait le faire arrêter. On trouva dans sa maison ses effets emballés, et l'on mit le séquestre sur ses biens et ses graines à Misery. On s'empara aussi

---

[1] Girard. — [2] A. C. — [3] Lettre du 15 avril 1447. A. C. — [4] Id. du 19 avril. Ibid. — [5] Id. du 16 avril. Ibid. — [6] Id. du 22 avril. Ibid. — [7] Id. du 25 avril. Ibid. — [8] Id. du 2 mai. Ibid. — [9] Elle était située à la place du cercle de commerce. — [10] Lettre du 5 mai. A. C. — [11] Id. du 13 mai. Ibid. — [12] A. C. Girard.

de la dîme de Cottens, avec la permission du châtelain de Villarsel, et on défendit au fermier d'acquitter ses redevances.

Le duc de Savoie lui permit d'user de représailles, et de saisir les marchandises que les Fribourgeois avaient dans le pays de Vaud. Saliceto nous cita même par devant les tribunaux étrangers, au mépris des diplômes souverains qui nous en affranchissaient. Ces citations occasionèrent des frais énormes. Quand on se plaignit au duc des vexations qu'il autorisait, il promit d'y pourvoir [1], mais il se plaignit à son tour de l'exécution d'un homme qui était sujet de Savoie, et à qui l'on n'avait extorqué des aveux que par la torture [2]. On lui écrivit pour le désabuser sur le compte de cet individu. On nia qu'il eût été torturé, et pour preuve on communiqua les pièces du procès [3]. On prouva aussi qu'il était Fribourgeois. Le duc, pour toute réponse, insista pour que nous satisfissions aux sommations du bailli de Vaud, en faveur de son *chier et fidèle chevalier* [4].

Pour gagner du temps en attendant le secours qu'on devait recevoir de l'Autriche, on s'excusa de ne pouvoir donner une réponse catégorique, vu que le Conseil était trop peu nombreux [5].

Enfin la cour d'Autriche envoya à Fribourg Guillaume Grunenberg, Pierre de Mörsberg et Jean-Ulric de Masmünster. Ils arrivèrent à Fribourg le 24 juin (1447) avec douze chevaux et furent logés aux frais de l'Etat à la Croix blanche [6]. Quatre jours après, sur une lettre menaçante qu'on reçut du bailli de Vaud [7], Claude Asnoz alla à Thonon demander un sauf-conduit pour nos ambassadeurs et ceux d'Autriche [8]. Celui qu'il apporta n'ayant pas paru suffisant [9] (sans doute à cause de la brièveté de terme et de la mention qui y était faite du droit de représailles accordé à Guil-

[1] Lettre du 30 mai. A. C. — [2] Ibid. — [3] Id. du 10 juin. Ibid. — [4] Id. du 11 juin 1447. Ibid. — [5] Id. du 14 juin. Ibid. — [6] Girard. — [7] Lettre du 28 juin. A. C. — [8] Ibid. — [9] Lettre du 2 juillet. Ibid.

laume d'Avenches), on en sollicita un autre, dont on énonça la formule [1].

Munie de cette pièce, la députation partit le 8 juillet pour Genève, où était le duc, en compagnie de Jacques de Perroman, Jean Aygro, Bérard Chausse et Jean Elsbach. Les conférences, dit Girard, furent fort animées. Louis se plaignit que les Fribourgeois usurpaient dans ses états une juridiction qui ne leur appartenait pas et maltraitaient ses vassaux; qu'ils avaient condamné au feu deux de ses sujets; que, malgré ses instances, le chambellan du pape était encore à obtenir justice; que Guillaume d'Avenches n'avait été emprisonné et dépouillé de ses biens, qu'en haine de sa qualité de vassal et natif du pays de Vaud, et qu'on avait refusé de lui donner aucune espèce de satisfaction, au mépris de ses sollicitations et de celles du bailli de Vaud ; que les Bernois se récriant contre plusieurs actes d'hostilités, il ne pouvait s'empêcher d'en demander raison; que les Fribourgeois traversaient ses états armés, et passaient sans scrupule sur tous les usages reçus entre voisins. Il déclara que tous ces griefs l'avaient contraint de défendre l'importation et l'exportation des marchandises de tout genre, de faire arrêter quelques individus, et de permettre qu'on saisît leurs biens. Il ajouta néanmoins qu'en considération des princes de la maison d'Autriche, il oublierait le passé, si l'on souscrivait aux conditions qu'il proposerait.

Les députés répartirent qu'on n'avait aucun souvenir d'avoir enfreint sa juridiction ni vexé ses sujets; que les deux criminels condamnés au feu avaient été pris et jugés de l'aveu du bailli de la seigneurie, dont ils dépendaient; que le chevalier était le témoin vivant de son parjure; que sa retraite dans les états de Savoie et ses violences forçaient seules les Fribourgeois à voyager en armes; que les Bernois avaient commencé les hostilités; que l'Etat s'était empressé de faire rendre justice au chambellan, et que si même les plaintes du duc dussent être fondées, l'alliance

[1] A. C.

qui subsistait entre les deux états traçait la marche à suivre en pareil cas, et ne l'autorisait point à recourir aux voies de fait.

Louis sentit la fausseté des argumens sur lesquels il appuyait sa conduite, mais rougissant, ou plutôt ne voulant pas la reconnaître, il se borna à dire qu'il s'enquerrait verbalement des faits auprès du chevalier et du bailli, et partit de Genève, après avoir pris copie du cahier des charges présenté par les ambassadeurs, et chargé son chancelier de déclarer qu'il ne tarderait pas à donner son ultimatum. Aygro, envoyé à Genève pour le prendre, n'apporta qu'une réponse fière, désobligeante, et renfermant des propositions inadmissibles.

Ces tracasseries, préludes de la guerre, n'arrêtaient pas la marche de l'administration intérieure. Il fut décidé que les bannerets assisteraient au Conseil secret [1] et que le tribunal tiendrait ses séances deux fois par jour [2], et que celle de l'après-dîner commencerait à une heure [3]. On supprima quelques abus qui s'étaient glissés dans les enquêtes du bourguemaître [4], et dans cette ordonnance se trouve cette sage maxime, encore contestée de nos jours, *que les coustumes qui ne sont bonnes ni consonnant à raison, ne se deivont pas tenir, mais se deivont laissir*. On suspendit toute poursuite pour dettes jusqu'au retour de l'avoyer, que le duc d'Autriche avait envoyé en ambassade au roi de France [5]. On fit aussi plusieurs ordonnances de police relatives aux fontaines, au guêt, à certaines farces de carnaval, à la halle, à la douane et aux laines [6].

Dans l'expectative de la campagne qui allait probablement s'ouvrir, il fut enjoint aux paysans d'avoir aussi leur provision de grain comme ceux de la ville [7], et ces provisions ordonnées devaient être à l'abri de toute poursuite pour dette [8]. On donna aussi une garantie légale à la vente des autres effets saisis par les créanciers [9]. Pour stimuler les lâches, il fut défendu de payer la rançon de ceux qui se laisseraient prendre par l'ennemi [10]. On réitéra l'ordre de tenir chacun ses chevaux prêts, sous peine de

---

[1] A. C. — [2] Ibid. — [3] Ibid. — [4] Ibid. — [5] Ibid. — [6] Ibid. — [7] Ibid. — [8] Ibid. — [9] Ibid. — [10] Ibid.

dix livres d'amende et le terme de cet équipement, qui d'abord avait été fixé à la St. Michel, fut prolongé jusqu'à la Toussaint [1]. On solda à raison de cinq sous par jour quatre-vingts hommes chargés de protéger les moissons, et on fit conduire dans les greniers publics la recette de Guillaume et de Salixeit [2]. Enfin tous les habitans de la seigneurie dès l'âge de quatorze ans furent convoqués devant l'église de Notre-Dame par les ambassadeurs autrichiens, pour y prêter entre leurs mains le serment de fidélité. Cette cérémonie, à laquelle les villages assistèrent par délégation, eut lieu le 25 juillet 1447 [3]. Dès qu'elle fut terminée, Grunenberg et ses collègues s'embarquèrent sur la Sarine, et allèrent à Seckingen rendre compte au duc d'Autriche de l'état des choses [4]. Quelques jours après on députa à Vienne Rodolphe de Vuippens avec Jean Aygro et Jean Elsbach. Mais on ne put rien obtenir, si ce n'est le retour du capitaine Meyer, qui avait acquis beaucoup de réputation durant le blocus de Rapperswyl. Il arriva de Hüningen à Fribourg le 31 août, et la communauté lui prêta serment de fidélité un mois après dans l'église des Cordeliers (*en l'esgliese des frères minours de sain Francey* [5]); il jura à son tour de ne rien entreprendre sans le Conseil [6]. On sentit aussi la nécessité de rallier les esprits jusqu'alors divisés, par un acte éclatant; la bourgeoisie fut convoquée en la grande salle du Conseil, et là, en présence des députés autrichiens, on conclut un traité d'amitié et d'entière pacification entre tous les habitans de la seigneurie [7]. Cette cérémonie eut lieu le 9 décembre de la même année (1447).

Parmi les amis de Fribourg on comptait le marquis de Röthelen, à qui naguères encore la communauté avait fait cadeau d'une douzaine de coupes d'argent avec leurs plateaux. Le chancelier se rendit auprès de lui pour voir si on n'en pourrait pas tirer quel-

[1] A. C. — [2] Girard. — [3] Grand livre des bourgeois. A. C. — [4] Girard. — [5] Grand livre des bourgeois. A. C. — [6] Ibid. La chronique Lenzbourg raconte que le lendemain de son arrivée, Meyer battit un détachement considérable de Savoyards et fit quelques prisonniers, à qui l'on trancha la tête ; qu'on fit aussi mourir quelques espions, etc. — [7] A. C.

que secours, mais il fit la sourde oreille, gagné sans doute par nos ennemis [1]. Morat, Romont, Vevey et autres villes de Lavaux, que des traités solennels liaient à Fribourg, nous abandonnèrent également, et ne daignèrent pas même nous répondre. On s'adressa avec aussi peu de succès aux ligues suisses et à Félix V. Ce dernier ne parut point se souvenir des obligations qu'il avait à Fribourg [2].

Guillaume Felga, Bérard Chausse et le banneret Cordey assistèrent au congrès de Bâle, où les villes de Soleure, Berne et Bâle, pour sauver les apparences, essayèrent de faire un accommodement; mais elles ne purent dissimuler tout le plaisir qu'elles éprouvaient de voir l'Autriche plongée dans de nouveaux embarras. Quant aux Suisses, ils promirent de répondre à la prochaine diète de Lucerne, qui ne s'assembla pas [3]. De petites escarmouches avaient déjà eu lieu. André, domestique de Guillaume, fut pris par ceux de Grenilles, et eut la tête tranchée. Giglar, compagnon de Malmesert fut tué à Lentigny. On accorda une gratification à Nicolas Schocher, Pierre Eichbaum, Ullmann Stellen, Pierre Knab, qui avaient dirigé cette expédition. Quatre autres émissaires eurent ordre d'incendier la maison de Darbi. Ils tuèrent quelques hommes à Villa (Villars), et s'étant emparés de Cuno im Winkel, ils le précipitèrent du Geishalb. On livra au bourreau Hensli Schutz, Pierre Gay, Pierre Dupont, Jean Mosseux et François Grudat. On surprit aussi une femme nommée Jeannette Warneis au moment où elle portait des vivres à l'ennemi dans les bois. Convaincue d'avoir aussi reçu de l'argent pour mettre le feu à la ville, elle obtint pour toute grâce d'être noyée dans la Sarine (1447) [4].

Nos ressortissans de leur côté n'osaient plus s'aventurer dans le voisinage sans s'exposer à des avanies. C'étaient surtout les émissaires de Guillaume d'Avenches qui les exerçaient, sûrs d'être protégés sur les terres de Savoie.

---

[1] Girard. — [2] Ibid. — [3] Ibid. — [4] Ibid.

Il n'est pas sans intérêt de voir que même dans ces pénibles circonstances qui semblaient devoir concentrer toute l'attention de la communauté sur ses propres besoins, elle ne laissait pas de témoigner en toute occasion à ses voisins les égards qu'elle croyait leur devoir. Elle envoya une députation à Lausanne pour exprimer à cette ville ses regrets et sa condoléance au sujet d'un incendie qui avait consumé trois cent cinquante maisons. Elle contribua aussi à la construction du clocher de Hänk, canton de Zurich [1].

On avait entamé des négociations à Soleure, à Bâle et à Lausanne. Le Valais montrant des dispositions assez favorables, on y envoya Jean Aygro et Guillaume Perrottet [2].

Le 2 novembre 1447 arrivèrent à Fribourg Pierre de Mörsberg, Eberard de Freiberg, Berchtold de Stein, ambassadeurs autrichiens. Ils furent logés dans la maison de Guillaume d'Avenches, près de la Collégiale [3]. Le 14 ils se rendirent à Genève accompagnés de Jean Gambach, Jean Elsbach et Jacques Cudrefin. Mais le duc rejeta avec hauteur toute proposition d'accommodement, et redoubla de rigueur à l'égard de nos commerçans.

Poussés à bout par cet excès de malveillance, et persuadés que la Savoie ne tardait à se déclarer ouvertement que pour mieux préparer l'attaque, les Fribourgeois résolurent d'en finir en la prévenant. Un détachement parut tout-à-coup sous les murs du château de Villarsel au pied du Gibloux, le prit et le brûla; on y trouva beaucoup de provisions, et le châtelain lui-même fut fait prisonnier. Cette expédition eut lieu le mercredi et le jeudi 20 et 21 décembre 1447. Willi Gerwer [4] s'y distingua, et obtint une récompense.

Encouragées par ce premier succès, nos troupes, au nombre de mille et soixante hommes, firent éprouver le même sort à la

---

[1] A. C. — [2] Ibid. — [3] Girard. — [4] Cette famille subsistait encore vers le milieu du siècle passé.

ville de Montagny, d'où ils ramenèrent un butin estimé cinq cent trente-une livres, et plusieurs prisonniers, entr'autres le porte-enseigne Rollet Chausse et Pierre Mayor; le premier dut payer deux cents livres pour sa rançon. Un traître, nommé Ricca, de Fribourg [1], rencontrant le héraut du comte de Gruyère qui apportait cette rançon, lui montra à la porte de Morat un endroit par lequel on pouvait surprendre la ville. Il alla faire la même confidence à François et Pierre de Billens à Chavannes sous Romont. Cette perfidie ne fut révélée qu'une année plus tard, et valut à son auteur l'échafaud.

Une rencontre sanglante eut lieu sur la route de Morat, près de la chapelle rouge avec un gros de Savoyards. L'ennemi fut repoussé non sans perte de notre côté. François Choubraye et Jean de Buchern, déjà maltraités dans une affaire antérieure, furent couverts de nouvelles blessures. On leur décerna une récompense [2]. Une autre escarmouche eut lieu à Villaz-St. Pierre. Nos gens, dans l'espérance d'y rencontrer Guillaume d'Avenches, n'eurent que le stérile avantage d'y surprendre ceux de Romont et de leur tuer quelques hommes, pendant qu'un émissaire réduisait en cendres les bâtimens dits les Arras [3]. Ils revinrent ensuite occuper tranquillement leurs postes aux bords du ruisseau de Macconnens [4].

A la nouvelle de cette levée de boucliers, tous les partisans de la Savoie prirent fait et cause pour elle, et, dans l'espace de soixante-sept jours nous reçûmes cinq déclarations de guerre. Berne se leva la première, à teneur seulement de son alliance offensive avec la Savoie, car aucun grief particulier ne fut allégué [5].

Le lendemain, Bienne suivit l'exemple de Berne, dont elle était alliée [6]. Il lui coûta pourtant de prendre parti contre nous, car lorsque quatre jours auparavant les Biennois nous annoncèrent

---

[1] La chronique Lenzbourg le nomme *Riva*, et ajoute qu'un certain Rompler, auteur de la trahison, fut écartelé. — [2] Girard. — [3] Ibid. — [4] D'Alt. — [5] A. C. [6] Ibid.

leur intention, ils s'excusèrent sur les obligations des traités avec Berne [1].

Jean de Neuchâtel, seigneur de Vaumarcus, suivit de près. Sa déclaration portait vingt-neuf signatures, parmi lesquelles se trouvait celle d'*Alexandre-le-grand* [2]. On prit sur le champ toutes les mesures de précaution usitées en cas de danger. On délivra à Rudi Achshelm sept cent quarante-trois livres de fer pour la chaîne qu'on tendit sur la Sarine à la Maigrauge, pour barrer le passage [3]. Les portes furent étroitement gardées. On organisa une compagnie d'archers sous les ordres de Jean Knappo, une autre d'arquebusiers sous ceux de Hainzo Weber. De petits détachemens allaient de temps en temps explorer les environs, et s'assurer que les auges et les bois qui entouraient la ville ne récelaient pas quelque embuscade. Les patrouilles coûtèrent pendant dix semaines deux cent quatre vingt-sept francs, dix-sept sous, quatre deniers. On avait eu la précaution de s'emparer des dîmes d'Ependes, Cottens et d'Autigny, qui appartenaient aux proscrits. On fixa le prix des grains pour tout le temps que durerait la guerre. La mesure de froment fut taxée sept sous; celle de messel sept sous; celle de seigle quatre sous, d'épeautre trois sous quatre deniers, d'avoine deux sous trois deniers [4].

Les hostilités suivirent de près la menace. Le cartel du baron de Vaumarcus était daté du 5 janvier. Dès le lendemain, jour des Rois, les alliés, qui s'étaient donné rendez-vous près de Morat, se replièrent sur Payerne, et vinrent faire une invasion jusqu'aux portes de Fribourg, ravageant tout le pays entre Montagny et la Sarine [5]. Les Fribourgeois firent une sortie et forcèrent l'ennemi à se retirer *cum magna verecundia*, dit la chronique de Jean de Gruyère, que d'Alt attribue au capitaine Meyer. Ils perdirent dans cette affaire quelques prisonniers, entr'autres Jean Aygro et Jean Bettelried, Conseillers d'état. Ils prirent en échange Pierre

---

[1] A. C. — [2] Ibid. — [3] Ibid. — [4] Ibid. — [5] D'Alt.

Vergy, baron de Montrichier, qui commandait ceux de Romont, et le partisan Andrasi, domestique de Guillaume d'Avenches [1]. Le premier fut retenu en prison à ses frais jusqu'à la paix [2]; le second eut la tête tranchée pour crime de félonie [3].

Environ quarante hommes furent tués du côté de l'ennemi, qui, en se retirant brûla la potence et quelques villages [4]. Le lundi 22 janvier, il fut enjoint à tous les citoyens de porter leur vaisselle d'argent à la maison-de-ville par manière de prêt. Le marc d'argent fut taxé à sept florins du Rhin. Rodolphe Rumlinger, domicilié à Ried, Anderli Robus et Pierre de Sonnenwyl se présentèrent le 10 février au capitaine général, s'offrant de guider un détachement jusqu'aux montagnes dites *Ganters*, pour enlever le bétail. Mais Rumlinger, qui ne méditait qu'une trahison, prévint le syndic de Planfayon. Les habitans de la vallée firent bonne garde, et à l'approche des Fribourgeois le tocsin se fit entendre. Le coup manqua; Rumlinger fut puni de mort. Les quartiers de son corps furent exposés aux portes de la ville [5].

Le lendemain on promit un dédommagement aux veuves et aux orphelins de ceux qui seraient tués pour la patrie.

Le 9 février (1447) vingt-cinq partisans de Romont nous déclarèrent la guerre [6], et un mois après, le comte de Gruyère, François II nous envoya un défi au nom du pays de Saanen, combourgeois de Berne. Sa lettre était d'un laconisme menaçant : *Wir sagen euch ab mit Brand und tödlichem Krieg* [7]. Il devait aux Fribourgeois une somme considérable, pour laquelle il leur avait engagé Aubonne, Oron, Pallésieux, Corbières, Grandcour et la Molière. L'usufruit de cette hypothèque portait neuf cent soixante-sept florins d'empire [8].

L'avant-veille de cette déclaration l'ennemi avait reparu sur les hauteurs de Givisiez et de Chambloz, vers les neuf heures du matin. Il fut encore une fois repoussé avec perte de deux chevaux et

---

[1] D'Alt. — [2] Girard. — [3] D'Alt. — [4] Chronique. — [5] Girard. — [6] A. C. — [7] Ibid. — [8] D'Alt.

quelques hommes [1]. Deux autres tentatives, l'une par Bertigny, l'autre par Agy n'eurent pas plus de succès. La première coûta la vie à Aymo de Gallera et à un autre gentilhomme savoyard. Leurs corps, qu'on avait enterrés près du pré de l'hôpital furent ensuite exhumés à la requête de ceux de Montagny et transportés ailleurs [2]. L'affaire d'Agy fut plus meurtrière. Les Savoyards perdirent plusieurs des leurs et vingt-cinq chevaux. La chronique les accuse de n'avoir pu que tuer lâchement un certain Pierre Knab et un vieillard, qui gardaient les troupeaux. En retournant ils prirent Nicod Loriot près d'Avenches. Les Bernois ne restèrent pas oisifs; ils vinrent au nombre de cinq mille du côté de la Schüra, laissant à leur droite le Brünisholz. Les nôtres marchèrent résolument à leur rencontre, et les débusquèrent de cette position, après leur avoir fait éprouver quelque perte. Ils s'en vengèrent en brûlant quelques villages hors de la porte de Bourguillon. Nous n'eûmes à regretter que la perte de deux hommes.

Le lendemain, 11 mars, Hans Weber fut nommé capitaine d'artillerie, des archers et des arbalétriers [3].

Le même jour l'ordre fut publié de porter au magasin public tout le sel dont on pouvait se passer. Le pain de cette denrée fut payé vingt-un sous; celui en poudre onze sous. Une douzaine d'aventuriers vinrent tenter un coup de main sur le couvent de Hauterive. Déjà ils avaient abattu les têtes des Saints, qui étaient couronnés de plumes de paon, lorsque les nôtres les surprirent, en tuèrent deux et en prirent trois [4].

---

[1] Chronique. — [2] Ibid. — [3] A. C. — [4] Le duc de Savoie avait cependant accordé un sauf-conduit à l'abbaye d'Hauterive pour la maison qu'elle possédait à Romont. La lettre en est adressée au bailli de Vaud, ainsi qu'aux capitaines de Romont, Morat, Montagny, Corbières, aux châtelains de Rue, Moudon, Payerne, Yverdon, Vevey, Villeneuve, et à tous les autres officiers du bailliage de Vaud et du Chablais. Cette lettre porte en termes exprès que *nonobstant toutes les marques et représailles concédées à Messire Guillaume d'Avenches*, il est permis aux religieux d'Hauterive et aux leurs libre accès et sortie pour eux et leurs biens dans la ville de Romont et leur maison. Ce sauf-conduit est daté de Moudon, le 24 octobre 1447. Chronique Lenzbourg ad annum 1447.

Enhardis par ces petits succès, quelques membres de la société fribourgeoise du *Frifähnli* (enseigne libre) firent une excursion sur le territoire de Morat le Jeudi-saint, brûlèrent Villars-les-moines, Courgevaux, Corlevon et Salvagny, tuèrent onze hommes et en prirent quatorze, qu'ils emmenèrent avec cent vingts pièces de gros bétail [1].

Le 25 mars parurent trois ordonnances. L'une prescrivait aux femmes ce qu'elles avaient à faire en temps de guerre. A teneur de la seconde, dix hommes assermentés devaient sortir de chaque porte pour garder le bétail; la troisième fixait à huit hommes la garde de chaque porte. Celle du Bisenberg devait en avoir seize, avec un Conseiller, un Soixante, et deux membres des Deux Cents [2].

Le surlendemain une grande expédition fut organisée par la communauté. On avait résolu de punir ceux de Schwarzenbourg, qui avaient pris le parti des Bernois, quoiqu'ils eussent prêté serment de fidélité à Fribourg. A cet effet, un corps de seize cents hommes sortit de Fribourg à l'entrée de la nuit, commandés par Louis Meyer et Pierre Mörsberg. L'avant-garde était sous les ordres d'un Englisberg [3]. Dès la pointe du jour ils surprirent et brûlèrent une cinquantaine de villages du Gouggisberg et de Schwarzenbourg, tuèrent Pierre de Gruyère, qui voulut résister, et revinrent chargés de butin. Mais environ à une lieue de Fribourg ils se débandèrent un peu, sûrs de n'être pas inquiétés. En vain Louis Meyer voulut-il maintenir l'ordre et la discipline et rentrer à Fribourg. Une partie resta en arrière. Les autres firent halte au *Pré-neuf*, au-dessus du Gotteron, pour faire bonne chère. L'ennemi sut profiter de cette incurie, et vint surprendre les nôtres au moment où ils s'y attendaient le moins. La chronique déjà citée porte le nombre de l'armée berno-savoysienne à dix mille hommes *et ultra*. Pour mieux réussir elle avait usé d'un stratagème déjà banal, en substituant sur ses en-

---

[1] Chronique. — [2] A. C. — [3] Girard.

seignes à la croix bernoise, laquelle était blanche, celle de l'Autriche, qui était rouge. Ainsi surpris, les Fribourgeois perdirent dans ce choc deux cents hommes [1], une cinquantaine de prisonniers, et tout le butin qu'ils avaient fait. Parmi les morts se trouvèrent le Conseiller Gerwer, Guillaume Perrottet grand-sautier (*magnus preco*)[2], Jacques Feguely, Jean Cudrefin, Pierre Küng, Nicod de Blumisberg, etc. L'ennemi perdit aussi une centaine d'hommes. Pendant que les Savoyards emmenaient les prisonniers dans l'espérance d'en tirer une bonne rançon, les Bernois les leur enlevèrent et les massacrèrent impitoyablement.

Cependant dès que la nouvelle de cet échec parvint en ville, trois cents hommes en sortirent pour appuyer les nôtres. Les Bernois venaient de se séparer des Savoyards, et leur arrière-garde, imitant l'imprudence qui avait été si fatale aux Fribourgeois, s'était arrêtée à Tavel. Pendant qu'elle savourait au cabaret l'heureux succès de l'attaque, les trois cents Fribourgeois, avertis par un certain Ebischer, formaient un noyau de troupes fraîches, auquel se joignirent les vaincus, à une portée de trait du cabaret, dans le petit bois de *Juch*. Ils surprirent à leur tour les Bernois, dont un grand nombre parvinrent à se retrancher dans le cimetière, tandis qu'un autre groupe se défendait sur les bords du Weissenbach. Leur banneret cacha sa bannière dans un chêne creux, d'où un de ses gens la retira quelques jours après [3]. Ils furent partout culbutés, et peu en réchappèrent. Non seulement on reprit tout le butin, mais la bannière de Schwarzenbourg tomba au pouvoir des vainqueurs, qui la suspendirent dans la Collégiale [4]. Le gouvernement fit faire un service solennel pour le repos de ceux qui avaient été tués. On fonda pour eux un anniversaire à St. Nicolas, à Notre-Dame et à St. Jean. Guillaume Perrottet, qui s'était particulièrement distingué, fut inhumé sous le portail de St. Nicolas, où existait autrefois la maison de ses aïeux.

[1] D'Alt dit 260, la chronique Lenzbourg 266. — [2] D'Alt le confond avec Pierre Perrottet, bourgmaître; la chronique Lenzbourg tombe dans la même erreur. — [3] Girard. — [4] Chronique.

Toutes les communications au dehors étant interceptées, il était devenu presque impossible d'instruire la cour d'Autriche de ce qui se passait, ni recevoir des nouvelles de Jean Gambach, qui n'en pouvait revenir [1]. On chercha un homme déterminé, qui consentît à porter des dépêches à Albert, au risque de tomber entre les mains des ennemis. Ce fut Hensli Prenga qui se chargea de cette mission périlleuse. On lui promit une pension viagère s'il réussissait, et en cas de malheur, une gratification durant dix ans à ses enfans [2]. Il partit le 16 avril, et s'acquitta adroitement de sa commission [3].

Le reste de la campagne se passa en attaques partielles toujours repoussées, dont les détails seraient trop longs à énumérer, et qui amenaient en définitive toujours le même résultat : quelques hommes tués de part et d'autre, des bestiaux enlevés, des fermes et des hameaux réduits en cendres. La chronique signale la lâcheté des ennemis, qui tuèrent les femmes et les enfans. Elle s'indigne de la trahison des Bernois, dont les traités avec Fribourg, plus anciens que ceux qu'ils avaient conclus avec la Savoie, auraient dû les engager à prendre notre parti contre cette puissance.

On voit aussi que notre maître artilleur Nicolas ne contribua pas peu aux succès qu'on remportait de temps en temps. Le service des portes et remparts se faisait bien, et plus d'une fois les hommes qui les défendaient repoussèrent les assaillans. Nous comptâmes pourtant quatre transfuges : Wetz, Wachler, Türly et Loiffer. Bâle, Zurich, Lucerne, Soleure, Schwitz, Underwald, Zug et Glaris nous envoyèrent une députation chargée de négocier la paix, et proposèrent un congrès à Soleure. Mais le duc de Savoie voulut qu'il se tînt à Berne ou à Lausanne ; ce qu'il était impossible d'accepter. A la prière des ambassadeurs de France et de Bourgogne, nos députés se rendirent à Lausanne, mais leur mission resta sans résultat. Ils rentrèrent à Fribourg au moment où l'on repoussait une attaque du côté de Bertigny. Felga et Gam-

---

[1] Girard. — [2] Ibid. — [3] Ibid.

bach, députés vers le duc d'Autriche, revinrent sans secours, mais avec ordre de continuer la guerre [1].

Cinq attaques eurent lieu dans le courant du mois de mai; autant en juin, et six en juillet. Il n'est pas étonnant qu'on en ait confondu les circonstances et les époques, au point qu'aujourd'hui on ne peut guère apprécier que les résultats de cette guerre, ou plutôt de ce siége, car nous étions investis de tous côtés. La chronique dit qu'on éprouva une grande disette de vin, à laquelle elle attribue beaucoup de maladies et d'émigrations, s'indignant contre ceux qui en niaient le dépôt.

Il est clair que les gens de la campagne souffraient le plus de cet état de choses. Aussi leur mécontentement était-il au comble, et se traduisait souvent en menaces et refus de payer les impôts. Une notable partie des habitans de la ville sympathisait avec eux. A leur tête se trouvait Jacques Aygro, dont le fils avait été blessé dans une sortie, et qui comptait aussi des parens dans l'armée savoisienne. L'un de ceux-ci avait même été fait prisonnier. Aygro disait hautement qu'on soutenait une guerre impolitique, puisqu'il n'y avait aucun secours à attendre ni de l'empereur ni de l'Autriche [2]. Il persuada aux paysans que le banneret Elsbach était le seul auteur de la guerre; qu'il n'était soutenu que par trois ou quatre Conseillers, et que, sans lui, la paix aurait déjà été conclue [3]. On découvrit qu'il entretenait des intelligences dans le camp ennemi; on intercepta des lettres d'une rédaction fort suspecte [4]. Il se sauva dans le cimetière de St. Nicolas [5]. On lui fit le procès par contumace, et il fut condamné à mort. Mais à la prière de sa famille et de ses amis, cette peine fut commuée en détention et une amende de deux cents florins [6]. L'acte fut scellé par le doyen de Fribourg et deux officiers autrichiens.

Une lutte soutenue si glorieusement contre une coalition formidable, subit toutes les hontes d'une défaite, et se termina par un

---

[1] Chronique Lenzbourg ad annum 1448. — [2] D'Alt. — [3] Ibid. — [4] Ibid. — [5] Girard. — [6] Ibid.

traité qui sera à jamais une tache ineffaçable dans les annales fribourgeoises. Il fut conclu à Morat, le 16 juillet 1448, après dix-neuf mois de guerre, par l'entremise du roi de France, du duc de Bourgogne et de quelques cantons. Voici les noms des députés qui assistèrent à ce congrès :

Pour la France: Emerio, abbé de St. Thierri; Guillaume de Ménipène, seigneur de Contressault.

Pour la Savoie: Philibert de Vaudray et Jean de Salines.

Pour Bâle: Henri de Hünewyl et Henri Zeygler [1].

Pour les cantons: Ital Reding.

Pour Berne : Henri de Bubenberg; Rodolphe de Ringoldingen; Pierre de Wabern.

Pour la Savoie encore: Claude de Seyssel; Jacques de Montbel; Gaspard et Georges de Vuarat; Jean de Vaumarcus; Amé de Viry; Jean de Campeys; Otton de Lavigny; Guillaume de Genève, bailli de Vaud; Jean de Lornay; Antoine de la Palu; Jacques de la Tour; Marmet Christine; Jean, Philibert, Pierre et Nicolas de Menthon; Jacques de Challant.

Pour Fribourg et l'Autriche: Mörsberg; Pierre de Corbières; Jean Pavillard; Bérard Chausse; Jean Elsbach (banneret du Bourg, un des auteurs de la guerre); Jean Mussilier (banneret de la Neuveville); Jacques Cudrefin; ce dernier comme secrétaire. Le prieur de Morteau (*Mortuæ aquæ*) y avait été convié comme délégué du pape Félix, et le nom de Montebello y figure déjà comme un sinistre augure.

Le congrès ne fut pas long. Voici les articles du traité:

Art. 1°. Huit Fribourgeois seront désignés par le duc de Savoie pour aller lui demander pardon au nom de la communauté, tête nue et à genoux [2].

---

[1] Dans le modus vivendi il est appelé Settler. — [2] Il y a dans cet article trois circonstances si humiliantes, que le baron d'Alt, et après lui Girard ont rougi de les

Une nouvelle église sera construite à Montagny. Les Fribourgeois en paieront les frais, et, en expiation du sacrilége qu'ils ont commis en la brûlant, ils y fonderont une messe quotidienne et perpétuelle. Ils rétabliront de même le château de Montagny et celui de Villarsel, avec les dépendances. Les députés, conjointement avec le prieur de Morteau, en évalueront le prix.

2°. Guillaume d'Avenches, Guillaume Felga, Rodolphe de Vuippens et Antoine Salixeit seront rétablis dans leurs biens et indemnisés d'après l'estimation des médiateurs [1].

3°. Les prétentions du bâtard de Pétigny seront réglées par le comte de Neuchâtel ou son délégué d'une manière définitive (*summarie et juridice*).

4°. Les traités d'alliance avec Berne et la Savoie, déjà rompus de fait, ne se renouvelleront plus; mais on les remplacera par un *modus vivendi*, que stipuleront les médiateurs.

5°. Tout ce que, dans l'avouerie d'Hauterive, le comte Jean reconnaîtra avoir appartenu à la maison de Savoie ou au chapitre de Lausanne, leur sera restitué, sans égard aux droits de possession, de cession ou de conquête que pourraient faire valoir soit des particuliers de Fribourg, soit la communauté elle-même, et nonobstant le droit de prescription.

6°. Il en sera de même des fiefs, redevances, ressorts et juridictions de l'église de Lausanne [2], sauf le droit et l'action de recours qu'auraient les particuliers de Fribourg ou la communauté, en vertu d'une éviction soit individuelle, soit collective.

7°. Outre les restitutions susmentionnées, les Fribourgeois paieront au duc quarante mille florins du Rhin en dédommagement

---

rapporter. Ils ont adouci celle de la demande de pardon, en y substituant ces mots: *feraient une soumission*. Ils ont supprimé *à genoux et tête nue*.

[1] De bonis dominorum Guilliermi de Adventico, Guilliermi Velgen et Rodolphi de Vippingen fiet ad ordinationem predictorum ambasiatorum et priori et etiam de bonis Anthonii de Salicetho. (D'Alt et Girard ne parlent que de Guillaume d'Avenches; c'est que ce qui est relatif à Felga et à Vuippens est en effet inintelligible. —
[2] Ad causam Ruppis. (Sans doute le territoire de la Roche).

(*pro emenda utili*). Le mode de paiement sera réglé par les mêmes médiateurs.

8°. Le comte de Neuchâtel décidera si Fribourg conservera encore le droit de battre monnaie.

9°. Il y aura échange entier et gratuit des prisonniers, sauf à payer les frais de négociation. S'il s'élève un débat à ce sujet, le comte en décidera.

10°. Tous les propriétaires lésés rentreront en possession de leurs immeubles.

11°. Un *modus vivendi* sera conclu avec Berne et la Savoie.

12°. Berne restera seule propriétaire de Grasbourg et de Güminen, sauf toutefois les biens, censes, dîmes et autres droitures que des particuliers fribourgeois pourraient avoir dans ces districts.

13°. Noble Marguerite de Duens, femme de l'avoyer Ringoldingen entrera en possession de tous les biens de sa fille Louise Rich, tant de ceux qu'avaient apportés Pierre Rich, que de ceux qu'elle avait hérités de son oncle Rollet de Vuippens. S'il naissait quelques contestations à ce sujet, on en appellerait au comte de Neuchâtel, qui jugera en dernier ressort, après s'être associé deux arbitres choisis par les parties intéressées [1].

Ce traité [2] prouve que notre communauté, épuisée par une guerre de sept mois, et délaissée par l'Autriche, était aux derniers abois. Les conditions imposées sont plutôt celles d'un code pénal, et infligées à un rebelle qu'on vient de réduire à l'obéissance, que celles d'un traité. C'est que la communauté venait d'ouvrir les yeux, mais trop tard, sur l'énorme faute qu'elle avait commise, en comptant sur la protection de l'Autriche. C'était cette puissance surtout qui avait prolongé la guerre et excité les Fribourgeois

---

[1] A. C. Pellis se trompe quand, d'après Plantin (tom 1, page 210), il place les événemens que nous venons de relater en 1446. (Voyez Elém. de l'hist., etc. tom. II, pag, 118). — [2] La chronique Fruyo assure que le fils d'Ital Reding s'entremit avec zèle auprès des cantons, pour la ratification de ce traité.

par des promesses qu'elle n'avait pas l'intention de remplir. Jamais depuis son origine la communauté ne s'était encore trouvée dans des circonstances aussi difficiles. Son existence politique tenait, à ce qu'il paraît, à une paix à tout prix, et, comme on le voit, on la lui fit payer cher. Tout y fut sacrifié, même l'honneur. Elle fut ratifiée le 18 et 19 juillet par toutes les parties contractantes [1], excepté l'Autriche, qui ne fut point consultée. Toutefois communication lui en fut faite par Mörsberg, Corbières et Cudrefin. Le duc les renvoya avec colère, les chargeant de communiquer son mécontentement aux magistrats de Fribourg [2]. Deux Conseillers, Jean Pavillard et Jean Mussilier, furent députés vers le comte de Neuchâtel avec le chancelier, tandis que Jacques Perroman et Nicod Bugniet se rendirent à Lausanne, pour adresser au pape des remercîmens, qu'il aurait pu prendre pour une moquerie. Il avait craint un instant pour Lausanne, où il fixait souvent sa résidence, et que les Fribourgeois menaçaient. Il avait même sollicité du secours de Genève; mais il en fut quitte pour la peur.

Les Fribourgeois non seulement défrayèrent les ambassadeurs de France et de Bourgogne, mais ils leur firent encore un don de mille florins à partager entr'eux. On fut obligé d'emprunter une partie de cette somme à Nicod Bugniet.

Mais l'exécution du traité ne s'effectua pas sans exciter une grande fermentation dans les divers partis qui se partageaient la communauté. Les partisans de l'Autriche s'efforçaient d'ameuter les esprits contre les négociateurs, surtout parmi les gens de la campagne. Leurs adversaires les accusaient à leur tour d'avoir provoqué la nécessité de cet arrangement en poussant à la guerre, et déjà ils faisaient entendre combien il serait plus avantageux d'échanger le patronage de l'Autriche contre celui de Berne ou de la Savoie. Le même jour fut arrêté le *modus vivendi* suivant, qui devait remplacer l'ancienne alliance.

[1] A. C. — [2] Chronique Lenzbourg.

1°. Toute difficulté ventilante sera portée devant le juge de l'endroit où demeure l'acteur, ou bien devant celui auquel l'accusé se soumettra. 2°. Elle sera jugée dans le terme d'un mois. 3°. Les causes territoriales seront portées devant le juge dans la juridiction duquel se trouve la propriété contestée ; celles d'héritage là où le défunt demeurait. 4°. Ces deux espèces de causes seront jugées dans le terme de quarante jours, à moins que la difficulté d'entendre tous les témoins, ou de prendre toutes les informations, ne devienne une raison légitime de prorogation. 5°. Hors de là, si la cause n'est pas jugée dans le terme prescrit, l'autorité supérieure immédiate, en provoquera la décision dans la huitaine par tous les moyens coërcitifs. Ce second terme écoulé, le juge sera condamné aux dépens 6°. Les délits criminels seront jugés à l'endroit où ils auront été commis. 7°. Dans les contestations entre particuliers ou entre les communes, pour cause de juridiction, de limites, de pâturages, de bois, etc., les parties choisiront deux arbitres, qui se réuniront à Morat dans le terme de vingt jours. S'ils ne peuvent s'accorder, ils choisiront un arbitre méan, ou bien, s'ils ne peuvent s'entendre sur ce choix, ils en appelleront au comte de Neuchâtel, qui jugera lui-même ou par son délégué. Celui-ci devra être allemand dans les causes des Bernois. La sentence définitive devra alors être portée dans le terme d'un mois, à dater depuis le premier arrêt. 8°. Tous les ressortissans des états contractans jouiront de la liberté de transit et de commerce ; ni leurs biens, ni leurs personnes ne pourront être séquestrés ou barrés dans une cause civile, si ce n'est pour dette avouée et prouvée. Toute contravention doit être révoquée, et les autorités doivent veiller à ce que les ressortissans puissent circuler librement dans les états respectifs et soient traités avec les mêmes égards que ceux des pays voisins, tant pour ce qui concerne les personnes que les propriétés. S'ils en font la demande, on leur délivrera les sauf-conduits nécessaires en due forme. 9°. Nulle expropriation ne pourra avoir lieu que dans les formes légales. Dans le cas contraire, la restitution se fera par le juge de l'endroit où gît la propriété.

CHAPITRE X. 305

10°. Nul ne pourra être traduit contre son gré devant le for ecclésiastique, si ce n'est pour cause matrimoniale, religieuse ou d'usure manifeste. Les contrevenans seront passibles des frais de la procédure, et tenus de faire lever la sentence d'excommunication, si elle a eu lieu [1].

Ces deux actes furent rédigés dans le verger de l'Aigle-noir, à Morat, et un exemplaire en fut remis à chacune des trois parties intéressées, sauf ratification réciproque dans la huitaine. Celle de la Savoie fut donnée le même jour [2], et une seconde fois le 29 janvier 1453, après que nous eûmes juré fidélité au duc. Cette seconde ratification condamne à cent livres d'amende quiconque violerait quelque article du traité [3].

Une autre convention datée du 27 septembre de la même année fixe les époques où devaient s'acquitter les dividendes de la contribution. Le premier terme échéant à la Toussaint, on sollicita une prorogation, en faisant valoir la dette contractée par la communauté en faveur de Félix V, pour une somme équivalente au premier dividende de mille florins.

Le duc se laissa toucher, nous tint quittes du premier dividende, et prit sur son compte la moitié de la cense annuelle de cinquante florins, que nous avions à payer; on lui rendit la lettre de créance de son père. Quant aux trente mille florins restans, Fribourg s'engagea à en payer le tiers le jour de l'Assomption à Genève, sous l'obligation et l'hypothèque générale de toutes ses propriétés. Cet acquit eut lieu en effet, et pour celui des vingt mille florins restans, Fribourg se porta dégravatrice d'une ancienne obligation, par laquelle le duc était tenu de payer aux deux états de Berne et de Soleure une cense de six cent cinq florins, pour un emprunt fait à Augsbourg, dont ils s'étaient portés garans. On promit de lui en faire restituer l'acte d'obligation duement cancelé, ainsi que la quittance des deux cantons dans le terme de quatre années. On hypothéqua à

---

[1] A. C. — [2] Ibid. — [3] Ibid.

cet effet, non seulement les censes, droitures et fiefs de la communauté, mais encore tous les biens des particuliers, en quelque lieu qu'ils fussent. Toutefois le duc nous accorda la faveur de payer la moitié de la première cense.

Enfin les sept mille neuf cents florins formant le complément de la contribution devaient être payés, à teneur de la convention dont le duc garantit les articles qui le concernaient par sa simple parole de prince (*bona fide nostra in verbo principis*). Les deux parties contractantes se soumirent d'avance avec toutes les formes notariales d'usage au jugement de toutes les cours qui, au besoin, seraient saisies de cette affaire. Cet acte, digne appendice du soi-disant traité de paix, fut signé le 27 sept. 1448.

Le monastère de Villars-les-moines avait été brûlé pendant la guerre par les Fribourgeois, avec son église et ses bâtimens. Le prieur, Jean de Grylli, en porta plainte à Félix V, que Fribourg, ainsi que tout le diocèse de Lausanne, reconnaissait encore pour pape légitime. A sa prière, ce pontife autorisa l'abbé Antoine de St. Jean à Cerlier de saisir tous les revenus d'Hauterive sur les terres de Savoie, avec ordre à tous les ecclésiastiques, religieux, censitaires de cette abbaye de les livrer au dit couvent de St. Jean. La raison en était que Girard d'Avry, abbé d'Hauterive avait pris le parti des Fribourgeois, et se trouvait à Fribourg pendant l'incendie de Villars-les-moines. Le monitoire du pape fut d'abord publié à Vevey, puis à Romont, Villa, Billens, Orsonnens, Broc, Charmey et Farvagny. Si les censitaires d'Hauterive ne s'y soumettaient pas dans le terme de trente jours, on les menaçait d'une excommunication irrévocable, aussi longtemps qu'ils persisteraient dans leur refus.

L'abbé d'Hauterive eut beau protester qu'étant Fribourgeois lui-même par sa naissance et sa dignité, il avait dû embrasser la cause de ses concitoyens, que son abbaye était sous la protection de Fribourg, et exposée aux invasions des troupes. Ce ne fut qu'au bout de cinq mois qu'il pût obtenir un arrangement, par lequel le prieur de Cerlier rendit tout ce qu'il avait extorqué, hormis une rente de six livres, quinze sous sur Cugy, et reçut une fois pour toutes la somme de trois cents florins d'or pour toutes ses prétentions [1].

Il paraît que les chevaliers de St. Jean de Jérusalem, nommés alors chevaliers de Rhodes, suivaient l'obédience reconnue dans les pays où se trouvaient les commanderies. Jean d'Auw, commandeur de St. Jean sur la Planche, avait refusé de paraître devant le grand inquisiteur de Lausanne, où il avait été cité, à la demande de Raymond de Rue, religieux, on ignore pourquoi. La guerre étant alors imminente, il avait allégué le danger de se mettre en route, et l'insécurité des chemins [2]. Un voyage qu'il fit en même temps à Rhodes prouve que ces motifs n'étaient qu'un prétexte; aussi encourut-il l'excommunication. Pour s'en faire relever, il députa à Lausanne Louis Sorgner, desservant de l'église de Heitenried laquelle dépendait encore de la paroisse de Tavel. Il lui conféra tous les pleins pouvoirs nécessaires par un acte notarial [3].

Cependant il fallut songer à combler l'abîme des dettes où l'on se trouvait plongé. Outre l'argent qu'on emprunta à des négocians de Genève, on s'adressa à Jacques Perroman, à Jean Gambach, et à divers autres particuliers, la plupart de Strasbourg; mais ces sommes partielles étant loin de suffire, on leva un impôt sur tout le pays.

Après la Savoie, c'était l'Autriche qui afficha le plus de prétentions; elle, qui non contente d'allumer la guerre, l'avait entretenue à nos dépens. La paix faite, il s'agit de congédier les officiers à qui elle avait confié notre défense. Ici encore les vexations continuèrent. Louis Meyer, le plus brutal de ces chevaliers, se permit

---

[1] Girard. — [2] Causantibus variis viarum discriminibus et guerre predicte exordiis seu præparativis quæ jam tunc temporis aliqualiter vigebant. A. C. — [3] Ibid.

des exigences indignes d'un homme d'honneur [1]. Il prétendit entr'autres, lors de l'acquittement de sa solde, que les mois devaient se compter à raison de vingt-huit jours, selon le calendrier lunaire. Les appointemens collectifs de ces auxiliaires inutiles s'élevèrent à la somme de quatre mille florins d'empire pour dix mois de service [2].

Les conseillers suivans furent chargés d'aller accomplir devant le duc de Savoie l'acte de soumission si humiliant pour le fond et la forme : Pierre d'Englisberg, Nicod Bugniet, Bérard Chausse, Pierre Perrottet, Jean de Perroman, Hensli Elspach, Jean Mussilier et Ulli Berferscher.

De son côté, le comte de Neuchâtel ne tarda pas à procéder à l'arbitrage dont il était chargé. Jean Pavillard représenta Fribourg à la journée qui fut assignée à ce sujet, mais on n'y termina rien. Une seconde journée, à laquelle assistèrent avec les ambassadeurs de Savoie Bérard Chausse et Jean Pavillard, fut également sans résultat. Ces derniers n'apprirent pas sans surprise que le duc de Savoie faisait revivre d'anciennes prétentions à la souveraineté du quart de leur ville et d'une partie de son territoire [3]. Ils n'obtinrent que des termes plus longs pour le paiement des quarante mille florins; sept mille florins furent payés cette année aux Bernois [4], et neuf cents au sire de Villarsel [5], sur les assignations du duc. Chausse insista sur l'exécution des articles du *modus vivendi*, que quelques voisins s'étaient permis d'enfreindre. Plusieurs Fribourgeois avaient été insultés à Romont, à Moudon, à Gruyère et dans le Gessenay.

A tous ces fléaux se oignit encore une visite princière, qui ajouta naturellement à la somme des dépenses déjà si exorbitantes. Sigismond avait épousé Eléonore, fille de Jacques, roi d'Ecosse. Fribourg reconnaissant encore la suzeraineté de son royal époux, se trouva sur la ligne qu'elle devait traverser. Elle y ar-

---

[1] Il avait acquis le droit de bourgeoisie et épousé une Fribourgeoise. — [2] D'Alt. — [3] Girard. — [4] A. C. — [5] Ibid.

riva le mercredi après les Rois 1449. Quels que fussent déjà les griefs de la communauté contre l'Autriche, on crut ne pas devoir se départir des usages reçus à l'occasion de semblables visites. Un cortége nombreux se porta à la rencontre de la princesse au son de toutes les cloches. Il se composait de toutes les corporations religieuses, et des corps de métiers avec leurs torches. En tête marchait une troupe d'enfans portant chacun la bannière de l'Autriche, et criant *Osterricher*.

Eléonore, qui était descendue chez l'avoyer, parut sensible à cet accueil, et prolongea son séjour jusqu'au mardi suivant, visitant tous les recoins de la ville. Elle avait une suite de cent cinquante chevaux. Macherel d'Autigny fut chargé de l'accompagner jusqu'à Zurich. Cette visite coûta mille six livres, quinze sous, un denier. Il fallut même défrayer le seigneur de Gaucor, qui, après avoir accompagné la princesse jusqu'à Zurich, logea à son retour à la Croix-blanche, avec plusieurs chevaux.

CHAPITRE XI.

Arbitrage du comté de Neuchâtel. — Arrivée du duc Albert d'Autriche. — Le cercle et une partie de la bourgeoisie portent plainte contre les Conseils. — Landbrief. — Arrestation de vingt-cinq membres du Conseil. — Envoi, détention et rançonnement de cinq d'entr'eux à Fribourg en Brisgau. — Nouveau Conseil. — Extorsions du Duc. — Jean Piat. — Imposition générale. — Albert cède Fribourg à son frère Sigismond, après s'être permis des actes odieux. — Réfugiés de Morat. — Le mécontentement est au comble. — Trêve entre les partis. — Fribourgeois arrêtés à Genève. — Vexations du voisinage. — Conjurés de Vogelshous. — Perfidie de l'Autriche. — Prétentions du comte de Gruyère. — Arbitrage de Berne. — Déportement de Guillaume d'Avenches. — Partialité du comte de Neuchâtel et de la Savoie. — Guillaume est réintégré dans sa charge d'avoyer. — Saliceto. — Administration intérieure. — Fribourg se place sous le patronage de la Savoie. — Conférence de Morat. — Confirmation du traité de combourgeoisie entre Berne et Fribourg. — Mécontents.

On négociait tantôt à Neuchâtel, tantôt à Lausanne. Monstral et Juntler, députés autrichiens, assistaient les nôtres à ces dernières conférences. On convint que le comte de Neuchâtel enverrait des commissaires à Chambéry, pour y lever des copies de tous les titres sur lesquels le duc fondait ses demandes. Fribourg y envoya de son côté Petermann Pavillard et Antoine Barbarat. A leur retour, la sentence arbitrale fut rendue après de longues discussions. Le comte adjugea au duc de Savoie l'avouerie d'Hauterive et plusieurs alleux que les ducs de Zähringen avaient inféodés à la ville de Fribourg.

Ce jugement parut aux Fribourgeois entaché de partialité. Thüring de Hallwyl et Jean de Monstral allèrent à Lausanne avec Chausse, pour protester au nom de la maison d'Autriche. Elspach fut député vers le duc Albert, pour presser son arrivée. On était encore dans la persuasion que sa présence porterait remède à tant de maux. Son frère Sigismond en appela à l'empereur, qui cassa la sentence. Déconcerté par cette tournure inattendue, le comte de Neuchâtel hésita à se prononcer sur le droit de battre monnaie, et nous en conservâmes la possession [1].

Ce petit succès passa inaperçu au milieu des réactions anarchiques, qui ébranlaient la seigneurie. La crise extérieure qu'elle venait de subir n'était rien auprès de celle qui se préparait au dedans. Tous les intérêts profondément lésés accusaient l'impéritie et la faiblesse du gouvernement; toutes les passions se déchaînaient contre lui, tandis que les agens étrangers épiaient le moment favorable où ils pourraient profiter de ces troubles. Le dévouement de quelques citoyens sauva encore une fois la chose publique. Pour calmer les esprits au sujet des emprunts forcés, plusieurs familles riches se portèrent spontanément cautions des dettes de l'Etat. Leurs noms méritent d'être inscrits dans nos fastes. Ce furent les Corbières, Felga, Englisberg, Perroman, Bugniet et d'Elspach, avec quelques autres. Ce sacrifice écarta le premier danger; restaient encore les graves difficultés au sujet des constitutions primitives, les droits des seigneurs, et la nature des abergemens. C'est du seigneur suzerain que tout le monde attendait sur ces questions une sentence impartiale et décisive; aussi l'arrivée de ce prince était-elle attendue avec une extrême impatience.

Albert avait pris la route de la Franche-Comté. Juntler alla à sa rencontre, et plus tard le maréchal de Hallwyl. A la nouvelle de son approche, on demanda au comte de Neuchâtel d'ajourner le congrès qu'il avait indiqué. On fit des réparations considérables au couvent des Cordeliers, où le prince devait loger, et l'on retint quatre chantres ambulans pour son service. Pierre de Corbières, donzel, Jean Gambach, Jacques Cudrefin et Elspach, chacun avec deux chevaux, furent envoyés pour le recevoir à la frontière. Ils le trouvèrent à Yverdon.

[1] Girard. D'Alt.

Il fit son entrée par la porte des Etangs, le 4 août 1449 [1]. A ses côtés marchaient Guillaume Felga et Rodolphe de Vuippens avec l'enseigne de la ville. Pierre de Corbières, Petermann d'Englisberg, Hainzman Felga et Jean Gambach portaient le dais. Un cortége semblable à celui qui avait reçu la princesse d'Ecosse l'attendait, le clergé en tête avec les *petits innocens* en *belle procession*. Les chefs militaires et le Conseil étaient à cheval. On fit aussi parader une belle compagnie de gens de pied, avec la bannière de la ville. Venaient enfin les petits enfans, dont chacun portait un guidon aux armes de l'Autriche. Un St. Christophe, portant l'enfant Jésus sur les épaules, et de grandeur colossale, avait été improvisé au milieu de l'Etang. Devant Jaquemart on avait figuré un autre groupe symbolique. C'était la fille d'un roi qu'un grand dragon voulait engloutir, et St. Georges sur un grand cheval, tout armé, et la lance au poing, venait la délivrer sous les yeux du roi et de la reine. Des représentations analogues avaient été préparées d'espace en espace dans les rues que traversait le cortége.

A peine le prince fut-il installé dans son logement, qu'on vint déposer aux portes du couvent un don de haute valeur, eu égard aux circonstances. Il y avait cinquante muids de froment, cin-

---

[1] On trouve dans la Chronique Fruyo le fragment suivant, extrait des mémoires (malheureusement perdus) de Cudrefin: Serenissimus Dux Albertus Austriæ intravit villam suam Fryburgi cum honorabili societate duo centum equitum armatorum vel ibi circa cum nostris gentibus tam equitantibus quam pedester euntibus; erat autem magnus numerus. Ibi fuerunt processiones cum reliquis multum honorabiliter, etiam ibidem fuerunt pueri vexilla austriæ deferentes. Fuit autem receptus a suis gentibus de Friburgo multum honorabiliter. In parvo stagno ante belluardum ubi intravit, fuit factum personagium, taliter quod ibidem stabat in stagno S. Christophorus deportans D. N. J. C. videlicet unum pulcrum puerum supra scapulas. Ante portam Jaquemardi ante vel a parte stagni erat S. Georgius supra unum equum totaliter armatus. Tenebat ensem in manu, et una magna vipera habens magnam caudam, quæ volebat deglutire unam pulcram puellam, quam B. Georgius defendit cum lancea sua. Erat autem puella filia regis et reginæ, qui stabant supra muros Jaquemardi. Item fuerunt facta personagia per omnes carrerias per quas transivit et specialiter martyrium ipsius. S. Georgii et mei tres filii videlicet Jacobus, Guillermus, Wuillermus Cudriffin fuerunt de ipsis personagiis. Fuit hospitatus in monasterio fratrum minorum. Intravit autem villam suam Fryburgi die Lunæ post festum S. Petri ad vincula IV Augusti 1449. Recessit autem IV Novembris 1449, nobis relinquens pro capitaneo strenuum militem D. Thyringum de Hallwyl suum marescallum.

quante muids [1] d'épeautre, deux cents muids d'avoine, soixante muids de vin, vingt bœufs gras, deux cents moutons gras, trois mille poules (selon quelques chroniques mille trois cents), six cents livres de beurre, douze pans de lard fumé, une bosse de sel, trente-six torches de cire et trente-six livres de coriandre.

Loin d'apprécier ces marques de dévouement de sa bonne ville, le duc en témoigna du mécontentement, et se fit fournir encore cent vingt-six muids d'avoine, quatre cent soixante-treize livres de beurre frais, trente-huit pots de beurre cuit, trois douzaines de fromages, pour dix livres dix sous de sel (un scheite), trente-sept livres de cire et trente-six livres de confitures, à douze sous la livre.

Ce début devait déjà ouvrir les yeux sur les intentions de ce prince, et faire pressentir sa conduite future.

On peut se faire une idée de ce que cette visite coûta à la ville, par les frais qu'elle occasiona à un seul Conseiller, Nicod Bugniet, qui nous a laissé une relation très-curieuse de ces événemens. Le marquis de Röthelen fut logé chez lui avec quinze chevaux; il s'y en trouva même souvent jusqu'à dix-huit. Ce logement de neuf jours coûta quatre-vingt-cinq florins d'or, en comptant six deniers par cheval; ce qui ferait aujourd'hui à peu près deux mille francs. Bugniet fit de plus au duc une avance de trois cents florins.

Les réjouissances publiques n'en continuèrent pas moins leur train, et formaient un triste contraste avec la situation du moment. Le 15 août, terme fatal du second dividende payable à la Savoie approchait, et l'on était sans ressources. Le seigneur suzerain, aux intérêts duquel on avait sacrifié jusqu'à l'honneur, loin de nous tendre une main secourable, traitait la ville comme un pays conquis. On sollicita en vain de la Savoie un atermoiement. Le duc ne voulut rien céder, et pendant qu'il articulait

---

[1] Le muid de froment coûtait 4 livres et 4 sous. Il était de 3 sacs. L'épeautre coûtait 42 sous, et le muid d'avoine trente sous. Un bœuf gras coûtait 11 livres 15 sous. *Payé* 25 *livres* 10 *sous à un gagniour par les doz buef qui furent mangié et despendu au Jordil des Cordeliers.* A. C. citées par Girard.

ce refus d'une incroyable dureté, les Fribourgeois payaient les dettes de son père à Strasbourg [1]. Pour comble de vexation, l'évêque de Lausanne interdisait dans son diocèse l'usage de notre monnaie, et formait des prétentions sur la souveraineté que nous exercions dans les anciennes terres. Une négociation entamée à ce sujet d'abord à Avenches, se termina à Bulle à notre avantage.

Dans cet état de choses, il était assez naturel que le peuple, qui en payait les frais, attribuât soit à la malveillance, soit à l'incapacité de ses mandataires, la détresse où il se voyait plongé; mais, aveuglé comme eux par sa confiance dans le prince, c'est de lui qu'il en attendait le remède. Déjà avant son arrivée, il s'était manifesté des symptômes d'insubordination parmi les gens de la campagne, relativement à l'ohmgeld [2]; mais en septembre ils refusèrent nettement de payer le droit de forage [3]; de sorte que, pour subvenir aux besoins les plus pressans, on fut contraint en ville de mettre un impôt sur les graines et la viande [4].

D'un autre côté, Albert mécontent de ceux qui avaient conclu la paix, n'était pas fâché de trouver dans les plaintes de la communauté un prétexte pour les punir. Aussi, quand le Conseil vint réclamer son appui, il lui annonça que les campagnards ayant plusieurs griefs contre le gouvernement, il ne pouvait se dispenser de les entendre [5]. Cette déclaration inattendue fit dès lors pressentir à quoi on devait s'attendre.

Ce fut dans la séance du Conseil du 28 septembre (1449), présidée par Albert, que les communes des campagnes furent admises à exposer leurs griefs. Elles remontèrent aux premières causes de la guerre et se plaignirent qu'on n'eût pas éliminé du Conseil tous ceux qui possédaient des fiefs hors de la seigneurie. Elles prétendaient que cet ordre avait été donné aux bannerets par le prince lui-même, le jour du dimanche secret où l'on remplaça les Conseillers, les Soixante et le Trésorier, mais qu'ils l'avaient supprimé.

[1] Girard. — [2] A. C. — [3] Girard. — [4] Ibid. — [5] Ibid.

Le Conseil répondit que cette plainte avait été redressée le dimanche après la St. Nicolas 1447, par les députés de son altesse, et que ceux-ci avaient fait alors des dispositions qui devaient mettre les bannerets à couvert de tout blâme, puisqu'ils n'étaient pas censés en avoir connu toute l'étendue; que c'était là la raison pour laquelle ils ne s'étaient pas tenus en garde contre Guillaume d'Avenches. Quant à Saliceto, bien que quelque soupçon eût plané sur les anciens bannerets, on ne pouvait cependant pas les accuser d'être les auteurs de la guerre.

Albert parut se contenter de cette justification.

Le second grief portait sur la compétence de la juridiction des seigneurs directs, que ceux-ci voulaient étendre sur les abergataires appartenant à la seigneurie de Fribourg, tandis que leur juge naturel en première instance était l'avoyer. On se plaignit aussi que les vassaux empêchaient leurs sujets de s'agréger à la bourgeoisie. A ces plaintes, le Conseil opposa la réserve expresse qui avait été faite, des droits féodaux, dans l'acte d'acquisition, par lequel la seigneurie de Fribourg était dévolue à la maison régnante; que cette garantie existait même dans les lois municipales antérieures; que par conséquent il n'y avait jamais eu d'empiétement à cet égard.

Albert ne fut pas de cet avis. Il rappela que, dans ses premiers temps, la ville avait possédé les droits de régale, la haute juridiction, et autres droitures; qu'elle n'avait pu s'en dessaisir que par abus, et déclara titres usurpés tous ceux que les seigneurs directs voulaient faire valoir.

Les commis accusèrent encore le gouvernement d'avoir supprimé les actes où étaient consignées les franchises accordées à diverses époques à la communauté, d'avoir contracté des alliances à son préjudice, et fait des lois oppressives. Ils prièrent le duc d'ordonner la communication de ces titres.

Le Conseil repoussa également cette inculpation, et déclara que l'accès des archives n'avait jamais été défendu à personne, et que personne ne pouvait contester à la ville le droit de contracter des alliances. Quant aux lois incriminées, elles avaient été faites en vertu des franchises qui n'avaient été accordées qu'à elle, et que la campagne ne pouvait pas invoquer.

Albert, tout en convenant de l'autorité donnée au Conseil, pour ce qui concernait la sûreté publique, la police, les tribunaux et l'administration en général, fit observer que toute ordonnance qui portait atteinte aux droits du seigneur était nulle par le fait, et que la confection d'une loi nouvelle ne pouvait se faire sans la présence du capitaine, et en plein Conseil, puis devait obtenir la sanction suprême.

Enfin les abergataires se plaignirent que les seigneurs les dépouillaient souvent de leurs abergemens sans raisons suffisantes. Ce fut cette plainte qui provoqua la fameuse lettre rurale, soit *Landbrief*, datée du 16 octobre de la même année, mais promulguée seulement le mercredi suivant.

L'avant-veille de cette promulgation, le prince fit inviter à souper les personnes les plus distinguées des deux sexes. Le repas eut lieu à la maison-de-ville. On y avait fait transporter la plus belle argenterie de la ville. Après le souper il y eut grand bal à la halle aux draps, et on y dansa jusqu'à onze heures du soir.

Le Landbrief contient plusieurs dispositions éversives de nos priviléges. Après un long préambule, où le duc commence par déplorer les dissensions funestes qui divisent le Conseil et la communauté, la ville et la campagne [1], déclarant qu'il n'est venu à Fribourg que sur l'invitation expresse de tous les partis, le Landbrief statue les points suivans :

---

[1] Als sich mancherley Zwyläuf, Misshellung und Widerpart zwischen den erbaren, wysen unsern getrewen lieben Schultheissen, und Räthen mit ihren Anhangern an einem, und den vier Vennern auch der ganzen Gemeind unser Stadt allhie und auf dem Land, in den Kreissen und Oertern, so Uns und dem Haus Osterreich herzu unser Burg und Statt Freyburg gehörend, wohnhaft sind, des andern theils erhopt und gemacht hatten, etc. A. C.

1°. Ceux qui prétendent que les intentions du prince n'ont pas été fidèlement exprimées dans la correspondance qui eut lieu à ce sujet et par les députés, ne sont nullement fondés dans leurs plaintes.

2°. Les abergataires seront soumis à la juridiction de la ville, conformément aux prescriptions de la Handfeste, sauf la compétence primitive des tribunaux féodaux. En conséquence tous les habitans des cercles sont tenus de reconnaître la maison d'Autriche comme leur seigneur naturel et suprême; tout bourgeois qui empiéterait sur cette souveraineté sera regardé comme coupable de lèse-majesté.

3°. Tout fonctionnaire qui se permettra d'outre-passer ses pouvoirs pourra être poursuivi en justice. En conséquence, le prince enverra chaque année son lieutenant à Fribourg, pour y entendre les appels.

4°. Les fiefs que la ville a achetés du comte de Thierstein, quoique non encore livrés, ne jouissent point encore du bénéfice de la prescription.

5°. Quant à l'administration de l'hôpital, on écoutera encore les directeurs Nicod Bugniet et Jean Aygro, qui sont prêts à rendre de nouveaux comptes. Le prince avisera plus tard aux moyens de donner à cette administration des garanties solides.

6°. Les règlemens contenus dans la Handfeste sont confirmés. Le prince se réserve le droit d'interpréter les articles qui offriraient matière à controverse.

L'art. 7 garantit les droits des vassaux, précise leurs obligations, et fixe la nature des indemnités qu'ils peuvent réclamer à la résiliation du bail.

L'art. 8 détermine la compétence des tribunaux ecclésiastiques et civils au sujet du ban de Rodolphe de Vuippens.

Le chancelier, Pierre Cotterer, fit lecture de cette lettre, par une fenêtre de la grande halle, au peuple de la ville et de la campagne, assemblé sur le cimetière de Notre-Dame.

Le duc tint ensuite un lit de justice, et fit appeler devant lui par son maréchal Thüring de Hallwyl, le Conseil de Fribourg, alors composé comme suit : Guillaume Felga avoyer et chevalier, Petermann d'Englisberg donzel, Hainzmann Felga donzel, Pierre de Corbières donzel, Georges d'Englisberg donzel, Otto Brassa, Hugues Bosset, Pierre Perrottet, Willi Perroman, Petermann Bonarma, Hainzmann de Garmiswyl, Hensli Bettelried, Willi Weber, Nicod Bugniet, Jean Gambach, Jean Pavillard, Bérard Chausse, Jacques Arsent, Richard Bourquinet, Jean Favre, Ruof Baumer [1], Marmet Guglenberg, Jacques Cudrefin secrétaire, Jacques Guglenberg ex-conseiller, Jacques Aygro ex-conseiller, Claude Cordey ex-banneret.

Ils se rendirent tous sans méfiance à l'appel, comptant même retirer leur vaisselle d'argent, qui était restée à la halle depuis le souper. Mais à leur grand étonnement, on leur fit jurer qu'ils ne sortiraient point sans nouvel ordre. Au bout d'une demi-heure, Hallwyl les fit conduire sous escorte à la maison-de-ville, où ils furent mis aux arrêts.

Le surlendemain vendredi à deux heures du matin, on les fit lever à la hâte. L'avoyer Vuippens, Pierre d'Englisberg et Garmiswyl furent liés et conduits à la Tour-rouge. Bugniet, Pavillard, Felga, d'Englisberg (Georges) à la tour des quatre livres [2]. Gambach, Brassa et Bosset à la porte de Morat (mauvaise tour). Jacques Cudrefin au Belzay. Aygro, Chausse à la Jayère du Schuoly [3]. Willi de Perroman, Favre, Cordey à la tour des Etangs. Arsent, Bourquinet à celle des Grand'places. Guglenberg, Bettelried, Weber, au Dürrenbühl [4]. Perrottet, Marmet Guglenberg et Baumer à la porte de Bourguillon.

[1] Et non *Bournier*, comme écrit Girard. — [2] Soit tour du Peuplier blanc, démolie en 1827. — [3] Ce nom est aujourd'hui oublié. C'était peut-être la porte de Berne. — [4] Alors porte de la ville.

CHAPITRE XI.

Pendant que ces arrestations s'exécutaient dans la grande salle du Conseil, Perroman, Corbières et Bonarma, dont il n'est plus question par la suite, étaient gardés à vue dans la petite salle. Trois jours après on trouva à propos de tirer Gambach de sa prison, pour le transférer dans celle des *quatre livres*. Là, les cinq prisonniers qui s'y trouvaient, pour charmer leurs loisirs, composèrent la chanson suivante, que Bugniet nous a conservée.

> Ayez pidie deis pourouz presonniers
> Qui nuyt et jor ont servi léalement.
> Le noble prince a esté mal informié;
> Or prions Dieu, lequel est puissant,
> Que de la tor nos traise briefvement,
> La tor est froide, a peu d'esbattement.
> Le noble prince nos en traise briefvement,
> Pour luy servir tousjour alleigrement.
> Les présonniers qui ont fait cette chanson
> Priont Dieu que lour fassez raison
> Devant lour prince, seigneur de grand renom;
> Ayez pidié deis pourouz presonniers
> Qui nuyt et jor ont servi léalement.

Sur les instances de leurs parens et amis, les prisonniers furent élargis la veille de la Toussaint, après vingt-huit jours de détention [1]. Cinq d'entr'eux durent promettre sous cautionnement qu'ils se rendraient à Fribourg en Brisgau dans le courant de novembre. Ce furent l'avoyer Rodolphe de Vuippens, Jacques Perroman, Petermann d'Englisberg, Nicod Bugniet et Jean Gambach, c'est-à-dire les plus riches particuliers de Fribourg.

Pendant leur réclusion, Albert poursuivant le cours de ses violences, s'arrogea la nomination du curé, déposa l'avoyer, et nomma à sa place d'abord Pierre de Mörsberg, qu'il remplaça au bout de quelques semaines par Théodoric de Monstral; Thüring de Hallwyl fut nommé son lieutenant. Il installa même un nou-

[1] Chronique de Weltingen.

veau Conseil, en violation des droits de la communauté, et voici comment il fut composé : Hugonin Bosset, Claude Cordeir, Pierre Perrottet, Jean Favre, Otton Brassa, Marmet Guglenberg, Jaquet Arsent, Hans Mussilier, Jean Bonvisin, Raymond Rogier, Jacques d'Englisberg, Ulli Techtermann, aliter Berferscher, Richard Lochard, Petermann Felga, Jean de Perroman, Ulischi Adam, Rollet Bosset, Richard Carrallat, Conrad Reyff, Pierre Pavillard, Marmet Grand, Jean Gruyère, Jean Reider, Hensli Elspach [1].

Ces nouveaux Conseillers furent choisis parmi cinquante citoyens qu'il se fit présenter. On ne retrouve dans ce nombre que cinq des anciens Conseillers. Cette installation eut lieu le dimanche 26 octobre, et il paraît que Pierre Faucon fut nommé chancelier à la même époque. Quoique Gambach et Guillaume Felga fussent auprès d'Albert lorsque le traité de paix fut conclu, ils n'en furent pas moins destitués également.

Profitant des avantages de son usurpation, Albert se fit livrer les actes de 1379, 1381 et 1387, qui faisaient contre l'Autriche au sujet de Nidau. Albert partit enfin le 4 novembre (1449), accompagné de Perrottet et d'Elspach, qui le suivirent jusqu'au-delà de Pontarlier. Ses gens emportèrent la vaisselle d'argent qu'on avait prêtée [2], et pendirent à un arbre le sautier Jean Piat, qui courait après eux en réclamant certains objets [3]. Sans compter ce vol et les dépenses des particuliers, la visite d'Albert avait coûté mille six cent soixante-sept livres dix huit sous, c'est-à-dire passé treize mille francs de notre monnaie. Aucune des espérances qu'on avait fondées sur cette visite dispendieuse ne s'était réalisée, et le *Protecteur* nous quitta sans avoir fait faire un pas de plus à l'affaire de Savoie. Cette puissance avait même refusé aux ambassadeurs autrichiens un sursis qu'elle accorda ensuite à Jean Pavil-

---

[1] Aubergiste, chez qui Hallwyl était logé. — [2] Ce que n'appartient à léal prince ne bon seigneur. *Relation de Cudrefin*. — [3] On n'est pas d'accord sur l'époque de cet assassinat. D'Alt le place plus tard, avec d'autres circonstances. Ce meurtre eut lieu à Villars-les-joncs, et, d'après les vagues indications, que je trouve dans les comptes du trésorier, seulement l'année suivante (1450).

Jard. Le terme fatal du paiement approchait ; la caisse de l'Etat était vide, et la reprise des hostilités imminente. Hallwyl qui, conjointement avec l'avoyer, s'était emparé de tout le pouvoir, et présidait même à la reddition des comptes, fut forcé de lever un impôt sur tout le pays. Soixante-dix hommes de chaque bannière, donc deux cent quatre-vingts hommes furent joints aux Conseils pour représenter la communauté appelée à délibérer sur cette imposition ; ce qui formait une assemblée de quatre cent huit hommes, puisqu'alors le Conseil et les Soixante ne faisaient pas nombre avec les Deux Cents. Le lendemain, 12 décembre, cette ordonnance fut confirmée par toute la communauté assemblée aux Cordeliers [1]. On y réitéra la menace de sévir contre les réfractaires, car on prévoyait une forte opposition. La quotité de l'impôt ne fut déterminée que le 30 décembre [2]. On décida que les biens des citoyens seraient imposés à raison du deux pour cent. On fixa un local pour l'acquittement de cette taxe [3]. On nomma pour la percevoir une commission composée de maître Raymond, apothicaire, Rollet Basset, Richard Lochard, et Ulli Berferscher (Techtermann). On lui adjoignit Willi Lamprecht comme secrétaire (clerc). Les quatre bannerets furent chargés d'aller de maison en maison, chacun dans leur quartier respectif, et accompagnés d'un membre du Conseil, pour inscrire les sujets taillables, et recevoir leur serment. Cette taille n'ayant pas suffi, on la doubla [4], et on fixa en même temps la taxe des censes à six deniers par livre [5]. Le cercle refusa non-seulement d'acquitter sa quote-part de cet impôt, mais même l'ohmgeld, et députa vers le duc Pierre Filistorf et Ulric Schmoutz, pour justifier son opposition.

Ceux des Conseillers destitués qui avaient dû s'engager à se rendre à Fribourg en Brisgau, étaient partis le 8 novembre 1449. C'étaient l'avoyer Felga, Vuippens, Praroman, Englisberg, Gambach et Bugniet [6]. Ils arrivèrent au lieu de leur destination le 11.

---

[1] A. C. — [2] Ibid. — [3] Ibid. — [4] Ibid. — [5] Ibid. — [6] Ce dernier a laissé un journal de sa captivité.

Le lendemain ils se présentèrent au duc, qui était logé au couvent des Dominicains. Le marquis de Röthelen leur fit promettre de ne point sortir sans permission du logement qu'ils avaient pris chez Marguerite Herbstein. Au bout de douze jours, Vuippens fut envoyé à Neubourg, pour y défendre dans une conférence une cause qui intéressait les archiducs. Mais il dut promettre de revenir après Noël. Le 4 décembre Jakob de Stauffen et un autre officier autrichien vinrent prendre Felga et Praroman, les emmenèrent, le premier au couvent de St. Jean, le second à la maison des chevaliers teutoniques. Cinq jours après Gambach eut ordre d'aller rejoindre Vuippens. Il obtint de pouvoir retourner à Fribourg, à condition qu'il renoncerait au rembours des trois cents florins qu'il avait prêtés, et qu'il paierait en sus mille florins d'or du Rhin. Englisberg et Bugniet n'obtinrent qu'un mois plus tard la permission de sortir et de se promener par la ville. Ils en profitèrent pour examiner les curiosités, et surtout le clocher de la Cathédrale, dont ils prirent le plan. Ils reçurent les visites de plusieurs parens et amis ; mais les nouvelles qu'ils leur apportaient de Fribourg n'étaient nullement consolantes. Le parti des mécontens croissait de jour en jour. La dernière assemblée communale avait été fort orageuse, et signalée par la défection de Jean Gambach, Jacques Cudrefin et Jacques Piat [1], qui se retirèrent à Payerne.

Trois partis déchiraient alors la république : les partisans de l'Autriche, qui tenaient en main les rênes de l'Etat, ceux du gouvernement déchu, et les paysans que soutenaient tous les bourgeois externes. Voici comment s'exprime à cet égard M. Zurlauben [2] : « L'impulsion, alors générale en Europe, laquelle tendait à une révolution progressive par l'émancipation des communes, et par l'abaissement de la noblesse, ne pouvait manquer de produire une division funeste dans les circonstances où se trouvait la ville de Fribourg. Son attachement pour ses anciens souverains, l'habitude de faire la guerre pour leur cause, le res-

---

[1] Girard. — [2] Tableaux de la Suisse, tome 2, page 296.

sentiment de ses anciens griefs contre les Bernois et leurs alliés, formaient les principes et les prétentions d'un parti encore dominant. L'exemple des succès des Suisses pour la défense de la liberté, le desir naturel de l'indépendance, encouragé par l'épuisement sensible des forces et du crédit de la maison d'Autriche en Suisse, l'intérêt puissant de la paix avec ses voisins; tous ces motifs agissaient à la fois sur un autre parti plus nombreux peut-être, mais moins appuyé par les personnes en place. D'un autre côté la maison de Savoie avait des vues pour gagner sur cette ville l'autorité que la maison d'Autriche était près de perdre. »

Le duc ne s'était relâché de sa première rigueur à l'égard des détenus que pour mieux les disposer à des concessions onéreuses. Ce prince méditait déjà la cession de la seigneurie à son frère Sigismond, mais il ne voulait lâcher sa proie qu'après l'avoir bien pressurée. Le 14 mars Wilhelm Zumstein, le commandeur de l'ordre teutonique, et Georges de Rechbach mandèrent les quatre Fribourgeois encore arrêtés au couvent des Dominicains. Là on requit d'Englisberg et Bugniet un don de huit cents florins, qu'ils refusèrent. Le 26 on recourut aux menaces, et on exigea d'Englisberg six cents florins, de Bugniet mille, qu'ils refusèrent encore, alléguant leur innocence et leur quote-part des taxes à payer.

Enfin, fatigués par une détention dont ils ne prévoyaient pas le terme, effrayés aussi par les menaces, Felga consentit à payer mille florins, Englisberg quatre cents, et Bugniet autant. On les força néanmoins d'ajouter considérablement à ces sommes, et Praroman, qui avait refusé de payer avec le plus d'obstination, n'en fut pas quitte à moins de mille florins. Ils durent en outre acquitter tous les frais du séjour, sans compter ce qu'ils sacrifièrent pour gagner les bonnes grâces des Cotter, Zumstein et compagnie. Ce ne fut qu'après ces criantes extorsions, qu'on leur permit de retourner chez eux, après cinq grands mois de détention [1].

En passant par Neubourg, ils apprirent du comte de Thierstein

[1] Etrennes helvét. pour 1819, page 320.

combien les esprits à Fribourg étaient encore peu disposés en leur faveur. La crainte d'une réception peu amicale les engagea à se retirer, les uns à Morat, les autres à Payerne et dans les environs, où leurs familles et amis les rejoignirent. Le gouvernement les fit sommer de venir acquitter l'impôt du quatre pour cent, sous peine de confiscation de tous leurs biens.

Sur ces entrefaites Albert avait cédé à son frère Sigismond plusieurs pays, entr'autres Fribourg. L'acte de cession d'une part, et celui de prise de possession de l'autre [1], furent lus publiquement à la communauté, convoquée aux Cordeliers, le 12 avril 1450, par les délégués de Sigismond, le comte Eberhard de Kilchberg, Eberhard Truchsess de Waldburg, et Liennard de Wildeck. Albert avait écrit une lettre particulière. La communauté prêta serment à son nouveau seigneur, et celui-ci confirma ses priviléges par une déclaration authentique, datée du premier Juin.

A l'assemblée suivante de la St. Jean, on prit les précautions ordinaires pour la sûreté de la ville, et tout sembla vouloir rentrer dans la voie constitutionnelle. Jean Pavillard fut nommé avoyer. On fit entrer dans le Conseil Vuippens, Gambach, et Willi Praroman. Par contre trois des Conseillers nommés par Albert ne furent pas confirmés, savoir Elspach, Berferscher et Grand. Bérard Chausse prit la place de Petermann Pavillard. L'entrée de la ville fut défendue aux paysans, mais on convoqua leurs députés.

Toutefois, avant de lâcher définitivement sa proie, Albert voulut en tirer un dernier avantage. Hallwyl étant venu un jour annoncer son arrivée, ramassa toute l'argenterie qui avait échappé à la première saisie, puis, feignant d'aller au-devant du prince, il sortit par la porte de Stades, accompagné de quelques Fribourgeois. Arrivé sur la côte du Schönenberg, il se tourna brusquement vers eux, en disant: *Monseigneur ne retournera plus chez vous ; il vous dégage du serment de fidélité que vous*

---

[1] A. C.

lui avez prêté, et garde en même temps votre vaisselle en gage de reconnaissance [1].

Toutes ces transactions dynastiques faites au seul profit des princes, ne remédiaient point aux maux de la république. Les réfugiés de Morat déclinaient l'acquittement de l'impôt, et motivaient leur refus sur les extorsions dont ils avaient été les victimes, et le lâche abandon où on les avait laissés. Une grande agitation régnait dans la ville, et la nouvelle imposition avait porté le mécontentement au comble, surtout parmi les gens de la campagne, soutenus par quelques bourgeois. Les plus turbulens parmi ceux-ci étaient Ulli Berferscher (Techtermann), Marmet Grand (qu'on croit être d'Affry), Claude d'Autigny, Jakob Retz, et Franz de Pont; d'autres actes nomment encore ici Peter Kechler. Quelques bourgeois du parti contraire les ayant arrêtés le 29 mai 1450, et mis en prison, la campagne tout entière s'en émut, et vint réclamer leur élargissement. Il eut lieu le lendemain par l'entremise de l'avoyer intrus, Thierry de Monstral. Les deux partis promirent, non-seulement d'oublier le passé, mais de vivre en paix jusqu'à l'arrivée des délégués du nouveau souverain, lesquels étaient attendus d'un jour à l'autre [2]. On expédia en même temps à Sigismond un rapport détaillé de ce qui s'était passé, ainsi que les pièces des négociations entamées avec les réfugiés de Morat, qui, par leur refus de revenir en ville, maintenaient tous les esprits dans une dangereuse effervescence; on le priait instamment d'envoyer ses délégués sans délai.

[1] D'Alt ne fait aucune mention de ce fait. D'autres auteurs soutiennent par contre qu'à cette occasion Hallwyl remit aux Fribourgeois un acte daté de Zurich, le jeudi avant le dimanche des Palmes 1450, et qu'on y lisait ces mots: *Vos absolvimus ab omni fidelitate et juramento, quod nobis tanquam legitimo vestro principi prestitistis.* La chronique Lenzbourg cite la même allocution, mais délayée. Hallwyl laissa à Fribourg des dettes considérables. On donna trente livres, soit vingt florins à Grauser de Bäriswyl, pour deux bœufs que Hallwyl lui avait enlevés. A. C. Thierry de Monstral ne fut pas plus délicat. On lui avait prêté entr'autres quinze francs dix sous, dans un besoin urgent; on était décidé à lui en faire cadeau, s'il partait de bonne grâce, en nous donnant quittance sur toutes les réclamations; mais il partit sans livrer ni argent ni quittance. Tels étaient les dignes agens de ce prince, qui avait exercé son patronage spoliateur avec le cynisme le plus abject. Bugniet dans son intéressante relation ne craint pas de l'appeler *Monseigneur le tyran*.— [2] A. C.

Cependant les paysans affluaient en ville, et malgré la trêve qui venait de se conclure, une réaction sanglante était à craindre. Felga et deux Praroman quittèrent la ville avec Jean Pavillard. Monstral essaya de les faire rentrer, mais appréciant lui-même les dangers d'une collision, il permit à Guillaume Felga d'emporter ses effets [1]. Une ordonnance du 26 juin 1450 défendit les attroupemens, sous peine de prison, et les faux rapports sous peine du carcan [2]. Sur ces entrefaites arrivèrent à Fribourg les ambassadeurs de Savoie et de Berne; pour le légat l'évêque de Mondovi, et Jean Champion; pour le duc, Marmet Christine, et pour les Bernois Ulrich d'Erlach, Thomas de Spechingen et Pierre Schöpfer. Une nouvelle trêve fut conclue le premier juillet. Un des articles portait que les réfugiés reviendraient en ville.

Les délégués autrichiens étaient arrivés à Kaiserstuhl. Pendant que la communauté, après avoir lu leurs dépêches, s'occupait des mesures à prendre pour assurer l'exécution de ce traité, le parti campagnard s'empara des portes de la ville. Le cordonnier Guillermin fut attaqué, blessé et dépouillé par huit individus sur le chemin de Morat, et eût même été noyé sans l'intervention de quelques passans.

Cette nouvelle souleva une indignation générale. Les agresseurs, décrétés de prise de corps, se réfugièrent dans le couvent des Cordeliers. Ils y furent cernés, et l'on défendit, sous peine de mort, de leur prêter appui. Deux cependant parvinrent à s'échapper, et les six autres promirent par serment qu'ils ne feraient aucune tentative d'évasion.

Cet attentat fournit aux réfugiés un nouveau prétexte pour ne point obtempérer à l'ordre de revenir en ville. En vain l'avoyer, quelques Conseillers, les bannerets et le Grand-Sautier Aygro (Agroz?) se rendirent-ils successivement à Morat, pour justifier le gouvernement; en vain leur écrivit-on dans le même sens, les conjurant de ne point commencer la guerre civile, et d'attendre au moins l'arrivée des délégués autrichiens. Rien ne put les fléchir.

[1] Girard. — [2] A. C.

Les réfugiés rédigèrent à Morat, par main de notaire, un compromis, qui les rendait cautions solidaires de tous leurs actes publics, et par lequel ils s'engageaient à ne rien entreprendre que d'un commun accord. Pour assurer l'ensemble de leurs opérations, ils nommèrent une commission exécutive, sous la présidence de Jean Gambach, et composée des membres suivans: Felga, les deux Praroman, Aygro, Bugniet et Cudrefin. Ce compromis daté du premier juillet, et auquel le doyen de Fribourg apposa son sceau, peut être regardé comme une déclaration de guerre [1]. Heureusement que le même jour eut lieu l'arrivée des délégués. C'étaient encore le Truchsess de Waldburg, et Jean de Klingenberg. Ils engagèrent d'abord les réfugiés à envoyer des députés à Fribourg. Ils répondirent que l'assassinat de Jean Piat ne leur permettait pas de se fier à un sauf-conduit, mais qu'ils se trouveraient dans tout endroit où ils pourraient traiter en sûreté [2]. On choisit Morat. Les délégués autrichiens s'y trouvèrent avec Jean Pavillard, récemment nommé avoyer. La première séance du 14 se termina par un simple ajournement et une trêve provisoire. Le légat et les Bernois furent priés d'envoyer leurs députés au prochain congrès.

Les réfugiés adressèrent le 24 juillet à leurs amis et aux magistrats de Fribourg une lettre, en les invitant à en faire la lecture dans l'assemblée communale. Ils y rappelèrent l'infâme assassinat de Piat, et les justes plaintes et méfiances qu'il inspirait. Ils ne dissimulaient point leur désir de voir l'ancien ordre de choses rétabli, se retranchant, comme tous les partis, dans le bien public et le retour de la paix et de la concorde, etc. Ils finissaient par déclarer que, puisqu'on les menaçait de la confiscation, ils useraient de représailles envers les habitans de la campagne.

Le second congrès ayant également été sans résultat, on en fixa un troisième à Payerne, et, pour qu'il eût plus de succès, on ordonna à Fribourg des prières publiques; mais il fut impossible de s'entendre. L'avoyer se rendit le même jour de Payerne à Evian,

[1] A. C. — [2] Girard.

puis à Genève, pour négocier un accommodement relatif à la contribution. A son arrivée dans cette dernière ville, il trouva nos marchands en état d'arrestation, et fut retenu lui-même avec sa suite. Il employa ce temps à faire l'inventaire des marchandises barrées. Dès qu'on fut informé à Fribourg de ce qui se passait à Genève, on s'empressa de faire les représentations nécessaires. Bérard Chausse et Hensli Jungo, députés vers le légat, ne purent obtenir qu'une levée de séquestre partielle, et sous caution. On supplia en vain l'Autriche d'avancer la somme nécessaire, ou de payer les douze mille florins d'empire, qu'elle devait. Notre gracieux prince ne voulut ni prêter ni payer. Ce ne fut qu'à l'aide d'emprunts particuliers qu'on parvint à libérer Pavillard.

Enfin, pour dernier essai, on résolut de se réunir encore une fois à Berne, et les délégués autrichiens prièrent le légat de s'y faire représenter. Il s'y trouva dix-huit réfugiés, et au nom de la communauté : Hugonin Bosset, lieutenant d'avoyer, Petermann Pavillard, et les quatre bannerets. Après douze jours de débats, il fut convenu que les paysans se retireraient dans leurs villages, que le parti contraire, qui occupait le quartier des Places, mettrait bas les armes, et que le gouvernement prendrait des mesures efficaces pour prévenir toute collision. D'un autre côté, Sigismond confirma une seconde fois, avec beaucoup d'emphase, les franchises de la ville [1].

Ce simulacre de pacification ne calma les troubles intérieurs que pour mieux faire sentir les embarras du dehors. Nos voisins, enhardis par notre lâche conduite à l'égard d'un avoyer parjure, semblaient s'être donné le mot pour nous inquiéter à qui mieux mieux. Un Thierry, de Rathmannshausen, pour venger une prétendue insulte faite à sa sœur, nous envoya un défi, puis nous cita à la cour d'Autriche, et ce ne fut pas sans peine et sans frais qu'on se débarrassa de cet importun par un arbitrage. L'évêque de Lausanne accueillait de son côté toutes les plaintes, même en matière civile, portées contre les Fribourgeois devant son tri-

[1] D'Alt.

bunal, au mépris de l'autorité locale. Le tribunal de Rothweil, en Westphalie, devant lequel on avait également cité des causes fribourgeoises, reconnut cependant notre exemption des tribunaux de l'empire [1], en déboutant une troisième fois Jean Felga, plus tard à deux reprises un certain Henri Kupfer, de leurs demandes [2]. Mais c'étaient les créanciers de l'Etat surtout, qui pressaient avec acharnement le solde des censes arriérées. Chausse et Perrottet furent envoyés à Genève pour s'entendre avec les Lombards, nos créanciers, et en même temps vers le duc de Savoie, pour l'engager à renoncer à ses prétentions sur Fribourg. Le comte de Neuchâtel n'avait point encore prononcé. Il était allé rejoindre Louis de Savoie à Verceil [3]. Celui-ci avait manifesté son ambition avec trop d'évidence dans toute cette affaire, pour que les confédérés assemblés à Berne n'ouvrissent pas enfin les yeux sur les dangers qui les menaçaient de ce côté, si la puissance de la Savoie venait à s'étendre. Force leur fut de changer de politique, et d'appuyer une fois l'Autriche, leur ennemi naturel. Notre avoyer, Nicolas Reyff, avait fait dans cette négociation preuve d'une grande habileté diplomatique.

Les Suisses députèrent à Verceil le secrétaire de St. Gall, qu'accompagna l'huissier Groler, porteur de lettres de recommandation du marquis de Röthelen. On n'obtint qu'une journée au Landeron, à laquelle se trouvèrent Perrottet, Cudrefin et Favre, avec Wiedenbach, procureur de Sigismond. Mais les propositions de Louis furent telles, que malgré les tempéramens apportés par le comte de Neuchâtel, elles ne purent être acceptées.

Ce qui rendait Louis si exigeant et si tenace, c'était le secret espoir que l'Autriche lui vendrait la seigneurie de Fribourg. Il paraît qu'Albert, à l'insu même de Sigismond, lui en avait fait entrevoir la possibilité. Dès que la nouvelle d'une transaction aussi perfide eut transpiré, la communauté, assemblée le 12 janvier 1451, écrivit à l'empereur et autres princes de son sang,

[1] A. C. — [2] Ibid. — [3] Girard.

pour leur représenter combien cette vente serait contraire aux franchises de la ville, si souvent confirmées. Elle les priait en même temps de remettre la seigneurie à l'empire, s'ils voulaient renoncer à sa possession. Il paraît que cette lettre fit son effet, car il ne fut plus question de cette vente [1].

En attendant, on eut recours à un emprunt forcé pour faire face aux paiemens les plus urgens [2]. On délivra aux créanciers des obligations remboursables dans trois ans [3]. Dans les ordonnances qui furent rendues à cet égard, on trouve déjà l'origine de la traite foraine (Abzug), qu'on taxa au dix pour cent. On parvint ainsi par des efforts incroyables à ramasser le dividende dû. Il alla grossir les trésors du légat, et son fils nous en donna quittance, sous date du 28 novembre 1450 [4]. Neuf cents florins furent aussi payés l'année suivante au chevalier de Villarsel, sur l'assignation du duc [5]. On établit des impôts extraordinaires sur les denrées. Le muid d'épeautre fut taxé à cinq sols, le froment et le seigle à douze, et l'avoine à six. On payait trois livres pour un chevreau, et un denier pour chaque livre de viande le tout devant rapporter annuellement cinq cent trente-trois florins d'empire. Mais il fut impossible de faire exécuter la perception de cette taille, et l'on recourut à un second emprunt forcé [6].

Toutes ces mesures violentes étaient peu propres à ramener les esprits, aussi les habitans du cercle recommencèrent-ils à remuer. Ils étaient entretenus dans ces dispositions turbulentes par cette partie de la communauté qui partageait leur mécontentement. Depuis longtemps des conciliabules secrets se tenaient à Vogelshous. Les conjurés tentèrent d'enlever Rod. de Vuippens, qu'on avait dépêché vers Sigismond [7]. Le marquis de Hochberg, Henri de Bubenberg, avoyer, Gaspard de Stein, et Burkard Windschlag du conseil de Berne, qui s'étaient chargés de négocier une médiation, ne purent obtenir qu'une trêve, que les partis promirent d'observer jusqu'à Pâques [8]. Sigismond avait indiqué pour cette époque un

---

[1] Girard. — [2] A. C. — [3] Ibid. — [4] Ibid. — [5] Ibid. — [6] Ibid. — [7] Girard. — [8] d'Alt.

nouveau congrès à Fribourg, auquel assisteraient deux délégués autrichiens, deux conseillers de Berne, un de Soleure, trois de Fribourg, avec trois commis du cercle. On avait pris la sage précaution de n'appeler aucun avocat à cette conférence, qui devait juger toutes les difficultés en dernier ressort, ne prononçant à rigueur de droit qu'après avoir épuisé toutes les voies de conciliation. Le prince avait posé les bases du jugement; c'était l'oubli du passé et la liberté du commerce. Les alliances contractées pendant les troubles devaient être regardées comme non-avenues, et quiconque avait connaissance de quelque complot contre la seigneurie, le cercle et la ville devaient jurer de le révéler à l'avoyer ou aux bannerets. On devait au besoin se prêter mutuellement conseil et assistance [1].

Le traité du 16 juillet avait donné au comte de Neuchâtel plein pouvoir de régler le paiement des contributions qui nous avaient été imposées. Ce prince l'avait en effet réparti, mais les particuliers intéressés avaient refusé de paraître à Neuchâtel, s'appuyant sur une déclaration de l'Autriche, qui avait décliné la compétence du comte en cette matière. Thüring de Hallwyl présenta bien une garantie, mais le comte la refusa à son tour, et les contribuables furent condamnés par contumace. Les ambassadeurs de Savoie se trouvant à Fribourg, lors de la conférence, sommèrent les magistrats en termes comminatoires de faire exécuter cette sentence. En vain demanda-t-on de pouvoir faire le paiement en quatre termes, ils refusèrent net, et partirent très-mécontens, après avoir demandé acte de leur exactitude à s'acquitter de leur mandat.

Sigismond recourut à l'empereur son frère, qui ordonna au comte de Neuchâtel de ne point se mêler de cette affaire, et de la renvoyer, soit par devant la cour impériale, soit par devant une commission qu'il nommerait à ce sujet. Le duc de Savoie, poussé à bout, se mit alors en mesure d'exécuter les menaces qu'il avait faites. Il fut encore secondé par les Bernois, qui, voulant nous

[1] D'Alt.

réduire aux dernières extrémités, parce qu'ils avaient sur la seigneurie de Fribourg les mêmes intentions que la Savoie, nous écrivirent qu'ils se joindraient au duc en cas de guerre.

Fribourg se retrouva tout-à-coup plongée dans le même dédale d'embarras, d'où la dernière conférence avait paru vouloir la tirer. Les citations par devant les tribunaux étrangers, les excommunications, les saisies, et autres insultes de ce genre, se succédèrent sans interruption. Au dehors déconsidération complète et imminence de guerre; au dedans discorde, révoltes, ressources taries; tel était alors le tableau affligeant que présentait notre petit état. En vain en écrivit-on à Sigismond, le suppliant de nous venir en aide. Loin de chercher à nous tirer d'embarras, ses lieutenans encourageaient le cercle dans son opposition. Les assemblées se continuaient à Vogelshous. Les principaux meneurs étaient Jean Weber, Jean Lari de Guin, Conrad Bari de Barberêche, Ulric Schmoutz de Cormondes, Pierre Pradervan, Pierre Filistorf, Jean Tomis, Jean Mond, Pierre Kechler, Conrad Stourni, Michel Kroumer, etc. I's entretenaient une correspondance active avec les officiers autrichiens de Rheinfelden. Ils y avaient même des agens. Le gouvernement ayant découvert cette trame, fit arrêter quelques conjurés; les autres, qui d'abord avaient pris la fuite, demandèrent et obtinrent des sauf-conduits pour venir défendre leur cause. Le cercle ne se laissa pas déconcerter. Il envoya de nouveaux agens à Guillaume de Grunenberg, qui commandait à Rheinfelden pour la maison d'Autriche. Là fut arrêté un projet atroce. Les paysans devaient à un jour convenu se rendre en ville en grand nombre, sous prétexte d'affaires, et s'emparer des cinq portes; en même temps quatre cents chevaux, commandés par Hallwyl, Grunenberg et Beringer devaient s'avancer par le comté de Neuchâtel et autres voies indirectes, en arborant partout sur leur passage l'étendard d'Autriche, pour rassurer les populations, puis pénétrer dans la place, et en faire un bailliage autrichien. On devait massacrer les membres du gouvernement et les bourgeois du parti contraire. On promit la suppression de toutes les taxes, et des récompenses à tous ceux qui s'emploieraient à l'exécution de cette entreprise.

Le bon-sens de quelques-uns l'emporta toutefois sur cet aveugle complot. Ils se rappelèrent la mauvaise tournure qu'avait prise pour ses auteurs la conjuration d'Interlachen, dans un but analogue. Avant de s'engager plus avant, ils voulurent s'assurer des moyens, et exigèrent que le duc d'Autriche leur envoyât un ordre signé de sa main, et muni de son sceau, de s'emparer de la ville. Car telle était, au dire des commis, l'assurance qu'avait donnée Pierre Carterer, chancelier ducal.

Ces tergiversations sauvèrent la ville ; car, sur ces entrefaites, l'un des conjurés, nommé Conrad Grauser, de Bäriswyl, pénétré de remords, vint révéler le complot et dénoncer ses complices, en soutenant son rapport par serment.

On fit arrêter sur-le-champ les principaux conjurés ; c'étaient Pierre Filistorf, Jean Lari, Jean Mond, Jean Tomis, Jean Mouri, deux Kechler, et Conrad Stourni. On instruisit leur procès [1], et ils furent exécutés le 15 avril sur la place St. George, devant le château (1451). D'autres furent fortement amendés ; le maximum des amendes s'éleva à mille florins.

Pendant ces exécutions on fut obligé de faire garder soigneusement les portes, surtout celle de Bisenberg, car les paysans s'attroupaient tumultueusement aux portes de la ville. On les convoqua aux Cordeliers, le samedi suivant, pour les prévenir que toute relation avec Rheinfelden serait punie de mort [2]. On plaça sous la surveillance de la police les Cordeliers, qui, passant souvent d'un couvent à l'autre, et parcourant librement tout le pays pour leurs quêtes, s'étaient souvent laissés employer à des messages secrets [3]. On députa ensuite Rod. de Vuippens vers Sigismond, dont il ne put obtenir que de vagues promesses, pendant soixante-sept jours que ce prince le retint auprès de lui.

[1] A. C. — [2] Ibid. — [3] Ibid.

Notre situation, chaque jour plus précaire, encourageait nos voisins à toute espèce d'empiétemens. Une querelle de ce genre nous fut suscitée à cette époque par le comte François de Gruyère. Il s'avisa subitement de mettre en vigueur à l'égard des Fribourgeois les lettres patentes par lesquelles Charles IV avait accordé à Guillaume de Grandson le droit d'imposer toutes les marchandises qui passeraient sur le pont d'Aubonne. Le banneret Jungo, qui se trouvait alors à Genève pour d'autres affaires, se transporta aussitôt sur les lieux, et se convainquit qu'une querelle des buralistes avec quelques charretiers avait donné lieu à renouveler ces prétentions [1]. Bérard Chausse, envoyé à Gruyère, obtint que le comte enverrait ses députés à Moudon. Il s'y rendit lui-même avec Perrottet, mais sans succès. Deux autres conférences eurent lieu, l'une à Payerne, où le banneret du Bourg assista Chausse; l'autre à Gruyère même, où s'était rendu Nicod Bugniet. Nos députés opposèrent en vain à la patente impériale une exemption du même empereur, donnée à Sulzbach, le 12 décembre 1366 [2]. Ils ne purent la faire reconnaître que dans la conférence du 30 avril 1451, en s'appuyant d'un droit de prescription d'environ quatre vingts ans passés, et moyennant cent florins du Rhin de rachat [3]. Jean Pavillard paya cette indemnité le 17 mai, et en prit un reçu [4].

La cour décanale, siégeant à Fribourg le 14 avril, fut appelée à faire des enquêtes au sujet d'un refus, que faisaient les paysans, de contribuer pour la ville. Elle consulta divers anciens protocoles, ainsi que les comptes de Perrod des Prumiers, qui avait exercé la charge de Bourgmaître en 1376. Elle y trouva les noms des paysans, qui alors payaient les impôts, et la quotité de ceux-ci. Ces indications irrécusables furent confirmées par le témoignage de plusieurs curés et vassaux de l'abbaye d'Hauterive. Tous déclarèrent qu'ils avaient toujours vu payer le droit de forage et amender les rénitens [5].

---

[1] Girard. — [2] A. C. Voyez sous date du 9 juillet 1367 le convenu avec Guillaume de Grandson. — [3] A. G. — [4] Ibid. — [5] Ibid.

Un mois après les arbitres se réunirent à Berne. Ce furent : Bubenberg, Stein, Burkard, Fröwi de Soleure, Pierre Seryant, Nicod Küng, bourgeois et Conseillers de Bienne, Ruedi Boliant, banneret et Conseiller de Morat, Claus Bömer le jeune, châtelain de Gessenay, Jean Wolf, du Bas-Simmenthal, et Jean Gurtzeller, d'Amsòldingen.

Nos paysans prétendirent n'être nullement tenus à marcher au secours de la ville, à moins d'être soldés; que celle-ci n'avait pas le droit de lever sur eux un impôt quelconque, pas même le forage, qu'ils n'avaient jamais consenti à payer; qu'ils ne devaient en un mot obéissance qu'à la maison d'Autriche; que si on les avait consultés, la malheureuse guerre de Savoie n'eût pas eu lieu, etc.

Il fut facile à la ville de se justifier, et le tribunal arbitral reconnut ses droits. La paix se fit à condition qu'on s'en tiendrait au précis des statuts, des lois et des ordonnances [1]. La sentence fut rendue le 12 mai 1451 [2].

Les graves événemens que nous venons de relater nous ont fait perdre de vue le personnage qui avait le plus contribué à les faire naître. Guillaume d'Avenches poursuivait le cours de ses hostilités, excitant le duc de Savoie à la conquête de la seigneurie, faisant saisir nos marchandises, nous citant devant des tribunaux étrangers, harcelant les paysans, qui, dociles aux ordres du gouvernement, refusaient de reconnaître ses agens. Sommé par une lettre que lui adressa Hallwyl, sous date du 12 janvier 1450, de faire ses réclamations auprès des tribunaux ordinaires, il consentit à transférer l'arbitrage du doyen d'Avenches au prieur de Morteau, et quoique ce dernier ne lui fût pas moins favorable que l'autre, nous souscrivîmes à cet arrangement, et toutes les pièces relatives au procès furent remises au prieur, avec une confiance qui, il faut le dire, allait jusqu'à la bonhomie [3].

On ne tarda pas à s'en repentir. Le prieur livra plusieurs papiers importans, et ce fut en vain qu'on les réclama. Deux confé-

[2] D'Alt. — [3] A. C. — [1] Girard.

rences se tinrent à Neuchâtel. Le comte porta une sentence si défavorable à la communauté, que nous en appelâmes devant le roi [1]. On en donna avis au duc, qui séjournait alors à Fribourg en Brisgau, par une lettre du 12 mars 1450, et on y annexa une copie de la sentence [2].

Cependant le chevalier ne gardait plus de mesure. Le légat auquel on se plaignit, se contenta d'exhorter les parties à s'accommoder. On tint à cet effet de nouvelles conférences successivement à Neuchâtel, Avenches et Payerne. Les députés savoysiens prononcèrent le 13 décembre 1450 une sentence arbitrale, qui était toute en faveur de Guillaume. Fribourg devait lui restituer tous ses biens, censes, rentes, seigneuries et meubles, ses vassaux, ainsi que ceux de sa femme Louise. Tout ce qui ne sera pas justifié par l'inventaire, sera évalué par les arbitres, qui fixeront l'indemnité pécuniaire. Les frais de procédure étaient à la charge de la communauté, qui paierait à Guillaume six cents florins d'or. Il devait en outre être réintégré dans ses droits de bourgeois [3].

On fit plus; le gouvernement envoya le Grand-Sautier à Morat *dénoncer à Monsieur Guillaume qu'il estait dou Conseil* [4]. Mais au lieu de profiter de cette permission, et de rendre les papiers déposés autrefois entre les mains du prieur de Morteau, comme l'y obligeait un article de la convention, il alla jusqu'à invectiver Bérard Chausse. Enfin, après une nouvelle conférence à Morat, où se trouvèrent Bérard Chausse et Perrottet, un arrangement définitif fut conclu à Yverdon [5]. Depuis lors l'histoire ne fait plus mention de Guillaume d'Avenches.

On se débarrassa moins facilement encore de son beau-frère et complice Antoine de Saliceto. Protégé comme lui par le duc de Savoie et l'évêque de Lausanne, il n'avait cessé de taquiner nos ressortissans, et en avait traduit huit devant la cour d'Avenches, bravant les ordres de Hallwyl, les plaintes du gouverne-

[1] Girard. — [2] Ibid. — [3] A. C. — [4] Girard. — [5] Ibid.

ment et les menaces d'Albert. Il consentit toutefois à venir à Fribourg. On l'avertit d'attendre que les ambassadeurs d'Autriche fussent arrivés [1]. Sans doute que ce délai ne lui convint pas, car il fit excommunier les censiers qu'il avait actionnés [2]. L'avoyer et le Conseil prièrent le légat [3] de suspendre la sentence jusqu'à la fin de juin, et proposèrent de traiter l'affaire en justice réglée [4]. Cette proposition fut acceptée. On nomma des arbitres et un sur-arbitre. L'instruction du procès fut commencée à Lausanne et à Avenches, et par un compromis du 26 septembre [5], elle fut renvoyée jusqu'aux premiers jours de novembre [6].

Les deux parties choisirent pour sur-arbitre Henri de Bubenberg, avoyer de Berne. Les arbitres pour Fribourg furent d'abord Hugonin Bosset et Pierre Perrottet. Celui-ci fut ensuite remplacé par Jacques Cudrefin. Ceux de Saliceto furent Ulrich d'Erlach et Girard Hugonet. Le premier fut également remplacé par Louis d'Estavayé. Avant qu'ils s'assemblassent, le sénat fit passer au proscrit une copie des griefs qu'il allait leur mettre sous les yeux, en l'invitant à lui communiquer les siens, et à ne point sortir des bornes de la modération [7].

Au jour fixé pour la comparaissance, Saliceto se plaignit qu'à l'époque où il était entré au service du duc de Montferrat, ainsi avant l'ouverture de la guerre, le gouvernement de Fribourg avait fait enfoncer sa maison, enlever sa femme et ses enfans, saisir tous ses biens, meubles et immeubles, au mépris de la Handfeste, qui défendait d'exproprier un citoyen sans jugement légal, et contre la teneur du *modus vivendi* conclu avec la Savoie. Il demanda deux cents florins de dédommagement pour l'effraction de son domicile, deux mille florins pour le tort fait à sa réputation, et la restitution de ses biens; et comme on l'avait noirci auprès du duc de Montferrat, il exigea qu'on lui fit réparation d'honneur.

[1] A. C. Lettre du Maréchal à Saliceto du 12 mars 1450. — [2] Girard. — [3] A. C. Lettre du sénat au légat du 25 mai. — [4] Girard. — [5] A. C. — [6] Girard. — [7] Ibid.

Il taxa encore cinq cents florins le tort qu'on lui avait fait en le citant devant la cour de Savoie, contre la teneur du *modus vivendi*. Il demanda quatre cents florins pour le refus d'un sauf-conduit demandé pour sa femme par le bailli de Vaud, et sept cents florins pour les redevances qu'on avait défendu à ses censiers de lui payer. Il exigea que l'on fît rebâtir sa ferme proche la porte de Payerne, sa maison et sa forge de Misery, qu'on lui rendît l'équivalent de ses dîmes, qu'on le dédommageât des dégâts causés dans ses forêts, qu'on rétablît cinquante maisons de ses abergataires, brûlées pendant la guerre, qu'on lui restituât la récolte de douze arpens de champ, et de trente seitorées de pré, ainsi que huit tasses d'argent, que Guillaume Felga s'était fait livrer par sa femme, avant de lui rendre la liberté, en présence de quelques témoins; qu'on l'indemnisât pour la récolte des vignes, laquelle lui avait été adjugée par le major de Lutry, et pour le produit des biens dont Rodolphe de Vuippens s'était emparé; enfin qu'on lui délivrât les cinq cents florins que les ambassadeurs de France et de Bourgogne avaient ordonné de lui payer au congrès de Morat [1]. « On avait, dit Girard, mille fois répondu à toutes ces réclamations. Les délégués de la communauté ne laissèrent pas d'exposer encore : qu'aux approches de la dernière guerre, le gouvernement avait cru devoir renouveler quelques anciennes ordonnances, celle entr'autres qui, en pareilles circonstances, défendait, sous peine de mort, de confiscation ou de bannissement perpétuel à tout bourgeois de quitter sa ville sans permission, et d'aliéner les fonds situés dans la banlieue. Saliceto partit pour le Montferrat, et, au lieu de revenir, il fut constaté qu'il retirait secrètement ses meubles. On ordonna alors la saisie de ses biens, mais jamais on n'arrêta sa femme, ni lui refusa un sauf-conduit. »

Il n'était pas difficile non plus de justifier la citation de Saliceto par devant la cour de Savoie. Quoiqu'on lui eût rendu ses biens, il avait envoyé ses gens vendanger les vignes de Henri Praro-

---

[1] Girard.

man, Heinzmann Felga, Nicod Gurnel et Jaquet Cuanier, emmener le vin et vider leurs maisons. On l'actionna naturellement devant le duc dont il était vassal. N'ayant pas comparu, il fut condamné par contumace, et l'on séquestra ses biens jusqu'à ce qu'il eût fait réparation convenable [1]. Aucune indemnité ne pouvait être réclamée pour les dommages causés par la guerre, le traité de paix n'en faisant point mention. Quant aux cinq cents florins, un citoyen qui a renié sa patrie ne saurait y avoir droit [2].

On lui reprocha de n'avoir rendu aucun compte de la charge qu'il avait occupée comme directeur de la fabrique de St. Nicolas, et avoué (*Pfleger*) des Cordeliers (*und gemeinen Klosters*), et d'avoir actionné, avec beaucoup de frais, Rodolphe de Vuippens devant les tribunaux étrangers.

On cita aussi les objets enlevés par lui, et on en réclama la valeur, savoir :

1°. A Jacques Praroman un cheval enharnaché, valant vingt-quatre florins du Rhin.

2°. A Henri Praroman, plusieurs meubles enlevés dans sa maison à Cully encore avant la guerre.

3°. A l'hôpital de Fribourg quarante muids de vin.

Les arbitres prononcèrent que les deux premiers griefs de Saliceto ne pouvaient être imputés à la communauté ; que les frais de citation réciproque devaient tomber à la charge des acteurs ; que les biens de Saliceto devaient lui être rendus, et ses gens libérés de l'obligation qu'on leur avait imposée ; que Saliceto rendrait également toutes les propriétés saisies aux bourgeois de Fribourg ; qu'il rendrait les comptes de la fabrique, et que les propriétaires dont il avait enlevé les vins seraient indemnisés au taux ordinaire, mais qu'ils ne pourraient réclamer aucun dédommagement pour l'usufruit des biens envahis, et que toute citation faite à ce sujet par Saliceto serait mise au néant [3].

[1] Girard. — [2] Ibid. — [3] A. C.

Cette sentence n'ayant contenté aucune des parties, le procès recommença, et cette ignoble lutte de la république avec un intrigant ne finit, comme on le verra, qu'après treize ans de tracasseries. En 1451, on fut obligé de racheter jusqu'à soixante dix-sept excommunications lancées contre les ennemis de Saliceto, ce qui coûta soixante-onze francs, dix sous, six deniers.

Cette même année on créa deux nouveaux impôts, l'un sur le grain, l'autre sur les fortunes [1]. La campagne fut ménagée à cette occasion, pour ne point provoquer une nouvelle révolte. Cette ordonnance contient l'aveu remarquable que le gouvernement ne tenait ses pouvoirs que de la communauté [2].

En déclarant ainsi qu'il n'agissait que par les ordres de ses commettans, le gouvernement déclinait sur eux tout ce que la nouvelle mesure avait d'odieux. Si la bourgeoisie avait pris acte de cette déclaration, elle y eut trouvé dans la suite un argument bien fort contre l'établissement du patriciat.

L'administration intérieure fut un peu négligée pendant cette époque désastreuse. Les ventouseurs reçurent l'ordre de dénoncer tous ceux sur qui ils découvriraient la lèpre [3]. On menaça les lépreux de Bourguillon de l'exil, s'ils se mariaient [4].

On renouvela aussi l'ordonnance qui défendait en ville l'usage du traîneau, sous peine d'amende et de confiscation, et celle qui défendait de se masquer [5]. La confrérie du St. Esprit vendit à l'évêque de Lausanne toutes ses possessions dans le territoire de Treyvaux, pour être jointes à la mense épiscopale. Cette vente rapporta quatre vingt-neuf francs, dix sous [6]. On défendit aux cabaretiers d'acheter le pain qu'on amenait du dehors, et surtout de Payerne, pour le revendre à leurs hôtes [7]. On fit venir en ville les paysans successivement par paroisse, pour les soumettre à la

---

[1] A. C. — [2] An statt und in namen der ganzen Gemeind und aller zugehörende der vorgenanten Stadt durch den nach den loblichen friheiten und guten herkommen dez regiment derselben uns verhengt und bevolhen ist. A. C. — [3] Ibid. — [4] Ibid. — [5] *Que homme ni femma ne se fasse taturoche.* Ordonnance de 1445. A. C. On voulait prévenir les guet-apens. — [6] A. C. — [7] Ibid.

taxe, et en leur fixant d'abord un terme de six semaines pour l'acquitter [1]. On fut ensuite obligé d'exiger un acquittement instantané [2], et d'imposer l'intérêt de banque à ceux qui ne paieraient pas [3].

Sur ces entrefaites la communauté eut le temps de réfléchir à la crise terrible qu'elle subissait depuis cinq ans, aux causes qui l'avaient déterminée, et aux moyens d'en prévenir le retour. Les plus chauds partisans de l'Autriche furent obligés de convenir que non seulement cette puissance n'était plus en état de nous protéger, mais que sa conduite à notre égard avait été des plus déloyales [4]. On avait commencé la guerre contre la Savoie pour défendre nos franchises et notre dignité, dans l'espoir que l'Autriche nous soutiendrait; elle ne l'avait pas fait, et quand nous voulûmes faire la paix pour sauver un reste d'indépendance [5], elle s'y était opposée, et nous avait poussés à une résistance, cause de tous nos désastres. On avait espéré que faute de troupes auxiliaires, elle nous fournirait de l'argent, et que si elle ne pouvait en avancer, elle restituerait au moins ce qu'elle devait. Elle n'en fit rien, et au lieu de rétablir l'union dans la seigneurie déchirée par les partis, l'Autriche avait fomenté la révolte et prêté son appui aux mécontens. On se souvint des prétentions hautaines de ses officiers, du despotisme d'Albert [6], des atteintes portées à la constitution au mépris des garanties les plus solennelles, des excommunications, des avanies, des dommages que cette dynastie parjure nous avait valus. On consulta l'affreux abandon où elle nous laissait, dans une situation désespérée, malgré tout le dévouement, toute la fidélité dont on n'avait cessé de donner des preuves. Sans doute la suzeraineté de l'Autriche, à laquelle nous avaient soumis des transactions dynastiques indépendantes de notre volonté, n'avait pas été onéreuse dans le principe. C'était

---

[1] A. C. — [2] Ibid. — [3] Ibid. — [4] *Usque ad proditionem*. Acte du 10 juin. A. C. — [5] Adeo attenuati erant bellis, vigiliis, invasionibus, cædibus et penuria, quod nisi ad pacis tractatum devenissent, opportebat ut jugo colla submittentes se darent et submitterent Sabaudiæ dominio. Même acte. A. C. — [6] Ibid. *In ipsos incolas non ut Dux et rector sed ut hostis insurgens.*

même, quant à notre régime intérieur, presque une fiction, comme nous l'avons observé [1]. Mais sous les derniers ducs cette fiction s'était convertie en effrayante réalité. Albert avait franchi en despote la ligne de démarcation si mouvante et indécise entre l'autorité du suzerain et les franchises municipales, et tandis qu'il abusait de ses droits, nous nous maintenions avec un religieux respect dans le cercle de nos devoirs. Nous avions peine à nous persuader que, dès que l'une des parties violait ses engagemens, le contrat social devait être déclaré nul, sous peine, pour la partie lésée, de subir toutes les conséquences de la violation. Il était évident pour tous que cette préoccupation d'un dévouement obligé à l'Autriche avait été la fatalité de tous les actes qui nous avaient entraînés dans l'abîme. Ce qui enfin mettait le comble à l'indignation, c'était l'intention manifestée par le suzerain de nous vendre à la Savoie, comme une propriété aliénable à volonté [2]. On examina la lettre par laquelle l'Autriche nous relevait du serment de fidélité, et après une mûre délibération [3], on résolut de rompre les liens qui nous avaient jusqu'ici attachés à l'Autriche, et de chercher ailleurs une protection qu'elle ne voulait, ni ne pouvait plus nous donner.

Par contre deux puissans voisins nous l'offrirent spontanément, et pouvaient chacun,. en cas de danger, nous porter un secours immédiat; c'était Berne au nord et la Savoie au midi. Mais la première parut se présenter avec moins de franchise et de générosité. D'ailleurs la communauté répugnait à se reconnaître vassale d'une république avec qui elle avait toujours traité d'égale à égale, et qu'elle n'avait pu voir sans jalousie s'élever à un si haut degré de puissance. La Savoie, à qui nous devions encore cent mille florins, sut au contraire habilement profiter de ces dispositions, et pour nous forcer la main, elle ne relâcha rien de ses exigences, et continua de les appuyer par un appareil de guerre menaçant. Elle

---

[1] Chap. II, page 43. — [2] A. C. — [3] Ibid. *Considerantes quod is non meretur dominari qui subditos lacescit et non defendit.*

nous faisait faire en même temps sous main des propositions très-acceptables pour le cas où nous consentirions à nous livrer à elle. Dès le 1er juin 1452, le duc nomma des plénipotentiaires pour traiter avec nous sur cette base [1]. C'étaient le comte de Gruyère, alors bailli de Vaud, et l'évêque de Lausanne, auxquels fut adjoint Marmet Christin comme secrétaire. Le 5 on écrivit au duc qu'on était prêt à le choisir pour protecteur [2], et que si cet arrangement lui convenait, il n'avait qu'à envoyer ses plénipotentiaires. Ceux-ci arrivèrent en effet le 10. La communauté, déjà préparée, s'assembla au son de la cloche dans la Collégiale, sous la présidence de l'avoyer Pavillard. Celui-ci, après avoir rappelé les griefs de la communauté contre l'Autriche, déclara qu'elle se soumettait unanimement, de plein gré, et avec connaissance de cause, à Louis, duc de Savoie [3]. L'acte en fut dressé en présence de Pierre Massulier, abbé d'Hauterive, Ulric Fabri, prieur du même couvent, Guillaume Houser, curé de Fribourg, Jean Chappotet, chanoine de Montjoux et recteur de la chapelle de St. Pierre à Fribourg, Pierre Macherard, curé de Villars, Pierre d'Avenches, curé d'Arconciel, Antoine d'Aigremont, bâtard de Gruyère, François de Biolley, François et Amédée Champion, Humbert Serjat, Otton de Dessus-la-tour, Etienne Pacot et Rodolphe de St. Germain. Tous ces témoins étaient soit Fribourgeois, soit du pays de Vaud. Deux notaires reçurent ce document, Pierre d'Anissié, secrétaire du duc, et Pierre Faucon, chancelier de Fribourg [4].

Si l'on voulait peser tous les termes de la rédaction dans le sens que leur donnerait aujourd'hui la diplomatie, on en viendrait à conclure que notre soumission était une véritable servitude [5]. Mais ces phrases féodales sont immédiatement suivies de leur correctif, qui était la réserve de toutes les franchises de la communauté.

[1] A. C. — [2] Ducti exemplo cæterorum ejus subditorum qui tranquillitate et pacis amænitate gaudentes pullulant et crescunt sicut platanus quæ nata sita est juxta cursus aquarum. — [3] Una voce unanimiter se ipsos eorumque posteritates, villam ipsam cum toto territorio et finibus, incolisque presentibus et futuris subjiciunt.— [4] On trouve déjà ce dernier fonctionnant comme notaire en 1448. A.C. — [5] Le texte dit : *ab hac hora in anthea Dux et sui sunt veri Domini et possessores ipsius ville et hominum. Ipsi autem homines et villa sunt ejus homines et subjecti.*

Ainsi s'accomplit une des phases les plus mémorables de l'histoire fribourgeoise. Elle mit un terme à la domination de l'Autriche sur notre république, après un laps de cent quatre-vingt-sept années.

Dix jours plus tard, le duc résidant à Seyssel ratifia cette transaction, confirma tous nos droits, y ajouta quelques nouvelles concessions, et renonça généreusement aux dix mille florins que le comte de Neuchâtel lui avait adjugés, ainsi qu'aux dépens encourus par défaut de paiement [1].

Il fit même plus. Lorsque l'avoyer vint, avec quatre autres conseillers lui rendre hommage à Seyssel, il s'engagea à faire à la communauté un don de quarante-quatre mille florins, payable par dividendes annuels de deux mille quatre cents florins, et il tint sa promesse [2]. Toutefois, comme le remarque judicieusement le chanoine Fontaine, cette promesse était une condition expresse de la reconnaissance, et non une faveur.

Dès que les Bernois eurent connaissance de ce traité, négocié pour ainsi dire clandestinement à leur désavantage, ils ne dissimulèrent point le ressentiment qu'ils éprouvèrent tant contre Fribourg que contre la Savoie [3]. L'avoyer, Gambach et Cudrefin s'efforcèrent en vain d'en prouver la nécessité; les Bernois envoyèrent plusieurs députations à Constance, pour solliciter les princes autrichiens à faire valoir leurs droits, ou à les leur céder. Non contens de ces démarches hostiles, ils armèrent eux-mêmes puissamment [4]. Ces préparatifs engagèrent la communauté de Morat à en faire aussi. Elle demanda des armes aux Fribourgeois, qui le 7 août lui firent parvenir quelques pièces de canon, des arquebuses, deux mille traits et beaucoup de poudre [5]. On apprit aussi que les Bernois avaient demandé au duc d'Autriche, s'il ne leur donnerait pas du secours contre Fribourg, et qu'ils n'en avaient pas reçu une réponse favorable [6]. Les Bernois accu-

---

[1] A. C. — [2] Girard. A. C. — [3] Tillier. — [4] Girard. — [5] Ibid. — [6] Ibid.

saient naïvement le duc de Savoie de duplicité, et il est probable qu'ils en seraient venus avec lui à une rupture ouverte, sans l'entremise des cantons confédérés [1]. Ceux-ci prévoyant que, de quelque côté la victoire se tournât, elle ferait surgir pour eux une dangereuse suprématie, négocièrent activement pour maintenir la paix *in statu quo*. Le chevalier Jean de Flachslanden, Jacques Schwarzmurer de Zürich, noble Henri de Hünewyl, avoyer de Lucerne, et Ital Reding, Landamann de Schwitz, s'abouchèrent par leur ordre à Morat, avec l'évêque de Lausanne et les députés de Berne, pour concilier l'acte de soumission avec l'alliance bernoise [2]. Une première entrevue n'ayant amené aucun résultat, ils convinrent qu'ils se réuniraient une seconde fois le 7 décembre, et qu'en attendant les deux villes s'abstiendraient de toute hostilité [3].

Dans cet intervalle il arriva qu'un dimanche Chrétien Rapp, du bailliage de Laupen, qui avait été ce jour-là à Guin, répandit le bruit qu'on s'y attroupait pour fondre sur les Bernois. Cette fausse alarme causa quelque tumulte à Berne. Il ne fut appaisé qu'à l'arrivée de plusieurs députés fribourgeois, que l'on voulut bien croire sur parole.

Jean Pavillard, Vuippens et Chausse se rendirent aussi à la conférence de Morat (1452) [4]. On y convint que le droit de combourgeoisie entre Berne et Fribourg était aboli, bien que l'astriction fût si forte, que ces deux villes avaient juré qu'elle devait durer aussi longtemps que leurs murailles, et que jamais puissance humaine ne serait en droit de la casser [5]; mais on convint aussi que Fribourg n'en conserverait pas moins des relations amicales avec Berne, et ne s'armerait contre elle que lorsque Berne attaquerait la Savoie. Les traités de cette puissance avec Berne étaient maintenus. Dans le cas où l'Autriche élèverait des prétentions sur Fribourg, Berne devait s'abstenir de toute coopération active, et même ne permettre à personne de passer sur son territoire contre

---

[1] Tillier. — [2] Ibid. — [3] Girard. — [4] Ibid. — [5] D'Alt.

la Savoie. Le traité du 10 Juillet 1448 fut confirmé dans tout son contenu. Les articles prémentionnés furent déclarés obligatoires pour le seigneur de Fribourg, quel qu'il fût. La Savoie consentit en outre à payer aux Bernois quinze mille florins, à titre d'indemnité pour l'acquisition de la suzeraineté exclusive sur Fribourg [1]. Cette dernière circonstance fait présumer que les Bernois, désespérant de pouvoir nous conquérir, étaient en négociations pour nous acheter [2].

Quoi qu'il en soit, la communauté ratifia ce traité le 27 janvier de l'année suivante (1453), pour ce qui la concernait; mais l'article qui abolissait le droit de bourgeoisie entre Berne et Fribourg excitait d'autant plus le mécontentement des deux villes, qu'elles doutaient de sa validité [3]. Berne surtout tenait particulièrement à faire revivre ce droit, parce que la nouvelle suzeraineté que nous venions d'adopter nous rendait plus forts et plus redoutables.

Aussi s'y employa-t-elle avec efficacité. On nomma un tribunal arbitral, dans lequel entrèrent pour Berne, Burkard de Bucheck et Nicolas Wengi, avoyer de Soleure; pour Fribourg, Pierre Seriant, chancelier de Bienne et Klaus Küng, conseiller de la même ville. Ital Reding fut choisi pour sur-arbitre [4]. Ce tribunal, assemblé dans le verger fatal de l'Aigle-noire, décida que le traité de Morat n'ava't pas pu abolir un droit fondé sur d'antiques transactions, et qu'il devait demeurer en vigueur pour toujours [5]. Il fut en conséquence renouvelé le 18 mars 1454, avec une certaine ampliation [6].

Le duc témoigna son mécontentement de cette affaire, oubliant sans doute que la faculté de pouvoir contracter des alliances était au nombre des franchises qu'il avait juré de maintenir. Il finit pourtant par entendre les représentations qui lui furent faites à ce

---

[1] Tillier. — [2] Fontaine. Les termes de la transaction portent : auch um anderer gewisser, guter und vernünftiger Ursachen willen, welche in Obligationsbriefen weitläufiger aufgezeichnet wären. — [3] Tillier. — [4] A. C. — [5] Ibid. — [6] Ibid.

sujet, tant par les nôtres que par les députés de la confédération [1].

Dès la conclusion du nouveau traité entre Berne et la Savoie, nous avions manifesté des craintes sur sa portée. Le duc se hâta de nous tranquilliser par une déclaration positive que ce traité ne changerait en rien les conditions de notre nouvelle existence [2]. Comme son trésorier ne se pressait pas de payer les sommes promises, on lui députa Cudrefin *por le fait de l'argent que sa grace noz doibt* [3]. Ces termes indiquent clairement que c'était moins une largesse qu'une dette. L'avoyer s'étant également rendu à Genève à ce sujet, Louis paya quatre mille quatre cents florins, dont une partie fut délivrée à Jean Pavillard le jeune; on les employa à solder les banquiers de Strasbourg, Bâle et Rheinfelden [4].

Dès le mois d'octobre 1452, nous eûmes occasion d'accomplir, à l'égard du duc de Savoie, le premier acte de vasselage, en marchant à deux reprises à son secours contre le roi de France. Nos troupes servirent bien, et furent exactement payées. La paix se fit sans qu'on en vînt aux mains [5]. Le prince Amédée de Savoie était venu lui-même requérir du secours à Berne et à Fribourg, et on avait fait de grands préparatifs pour le recevoir [6].

Informé par de faux rapports que son ambassadeur était détenu par force dans nos murs, le duc réclama son élargissement. On se hâta de le désabuser par une lettre datée du 3 octobre 1454 [7].

Le dangereux exemple de Guillaume d'Avenches faillit avoir des imitateurs. Felga, depuis son retour de Fribourg en Brisgau, n'avait voulu ni retourner dans sa patrie, ni payer les contributions frappées sur les grands biens qu'il possédait. Ceux-ci furent sé-

---

[1] Girard. — [2] A. C. — [3] Girard. — [4] Ibid. — [5] D'Alt. — [6] Voyez dans les étrennes de l'abbé Girard, page 51, la lettre que Messeigneurs écrivirent à ce sujet au curé de Marly. On y trouvera également celle qu'ils adressèrent à la ville de Morat, le 5 février 1453, touchant la femme Sturny, de Morat, laquelle avait cité à Lausanne notre chirurgien Hans Trier, parce qu'il l'avait déclarée atteinte de la lèpre. — [7] Etrennes de l'abbé Girard. Par contre je ne sais à quel sujet, ni à quelle date rapporter la lettre de Pierre Poncier, citée par le même auteur.

questrés. Felga s'était retiré à Morat, et y siégeait dans le Conseil. La seigneurie voisine de Liebistorf lui appartenait. N'ayant pu obtenir la levée du séquestre, il cita le gouvernement par devant le duc de Savoie, ou tout autre tribunal à son choix [1]. Outré du refus, Felga publia des lettres de marque qu'il avait obtenues indistinctement contre tous les Fribourgeois. On fut obligé de dépêcher Peterman Pavillard à Moudon, vers le bailli de Vaud, de là à Lausanne, puis à Thonon. Le duc consentit enfin à révoquer les lettres de marque, mais on ignore à quelles conditions le chevalier fit la paix [2].

Nous fûmes encore cités devant les tribunaux étrangers par deux autres mécontens du cercle, Ulli Berferscher et Jean Rutschi, qui avaient été bannis, mais ces citations n'eurent aucune suite [3]. Rutschi, fait prisonnier, fut forcé d'entrer en accommodement [4]. On eut plus de difficultés avec Jean ou Hensilinus Elspach, aubergiste à Fribourg, et banneret du Bourg, que le duc Albert avait nommé conseiller d'état. Il paraît que les paysans l'avait choisi pour un de leurs chefs, et qu'il avait essuyé des pertes pendant les troubles. Quand la ville rentra dans ses droits, il fut obligé de quitter le Conseil. Il alla faire valoir ses réclamations auprès des tribunaux de l'Empire. La principale portait sur la somme de six cents florins, pour dépenses faites par les gens de la suite d'Albert, dans son auberge, où Hallwyl s'était logé. Quand il en avait sollicité le paiement auprès du prince, celui-ci l'avait renvoyé à se faire payer par la ville. Sur le refus de celle-ci, il intenta un procès au gouvernement, et en même temps à plusieurs bourgeois, contre lesquels il avait des prétentions. L'empereur chargea l'évêque de Bâle de juger ce différend [5]. Conrad Reyff plaida pour nous, Jean de Kilchen pour Elspach [6]. Le commissaire impérial renvoya les parties à une journée amicale, qui devait se tenir à Berne [7]. Elspach s'a-

---

[1] On peut voir dans la brochure de l'abbé Girard les deux lettres négatives qui lui furent écrites à ce sujet. — [2] Girard. — [3] Ibid. — [4] A. C. — [5] Ibid. — [6] Ibid. — [7] Ibid.

dressa en conséquence à l'empereur et en obtint une nouvelle commission déléguée au Conseil de Berne [1]. Les Fribourgeois ne s'y soumirent pas ; mais pour finir, ils firent un compromis avec le plaignant le lundi 27 novembre 1458, en vertu duquel le Conseil de Berne fut investi de l'arbitrage suprême pour tout ce qui, dans cette affaire, concernait Fribourg en général. Quant aux particuliers, ils furent renvoyés par devant la justice de Fribourg. Elspach fut condamné sur tous les points [2]. On ne lui réserva que le bénéfice de pouvoir corroborer par de nouvelles preuves les articles encore indécis. Il en résulta un nouvel arbitrage définitif, qui condamna les Fribourgeois à payer à Elspach une indemnité de huit cents florins du Rhin en deux termes [3]. Ce procès avait duré onze ans [4].

Une affaire du même genre nous fut suscitée à la même époque par un autre mécontent, nommé Nicolas Allwan ou Alban, qui avait été receveur des censes de la ville depuis 1443 jusqu'en 1449 [5]. Nous n'entrerons pas dans tous les détails fastidieux de ce procès, qui finit vers la fin de 1456, à quelle époque Allwan fut arrêté à Fribourg et décapité [6].

Plus tracassière encore, la querelle suscitée par l'usurier Herzog, dont nous avons déjà fait mention durait toujours. Elle était plaidée devant le Conseil de Strasbourg par Conrad Reyff, non que le gouvernement reconnût la compétence de ce tribunal, mais parce que Jacques Aygro avait été arrêté comme devant répondre pour ses compatriotes [7]. Ce procès fut bien plus long encore ; il dura vingt ans, et fut terminé par une sentence que rendit le Conseil de Bâle, le 13 décembre 1457 [8].

[1] Fontaine. — [2] A. C. — [3] Ibid. — [4] On ne comprend pas trop pourquoi tant dans le diplôme de l'empereur que dans tous les actes émanés de l'évêque de Bâle, le nom d'Elspach se trouve précédé de la particule nobiliaire *von*. — [5] A. C. — [6] Ibid. — [7] Ibid. — [8] Ibid.

CHAPITRE XII.

Réformes administratives. — Fondations pies. — Israélites. — Grasbourg. — Berne disposée à nous soutenir contre la Savoie. — Arbitrage de Morat. — Expédition contre Diesenhofen. — Sociétés militaires. — Châtel et Vuissens. — Reconstructions à Fribourg. — Grand tirage. — Réglemens divers. — Renouvellement de combourgeoisie avec Berne. — Expéditions contre le Sundgau et Waldshout. — Troubles à Berne et en Savoie. — Service étranger. — Causes de la guerre de Bourgogne. — Union héréditaire. — Prise d'Illens et d'Arconciel. — Conquête du pays de Vaud. — Trahisons monarchiques. — Reprise des hostilités. — Sac d'Estavayé. — Deuxième conquête du pays de Vaud. — Bataille de Grandson. — Siége et bataille de Morat. — Grand congrès à Fribourg. — Bataille de Nancy. — Société de la folle vie. — Abandon de la Franche-Comté. — Fribourg renonce à la suzeraineté de la Savoie. — Montagny. — Renouvellement de combourgeoisie avec Berne. — Diète de Stanz. — Admission de Fribourg à la Confédération Suisse.

On profita du retour de la paix pour continuer les réformes administratives. Par suite des promesses faites par le duc de Savoie, on révoqua les ordonnances relatives aux impôts sur le grain et la viande [1]. On fut toutefois forcé de renouveler trois ans plus tard la taxe de la viande, et d'en mettre sur la mouture [2]. Les autres taxes, momentanément allégées pour les paysans, furent également réparties sur la ville et la campagne [3]. On renouvela les ordonnances contre les jureurs [4] et les blasphémateurs [5], sur la publication des achats d'immeubles [6], et sur les conseillers négligens [7]. Il fut enjoint aux conseillers de justice d'émettre leur avis séance tenante, aux propriétaires de maisons avariées de les réparer dans un temps donné, sous peine de confiscation [8]; aux

[1] A. C. — [2] Ibid. — [3] Ibid. — [4] Ibid. — [5] Ibid. — [6] Ibid. — [7] Ibid. — [8] Ibid.

comptables de l'état de faire mention de toutes les censes échutes, payées ou non [1]; aux teinturiers de ne point teindre le drap en brun [2], etc. On décida aussi que le serment prêté par un notaire en cour décanale était une garantie suffisante d'une déclaration qu'il ferait en justice [3].

Cette époque fut féconde en établissemens pies. Jean Gambach fonda la messe de prime à St. Nicolas, avec quelques cérémonies funèbres pour lui et sa femme [4], et bien qu'il y eût déjà dix-sept chapelains, et que la célébration de cette messe fût à leur charge (*propriis expensis dicti cleri*), il affecta neuf mois plus tard mille huit cents florins, que le gouvernement lui devait, pour la création d'un nouveau chapelain *ad hoc* [5]. Cette fondation fut acceptée par le clergé de St. Nicolas, et approuvée par le Conseil [6] et l'évêque de Lausanne [7]. Ce dernier accorda encore à tous ceux qui assisteraient à cette messe quarante jours d'indulgence (*de injunctis sibi penitentiis*). On voit par ces actes qu'alors déjà le clergé était comptable à la ville de la conservation de ses fonds.

En 1453, Monseigneur François de Fust, suffragant de Lausanne ayant fait la visite du diocèse, par ordre de l'évêque, fit la dédicace de la chapelle de Ste. Magdelaine, fondée par Pierre de Corbières, dans la paroisse de Tavel [8].

La commanderie de St. Jean fut dotée de plusieurs legs [9]. Elle hérita même la fortune, assez considérable, de la veuve Buris de Tinterin [10]. En 1457 on vit passer par Fribourg plus de deux cents jeunes garçons, se rendant en pélérinage au mont St. Michel, en Normandie; on leur donna des interprètes et des guides; quelques jeunes gens de la ville se joignirent même à eux [11].

[1] A. C. — [2] Ibid. — [3] Ibid. — [4] Ibid. — [5] Ibid. — [6] Ibid. — [7] Ibid. — [8] Ibid. — [9] Arch. de la commanderie. — [10] Ibid. — [11] Le vendredi après la Conception de la Ste. Vierge, environ deux cent soixante garçons passèrent en procession par Estavayé, se rendant en pélérinage au mont St. Michel. Ils avaient passé par

Le duc de Savoie fit faire un règlement pour le péage de Nyon. On y voit, ainsi qu'à Rue, figurer le tarif d'un juif pour trente deniers, tandis qu'un porc n'en payait que vingt-cinq [1]. Les juifs passants continuaient de payer le péage après quinze jours de résidence, jour par jour, à moins que ce ne fût pour se rendre à l'école, ou en qualité de domestiques. Nous avons vu qu'après l'exécution d'Abraham, notre ville avait expulsé tous les individus de cette nation, avec la ferme résolution de n'en plus recevoir à l'avenir. Il paraît que cette décision fut révoquée, au moins tacitement, car en 1457 on reçut encore quelques familles juives, et la lettre de bourgeoisie qu'on leur octroya paraît avoir été calquée sur les anciennes [2].

La perte de Grasbourg, que nous avions acheté de moitié avec Berne, nous était très-sensible, ainsi que celle de Güminen. L'Etat de Soleure s'entremit amicalement pour nous les faire restituer. Les Bernois nous cédèrent la corrégence du bailliage de Grasbourg, avec cette différence néanmoins que toutes les appellations s'adresseraient uniquement à Berne, sans doute à cause de l'éloignement des lieux, et de la différence de langage. Du moins cela s'observait-il déjà, lorsque la seigneurie appartenait à la Savoie. Le Landbrief rédigé à l'occasion de ce nouveau traité stipulait entr'autres que les habitans de Schwarzenbourg et du Guggisberg marcheraient au secours de celle des deux villes qui serait menacée d'une agression [3].

Payerne, et le Conseil de cette ville les avait recommandés à Estavayé. Le Conseil leur fit donner à dîner. Ils passèrent de là à Yverdon. Chronique Grangier.

[1] A. C. On peut voir par cet acte que nous avions alors deux chanceliers, Jacques Cudrefin et Pierre Faucon. Cependant celui-ci paraît n'avoir été proprement que le secrétaire de la justice. Cudrefin fut confirmé dans sa charge pour la vie par acte du 15 juin 1458. Mais il ne jouit pas longtemps de sa place; attaqué de la lèpre en 1464, il se suicida. — [2] Après la mort du juif Josué de Noyons, on permit à son frère, mais à bien plaire, de rester à Fribourg, à la charge de nous payer annuellement quatre-vingts florins du Rhin, et de prêter, quand on en aurait besoin, quatre à cinq cents florins pour un mois sans intérêt. A. C. — [3] A. C. Cette clause fut observée la dernière fois à la fin du siècle dernier, lorsque les Français envahirent notre canton. Une compagnie de ces bailliages faisait alors partie de la garnison de Fribourg, et eut même deux hommes tués devant la porte de Romont. Fontaine.

Cependant malgré nos instances, la Savoie tardait obstinément à payer les subsides qu'elle avait promis, ou plutôt le prix de notre vasselage. Ici la conduite de Fribourg prouve combien l'esprit des traités avec cette puissance différait de leur rédaction féodale. Quand on eut acquis la conviction que le prince suzerain manquait de bonne foi, on songea sérieusement à lui faire la guerre. Il fallait que dans le court espace de six années nos ressources se fussent bien améliorées, pour oser concevoir un tel projet. Il est vrai que les circonstances n'étaient plus les mêmes. Avec le retour de l'ordre et de la concorde au sein de la communauté, la force était revenue au gouvernement. Berne, au lieu de prêter son appui à la Savoie, était disposée à nous soutenir, et n'eut peut-être pas été fâchée d'avoir une occasion de commencer une querelle avec elle. Aussi n'hésita-t-on pas un instant à réclamer l'assistance d'un aussi puissant voisin. Le 18 septembre 1459, l'avoyer Gambach, Rodolphe de Vuippens, Hainzmann Felga et Jacques Cudrefin se transportèrent à Berne à cet effet. Il paraît qu'on ne s'y attendait pas à une demande de cette nature, car on hésita à répondre, sous le prétexte ordinaire en pareil cas, que le Conseil n'était pas en nombre suffisant. Mais huit jours après les députés bernois vinrent nous apporter une réponse des plus favorables. C'étaient Thüring de Ringoldingen, Gaspard de Stein, Thomas de Spechingen et Louis Ketzel. *Bien*, dirent-ils, *que le duc de Savoie soit notre allié depuis longtemps, nous remplirons les clauses du traité de combourgeoisie; la chemise nous touche de plus près que l'habit, et tout ce qui se fera à l'égard de Fribourg, Berne le regardera comme fait à soi.... Fribourg peut donc compter sur nous* [1].

Tels étaient les sentimens que les nouvelles circonstances inspiraient alors à ces mêmes Bernois, qui, naguères encore,

[1] Inen sy ir hemed necher denn der rock.... das sy Fryburg dafür haltend als Bern: denn wer der statte Fryburg anders zufügt denn ir eben sy ist der statt von Bern gescheohen.... denn beeder stetten Bern und Fryburg sachen als vil als ein sach sind und daruff möge sich die stat Fryburg wohl halten. A. C.

avaient coopéré avec tant d'ardeur à notre ruine. Bienne, consultée aussi, nous fit, fidèle satellite de Berne, qui, depuis longtemps la faisait graviter dans sa sphère, une réponse analogue [1]. La même année les deux villes renouvelèrent le traité d'alliance. Dès que nous pûmes appuyer notre demande par quelques démonstrations menaçantes, le duc se soumit au jugement d'un tribunal d'arbitres, qui s'assembla à Morat, le 11 février 1460, sous la présidence du marquis de Hochberg, comte de Neuchâtel. La sentence fut entièrement en notre faveur [2]. Après quatre jours de séance, il fut règlé que le capital que la Savoie nous restait à devoir était de vingt-cinq mille six cents florins du Rhin, l'intérêt annuel de mille deux cent quatre-vingts florins, et l'arrérage des intérêts de sept mille neuf cent soixante-trois florins, que cette dette serait hypothéquée sur les villes de Vevey et de la Tour, et sur le duché de Chablais. Le comte de Gruyère, alors bailli de Vaud, promit de payer les arrérages, et la sentence arbitrale fut acceptée par le duc dans tout son contenu [3]. Mais il ne se refusa pas la consolation princière de faire valoir cette dette comme un don, et son acquittement comme une faveur [4]. Quand plus tard le duc promit au comte de Gruyère de rembourser ses avances [5], il se servit de termes plus simples et plus vrais, car l'acte passé à ce sujet contient l'aveu formel de la dette contractée avec Fribourg [6]. Cette même année mit enfin un terme au procès de Saliceto et aux vexations qu'il nous faisait éprouver. Cet intrigant fut saisi à Avenches avec ses enfans [7], par Guy Dufort et ses compagnons, enfermé à la tour rouge et décapité.

Sur ces entrefaites la guerre venait d'éclater entre les confédérés et l'archiduc Sigismond d'Autriche, à l'occasion des nobles Grader, que celui-ci avait expulsés de leurs domaines, et qui récla-

---

[1] A. C. — [2] Ibid. — [3] Ibid. — [4] Ut nostre donationis sentiant fructum, ampliobus prosequi favoribus volumus et ordinamus, etc. — [5] A. C. — [6] Cum pridem teneremur et efficaciter essemus obligati dilectis fidelibus nostris burgensibus, hominibus et communitati nostre Friburgi in summa, etc. — [7] On paya vingt sous au barbier Guiguer, pour avoir traité le nommé Michel, à qui l'on avait démis la main quand on prit son maître Salixeit à Avenches (1454) A. C.

mèrent l'assistance de Zurich, dont ils avaient acheté la bourgeoisie. L'archiduc eut beau représenter que les prétentions des Grader avaient déjà été élevées avant cet achat, et que l'entremise de la Confédération n'était point fondée, puisqu'il ne s'agissait pas encore d'un ressortissant suisse, mais d'un sujet autrichien. Quelque solide que fût cette objection, elle n'arrêta pas les confédérés, déjà exaspérés sans doute par d'autres griefs, entr'autres par l'excommunication que Sigismond leur avait attirée. Les troupes alliées de Zurich, Lucerne, Uri, Schwitz, Underwald, Zug et Glaris, auxquelles se joignit le contingent de Rapperschwyl, firent une invasion dans la Thurgovie dans le courant de septembre, et s'en emparèrent [1]. Les Bernois ne prirent pas d'abord une part active à cette campagne. Leur déclaration de guerre datée du 13 octobre, se fondait sur les traités d'alliance avec les cantons intéressés. Ils nous la communiquèrent en demandant notre coopération, en vertu du traité de combourgeoisie. Elle fut accordée [2], et, pour la première fois, Fribourg s'arma contre l'Autriche, représentée alors par le même Pierre Morimont, qui nous avait été imposé comme avoyer par Albert. Le mercredi 20 octobre deux cents hommes de Fribourg, partie à pied, partie à cheval, se rendirent à Berne pour se joindre aux troupes qui devaient faire le siége de Winterthur et de Diessenhofen. Les deux tiers de ces troupes se composaient d'arquebusiers et d'arbalétriers. Elles étaient commandées par Rodolphe de Vuippens. Les autres officiers étaient Petermann Pavillard, Petermann Felga, Willi Berferscher, banneret de l'Auge; Hensli Furer était porte-enseigne [3].

Le siége de Diessenhofen ne dura que quelques jours. La garnison, commandée par Werner de Schinznach, capitula le 28 octobre, et sortit avec les honneurs de la guerre [4]. La ville obtint la confirmation de ses franchises, et reconnut la souveraineté des vainqueurs. Quoique Winterthur tînt bon, les assiégeans crurent

[1] Tillier. — [2] A. C. — [3] Ibid. — [4] Tillier.

pouvoir se passer du secours de leurs auxiliaires de Berne, Fribourg et Soleure, et ceux-ci regagnèrent leurs foyers, après une courte et glorieuse campagne, qui enleva à l'Autriche tout ce qui lui restait encore en Suisse, à peu de chose près [1].

L'année suivante (1461) on établit les sociétés militaires (Reisegesellschaften ; *les compaignons dez chevalchiez*), non seulement dans la ville de Fribourg, mais encore à la campagne, dans chaque paroisse. Leur but était de faciliter au gouvernement l'entretien des troupes. Tout adulte ayant atteint l'âge de porter les armes était tenu de s'y faire inscrire [2]. Chaque compagnie devait, en cas de guerre, fournir et entretenir un certain contingent fixé par l'autorité. A cet effet les chefs devaient tous les trois ans présenter le rôle des membres dont se composait la compagnie. Les veuves et autres personnes aisées qui ne pouvaient pas en faire partie devaient fournir une contribution pécuniaire [3], ou se faire remplacer. Chaque société devait fournir huit hommes sur vingt sociétaires, quand la levée était de mille hommes, et quatre quand elle n'était que de quatre à six cents hommes. Mais pour pouvoir être reçu membre d'une société, il fallait être muni d'un certificat de maîtrise [4].

Nous avons vu que les Fribourgeois avaient sur la châtellenie de Châtel une hypothèque dont ils avaient dépossessionné Louis de Bonnivard, et que celui-ci avait acquise des frères Challant [5]. Malgré les réclamations du roi de France en faveur de Bonnivard [6], Pierre Perrottet, à la tête de cent cinquante Fribourgeois [7], s'empara du château de Châtel-St. Denis le 19 mars 1461. Nos troupes y restèrent jusqu'au commencement de 1464, et y exercèrent pendant ce temps toute juridiction seigneuriale [8]. Marmet Grand avait en même temps pris possession du château de Vuissens. Bonnivard en appela au bailli de Vaud, qui condamna les Fribour-

---

[1] Tillier. — [2] Voyez chap. X. — [3] A. C. — [4] Après la guerre de Bourgogne ces compagnies se désorganisèrent. On les rétablit au commencement du seizième siècle. — [5] Dict. historique. — [6] Voyez dans les étrennes de l'abbé Girard, page 41 et suiv., la lettre de Louis XI à ce sujet. — [7] La chronique dit cinq cents. — [8] A. C.

geois par contumace à la restitution [1]. En conséquence il fit proclamer dès le lendemain par l'huissier, et en place publique, sa réinvestiture [2]. Stérile formalité contre la force! En vain renouvela-t-il la même cérémonie huit jours après, avec demande de cent mille francs de dédommagement [3], Fribourg ne se dessaisit pas de l'hypothèque. On fit, dit Girard, une sorte d'accommodement à Cossonnay, mais il ne fut pas ratifié, et Berne ayant demandé de nouveaux renseignemens, les Fribourgeois y députèrent Gambach, Cudrefin et Berferscher *por faire le déconte des plaintes faictes sur messeigneurs, par monseigneur de Savoie, à cause de la prinse de Chastel et de Vuissens.* On s'aboucha à Romont sans succés, et Bernard de Menthon, dernier acquéreur de ces seigneuries, n'en obtint la remise qu'au moyen d'une transaction, qui fut passée le 20 mars 1464 [4], et ratifié par le duc de Savoie [5], cinquante ans plus tard. Les descendans de Menthon vendirent Châtel au gouvernement de Fribourg [6].

En 1463 on fit prêter serment de fidélité à tous les ressortissans de la banlieue, on ignore à quelle occasion [7].

De cette époque datent plusieurs constructions, qui changèrent l'aspect primitif de la ville. On acheva les derniers remparts à la Neuveville du côté de la Sarine, les deux tours, le mur qui les joint, la porte de Bourguillon, celle de la Maigrauge, et le mur de séparation sur Montorge. On termina aussi le grand bastion déjà commencé depuis deux siècles à la porte de Romont, et on jeta un pont de pierre sur le fossé devant Jacquemart. La tour de la seigneurie dite aussi tour d'Autriche, existait encore avec sa porte et le pont-levis, qui la séparait de la grand'rue. On résolut de la démolir, parce qu'on manquait de place pour le marché au blé et pour d'autres raisons [8]. On mit la main à l'œuvre dès le premier

---

[1] A. C. — [2] Ibid. — [3] Girard. — [4] A. C. — [5] Ibid. — [6] Dict. hist. La prise de Châtel et de Vuissens coûta aux Fribourgeois cinq cent vingt-sept livres dix sous six deniers. Mais comment concilier ces faits avec le récit de l'abbé Girard, dans ses étrennes, page 45? — [7] A. C. — [8] Ibid.

mars 1463. Le fossé fut comblé, la place fut aplanie. Des débris de cette tour on construisit les deux murs du corps de garde, et plus tard le mur de traverse entre l'angle de la maison Falk (Merciers) et la Croix-blanche (Grenette). On en combla aussi les fossés du pont, après avoir rasé le cimetière de Notre-Dame [1]. Le long de la place St. George on construisit une galerie couverte [2]. On employa à ce travail toutes les compagnies militaires successivement, à commencer par celle du chasseur. Les voisins s'y intéressèrent aussi activement. C'étaient les Ramu, les Perrottet, les Masselos, les Tavernay, etc. Sept années plus tard (1470), on planta près de là ce beau tilleul, qui subsiste encore, et qu'une tradition erronée fait dater de la bataille de Morat [3].

Vers la même époque (1469) on commença le rempart de la Badstube inférieure à la Neuveville, derrière l'abbaye des Tanneurs (Sauvage) jusqu'au pont supérieur. Une porte fut pratiquée entre le pont et le rempart. La main-d'œuvre coûta soixante-dix sous par toise [4].

En 1470 on décida la construction d'une potence de pierre, qui coûta soixante-dix-neuf francs, trois sous, dix deniers. On entreprit aussi la bâtisse du clocher de St. Nicolas. La direction en fut donnée au maître maçon et architecte Jordil, à qui on alloua quatre gros par jour, et trois gros à chacun de ses trois premiers ouvriers [5]. On avait fait faire (1465) pour le chœur les belles stalles qu'on y voit encore, la grande grille de fer et l'orgue. On employa pour la grille cinquante quintaux de fer à trois francs cinq sous le quintal.

Les comptes du trésorier sont d'accord avec nos chroniques pour placer en 1464 ce fameux carnaval de Berne, dont Tillier fait mention sous la date de 1461, et auquel assistèrent des amateurs de Lucerne, Uri, Schwitz, Unterwalden, Soleure, du Gessenay et autres lieux. Les Bernois nous y invitèrent aussi, et dom Couchet y conduisit un Goliath, qu'il fit voiturer par les

---

[1] Chronique. — [2] A. C. — [3] Ibid. — [4] Chronique. — [5] Ibid.

charretiers de l'hôpital [1]. Fribourg donna à son tour un grand tirage, auquel on invita le comte de Gruyère, les amateurs de Lausanne, de Berne et de Soleure. Ces derniers arrivèrent conduits par l'avoyer et le chancelier de leur ville. On fit grande chère à l'auberge du Chasseur.

On fit des réglemens pour les cordonniers, les tailleurs [2], les potiers d'étain [3], pour les draps [4], la conservation des forêts [5] et la vente du sel [6]. La chasse au lièvre fut prohibée sous soixante sous d'amende depuis Pâques jusqu'au premier août, soit à l'arbalète, soit au chien, soit au lacet [7]. On régla le péage de la Singine, dont on exempta, comme de coutume, les ecclésiastiques, les chevaliers, les messagers à cheval tant de la ville qu'étrangers, ainsi que les messagers à pied munis de la boîte en fer blanc aux armes de la ville, dans laquelle étaient renfermées les dépêches [8]. On accorda aux plaideurs la faculté de se faire représenter en justice par procure [9], mais la partie perdante fut condamnée à payer tous les frais de la procédure [10].

Pour parer aux difficultés qu'entraînait la perception des censes de la ville, on autorisa non-seulement la saisie des biens-fonds, mais encore celle des meubles en cas de non payement [11]. On révoqua la loi qui étendait à un temps illimité la nomination des huissiers [12], et celle-ci fut fixée à trois ans [13]. On régla aussi l'ouverture de la halle de Genève, et trois commissaires furent chargés d'en maintenir la police [14].

La difficulté de se procurer une huile alibile forçait beaucoup de personnes à faire usage du beurre les jours maigres. Pour rassurer à cet égard les consciences timorées, on obtint de Rome un indult, qui permettait l'usage du beurre et du laitage en carême [15]. Celui du fromage ne fut autorisé que quarante ans plus

[1] A. C. — — [2] Ibid. — [3] Ibid. — [4] Ibid. — [5] Ibid. — [6] Ibid — [7] Ibid. — [8] A. C. Plus tard les paroisses allemandes payèrent aux bannerets une redevance annuelle en grain nommée *Brucksummer*, pour s'exempter de ce péage. Fontaine. — [9] A. C. — [10] Ibid. — [11] Ibid. — [12] Ibid. — [13] Ibid. — [14] Ibid. — [15] Ibid.

tard(1510). Ce fut dom Burkard qui apporta cette dispense, pour laquelle les paysans durent lui payer quarante-cinq ducats.

En 1467 nous échangeâmes avec Berne la seigneurie de Güminen et de Mons contre le passage de la Singine, qui appartenait au château de Laupen [1]. Cet échange fut tout à l'avantage de nos voisins. La même année le duc de Savoie fit reconnaître ses droits de combourgeoisie avec Berne par les deux villes [2], et le lendemain elles renouvelèrent elles-mêmes la leur [3]. Cet acte fut particulièrement dirigé contre les seigneurs romands (*sunderlich gegen alle welsche Herren*).

La même année encore Amédée IX, duc de Savoie, reconnut la dette contractée par son père envers nous, savoir vingt-cinq mille six cents florins en capital, et mille deux cent quatre vingt-dix florins de cense annuelle [4]. Il donna même des ordres pour l'acquittement de cette dette, et sa chambre des comptes les transmit aux différents châtelains [5]. Nonobstant toutes ces démonstrations et apparences de franchise, il paraît que ce remboursement ne s'est jamais effectué, car les actes originaux sont restés dans nos archives, et nul à-compte n'y est coté, ni en marge, ni sur le revers. Ce fut là sans doute une des raisons qui engagèrent la duchesse Yolande à abdiquer sa suzeraineté. Mais du moins les relations entre les deux états restaient-elles sur un bon pied, car nous obtînmes du duc un libre transit par ses terres pour tous les voyageurs et marchands de l'Uchtlandie allemande [6].

Deux expéditions militaires eurent lieu l'année suivante (1468). La première contre la noblesse du Sundgau, qui harcelait continuellement la ville de Mulhouse, pour s'être alliée avec Berne et Soleure. Les Bernois ayant réclamé notre coopération, nous mîmes sur pied un contingent de cent quatre-vingt-deux hommes, non compris l'état major et le train, sous les ordres de Petermann Pavillard. Ils revinrent au bout de trois semaines, sans avoir eu l'occasion de se mesurer avec l'ennemi, que commandait encore

---

[1] Tillier. — [2] A. C. — [3] Ibid. — [4] Ibid. — [5] Ibid. — [6] Tillier.

Thüring de Hallwyl. C'était pour la seconde fois que Fribourg envoyait sa déclaration de guerre à ce chef, naguères tout puissant dans ses murs.

La seconde expédition alla se joindre à l'armée des confédérés, qui formait le siége de Waldshut, pour venger les outrages commis par Bilgeri de Heudorf contre Schaffhouse. Ici encore les brigandages de ce baron trouvaient excuse et protection auprès de l'Autriche. Notre détachement, fort de cent hommes, sous le même commandant, fut en campagne pendant quarante-quatre jours [1]. Il avait été renforcé par un corps de cinquante-huit hommes [2].

Nous reçûmes en 1469 la visite du duc et de la duchesse de Savoie. Un cortége de mille quatre cents personnes alla à leur rencontre, précédé de jeunes garçons, qui portaient des bannières avec la croix de Savoie. On fit à la duchesse un cadeau de six cents florins (le florin à trente-cinq sous, vingt-un gros). Toute cette fête coûta à la ville près de trois mille livres. Quelques temps après nous renouvelâmes notre combourgeoisie avec Payerne.

Quelques nobles de Berne ayant été exilés dans l'affaire Kistler, pour n'avoir pas voulu se soumettre à une loi somptuaire, quelques-uns vinrent à Fribourg, et logèrent à l'auberge du Chasseur. Nous intervînmes avec les cantons dans les troubles qui agitèrent alors la république de Berne, surtout relativement aux droits des vassaux. Mais notre députation ne fut guère écoutée, Kistler prétendant que Fribourg avait aussi ses vassaux, et que depuis quelque temps nous marquions moins de bienveillance aux Bernois [3].

Les infirmités d'Amédée IX ne lui permettant plus de tenir les rênes du gouvernement, ce fut Yolande, son épouse, qui s'en saisit. Les comtes de Bresse et de Romont, frères du duc, n'y

[1] A. C. — [2] La dépense faite pour ces trois contingens s'éleva à 2,789 francs, 7 sous, 9 deniers. La chronique de Lenzbourg cite quelques noms de ceux qui en firent partie, et les qualifie gratuitement d'officiers, tandis que le rôle c⸺ les place parmi les simples soldats. M. Tillier ne fait nulle mention des troupes fribourgeoises. — [3] D'Alt.

trouvant pas leur compte, levèrent une armée [1], s'emparèrent d'une partie de la Savoie, et même de la personne du duc. Berne et Fribourg, dont la duchesse réclama l'assistance, députèrent en Savoie Pierre de Wabern, Nicolas Diesbach, Rodolphe de Vuippens et Jean de Praroman, auxquels on remit le château de Chambéry. Ils négocièrent un traité de paix, dont ils se portèrent garans, et en vertu duquel le comte de Romont (nous ne tarderons pas à retrouver ce personnage dans des circonstances plus graves) se soumit à la décision des Etats et de ses frères (1471) [2].

Le duc étant mort l'année suivante, Yolande se déclara tutrice de son fils, et régente de ses états, ainsi que le duc l'avait ordonné un peu avant son décès. Le comte de Gruyère vint à Fribourg pour recevoir de nous en son nom le serment de fidélité, et jurer à son tour de maintenir nos franchises. Cette cérémonie eut lieu à Fribourg, le 7 février 1473 [3]. Quelques mois plus tard la duchesse confirma elle-même nos priviléges par un acte authentique, qui fut délivré à Turin [4]. Elle réitéra aussi l'ordre de faire droit aux demandes de Fribourg, relativement au paiement des intérêts de la dette [5].

Cependant autour de la Confédération se manifestait chaque jour quelque nouveau symptôme de guerre. La jeunesse suisse, accoutumée depuis longtemps au tumulte des camps, prêtait facilement l'oreille aux invitations qu'on lui faisait de tous côtés de prendre les armes pour l'un ou l'autre parti. Plus circonspects, parce qu'ils avaient plus d'expérience, les gouvernemens prohibaient les armemens volontaires. Celui de Berne se hâta de rappeler ceux de ses ressortissans qui s'étaient enrôlés au service de France contre la Bourgogne. D'autres voulaient appuyer le sire de Raron contre les Valaisans. D'autres encore voulaient secourir le comte de Montfort contre Othon de Bavière, et il faut avouer que le gouvernement de Fribourg tolérait ces divers enrôlemens

---

[1] Plusieurs Fribourgeois se laissèrent embaucher dans le parti de ces princes. A. C. — [2] Ibid. — [3] Ibid. — [4] Ibid. — [5] Ibid.

avec trop d'indulgence. Berne lui en fit quelques représentations, tandis que le Landamann d'Uri essaya d'émeuter la population de l'Uchtland contre ses chefs, pour que les enrôlemens se fissent malgré leur défense. Cette tentative, indigne d'un magistrat si haut placé, lui fut reprochée par son collègue même, en pleine diète, et du ton le plus violent [1].

Sigismond ne pouvait pardonner aux Suisses la perte de toutes ses possessions dans leur pays. Pour s'en venger il s'adressa successivement au roi de France et au duc de Bourgogne, dans le but de provoquer contre eux une alliance offensive, car seul il ne se sentait pas assez fort pour les attaquer. Mais Louis XI, jaloux de la puissance de Charles, nourrissait déjà le projet d'en arrêter le développement, en lui opposant les cantons comme une forte digue [2]. Dans cette intention il travaillait à opérer un rapprochement entre Sigismond et les confédérés. Quant au duc, quoiqu'il entrât mieux dans les vues de l'Autriche [3], il ne voulut point se déclarer encore. Sigismond lui engagea pour quatre vingt mille florins le comté de Ferrette, le Sundgau, l'Alsace, le Brisgau et les quatre villes forestières, pour les mettre à couvert des entreprises des Suisses. Charles confia l'administration de ces provinces à Pierre de Hagenbach, qui les traita avec la dernière dûreté, en même temps qu'il ne laissait échapper aucune occasion de vexer les confédérés. Ceux-ci s'en plaignirent vivement au duc, et les envoyés fribourgeois firent partie de la députation qui lui fut adressée à ce sujet. Ces représentations n'ayant eu aucun résultat, les Suisses resserrèrent leur union avec la France, et s'allièrent avec les évêques de Strasbourg et de Bâle, et avec les villes de Strasbourg, Colmar, Schélestadt et Bâle [4].

Mieux accueilli par Louis XI, séduit par son or et ses caresses, Nicolas Diesbach de Berne, détermina ses concitoyens à se déclarer pour ce monarque, et telle était l'influence de Berne dans

---

[1] Tillier. — [2] Schilling. — [3] Comines. — [4] Schilling.

les affaires de la Confédération, qu'il ne lui fût pas difficile de faire adopter sa politique par ses co-états, et même par Fribourg et Soleure, qui n'étaient encore que ses voisins. Le roi de France conclut au commencement de janvier (1474) avec les huit cantons et avec Fribourg et Soleure une ligue défensive contre le duc de Bourgogne. Il promit à chacune de ces républiques deux mille francs de pension par an, et vingt mille florins pour les frais de la guerre [1]. Cette transaction fut signée six ans après le siége de Waldshut, où même le simple soldat avait déjà déclaré que le *sang suisse ne devait pas couler pour de l'or, mais pour défendre la patrie* [2]; aussi le Grand Conseil de Berne ne délibéra-t-il sur ce sujet qu'à huis clos, et au lieu de consulter l'honneur national, il n'interrogea qu'un astrologue, pour s'assurer du succès de cette nouvelle et dangereuse alliance [3]. Ce fut le premier traité qui ravala le peuple libre des Alpes au rang de mercenaires monarchiques. Nous devons dire que notre gouvernement, moins corrompu que celui de Berne, ne se prêta qu'avec répugnance à cette transaction humiliante [4].

L'union héréditaire fut signée le premier juin de la même année (1474). Elle terminait 166 ans d'une guerre acharnée [5], assurait aux Suisses la possession de leurs conquêtes sur la maison d'Autriche, et plaçait les états de Sigismond sous la garantie des cantons. On en donna communication à la duchesse de Savoie, qui fit une réponse favorable, tout en permettant à ses sujets de s'armer pour le duc de Bourgogne, et en livrant aux troupes ennemies passage sur ses terres. Dès que Charles eût vent de ce qui se tramait, il chargea le comte de Romont d'envoyer de sa part des ambassadeurs aux cantons pour les appaiser. Ils furent bien accueillis à Fribourg et dans les petits cantons, mais Berne et Soleure leur firent de vives représentations au sujet de Hagenbach, qui, loin de se relâcher de son administration oppressive, portait encore atteinte aux droits des voisins, établissant de nou-

---

[1] Schilling. — [2] Tillier. — [3] Ibid. — [4] Voyez d'Alt. tome 4, page 524. — [5] De Gingins.

veaux péages contre les traités, maltraitant les bourgeois de Mulhouse, menaçant les Bâlois, et violant même le territoire de Berne [1].

Cette conduite impolitique et cruelle tourna contre lui. Ayant formé le projet de saccager Brissach, les habitants le prévinrent et se saisirent de sa personne. Sigismond fit instruire son procès devant une cour criminelle, à laquelle furent admis les députés suisses, et le tyran fut exécuté pendant la nuit, à la lueur des flambeaux.

Charles était alors occupé à faire le siége de Nuïss ou Neisse, ville située dans l'électorat de Cologne. Il permit, ou plutôt donna ordre au frère de Hagenbach de ravager le comté de Ferrette [2], mais en même temps il fit une dernière tentative pour appaiser les Suisses, ne trouvant pas que le moment fût favorable pour commencer la guerre contre eux. Toutefois le parti français l'emporta à Berne et à la diète. Dès le 17 octobre (1474) les Suisses déclarèrent la guerre au duc de Bourgogne.

Bien que Sigismond eût déposé à Bâle les quatre vingt mille florins pour lesquels il avait engagé une partie de ses états, Charles refusa de restituer l'hypothèque sous différens prétextes. Cette détermination intempestive lui attira un ennemi de plus, et, pour la première fois, l'Autriche se trouva en communauté d'intérêts avec les Suisses, et eut à combattre celui-là même avec qui elle avait voulu s'allier contre eux.

La campagne s'ouvrit par le siége d'Héricourt, qu'entreprirent les troupes combinées de Berne, Fribourg, Soleure et Bienne. Notre détachement, fort de cinq cents hommes, était commandé par Guillaume Berferscher; Jean Marmet portait la bannière [3]. Les

---

[1] Schilling. — [2] Plus de cinquante villages, dit Barante, furent saccagés ou brûlés entre Porrentruy et Delle, et les habitans massacrés. Les cavaliers lombards accrochaient les paysans aux arbres, outrageaient les femmes et les filles, emportaient les petits enfans suspendus à la selle de leurs chevaux, comme des agneaux qu'on emmène à la boucherie. Le couvent d'Oldenbourg fut pillé; les religieuses ne furent pas plus respectées que les paysannes; l'église fut dépouillée de ses ornemens et de ses richesses; les vases sacrés furent pris, et les saintes hosties foulées aux pieds. Histoire des ducs de Bourgogne, tome X, page 242. — [3] Chronique Lenzbourg.

alliés remportèrent sous les murs d'Héricourt une victoire brillante, et prirent la place sans perdre un seul homme [1].

L'année suivante (1475) les hostilités s'allumèrent sur notre propre territoire. La seigneurie d'Illens et d'Arconciel nous avait été hypothéquée pour une somme considérable par Guillaume de la Baume. Comme non-seulement il n'acquittait pas sa dette, mais qu'il s'était ligué contre les Suisses, on résolut sans scrupule de s'emparer de ses terres [2]. On requit à cet effet le secours des Bernois, qui nous envoyèrent vingt-cinq hommes, sous les ordres de Jean Jenner et de Hainzmann Zumried [3]. Les troupes fribourgeoises étaient commandées par J. Féguely, capitaine, et Jean Mestral. Les deux châteaux furent pris et brûlés le 11 janvier 1475 [4]. La seigneurie d'Illens et d'Arconciel resta pendant quelques temps sous la domination des deux villes. Plus tard Berne renonça à ses droits [5].

Après la prise d'Illens, le comte de Genève envoya à Fribourg deux députés pour négocier un accommodement. Ils se rendirent ensuite à Berne, accompagnés de deux membres du Conseil [6]. Sur le rapport que ceux-ci nous adressèrent, on écrivit aux princes de Savoie, Amédée et Philippe, pour les engager à se rendre personnellement à Berne. Ils y vinrent en effet, en même temps qu'une députation bernoise se rendait en Savoie. Comme la réponse de

---

[1] Quelques manuscrits portent la perte à 400 (Haller, bibl. helv. t. IV). Il n'est pas prouvé que le comte de Romont se soit trouvé en personne à cette bataille. Gingins. — [2] Selon Gingins, ces motifs ne justifiaient pas cette confiscation, qu'il appelle *arbitraire.* — [3] Chronique. — [4] Le premier qui monta à l'assaut fut, dit-on, Petermann Gottrau. Cependant ni la chronique de Fruyo, ni celle des Hermites et de Wettingen ne font mention de cette circonstance. On trouva à Illens : 1º. Beaucoup de fer, tant brut que travaillé. 2º. Deux coffres remplis de lingerie de lit et de table. 3º. Quelques ustensiles de cuisine. 4º. Quelques bahuts et tonneaux. 5º. Un cheval blanc. 6º. Six tonneaux de vin. 7º. Beaucoup de saindoux, viande de porc et de bœuf. 8º. Cinq tasses d'argent et six cuillères d'argent. 9º. Trois chandeliers de laiton. 10º. Deux grosses pinces. 11º. Deux brigantines. 12º. Onze arbalètes d'acier avec les accessoires. 13º. Trois autres arbalètes et trois vis. 14º. Quinze florins en argent (le florin évalué vingt-huit plapperts). 15º. Quelques pièces d'armure, onze arquebuses, trois couleuvrines, des matériaux pour faire la poudre, six serpentins, deux arquebuses rouillées en forme de carabines, des haches, une enclume, etc. 16º. Des vêtemens sacerdotaux pour dire la messe avec le missel. 17º. Deux greniers pleins. Les soldats avaient soustrait beaucoup d'effets avant la rédaction de cet inventaire. A. C. — [5] Dict. hist. — [6] A. C.

la duchesse se faisait attendre, la noblesse de Vaud craignant une invasion de la part des Bernois, nous pria de leur écrire, pour les engager à patienter, et laisser à la duchesse le temps de la réflexion [1]. Il s'agissait surtout de contenir ceux du Simmenthal, prêts à fondre sur Bellegarde. On chargea Rodolphe de Vuippens d'accompagner à Berne le député savoysien, Etienne Paccot, pour appuyer sa demande [2]. Ce qui irritait les Bernois, c'était la conduite imprudente et équivoque des autorités savoysiennes, comme le prouve le rapport de notre député [3]. On fit en conséquence prier la duchesse de ne point introduire de nouveautés à l'égard des marchands suisses qui fréquentaient la foire de Genève, de faire mieux garder les passages de ses frontières, et de n'y laisser entrer ni le prince de Tarente, ni troupes étrangères quelconques [4]. On lui conseilla aussi d'envoyer à Berne une nouvelle députation pour le 8 mars (1475). On pria en même temps les Bernois de ne rien entreprendre jusqu'à l'expiration de ce terme [5]. Le duc de Milan, allié à la Savoie, crut également devoir intervenir en sa faveur. Son député vint à Fribourg, et on en donna aussitôt avis à Berne, en lui demandant un sauf-conduit pour lui [6]. On informa les Bernois par la même occasion que le bâtard de Bourgogne et le prince de Tarente s'étaient rendus, le premier en Italie, le second en Allemagne, et qu'on avait envoyé quelques espions à Genève au sujet de ces deux personnages [7].

Cependant, malgré les dénégations de la duchesse, des troupes lombardes avaient traversé la Savoie, se dirigeant vers la Bourgogne. On en avait vu passer par St. Claude. Telle était alors la susceptibilité des parties intéressées, qu'une insignifiante et obscure carricature donna lieu à des réclamations officielles. On se plaignit au bailli de Vaud, Antoine d'Avenches, de ce qu'un certain Pappet, de Vevey, avait exposé une peinture représentant un Bernois huché sur une vache, et tenant en main un drapeau fribourgeois [8].

[1] A. C. — [2] Ibid. — [3] Ibid. — [4] Gingins trouve cette prétention aussi arbitraire que déraisonnable de la part des Suisses, qui avaient, dit-il, violé la neutralité du territoire vaudois. — [5] A. C. — [6] Ibid. — [7] Ibid. — [8] Ibid.

La conquête d'Illens intimida les autres villages situés à l'entrée des Alpes. Le comte François de Gruyère et Jean de Montsalvens, son neveu, autorisèrent toutes les châtellenies de leurs jurisdictions à former avec Fribourg des traités de combourgeoisie [1]. La reconnaissance annuelle pour Gruyère fut d'un demi marc d'argent, le contingent militaire de dix hommes, sauf contre le comte de Gruyère et la Savoie [2]. Pareilles lettres de bourgeoisie furent données à ceux de la basse Gruyère, de Charmey et de Corbières [3]. Cependant pour ces deux derniers la reconnaissance annuelle ne fut portée qu'à un florin d'or du Rhin, et le secours à donner en temps de guerre de quatre hommes à leurs frais [4]. La Roche et Bellegarde stipulèrent sur le même pied [5].

Les Suisses s'étaient emparés de Pontarlier; mais, attaqués par des forces supérieures [6], ils avaient été obligés d'abandonner leur conquête, après avoir brûlé la ville et le château [7]. La garnison en retraite rencontra les bannières de Berne, Soleure, Bienne, Lucerne et Fribourg [8], qui marchaient à son secours. Ces troupes réunies reprirent Pontarlier, dont elles ravagèrent les environs d'une manière épouvantable [9]. Un corps de cinq mille ennemis, qui vint les attaquer, fut mis dans une déroute complète. Alors de nouveaux détachemens de Berne et de Fribourg [10] allèrent se réunir à ceux qui tenaient la campagne, et marchèrent conjointement avec eux sur Orbe, Grandson, Montagny et Echallens, qui appartenaient à Louis de Châlons, seigneur de Châteauguyon et à son frère. Toutes ces places firent peu de résistance [11], excepté le château d'Orbe, où l'on se battit avec acharnement sur l'escalier, dans les corridors, dans les salles, les combles et les cré-

---

[1] Müller. — [2] A. C. — [3] Ibid. Cette alliance fut vue de très-mauvais œil par le bailli de Vaud, qui voulut molester Corbières et Charmey. On fut obligé de lui écrire à ce sujet. — [4] A. C. — [5] Ibid. — [6] Ce fut pendant cet assaut que les assiégés les plus vigoureux harponnèrent les assaillans avec des crocs, et les hissèrent par-dessus les murs d'enceinte. Gingins. — [7] Schilling. — [8] Notre contingent se composait de quarante hommes. A. C. — [9] Tchachtlan. — [10] Le renfort fribourgeois était de cent-cinquante hommes. Leur paie était de deux livres par jour. A. C. — [11] On donna 35 sous à l'huissier Petermann Desgranges, qui apprit à Fribourg la nouvelle de la prise de Grandson, et autant à Hans Lary, qui annonça celle d'Orbe. A. C.

neaux. Les plus braves chevaliers, qui s'étaient retirés dans le donjon, y furent massacrés avec Nicolas de Joux, leur capitaine [1]. Les vainqueurs prirent ensuite Jougne, et y mirent une garnison de six cents hommes, en partie fribourgeois, sous les ordres d'un Soleurois [2]. A leur retour, les contingens de Berne et de Lucerne furent hébergés et fêtés un jour entier à Fribourg [3], celui de Soleure par les Moratois.

Sur ces entrefaites on n'apprit pas sans indignation que l'empereur, à l'instigation duquel on avait commencé la guerre, venait de conclure une paix ou une amnistie avec le duc de Bourgogne, par l'entremise du margrave Rodolphe de Hochberg-Neuchâtel, bourgeois de Berne. Par un article secret de ce traité, dont les hautes et basses ligues étaient exclues, le duc engageait la main de sa fille unique à l'archiduc Maximilien, fils de l'empereur. Non moins perfide, Louis XI négocia aussi de son côté une trêve, qui fut conclue avec le duc de Bourgogne, le 13 septembre. Ainsi débarrassé de deux puissans ennemis, Charles put aisément envahir la Lorraine, et tout le poids de la guerre retomba sur les Suisses, que ne déconcerta toutefois point cette double trahison monarchique. La nouvelle de la défection de Louis fut transmise à Berne, par les Fribourgeois, le 9 octobre [4].

Strasbourg avait demandé aux Bernois un secours de quatre cents hommes. Ils en envoyèrent mille, auxquels se joignirent cent Fribourgeois, sous les ordres du capitaine Willi Berferscher [5]. Des renforts de Soleure et de Bâle vinrent grossir cette armée, qui débuta par la prise de Lille, après avoir opéré sa jonction avec les troupes du comte de Thierstein et de l'évêque de Strasbourg. Elle alla ensuite faire le siége de Blamont [6]. Ce siége traî-

---

[1] Wattewyl. Il avait précédemment vendu son château de Joux au duc Philippe de Bourgogne. — [2] Chronique de Neuchâtel. Toutefois le texte peut s'entendre différemment. Le voici: *Il aurait un capitaine de Soleure avec environ cinq à six cents hommes... nareillement un aultre capitaine de la ville de Fribourg, lequel aurait la charge des dites garnisons.* Le capitaine fribourgeois était Jacques Metzen. — [3] Où ils furent reçus à grand joie, et firent très-bonne chière, comme bons amys, par un jour entier. Ibid. — [4] Tillier. — [5] Ailleurs il est appelé Jean. Schwarzenbourg nous fournit 16 hommes pour cette expédition. A. C. — [6] Le sire de Blamont avait

24

nant en longueur, un nouveau détachement fribourgeois de deux cent soixante hommes, commandé par Jacques Felga [1], s'y transporta avec un renfort de troupes bernoises et soleuriennes; mais la place se rendit encore avant leur arrivée, et fut rasée de fond en comble. Les seize pommeaux dorés qui couronnaient le somptueux château des sires de Neuchâtel, servirent de trophées d'armes aux Strasbourgeois, ainsi que les bouches à feu [2]. La garnison, composée de quatre cents braves de diverses nations, conduite par quelques nobles chevaliers, défila avec armes et bagages devant le camp ennemi. Une quarantaine de prisonniers allemands, au corps amaigri, à la face hâve, fermaient la marche, en criant : *le Christ est ressuscité* [3].

Les alliés, auxquels étaient venus se joindre mille deux cents Bâlois, se portèrent ensuite sur Grammont, et le prirent d'assaut. Le château de Fallon se rendit à discrétion. En six semaines douze châteaux et trois villes furent pris et détruits. La peste, qui régnait en Bourgogne, força les vainqueurs à la retraite.

Berne, Lucerne, Fribourg et Soleure tinrent un congrès à Berne, pour y régler le partage et l'administration des pays conquis dans la Vaud et en Bourgogne. On se hâta d'autant plus, qu'une guerre avec la Savoie devenait de jour en jour plus imminente. La duchesse avait promis de garder la neutralité, mais elle le faisait avec une partialité évidente pour le duc de Bourgogne. Elle tâcha même de semer la discorde et la méfiance parmi les alliés, en leur représentant Berne et Fribourg comme les seuls auteurs de la guerre [4]. Le comte de Romont, après avoir longtemps simulé de l'attachement pour les Suisses [5], jeta tout-à-coup le masque, accepta la charge de maréchal de Bourgogne, et se mit à harceler les garnisons qui défendaient les passages en Franche-Comté. Les

---

aidé Etienne Hagenbach à exercer dans la haute Alsace les cruels ravages mentionnés plus haut. Ce fut au siége de Blamont que mourut Nicolas Diesbach, âgé de 45 ans.

[1] Paul Ratpold était aumônier. La solde du capitaine était de quatre livres, celle du soldat d'une livre. A. C. — [2] Gingins. — [3] Ibid. — [4] Schilling. — [5] Il avait conclu avec Charles un traité d'alliance offensive et défensive, lequel resta secret pendant six ans. Pellis.

estafettes des deux villes furent attaquées par ses gens, qui occupaient Les Clés [1]. Il fit même enlever deux chars chargés de cuirs, qui se rendaient de Nüremberg à Fribourg, et en maltraita les conducteurs [2]. Ses émissaires, déguisés en brigands, assaillirent des Fribourgeois dans les bois autour de Romont, les maltraitèrent, et en pendirent même quelques-uns [3].

Tous ces actes, joints à la circonstance qu'il mit des garnisons étrangères dans toutes les places du pays de Vaud, ne laissant plus aucun doute sur ses intentions hostiles, on lui déclara la guerre le 14 octobre, et le même jour au soir, nos troupes, au nombre de trois cents hommes, commandées par Rodolphe de Vuippens, opérèrent leur jonction avec celles des Bernois devant Morat [4]. Cette ville, sommée de renoncer à la suzeraineté du comte, pour reconnaître celle des alliés, fut longtemps indécise sur le parti qu'elle prendrait [5]. La population s'agitait tumultueusement dans les rues, les habitans romands tenant à leur ancien seigneur, les allemands par contre ne voulant point s'exposer aux suites d'un assaut imminent. Ceux-ci finirent par l'emporter, et le bourgmaître Richard Rossel en mourut, dit-on, sur-le-champ de douleur. Un autre, nommé Humbert de Lavigny, s'écria en s'élançant à cheval : *Dieu me préserve de renier mon prince, mais me faites ouverture pour m'en aller*, et sortit de la ville, abandonnant femme et enfans. Alors Morat se rendit. Jacques Felga en fut nommé avoyer au nom des deux villes, et Nicolas Perrottet commandant de place. Toutes les franchises de la ville furent garanties.

[1] Lesquels de la dite garnison cuidaient et voulaient meurtrir les ambassadeurs ou iceulx prendre prisonniers. Chronique de Neuchâtel. — [2] Gingins dit que ces marchands voituraient de la contrebande, et que la confiscation fut légitime. — [3] Tillier. Gingins absout le comte de Romont de ces brigandages et n'en accuse que le peuple, exaspéré contre les allemands. Mais Fribourg, au moins sa moitié occidentale, appartenait aussi à la Suisse romande. — [4] Le plus secrètement que les dits de Berne et de Fribourg peurent, tout d'une belle nuict, en bon ordre, se partirent en belle ordonnance, et vinrent au plus près de la ville de Mourat. Chronique de Neuchâtel. — [5] Lesquels de Mourat furent fort ébahis et estaient émerveillés de cette demande, veu que d'ancienneté estoient alliés et combourgeois des dits de Berne et Fribourg, et qu'il n'y avait nul débat entr'eulx. Ibid.

On marcha ensuite sur Payerne. Au bruit de notre approche Avenches vint se soumettre [1], et Payerne suivit son exemple. Cudrefin essaya un moment de résister, et eut à peine le temps de réparer cette imprudence. D'autres détachemens de l'armée alliée s'emparaient pendant ce temps de Montagny et de Grancourt [2].

Estavayer avait passé de la domination des Zähringen sous celle de la Savoie, et reconnaissait pour son seigneur immédiat le baron d'Estavayer, dont les titres séculaires n'avaient jamais été contestés [3]. Cette jolie ville, située dans une position charmante, sur la rive du lac, avait alors atteint un haut degré de prospérité, et rivalisait avec Fribourg pour la fabrication des draps. Un vieux castel la dominait, et servait de résidence au seigneur. C'était alors Claude d'Estavayer, beau et preux donzel, à qui le comte de Romont accordait une confiance particulière. Dans la conviction du succès il lui avait même promis les terres des riches particuliers de Fribourg qui l'avoisinaient. A l'approche des Suisses,

---

[1] On eut mesmement égard que le dit Avenches estoit et appartenoit à Notre-Dame de Lausanne. Chronique de Neuchâtel. — [2] Tillier. — [3] Mais la maison d'Estavayer ne sortait point de celle de Savoie, comme l'affirme d'Alt. Le document le plus ancien concernant Estavayer est celui de 1291 (juin), par lequel Girard, co-seigneur d'Estavayer, et son frère Conon, donzel, font un échange de fiefs. Un autre document de la même année concerne l'achat d'une nouvelle maison près la porte de Chynaul (cure actuelle). La porte (ainsi appelée, parce qu'elle conduisait déjà depuis la ville au château) n'existe plus. Elle avait son pont-levis, dont on trouva les débris quand on creusa près de la cure, pour rétablir la coulisse, qui conduit au lac les eaux de la Battiaz. Le couvent de Ste Marguerite, de l'ordre de St. Dominique, avait d'abord été fondé par les Bovon, près de Lausanne, à Eschyssie, qui s'appelle aujourd'hui la Verchière (Trabaudau?). Mais environ trente ans après il fut transféré à Estavayer, où Guillaume d'Estavayer, archidiacre de Lincoln, avait cédé aux religieuses une vaste maison, qui lui appartenait. La Prieure, Jaquette de Fribourg, qui s'était vivement opposée à cette translation, fut forcée de quitter Eschyssie en 1330, après avoir été condamnée trois fois par les arbitres que le pape avait nommés. A Estavayer même le curé dom Pierre Millet s'était également opposé à cet établissement, parce qu'il craignait une diminution dans les revenus de sa cure. Il finit pourtant par consentir, mais sous réserve. En 1426 il y eut à Estavayer une révolte générale de presque tous les bourgeois contre leurs seigneurs, Humbert, bâtard de Savoie, et Anselme d'Estavayer, à l'occasion du refus que faisait un certain Mermet du Crin, aliter Vulliod, de payer sa part d'un subside demandé au pays de Vaud par Amédée VIII, et que les états de Moudon avaient accordé. Du Crin soutenait n'être point sujet d'Anselme, mais seulement de l'évêque de Lausanne, parce qu'il était clerc. L'issue de la lutte se termina, comme toujours, à l'avantage du plus fort, et les pauvres bourgeois durent payer quatre mille florins d'amende. Chronique Grangier.

que ceux d'Estavayer appelaient les *Allemands*, la ville servit de dépôt à tout ce que les environs avaient de plus précieux. Claude, entouré de ses officiers, parcourait la ville, l'étendard en main, menaçant de punir de mort quiconque parlerait de se rendre. Quand les députés suisses vinrent lui en faire la proposition, avec promesse de confirmer toutes les franchises de la ville, il les congédia avec hauteur, annonçant qu'il saurait se défendre jusqu'à la dernière extrémité, et il tint parole. Malheureusement ses moyens étaient au-dessous de ses espérances. Les Suisses de leur côté jurèrent la destruction entière de cette ville orgueilleuse. Ils n'attendirent pas même pour commencer l'attaque l'arrivée de la grosse artillerie, mais impatientés par la lenteur des escarmouches, ils prirent soudain une résolution hardie. Rangés en équerre, toutes les lances et hallebardes tendues en avant, ils s'élancent de la hauteur contre la porte, qu'ils enfoncent, pendant que d'autres pénètrent dans la place par un autre côté, profitant des échelles de cordes, au moyen desquelles quelques soldats de Nyon et de Cudrefin s'étaient sauvés. Les vainqueurs mettent à mort tout ce qui résiste, aux cris terribles de *ville gagnée!* Cent cinquante hommes se défendirent encore pendant quelque temps dans le château, animés par l'exemple de l'intrépide chevalier. Quand celui-ci vit que toute résistance était inutile, il voulut entrer en composition, et offrit pour sa personne une rançon considérable. Il était trop tard. Les Suisses irrités le massacrèrent impitoyablement lui et les siens. Mille hommes environ périrent, sur mille trois cents qui se trouvaient à Estavayer avant la prise, sans compter un grand nombre d'individus des deux sexes, qui se noyèrent en voulant traverser le lac [1]. Cinq ou six jeunes garçons seulement parvinrent, dit-on, à gagner Grandson, où ils furent bien accueillis. A leur retour ils formèrent le noyau de la nouvelle population, et firent un traité de combourgeoisie avec ceux de Grandson, qui appellent encore aujourd'hui les bourgeois d'Estavayer leurs enfans.

[1] On dit qu'il ne resta que vingt-trois bourgeois. Chronique de don Grangier.

Dix à douze soudards étrangers, qui se tenaient cachés depuis longtemps, ayant été découverts, furent livrés au bourreau de Berne, pour qu'il les noyât. Cet homme, qui avait donné plusieurs preuves de férocité pendant l'assaut [1], les traîna vers le lac, liés à une longue corde. Ces malheureux s'adressèrent à Notre-Dame de Lausanne, et quelques-uns, qui parvinrent à s'échapper, furent agraciés. Mais le bourreau fut poignardé sur place.

Le butin fut considérable. Les Fribourgeois avaient fait venir une centaine de chars pour emmener leur part. Ils se complurent surtout dans la spoliation des draps, dont ils espéraient absorber l'industrie [2]. Le contingent de Soleure étant survenu, pilla à son tour ce qui avait pu rester. Aux clameurs sauvages de la soldatesque se mêlaient les cris de désespoir que poussaient les femmes et les enfans réfugiés dans les églises. Quelques-uns venaient reconnaître dans les rues les cadavres de leurs parens, pour leur donner la sépulture. Ce spectacle déchirant émut les vainqueurs eux-mêmes, qui ne purent refuser quelque aumône à ces infortunés. L'exportation des meubles, du vin et des comestibles dura plusieurs jours sur des chars, qu'on avait fait venir de Berne, Fribourg, Payerne, Morat et Neuchâtel. Enfin, après s'être épuisé un jour entier en efforts inutiles pour démolir le castel, on se contenta d'en brûler la charpente [3]; *et quant à la ville*, dit la chronique, *fust regardé la laisser sans y faire autre dommaige, sinon la laisser ouverte et sans aulcune fermure, afin qu'il fust mémoire aulx aultres pour le temps à venir.*

Ce désastre d'une ville naguère si florissante dans nos contrées est bien le plus tragique épisode de la guerre de Bourgogne [4]. Depuis

---

[1] Il s'était entr'autres diverti à achever les blessés dans les rues, et jusques dans les maisons, en leur coupant la tête. Chr. Grang. — [2] D'autres motifs encore animaient les nôtres. Ils se rappelaient que pendant la malheureuse guerre de 1447, ceux d'Estavayer s'étaient ligués avec nos ennemis, qu'ils étaient venus les joindre à Morat avec des provisions et un contingent de cinquante hommes, sous les ordres du syndic, qu'on avait facilement reconnu à son uniforme rouge et blanc. Ibid. — [3] Tillier. — [4] Pendant le sac, quelques bourgeois s'emparèrent de plusieurs effets appartenant à la communauté. En 1477 on obtint un monitoire de l'official de Lausanne pour la restitution de ces objets. On réclama aussi et obtint des Bernois la restitution d'une chasuble en soie de Perse. Chronique de dom Grangier.

lors Estavayer essaya en vain de se relever. Il est cependant digne de remarque qu'après le sac de cette ville on retrouve les mêmes Conseillers, au nombre de dix-huit, les mêmes membres du clergé; en un mot presque toutes les personnes de marque qui vivaient avant le 15 octobre reparaissent sur la scène; les procès commencés avant cette époque continuent; le même Conseil s'assemble pour délibérer sur les mesures à prendre dans ces graves conjonctures [1]. Les archives même de la ville furent conservées [2]. Tout cela prouverait que beaucoup de monde pût se soustraire au carnage par la fuite, et que le feu ne fût mis nulle part.

Après la prise d'Estavayer plusieurs détachemens bernois et fribourgeois se répandirent sur les terres du comte de Romont. Les nôtres s'emparèrent du château de la Molière, que César, dans ses commentaires, appelle *oculus Helvetiæ* [3]. Ils coopérèrent également à la prise de la ville et du château de Rue, et à celle de Romont même. La garnison qu'on mit dans cette dernière place s'empara aussi d'Attalens. Jacques Felga et Pierre Bugniet commandaient les Fribourgeois.

Moudon, alors capitale de la Vaud savoysienne, effrayée par le terrible exemple d'Estavayer, n'attendit pas même pour se rendre la sommation qu'on allait lui faire. Yverdun, contre laquelle on avait des griefs particuliers à venger, capitula, et reçut une garnison de trois cents hommes. Cette ville fut du reste placée sous la direction de Fribourg [4].

L'armée des alliés passa sans s'arrêter devant Belmont et Bavois, vint occuper Orbe [5] et assiéger Les Clés. Jean Féguely commandait le contingent de Fribourg. Le commandant Cossonay s'obstinant à la défense de la tour, on allait y mettre le feu, lorsque quelques prisonniers, qui y étaient enfermés, et parmi lesquels se trou-

[1] Dict. historique. — [2] Mais le secrétaire du Conseil a laissé pour ces funestes journées six feuillets en blanc dans les manuaux. Cette muette expression de terreur proclame avec éloquence la catastrophe du jour. — [3] D'Alt. — [4] Tillier. — [5] Plantin rapporte que le bourreau de Berne qui y entra le premier, fut tué avec trois hommes, qui l'accompagnaient.

vait un boucher de Fribourg, crièrent aux assiègeans de ne point les faire périr avec l'ennemi. Cette circonstance fit ajourner l'exécution de Cossonay et de ceux qui furent pris avec lui. En vain en se rendant avaient-ils sollicité la grâce de pouvoir se confesser. Ils furent exécutés le lendemain. A défaut du bourreau, ce fut un valet allemand de Cossonay, qui se chargea d'en faire l'office, à condition qu'on lui ferait grâce de la vie [1]. Le fort fut ensuite réduit en cendres. Jean Féguely se distingua à ce siége. La Sarraz eut le même sort que Les Clés. On y trouva entr'autres une chaudière énorme, où l'on eût pu faire bouillir un bœuf entier [2]. Aubonne, Font, Ste. Croix, Morges, Lausanne, Lutry tombèrent successivement au pouvoir des Suisses [3]. Ils se proposaient d'aller assiéger Genève, qui s'était toujours mal conduite à l'égard des Confédérés, mais cette ville se racheta moyennant vingt-six mille florins. Ce fut surtout sur l'intercession des Fribourgeois, que l'on consentit à cet arrangement, car la contribution avait d'abord été taxée à cent mille florins. Nous craignions pour le dépôt de nos draps en cas de pillage.

Après une campagne de trois semaines [4], les Suisses rentrèrent dans leurs foyers. Dans ce court espace de temps, ils avaient pris seize villes et quarante-trois châteaux. Ils ne laissèrent une garnison qu'à Yverdun [5] et à Grandson [6]. Ils rasèrent le fort de Jougne, acte peu réfléchi, et dont ils se repentirent, lorsque plus tard rien dans ces défilés n'arrêta l'armée du duc de Bourgo-

---

[1] Lequel serviteur estait allemand et bel homme et bon serviteur, lequel coupa la teste de son maistre et aux aultres. Chronique. — [2] Tillier. Ce furent les Fribourgeois seuls, commandés par Jean Berferscher, qui prirent ce château, si l'on en croit une chronique. — [3] Voyez le canton de Vaud, par M. J. Olivier, page 620 et suiv. — [4] Les détails de cette campagne, dit Pellis, font horreur. Les bourgs de Montagny et de Champvent, alors très-considérables, furent livrés aux flammes, ainsi que le château d'Echallens. Les garnisons d'Orbe et de Jougne furent passées au fil de l'épée, Aigle et Morges furent pillées. Le château de cette dernière ville fut brûlé. Elém. de l'hist. de l'ancienne Helv., tom. II. — [5] Cette ville avait été fortement imposée, mais on n'y avait pas commis de cruautés, apparemment parce que messire Pierre Blay s'était rendu sans faire de résistance. Pellis. La garnison se composait de Soleuriens et de Lucernois, parmi lesquels se trouvaient vingt Fribourgeois. A. C. — [6] Jean Féguely, de Fribourg, avait dirigé les batteries qui foudroyèrent cette ville, et en avait fait enfoncer les portes. Tillier.

gne. Le retour des alliés s'opéra par Romont, Rue et Fribourg, où ils furent dignement fêtés (1475). Gingins et Mallet font sur cette campagne des réflexions sévères, mais dont on ne saurait contester la justesse.

Le marquis de Hochberg ayant vainement tenté de négocier un armistice entre les parties belligérantes, les hostilités ne tardèrent pas à recommencer. Yverdun [1] et Grandson faillirent tomber par surprise au pouvoir des Bourguignons, dont les habitans embrassaient la cause. Ces perfides tentatives furent déjouées par la valeur des garnisons [2]. On jugea alors à propos de les doubler. Fribourg envoya pour sa part à Yverdun quatre vingt-treize hom-

---

[1] Voici les noms des Fribourgeois surpris à Yverdun : Haintz Wycht le tuilier, capitaine, Paradiz, Desgranges, Darbe, Treyer, Swatz, Schwartz, Jean de Fribourg, Cornu, Bourquinet, Gerway, Bentzo. Rosenschin, Mamently, Thüring, Pierre de Schwarzenbourg, Cachat, les hoirs de Peterman Rossant, Risot, *tué*, A. C. Voyez les pièces justificatives, n° III. — [2] Voici comment Barante raconte la surprise d'Yverdun : Dans la nuit du 12 au 13 janvier (1476), au moment où la garnison était sans nulle méfiance, les gens du comte de Romont (avertis par un Cordelier) pénétrèrent par l'intérieur de deux maisons qui touchaient aux remparts. Ils se répandirent aussitôt dans les rues en s'écriant : Ville gagnée ! Bourgogne ! Bourgogne ! La ville fut en un moment remplie de tumulte et de rumeur ; les trompettes sonnaient, les soldats de chaque parti s'appelaient les uns les autres au milieu de l'obscurité. Les Suisses à demi-armés, à demi-vêtus, sortaient de leurs logis ou se défendaient contre ceux qui voulaient les y surprendre. On combattait dans les rues, dans les maisons. Enfin les Suisses, n'ayant perdu que cinq des leurs, parvinrent à se réunir, et sous la conduite de Hausen Schürpf de Lucerne, ils firent leur retraite en bon ordre vers le château, se faisant jour avec leurs longues piques. Hans Müller, de Berne, défendait pendant ce temps le pont-levis contre une foule d'assaillans.
Lorsque les Suisses furent rentrés, et que le pont fut relevé, ils aperçurent qu'un des leurs était resté en arrière. Il accourait en grande hâte vers le château, ayant pour toute arme une arbalète et son épée. Se voyant poursuivi, il tira sur celui qui était le plus près de l'atteindre, le blessa, courut sur lui, l'acheva de son épée, retira la flèche, la lança à un second, qu'il abattit encore pour la reprendre, et ne la laissa dans le corps d'un troisième que parce qu'il était parvenu au pont-levis, qui s'abaissa pour le recevoir.
Le comte de Romont se présenta devant le château, somma cette faible garnison de se rendre et menaça de la mettre à mort. Rien ne put ébranler le courage des Suisses. Ils démolirent les fours, et, du haut des créneaux, ils lançaient des briques sur les assaillans. Le comte de Romont fit remplir le fossé de paille et de fascines, puis le feu y fut mis. La flamme et la fumée enveloppèrent le château ; les portes allaient être brûlées. Tout-à-coup elles s'ouvrirent, le pont s'abaissa, et les Suisses tombèrent sur les Bourguignons. Ils les mirent en fuite. Le comte de Romont fut blessé. Ils parcoururent librement la ville, ramassèrent à la hâte des vivres dans les auberges et les cuisines, ramenèrent quelques canons, et rentrèrent au château.

mes, sous les ordres de Nicod Cornu [1]. La moitié de la garnison de Grandson se trouva également composée de Fribourgeois [2]. Plus tard Yverdun fut abandonné, et la garnison alla renforcer celle de Grandson (1476).

De nouveaux essais de pacification furent tentés vers la fin de 1475 par le margrave de Neuchâtel. La diète de Zurich fit même proposer au duc de Bourgogne un accommodement, qu'il rejeta. Dès-lors on se prépara de part et d'autre à ouvrir la mémorable campagne de 1476.

« Après avoir envahi toute la Lorraine, le duc de Bourgogne marchait à grandes journées contre la Suisse. « Il avait, dit Barante, amené à peu près trente mille hommes [3]. Le comte de Romont lui conduisit quatre mille combattans de Savoie. Six mille hommes lui arrivèrent aussi de Piémont et du Milanais. L'artillerie était la plus belle qu'on eût jamais vue. Toute celle qu'il avait eue devant Neisse s'était augmentée des canons dont il s'était emparé en Lorraine [4]. Quant aux bagages de cette armée, ils étaient immenses. Jamais le duc n'avait marché en si grande pompe. Il traînait avec lui toutes ses richesses, sa chapelle, ses joyaux, ses belles armures, ses services d'or, de vermeil et d'argent. Ses archers étaient éclatants de broderies et de dorures [5]. »

Il entra dans le pays de Vaud par le même défilé de Jougne, qu'on avait si imprudemment abandonné, arriva à Orbe le 12 février (1476), et dès le 19 il forma le siége de Grandson. Bien que les rapports de vasselage qui nous liaient encore à la Savoie, fissent craindre des complications sérieuses, si nous participions à l'attaque de Grandson, cinq cents Fribourgeois, commandés par Pierre Faucigny, qui avait sous ses ordres Guillaume et Jean Berferscher, Ulric de Garmiswyl et Jean Gougelberg, marchèrent avec les troupes de Berne, Bienne et Soleure au secours

---

[1] A. C. — [2] A Payerne il y en avait 210. — [3] Gingins, toujours disposé en faveur des Bourguignons, dit vingt mille. — [4] Il y avait entr'autres deux pièces formidables, appelées Damville et Salanquin. Tillier. — [5] Hist. des ducs de Bourgogne, tom. XI, pag. 2.

de cette place, dont la garnison, qui n'était que de cinq cents hommes [1], était réduite à l'extrémité, et avait déjà été forcée d'abandonner la ville. Le capitaine Brandolf de Stein avait été pris par la trahison d'un Cordelier [2]. Il fut impossible aux alliés de pénétrer dans la place [3].

Malgré la supériorité de ses forces, Charles eut recours à une lâche manœuvre pour tromper la garnison. Il lui fit dire par Luc de Reischach [4], gentilhomme allemand, entr'autres impostures, que Fribourg était prise, et que tout y avait été mis à feu et à sang; que Berne et les autres confédérés allaient faire leur soumission, etc. Ainsi abusés par de fausses nouvelles et des propositions avantageuses, les assiégés livrèrent le château au duc, qui fit noyer les uns et pendre les autres [5].

La vengeance suivit de près. Dès le lendemain 2 mars parut l'avant-garde des confédérés, qui s'avançaient au nombre de vingt mille hommes.

Philippe, Margrave de Neuchâtel, fils de celui qui avait négocié la réconciliation de Charles avec l'Empereur, entretenait de secrètes intelligences avec les Bourguignons. Il avait aussi trempé dans l'indigne guet-apens tendu à la garnison de Grandson. Aussi son père, qui s'était retiré à Berne, y courut de grands dangers. Pour l'abriter contre le ressentiment public, on fut obligé de l'enfermer dans une maison particulière, sous la sauve-

---

[1] Barante dit 800. — [2] Et advint que par une nuict, heure de souper, le capitaine, qui estait homme de bien de la ville de Berne, pensant estre en seureté, alla souper en la ville, et avec luy cinq ou six de ses hommes, lequel fust pris prisonnier, et ce fust par une trahison que luy fust faicte tant par ceux de Grandson que par un Cordelier. Chronique de Neuchâtel. — [3] Voyez dans le Schw. Geschichtsf., tom. VIII, page 300, la lettre que ceux de Bienne écrivirent à ce sujet à leur gouvernement depuis Morat, où les alliés s'étaient donné rendez-vous. — [4] Barante et d'autres auteurs l'appellent Ramschwag. Gingins soutient que le *noble* duc fut étranger à toute cette affaire. — [5] Infâmes représailles, dit Pellis, pour des actes non moins infâmes (les cruautés commises par les Suisses dans le pays de Vaud). Ici Gingins, toujours fidèle à son système de réhabilitation, absout encore son héros de ces atrocités, et n'en accuse que les patriotes vaudois des Clés, d'Orbe et d'Estavayer. Il prétend même, sans s'appuyer d'aucun témoignage, que ce jour-là le duc était à trois lieues de Grandson, circonstance qui se trouve contredite dans la page suivante de son mémoire.

garde de deux bourgeois [1]. Ce fut aussi, dit-on, à la persuasion de Philippe que le sire de Vaumarcus remit son château au duc et prit service dans son armée. La garde de ce château, qui commandait le chemin de Grandson à Neuchâtel, fut confiée au sire Georges de Rosimbos, avec cent archers.

Ce furent les premiers ennemis que les Suisses rencontrèrent quand, le 2 mars, dès le matin, ils débouchèrent sur les hauteurs près de Vaumarcus. La troupe de Rosimbos fut bientôt culbutée par quelques gens de Schwitz et le contingent de Thoune. Les Bernois et les Fribourgeois se hâtèrent d'accourir au secours de cette avant-garde, dès qu'ils la virent engagée, car elle se trouvait inopinément en face de toute l'armée ennemie. Les Suisses s'étant agenouillés pour prier, les Bourguignons s'imaginèrent qu'ils criaient merci, et déjà le duc menaçait de les exterminer. Alors le gros de l'armée fédérale, sous les ordres du bernois Scharnachthal s'avança en bataillons carrés, au milieu desquels se tenaient les bannerets portant leurs enseignes. De son côté Charles vint à la rencontre des Suisses, précédé de la grande bannière de Bourgogne, pendant que le sire de Châteauguyon, à la tête de six mille chevaux, s'élançait à bride abattue pour percer nos lignes et s'emparer des bannières. Mais intrépidement refoulé dans une prairie, près du pont de l'Arnon, il y fut tué par un Bernois [2]. Charles fut aussi bientôt repoussé vers le camp, après avoir vu tomber ses principaux officiers, le sire Louis d'Aimeries, Jean de Lalain, St. Sorlin, le sire de Poitiers, Pierre de Lignaro [3]. Tout-à-coup un son formidable et prolongé glace les Bourguignons de terreur. C'étaient les trompes d'Uri et d'Unterwalden qui annonçaient l'heure vengeresse, en faisant retentir tous les échos depuis Montalcher jusqu'à Concise. Les hommes des montagnes descendirent tête baissée et à grands pas, comme si rien ne dût les arrêter [4]. Dès ce moment la victoire ne fut plus douteuse, et la déroute des Bourguignons fut complète. Le duc

---

[1] Tillier. — [2] Ibid. — [3] Barante. — [4] Ibid.

courut pendant six lieues sans s'arrêter jusqu'à Jougne. La garnison de Grandson se rendit sans conditions. Les confédérés se partagèrent d'abord une trentaine de gentilshommes, dans l'espoir de les rançonner, mais, à la vue de leurs malheureux compatriotes, pendus aux arbres, les soldats de Berne et de Fribourg ne se continrent plus, et massacrèrent tous ces prisonniers, à l'exception du seul sieur de Darin, qu'on échangea ensuite contre Brandolf de Stein [1]. La garnison de Vaumarcus abandonna le château, et eut le bonheur de se sauver. Cette victoire ne coûta aux Suisses que cinquante hommes; l'ennemi en perdit un millier [2]. On évalua le butin à plusieurs millions, qui furent pour la Suisse une véritable boîte de Pandore [3]. Si, au lieu de s'amuser à piller, les Suisses avaient poursuivi l'ennemi, ils l'eussent anéanti, et la guerre était finie.

Charles fit de nouveaux préparatifs et ne renonça pas au projet qu'il avait formé de subjuguer d'abord la Suisse, puis l'Allemagne. Toujours présomptueux, il promit Berne au comte de Romont [4], et Fribourg à la duchesse de Savoie. L'un et l'autre lui avaient prêté tous les secours imaginables. Aussi eut-il bientôt mis sur pied une armée presque aussi formidable que la première, et monté un parc d'artillerie de cent cinquante canons [5].

Charles était venu camper à Lausanne, d'où il pressait l'organisation de ses nouvelles troupes. Les confédérés n'étaient pas moins actifs. Ils jetèrent mille hommes dans Fribourg et mille cinq cents dans Morat. Les premiers, presque tous Zuricois, étaient commandés par Jean Waldmann, les seconds par Bubenberg [6]. Les Fribourgeois envoyèrent aussi à Morat Guillaume d'Avry avec cent

---

[1] Tillier. — [2] Wattewyl, d'après Tschachtlan. — Notre notaire contemporain, Guill. de Gruyère, dit 6000. A. C. — [3] Voy. dans Barante la description de ce butin. Chaque soldat reçut pour sa part 35 florins. — [4] Wattewyl. — [5] d'Alt. — [6] Ce chef sacrifia à cette occasion ses sympathies pour le duc de Bourgogne, dont il avait été le partisan et le pensionnaire, et donna un bel et patriotique exemple de l'abdication d'une idée en faveur de la chose publique. Le détachement bernois qui fit partie de la garnison de Morat fut composé, comme l'avait été celle de Laupen 137 ans auparavant, c'est-à-dire de soldats qui avaient encore un père, un fils ou un frère intéressés à venir à leur secours.

cinq hommes [1], et couvrirent les frontières de la Gruyère, menacées par le comte de Romont. Pendant ce temps, ceux du Haut-Simmenthal surprirent et pillèrent Vevey, et les Valaisans défirent un corps de trois mille Lombards, qui avaient passé le St. Bernard pour entrer au service du duc [2]. Berne et Fribourg pressaient les confédérés et le roi de France de venir à leur secours; mais, celui-ci, toujours immobile à Lyon, se contentait de distribuer des promesses et de l'argent, et les premiers ne voyaient pas de bon œil que les deux villes se missent en possession des bords du lac de Morat et de celui de Neuchâtel [3]. Cependant Zurich et Lucerne parvinrent à lever tous les scrupules, et il fut résolu qu'on ferait cause commune contre Charles.

La garnison de Morat fit ses préparatifs pour soutenir le siége qui la menaçait. Quelques soldats ayant manifesté peu de bonne volonté, Bubenberg fit publier une ordonnance, qui donnait le droit à chacun, même au dernier valet, de poignarder quiconque ferait entendre des paroles décourageantes, sans s'exempter lui-

[1] Guillaume d'Avry était le frère de Yenny d'Avry, aubergiste à la Croix-blanche. Il resta six semaines à Morat avec deux chevaux pour son service. Ses appointemens étaient de 12 florins par mois (le florin valait 36 sous). Voici les noms des Fribourgeois qui servaient sous lui : Hainz Laris, Ritter charpentier employé aux fortifications, Peter Kessler, Görig Neubrunner, Hans Rossner, Hebden Stritt l'ancien, Burkard Seckler, Jacob Winberger, Hebden Stritt le jeune, Rodolphe Pfiffer, Peter Wetsche, Peter Armbruster, Hans Spitz, Hans Worf, Ulric Stoll, Hans Kilper, Gaspar Rono, Pierre Gibet, Hans Hutmacher, Hainz Müller, Michel Zilnberger, Hans Sibenthaler, Ulli Buchly, Hans Sigener, Hans Metzger, Kunitz Pfluger, Hans Müller vitrier, Hans Frutinger, Clewi Schenk, Andres Touber de Schwitz, André Sattler, Hans Zundisen, Heinrich Tischmacher, Ulli Klaus, Jacob Pfend, Heiny Kuggenbiel, Hans Opfinger, Hans Schenk de Schwitz, Hans Fuhrer, Ulli Mously, Hans Ecker de St. Gall, Schuffelbüchel, Peter Fustmacher, Peter Büren charpentier, Peter Schaffer, Antoine Zimmermann, Stephan Heimen, Peter Yung, Hans Furess, Jacob Stallknecht, Pierro de Schüren, Jacki Thoman (tué), Hans Reider, Hans Schwing den Hammer, Hensi Semann, Anteino Ziegler, Jacki Rotzen, Klaus von Pitsch, Jean Charroton, Hans Kuntzel, Jacob Rot, Michel Marty, Hans Müller, Hans Huguen, Welty Fassbinden, Albrecht Schilling, Nicolas Ritter, Hainz Sanenmann, Mich. Hasläner, menuisier, Conrad Ritt d'Epstein, Bastian Hass den Win, Ulli Schröter, Hans Perler, Hans Otto, Christan Wabers, Rudi Laischers, Sangaller, Tschan Morel, Erhart Kratinger, Ulli Schinder, Peter Meder, Clewi Rint, Hausi Burgis, Bastian de Ulmo, Hansi Schmutz, Hans von Nüremberg, André le Büchsenmeister, Marty Gerner, Mulhuser, Belling de Lucerne, H. von Berris, boulanger, Tschan Werro, Hainz Sanenmann, Andres Grosch, André Wulschleg, Keyser, Welty Lot, Peter von Schwarzenbourg, Auberly von Rotwyl. A. C. — [2] Wattewyl. — [3] Tillier.

même. La ville de Strasbourg avait joint son artilleur aux neuf que Berne et Fribourg avaient déjà fournis.

Sur ces entrefaites on fit une excursion pour surprendre Romont. Dans ce but un détachement fribourgeois se joignit aux troupes de Berne. Il était commandé par Rodolphe de Vuippens. Ses conseillers étaient Jean Mestraul, Willi Berferscher, Hensli Féguely et Pierre Ramu. Rolet Adam était banneret et Jean Cordey (Seiler) porte-drapeau. Mais Romont, défendue par le comte en personne, opposa une résistance, à laquelle on ne s'attendait pas, et comme on ne prévoyait pas le terme de ce siége, on se borna à brûler les faubourgs, puis on se retira en ravageant la contrée.

Charles avançait à petites journées vers le lac de Morat. Son avant-garde, forte de douze mille hommes [1], était commandée par le comte de Romont. Ne rencontrant point d'ennemis dans le pays de Vaud, ni sur le territoire fribourgeois, on dit qu'il s'écria: *Or ça, ces chiens ont perdu courage, me semble que devons les aller chercher.* Son plan était de s'emparer successivement de Morat, Fribourg et Berne [2]. Son avant-garde se répandit dans l'Iselgau, soit pour reconnaître le terrain, soit pour prendre pied entre les deux lacs, et seconder de là les opérations de l'armée. Celle-ci se trouva le 6 juin entre Payerne et Avenches. Au moment où la grande colonne débouchait de ce dernier endroit, Bubenberg la fit reconnaître par un détachement de six cents hommes [3]. Ils culbutèrent les premières divisions, et prirent un gentilhomme, qui donna des renseignemens. Ce fut alors que le chef bernois adressa à ses compatriotes cette missive mémorable, pleine de dévouement et de prudence: Ne précipitez rien, attendez les confédérés, je défendrai Morat [4].

Cependant le comte de Romont, au lieu de se borner à l'occu-

[1] D'Alt dit huit mille. — [2] La tradition porte qu'il se proposait avec jactance de déjeuner à Morat, dîner à Fribourg et souper à Berne le même jour. — [3] D'Alt dit deux cents avec quelque cavalerie. — [4] Helvet. Militärzeitung. 1836.

pation de quelques localités riveraines du lac, telles que la Sauge et Sugy, ce qui eut suffi pour intercepter de ce côté toute communication avec la place assiégée, poussa ses reconnaissances jusques dans les défilés marécageux d'Aarberg et dans les vignobles de Jolimont. Ce terrain, bien moins praticable alors qu'aujourd'hui, ne permettait pas à ses troupes de se développer. Le tocsin d'alarme retentit aussitôt depuis Cressier jusqu'à Kalnach, et les habitans se levèrent en masse pour repousser les agresseurs. On vit des groupes nombreux s'avancer du Séeland, du Landeron et de la Neuve-ville, armés de tout ce qui leur était tombé sous la main, et se rallier autour d'un drapeau improvisé avec un lambeau de toile. Il y eut même des femmes qui prirent part à l'élan général, pour sauver Anet, que les Vaudois voulaient détruire. Un seul Neuchâtelois, second Horatius Coclès, défendit le pont de la Thièle. Ceux du Vuilly ne déployèrent pas moins de courage, et le comte dut se replier à la hâte sur le gros de l'armée. Sa retraite fut inquiétée jusqu'à Cudrefin [1], et découvrit Morat du côté du lac, par où arrivaient pendant la nuit de petites barques [2]. Mais Charles vint dès le 10 juin tracer autour de la ville un cercle formidable du côté de terre [3]. Si, au lieu de perdre son temps à assiéger Morat, dont la garnison était trop faible pour inquiéter sérieusement ses derrières, le duc se fût borné à tenir cette place en respect, et que, marchant en avant, il eût écrasé l'une après l'autre les colonnes qui venaient successivement former l'armée fédérale, nul doute qu'il ne fût sorti vainqueur de la lutte [4]; *mais*, dit Comines, *jà son malheur le poussait.*

Son armée était partagée en trois camps. Le premier s'étendait au pied des collines et le long du lac jusqu'à Montilier; c'était celui du comte de Romont [5]. Le second, composé de trente mille hommes, sous les ordres du prince Antoine le bâtard, s'étendait de l'autre

---

[1] Tillier. — [2] Barante. — [3] On avait élevé sur les bords du lac quelques retranchemens pour empêcher l'abordage. Les entre-deux étaient palissadés et frésés. D'Alt. — [4] Helv. Militärzeit. 1836. — [5] Pellis donne ici des détails peu exacts. Elém. de l'hist. de l'anc. Helv., tom. II, page 136.

côté de la ville jusqu'au delà du ruisseau de Greng. Enfin Charles se trouvait dans le troisième camp avec l'élite de ses troupes. On y voyait sa garde et les mercenaires anglais commandés par le duc de Sommerset, le tout au nombre de vingt mille hommes [1]. Ils étaient campés sur les hauteurs de Faoug, où flottait le pavillon de la tente ducale, qui avait toutes les dimensions et tout le luxe d'un grand palais. On voit par cette disposition que les deux tiers de cette nombreuse armée étaient à peu près superflus pour le siége. Le corps de Charles en particulier ne pouvait que remplir le rôle de spectateur dans le grand drame qui se préparait [2].

Dès que la ville fut investie, il se fit un profond silence parmi les assiégés, pour que l'ennemi ne pût pas juger de leur nombre [3]. Les portes restèrent ouvertes nuit et jour, la garnison fonctionnant en grande partie dans l'enceinte extérieure [4]. Les sommations et les menaces du duc étant restées sans effet [5], son artillerie commença à tonner contre les remparts, qu'elle ébranla sans décontenancer les assiégés. Les Bourguignons profitèrent de la brèche [6] pour tenter un assaut général. Il eut lieu dans la soirée du mardi 18 juin, et dura trois heures [7]. Les assaillans se ruèrent sur la ville en masses si compactes, qu'à peine pouvaient-ils se remuer [8]. La petite garnison tint ferme, et l'ennemi dut se retirer avec une perte d'un millier d'hommes, au nombre desquels se trouva aussi le maître artilleur qui dirigeait le gros canon de fer [9]. Grâces à l'impéritie du comte de Romont et à une lente canonnade, Morat se soutint pendant dix jours. La brèche faite au commencement fut défendue avec valeur et réparée pendant la nuit. Incapable de mettre en activité tout son monde, Charles voulut au moins

---

[1] Quelques Suisses même s'y trouvaient. Tillier. — [2] Helv. Militärz. 1866. — [3] Tillier. — [4] Ibid. — [5] Elles étaient parfois portées dans la ville par des flèches. *Paysans*, disait l'une, *retirez-vous, car tous les marteaux du monde ne pourraient battre assez d'argent pour vous rançonner. Nous prendrons la ville et vous pendrons par la gorge.* Tillier. — [6] Soixante-dix grosses bombardes abattirent un large pan de mur, les tours et les remparts, depuis l'église jusqu'à la porte du lac. Tillier. — [7] Et non pas huit, comme dit Barante. — [8] Tillier. — [9] Cette pièce lança ce jour-là soixante-dix boulets. Tillier.

imposer aux assiégés en déployant toutes ses troupes avec ostentation. Il les fit défiler avec grand bruit et au son d'une musique éclatante sous les murs de la place, tandis que la garnison rangée en armes sur les remparts, assistait à ce spectacle, impassible et silencieuse. L'ennemi tenta de miner des murs, et une chronique parle de combats souterrains [1].

Une tentative que fit Charles pour occuper avec trois mille hommes [2] les deux passages importans de Laupen et de Güminen échoua, et le curé de Neueneck fit à cette occasion preuve d'une grande intrépidité. Faucigny y commandait un détachement fribourgeois. Le duc ne prenait en général que des demi-mesures, qu'il est difficile de justifier sous le point de vue stratégique. Dans l'intervalle, le comte de Gruyères, menacé par le comte de Romont, qui lui avait déjà pris Oron et Palésieux, réclama à son tour notre secours. On envoya quelques troupes occuper les défilés des Alpes gruyériennes [3]. Presque en même temps, le capitaine Antoine d'Orby [4] s'avançait jusqu'aux portes de Fribourg, à la tête d'un gros de Savoyards, pour surprendre cette ville. Il fut repoussé par la garnison [5].

En attendant les deux mille braves qui, depuis dix jours défendaient Morat contre soixante mille Bourguignons, eussent fini par succomber, si l'on n'était venu à leur secours.

Ce fut le 13 juin que l'armée bernoise, forte de six mille hommes, sortit de Berne, sous les ordres de l'avoyer Peter de Wabern, et alla camper aux passages de Laupen et de Güminen, pour y attendre les Confédérés. Ceux-ci ne tardèrent pas à venir. Les Uraniens, commandés par Jean Imhof, furent les premiers. Après eux vinrent ceux de l'Entlibuch et d'Unterwalden. Ces troupes réunies franchirent la Sarine pour se développer sur un plus grand

[1] Helv. Militärz. 1836. — [2] Stumpf dit six mille. — [3] Il est fait mention de ces troupes dans les comptes du trésorier. Elles passèrent par Marly, où elles firent quelques dépenses. Hartmann Krebs les commandait. — [4] Un auteur raconte, sans s'appuyer d'aucune autorité, que les contingens de Soleure et de Bienne avaient expulsé d'Arberg ce même d'Orby, qui voulait s'y maintenir avec une troupe de Savoyards. — [5] D'Alt, Müller, Chronique, Gingins.

espace. Elles occupèrent Ulmitz, Biberen, Ferenbalm, et les autres villages voisins. Alors on vit arriver successivement les Lucernois, commandés par Gaspar Hertenstein, les contingens de Schwitz, Zug et Glaris, deux mille Bâlois conduits par Pierre Rot, et les Biénnois par Foster, les Soleuriens, les nobles et les bourgeois de l'Argovie, Guillaume Herter à la tête de quatre cents cavaliers et de trois cents arquebusiers de Strasbourg avec douze canons, plus tard huit cents cavaliers autrichiens et deux mille fantassins; enfin René de Lorraine avec trois cents chevaux. Ce jeune prince intéressait tout le monde par son âge, sa bonne mine et ses malheurs. Il avait couru de France nuit et jour pour arriver à temps. On remarquait aussi les bannières de Rotwyl, Schaffhousen, St. Gall et Appenzell.

Il ne manquait plus que le contingent de Zurich, dont Waldmann pressait encore l'arrivée le 17 au soir. Dès qu'il eut appris qu'il s'était mis en marche au nombre de trois mille hommes et deux mille autres de Thurgovie et des bailliages libres, sous les ordres de Jean Landenberg de Breiten-Landenberg, il alla à leur rencontre jusqu'à Berne. Il est probable qu'avant de quitter Fribourg, dont il commandait la garnison, il donna ordre à celle-ci de se rendre au camp de Güminen, où se trouvait déjà Petermann Faucigny avec la plus grande partie de nos troupes [1]. Huit cents

---

[1] Quelques auteurs mettent à la tête de nos troupes un Féguely, d'autres Vuippens. Faucigny est nommé tantôt Otton, tantôt Petermann. Jean Féguely est nommé quelque part Conrad, Jean Garmiswyl, Ulric. Tel place notre contingent à l'avantgarde sous Hallwyl, un autre au centre sous Waldmann. Une relation des guerres de Bourgogne, publiée tout récemment à Berne (Die burgundischen Kriege, Neujahrsblatt für 1841) ne prend pas même la peine de faire mention des Fribourgeois. Nos auteurs ne sont guères plus explicites, et se copient mutuellement. Les manuaux, qui seuls pourraient tout expliquer, manquent aux archives. Le rôle militaire qui s'y trouve, sous le n° 13, ne cite que 114 hommes, qui servirent devant Morat sous Felga et Féguely. C'était peut-être un renfort envoyé à Güminen. Par contre une brochure anonyme et sans date, mais publiée, à ce qu'il paraît, à Fribourg vers la fin du siècle dernier, contient un état nominatif de tous ceux de la ville et de la campagne qui assistèrent à la bataille de Morat, au nombre de 1476. On n'y retrouve pas les individus du rôle sus-mentionné, mais on y voit figurer les noms de Corboud, Segesser, Metrau, Schorro, Guillemin, Marro, Chassot, Lachat, Rey, Folly, Bourgeois, Haymoz, Fontana, Duc, Winkler, Carmintran,

388 PREMIÈRE PARTIE.

Valaisans vinrent se joindre à elles [1], et la garnison de Neuchâtel arriva presque en même temps.

La pluie, qui ne cessait de tomber avait, dit-on, empêché le duc de Bourgogne de prendre l'initiative. Elle n'arrêta pas les Confédérés. Quoique déjà fatigués par des marches forcées en arrivant à Berne[2], ils se remirent en marche après un court repos par une pluie battante, dans la nuit du 21 juin. Toute la ville de Berne était illuminée, et des tables chargées de comestibles étaient placées sur leur passage. Des chants de guerre animaient la marche et ajoutaient à la solennité du moment [3]. Dès que ce dernier renfort fut arrivé à Güminen à la pointe du jour, on célébra le service divin, après lequel le conseil de guerre se réunit pour concerter l'attaque. On touchait au champ de bataille, caché encore vers l'Ouest aux yeux de l'armée par les brouillards de la nuit et le contour des bois [4].

Cette armée était animée du meilleur esprit, et d'une telle ardeur de combattre, qu'à peine pouvait-elle attendre l'issue du conseil de guerre [5]. Celui-ci décida qu'on détacherait un petit corps d'observation pour tenir le comte de Romont en échec, puis qu'on marcherait droit à l'ennemi.

Charles était prêt. Sa ligne de bataille s'étendait le long de la route de Fribourg à Morat, depuis Courlevon jusqu'à Greng, sur un rayon d'environ une lieue et demie. L'aîle droite, dépassant un peu Courlevon, était défendue par une haie vive fort touffue, bordée d'un ravin. Le reste du front de bataille semblait suffisamment garanti par les accidens du terrain, que traversait un ruisseau torrentueux, depuis Courlevon, par Greng, jusqu'au lac [6].

Blanchard, Müller, Schmid, Audrya, Gottrau, Chollet, Studer, Wæber, Jungo, Tinguely, Meder, Bulliard, Werro, Wiprecht, Brünisholz, Tornare, Python, Lehmann, Horner, Æby, Vonlanten, Helfer, Æbischer, Schneuly, Zosso, Thürler, Mauron, Margueron, etc. Quant aux chroniques, d'ailleurs assez bavardes, elles se bornent à dire que Fribourg mit en campagne toutes ses troupes.

[1] A. C. — [2] Plusieurs étaient tombés d'épuisement en chemin. — [3] Helv. Militärz. — [4] Ibid. — [5] Plusieurs même, dit-on, en avaient perdu l'envie de déjeûner. Ibid. Tillier. — [6] La veille le duc avait eu le chagrin de voir le prince de

Avant de se mettre en mouvement, les Suisses accomplirent encore un acte féodal de la plus haute importance pour les Autrichiens, leurs alliés. Les comtes de Thierstein et d'Eptingen créèrent plusieurs chevaliers [1]. Puis les colonnes s'ébranlèrent, éclairées par un millier de volontaires, qui avaient pris les devants. L'avant-garde était commandée par Hallwyl [2], assisté de Jean Féguely et Rod. de Vuippens. On y distinguait les bannières de Thoune et de l'Entlibouch, un fort détachement des Waldstetten, et ceux de l'Oberland bernois. Leurs flancs étaient couverts par quelques couleuvrines et un gros de cavalerie, que commandaient René de Lorraine et Thierstein l'autrichien [3]. Jean Waldmann conduisait le corps de bataille, également flanqué d'artilleurs et de cavalerie, et où flottaient presque toutes les bannières des hautes et basses ligues. Là devaient aussi se trouver les milices fribourgeoises. A côté de Waldmann était Wilhelm Herter [4]. Enfin l'arrière-garde marchait sous les ordres du capitaine Hertenstein de Lucerne.

A une portée de canon de l'aile droite ennemie, Waldmann tourna insensiblement à droite, tandis que Hertenstein entra dans la ligne de l'avant-garde. Il était près de midi. Hallwyl fit faire halte et adressa à sa troupe quelques paroles animées. Toute l'armée fléchit le genou pour réciter une courte prière [5], qu'un puissant chœur de voix termina par un amen solennel [6]. Le soleil s'étant alors dégagé des nuages, les alliés en conçurent un heureux augure pour le succès de la bataille.

On vit bientôt Herter s'avancer vers l'avant-garde pour demander si, vu la supériorité de la cavalerie ennemie, il ne serait pas

---

Tarente, lassé des fausses promesses du duc, dont il demandait la fille, prendre congé de lui, pour aller trouver le roi de France. Barante.
[1] La plupart des gentilshommes, qui se trouvaient en grand nombre dans cette armée, dédaignèrent d'être faits chevaliers ce jour-là, où cette dignité était prodiguée à tant de bourgeois. Barante. Les auteurs ne sont pas bien d'accord sur le moment où cette formalité eut lieu. — [2] Il s'était déjà distingué à Grandson. Il avait servi dans les armées du roi de Bohême et du fameux Huniade. — [3] Helv. Militärz. — [4] D'Alt fait observer qu'à l'exception de ce chef, il ne se trouvait aucun fantassin étranger à cette bataille. — [5] Cinq pater et cinq ave, disent les chroniques. — [6] On éleva plus tard sur cette place une chapelle commémorative dédiée à St. Urbain.

plus prudent de se tenir sur la défensive. Après un court silence, un officier zuricois s'écria : *nous avançons, suivez si vous voulez* [1], et la troupe s'ébranla de nouveau.

Le retard occasioné par ces incidens tourna à l'avantage des Confédérés ; car, pendant ce temps, l'armée de Charles se morfondait depuis six heures à la pluie, sans quitter son ordre de bataille. La poudre et les cordes des arcs étaient trempées. Ce que voyant, le duc renonça à l'attaque et donna ordre à son aile gauche de rentrer dans le camp, mais au même instant, l'avant-garde fédérale, jusqu'alors cachée par les buissons, s'avança pour forcer la haie. Elle fut accueillie par une décharge répétée de huit bombardes et grosses couleuvrines, tandis que, derrière elles, l'infanterie et la cavalerie se préparaient au combat. Bien que plusieurs coups portassent trop haut, l'avant-garde ne laissa pas que d'éprouver quelque perte, car les rangs étaient profonds. Ce premier engagement ne fut pas long, la cavalerie étant bientôt intervenue des deux côtés. Celle de René fut fortement ébranlée par le premier choc. Son cheval fut tué, et longtemps ce prince combattit à pied. Les Bourguignons tinrent ferme, et rien ne fut encore décidé au front de bataille [2].

Alors Hallwyl fit tourner l'avant-garde de l'ennemi par un détachement de sa troupe. Ce mouvement, qui ne fut point remarqué, eut un succès complet. Le maître d'artillerie ennemi fut tué, la palissade emportée. Les braves de l'Oberland et de l'Entlibuch transportèrent les canons par-dessus le ravin, que défendaient encore six cents lansquenets allemands. Ils furent bientôt débusqués. Les Suisses tournèrent les batteries de l'ennemi contre lui-même. Alors l'avant-garde des Bourguignons enfoncée, culbutée, se replia en désordre sur le centre, commandé par le prince d'Orange et Philippe de Crève-cœur, et stationné depuis Courlevon jusqu'à Bec-de-Greng. L'aile gauche, sous les ordres d'Antoine

---

[1] D'Alt a délayé cette pensée dans une longue période, et Barante l'a copié. — [2] Helv. Militärz. 1736. Selon Gingins cet assaut coûta aux Suisses 350 fantassins, dont 280 Bernois, et 130 cavaliers, la plupart Lorrains.

de Bourgogne et d'Adolphe de Ravenstein, s'appuyait sur le lac [1]. Charles, à la tête de sa vaillante cavalerie anglaise, arrêta les vainqueurs. Un nouveau combat s'engagea, où René, Thierstein et le comte de Gruyères se conduisirent avec une grande bravoure. Hallwyl, serré de près, reçut un renfort de l'arrière-garde [2].

Ce fut dans ce moment critique que le grand corps d'armée sous Waldmann parut tout à coup sur les flancs de l'ennemi, avec toutes ses bannières déployées, tandis que de l'autre côté, l'aile gauche bourguignonne, qui déjà rentrait dans le camp, se trouva aussi inopinément en face des Suisses. C'était Bubenberg qui faisait une sortie à la tête de six cents hommes déterminés. Après avoir culbuté deux cents lances, que leur opposait Galiot de Genouillac, ils pénètrent plus avant, et cernent tout le camp. Cette sortie fut d'autant plus heureuse, qu'elle coïncida avec le désordre de l'aile droite de Charles. Le comte de Romont ne put l'empêcher. Chargé de couper la retraite à la garnison, tenu d'ailleurs en échec par le Landsturm de l'Iselgau, il veillait sur l'une des portes de la ville, pendant que Bubenberg sortait par l'autre [3].

Dès-lors, Charles n'eut plus que son centre à opposer aux forces des alliés. Les attaques des Suisses se succédaient avec une impétuosité telle que, tout occupé de sa défense personnelle, il ne pouvait plus transmettre ses ordres, tandis que les chefs alliés manœuvrant avec une admirable entente, conservaient sur tous les points les avantages de l'offensive. On pouvait dire sans exagération que leurs phalanges victorieuses surgissaient partout, comme les vagues d'une mer en furie. Aussi la victoire ne resta pas longtemps indécise, malgré les efforts de la garde et de la cavalerie anglaise. L'infanterie bourguignonne fut bientôt rompue, et, pour la soutenir, Charles fut forcé de rappeler Sommerset, qui avait déjà gagné du terrain, et chargé encore une fois avec succès les comtes de Gruyères et de Thierstein. A l'instant même

---

[1] Tillier. — [2] Helv. Militärz. — [3] Ibid.

ce chef courageux tombe de cheval, frappé d'un boulet. Bientôt on vit aussi tomber la grande bannière de Bourgogne, qu'avait saisie un homme du Hasli [1]. Alors la cavalerie prit aussi la fuite, et entraîna une déroute générale. Charles vit périr sous ses yeux un grand nombre de chevaliers, entr'autres Philippe de Geierberg, et Jacques de Maës [2]. Il put encore s'échapper à temps avec trois mille cavaliers. Quelques minutes plus tard il était perdu, car déjà cette portion de l'arrière-garde qui ne s'était pas ralliée à Hallwyl, avait pris l'ennemi à dos, et s'avançait derrière les hauteurs de Faoug, sur la route d'Avenches, vers l'extrémité méridionale du lac, seul point qui offrît une issue aux fuyards [3]. Elle avait habilement tourné les positions du camp des Bourguignons, et s'était placée derrière leur corps de bataille [4]. L'ennemi était cerné dans toute l'acception de ce mot. Hallwyl et Waldmann l'arrêtaient par devant, Hertenstein à droite, Bubenberg à gauche, le lac par derrière. Une grande partie de Lombards et de cuirassiers du corps d'Antoine [5], cherchèrent à se frayer un passage désespéré par le lac, pour rejoindre le comte de Romont. Plusieurs restèrent enfoncés dans le limon; le plus grand nombre se noya ou fut fusillé dans l'eau [6]. Un seul, disent les chroniques, atteignit heureusement avec son cheval la rive opposée [7], parce qu'il s'était voué à St. Ours, patron de la ville de Soleure [8]. Les alliés s'encourageant mutuellement par les cris : *Brie et Grandson*, ne firent aucun quartier [9]. Les groupes fugitifs qui purent forcer la ligne que leur opposait Hertenstein, furent poursuivis par toute l'armée alliée, à la distance de deux lieues en delà d'Avenches. Un grand nombre de Lombards ne pouvant franchir le St. Bernard, gardé par les Valaisans, périrent à Genève dans une émeute [10]. Pour

---

[1] Barante. — [2] Ce dernier fut trouvé avec son étendard enveloppé autour du bras. D'Alt, Barante. — [3] Helv. Militärz. 1836. — [4] Barante. — [5] Nous ignorons, si comme l'assure Gingins, ce chef fit une résistance digne du *sang illustre qui coulait dans ses veines*. Mais, à coup sûr, il n'est pas un soldat suisse, dont on ne puisse dire la même chose. — [6] Trois siècles après les pêcheurs retiraient encore de temps en temps des armures et des cuirasses dans leurs filets. Barante. — [7] Ibid. — [8] Barante. — [9] Jamais les Suisses n'avaient montré tant de haine pour leurs ennemis. « *Cruel comme à Morat* » fut longtems un dicton populaire. Barante. — [10] Tillier. Selon Gingins, les habitans leur refusèrent l'entrée.

comble de désastre, les fuyards rencontrèrent tout à coup le comte de Gruyères, qui les avait devancés avec un détachement de cavalerie légère. Le duc s'enfuit sans s'arrêter, et sans prononcer un seul mot, par Avenches, Payerne et Moudon, jusqu'à Morges. Dans cette affreuse mêlée, la valetaille de cour, les marchands, les femmes et les filles publiques cherchèrent un refuge sur les arbres et jusques dans les fours des villages voisins.

Quinze mille Bourguignons restèrent sur le champ de bataille; dix mille environ périrent dans le lac. C'était presque la moitié de l'armée [1]. Les vainqueurs ne comptèrent que cinq cents morts et autant de blessés.

Quand le comte de Romont vit la mauvaise tournure que prenait la bataille, il fit encore quelques décharges d'artillerie sur la ville, et prit la fuite en tournant l'extrémité septentrionale du lac. Mais les alliés, qui étaient revenus précipitamment d'Avenches pour le chercher, l'atteignirent et lui firent éprouver une grande perte. Une portion seulement de son armée gagna à grand'peine le pays de Vaud par Cudrefin et Estavayé, après avoir abandonné tous les équipages [2].

Cette victoire éclatante de la cause populaire sur l'armée d'un monarque absolu, fut remportée le 22 juin 1476, et délivra à jamais la Suisse du plus dangereux de ses voisins [3].

[1] Quelques auteurs sont bien éloignés de cette appréciation. Comines nous apprend que le seigneur de Couthay confessa au roi en sa présence, qu'en la dite bataille étaient morts huit cent mille hommes du duc et d'autres menues gens, et qu'il croit, à ce qu'il a pu en entendre, qu'il y avait bien dix-huit mille morts en tout. Pellis. D'Alt. Au nombre des morts se trouvèrent le fils aîné du connétable de St. Paul, le seigneur d'Aimery et le sire Rosimbos. — [2] Gingins prétend qu'il opéra sa retraite *en bon ordre*. Voici ce qu'on lit dans les comptes du secrétaire de la ville de Morat, Schöni : Die festi decem millium martyrum 22 mensi Junii anno D. 1476, Dux Burgundiæ associatis magnis magnatibus et specialiter comite Rotundimont. cum magna comitiva armigerorum, fere numero 140 millium (?), stando et circueundo prædictam villam Murati circa 12 dies ante prædictam diem, fuit expulsus e dicto loco per Allemanos et specialiter per dominos confederatos. Dux burgundiæ cum sua comitiva fugiendo, remanserunt mortui et interfecti ex dictis burgundis circa 20,000 hominum. Engelhard. — [3] Tillier a accueilli la tradition d'après laquelle le grand tilleul de Fribourg fut planté ce jour-là devant la place St. Georges. Mais on a vu plus haut que cet arbre comptait déjà alors six années d'existence. Le même auteur adoptant le récit d'Alt a mentionné le combat omineux des chiens suisses contre les chiens bourguignons avant la bataille. Wattewyl n'en parle pas,

En lisant les détails de cette action, on ne sait ce qu'il faut admirer le plus, de l'intelligence qui présida aux manœuvres, ou de l'énergique précision avec laquelle elles furent exécutées. Une armée composée de tant d'élémens hétérogènes, et commandée par différens chefs d'un grade presque égal, offrait peu de garanties d'ordre et de discipline. Et cependant il se forma tacitement une subordination parfaite, et l'ensemble des mouvemens fut admirable. Les Fribourgeois rivalisèrent d'intrépidité avec les Suisses. C'est que déjà ils ne combattaient plus pour défendre une noblesse odieuse ou un intérêt dynastique, mais l'indépendance nationale.

Le butin fut considérable, quoique moins précieux que celui de Grandson. Outre une grande provision de vivres et de munitions, on trouva dans le camp bourguignon des canons de tout calibre [1]; plus de quinze cents tentes furent pillées, et les morts de riche apparence dépouillés. La tente ducale se distinguait par ses dimensions colossales, le luxe de ses draperies et la richesse de ses meubles. Elle se composait d'une charpente ingénieuse, dont chaque pièce était numérotée, de sorte qu'il était facile de la démonter et de la reconstruire. On y trouva la caisse militaire, la chapelle avec son autel plaqué en or et ses ornemens de prix. On fit cadeau de la tente au duc de Lorraine, la caisse fut emmenée à Lucerne, où devait se faire un juste partage du contenu [2]. Les Moratois ensevelirent les morts dans des fosses, qu'ils recouvrirent de chaux vive. Quatre années plus tard on érigea un grand

et j'approuve ce silence. Barante par contre fait aussi mention de cet incident. — Les compagnies militaires suivantes prirent part à la guerre de Bourgogne, et en particulier à la bataille de Morat: Les Merciers, l'Etoile, les Boulangers, les Bouchers, St. Martin de Tavel, Planfayon, Dirlaret, le Berger, le Lédamont (ridiculement travesti par quelques auteurs en *lait d'amour*), l'Arbre, le Joug, les Tanneurs, les Maréchaux, les Tailleurs, le Cugnet, les Charpentiers, les Cordonniers, la Croix blanche ou le Champ noir, le Sauvage, Chevrilles, l'Armoran, l'Etrille, le Griffon rouge, le Cerf volant, les Chasseurs, etc. Cette dernière était chargée de l'entretien de l'aumônier, du trompette, des ménétriers et du bourreau. A. C.

[1] Stumpf raconte que parmi le ramas de toutes les nations qui s'y trouvaient, il y avait aussi des nègres, dont l'un aux pieds fourchus (?). Le duc René reconnut ses canons de Lorraine. Ils lui furent rendus. — [2] Un beau portrait du duc Charles fut placé à l'hôtel-de-ville de Morat. Barante.

ossuaire, qui subsista jusqu'en 1798. Alors un détachement de Bourguignons, qui faisait partie de l'armée française, crut en détruisant ce monument effacer le souvenir de cette défaite [1]. On y lisait cette inscription : *Deo optimo maximo inclyti et fortissimi Burgundiæ Ducis exercitus Moratum obsidiens ab Helvetiis cæsus hoc sui monumentum reliquit* [2].

La victoire de Morat fut suivie de la conquête du pays de Vaud. A l'approche des Suisses, Surpierre, Moudon, Lucens et Vevey portèrent leurs clés aux vainqueurs [3]. Romont fut brûlée [4], plusieurs habitans massacrés, et un grand nombre faits prisonniers, quoique cette ville eût envoyé à diverses reprises des députés à Fribourg pour détourner cette calamité. Déjà antérieurement les Lombards indisciplinés qui servaient dans l'armée de Charles avaient pillé le vin de son hôpital [5]. Les cloches de Romont, ainsi qu'un grand canon de fer furent transportés à Fribourg. Les autres pièces d'artillerie furent emmenées à Berne [6]. La Roche, Corbières, Charmey, Bellegarde, Gruyères et Bulle fournirent pour cette campagne leurs contingens à teneur des traités. Le comte de Gruyères suivit même les ennemis jusqu'à Lausanne,

[1] Martin Martini, orfèvre fribourgeois, qui a gravé le plan de Fribourg par Phillot, au commencement du XVIIe siècle, a aussi publié un tableau gravé de la bataille de Morat. C'ést une représentation animée et offrant des détails curieux; malheureusement les exemplaires disparaissent peu à peu. Cette victoire avait été chantée par les bardes contemporains. On paya à Vit Weber de Fribourg en Brisgau cent sous (40 francs) pour de belles chansons, qu'il fit à l'honneur de nos troupes. A. C. On donna aussi 25 livres à Monsieur Peter lo St. Johanntey *por le livre des coroniques deis guerres passées, lesquelles Messeigneurs ont achete de luy.* Ibid. En 1480 le peintre Henri de Berne peignit un tableau de la bataille de Morat, l'apporta à Fribourg, et il fut suspendu à la salle du Conseil. Il coûta 86 fr. Ibid. — [2] Cet ossuaire fut remplacé en 1822 par un obélisque en marbre de 56 pieds de hauteur, placé sur trois gradins. On y lit cette inscription concise : *Victoriam 22 Jun. 1476 patrum concordia partam novo signat lapide Resp. Friburg.* 1822. — [3] D'Alt. — [4] Quo anno (1476) villa Rotundimontis fuit cremata et tota destructa per Allemanos. Archives du Clergé de Romont citées par le Rev. Chanoine L'hoste, qui a bien voulu nous communiquer ses notes. — Kuenlin. — [5] Ibid. Il paraîtrait par les comptes du trésorier, que Romont ne fût pas prise sans résistance, puisqu'on donna 16 fr. à trois de nos gens blessés devant cette ville; 2 fr. 10 sous au trompette Hagler qui servit devant Romont avec nos gens *pendant huit jours*, et qui assista à la prise de la place ; item 40 fr. à deux chirurgiens qui soignèrent les blessés *lors de la prise de Romont.* — [6] A.C. Voy. le Dictionnaire de Kuenlin.

qu'il pilla[1]. Le gouvernement envoya dans ces localités Jean Schorro pour les remercier de ce que leurs gens avaient marché avec notre bannière[2].

On licencia l'armée victorieuse. On ne garda que douze mille hommes pour châtier Genève et la Savoie. Mais leurs députés fortement appuyés par le roi de France, vinrent à Lausanne et obtinrent qu'il serait tenu un congrès à Fribourg à la St. Jacques prochaine, pour y régler toutes les difficultés.

Quant à Charles, la double leçon qu'il avait reçue, l'affecta profondément, mais ne le corrigea point. Il se vengea de ses revers sur la duchesse Yolande, qu'il accusait de trahison et la fit enlever. Il demanda de nouvelles troupes à ses Etats de Flandres et de Bourgogne, qui les lui refusèrent[3]. A peine put-il réunir quatre mille hommes et force lui fut de passer plusieurs semaines dans l'inaction.

Pendant ce temps le congrès de Fribourg s'assembla à la St. Jacques. Le bâtard de Bourbon, amiral de France, s'y rendit de la part de Louis XI. L'évêque de Genève, le duc de Lorraine, et le comte de Gruyères s'y trouvèrent en personne. On y vit aussi les députés du duc Sigismond d'Autriche, des évêques de Strasbourg et de Bâle, ceux du duché de Savoie, de Genève, du pays de Vaud, des huit cantons, de Soleure, de Bienne, de l'électeur palatin, des villes de l'Alsace, de l'évêque et du pays du Valais. Il paraît que l'évêque de Lausanne ne s'y fit pas représenter. Berne avait envoyé son avoyer Wabern, Bubenberg, Scharnachthal, Diesbach, deux bannerets et un secrétaire.

Ce congrès, le plus grand qui ait été rassemblé dans nos murs, dura 22 jours. L'envoyé de France sut adroitement exploiter la jalousie des cantons pour modérer les prétentions de Berne, qui

---

[1] Il se fit payer cent écus pour lui et frapper une contribution en nature pour ses gens. L'armée n'en prit pas moins le reste et n'épargna pas même les églises. Pellis. — [2] A. C. — [3] Gingins prétend au contraire que les Etats les lui accordèrent sans difficulté.

voulait tirer une éclatante satisfaction de la Savoie [1]. Il fut nommé médiateur avec le duc de Lorraine, le comte de Gruyères et Guillaume Herter.

Ils réglèrent que la ville de Genève payerait les vingt-quatre mille florins, auxquels elle avait été taxée au commencement de la guerre, que le pays de Vaud serait restitué à la Savoie, sans qu'il pût jamais dans la suite en être démembré, moyennant une somme de cinquante mille florins, pour sûreté de laquelle il resterait hypothéqué. Morat avec ses dépendances, Illens, Grandson, Grancour, Cudrefin, Montagny-le-Corbe, Orbe et Echarlens furent cédés à Berne et à Fribourg. La seigneurie de Cerlier, les Ormonds, Aigle et Bex restèrent d'abord en commun aux huit cantons, ainsi qu'à Fribourg et à Soleure. Enfin il fut décidé que la Savoie payerait aux Fribourgeois les vingt-cinq mille six cents florins qu'elle leur devait [2].

Le duc de Lorraine sollicita en vain de l'assemblée un secours immédiat contre Charles. Il ne put obtenir que la permission de recruter des volontaires en Suisse et la promesse qu'on ne traiterait jamais sans lui avec le duc de Bourgogne [3].

On refusa également à Louis XI de faire une irruption en Bourgogne. Il avait si mal rempli tous ses engagemens, qu'on commençait à se méfier de lui. De son côté il s'opposa à ce que les Bernois prissent possession de Genève, parce qu'il avait envie d'y mettre une garnison française. On convint qu'on lui enverrait une députation pour recevoir le payement des vingt mille florins qu'il avait promis pour soutenir la guerre. Le roi manifesta à cette occasion le désir de voir à sa cour les héros de la bataille de Morat, sans doute pour capter leurs suffrages par les moyens corrupteurs, qui lui étaient familiers. Jean Féguely et Rodolphe de Vuippens se rendirent à Paris avec Bubenberg et Diesbach de

---

[1] Tillier. — [2] Wattewyl. Gingins affecte d'appeler *don* ce que nous avons vu n'être qu'une dette. Il se plaint des charges énormes que ce traité imposa à la Savoie. Ce n'était qu'un châtiment bien mérité pour la dureté avec laquelle cette puissance nous avait traités 28 ans auparavant. — [3] Tillier.

Berne. Il les reçut à Duplessis-les-Tours avec une distinction particulière, les défraya du voyage et les combla de présens. Bubenberg, qui lui rapporta les insignes d'un ordre français, trouvé sur le champ de bataille de Morat, reçut de préférence cent marcs d'argent; quant à la somme principale offerte à la députation, elle fut partagée également entre tous les cantons. Les députés quittèrent la résidence royale, enchantés de la réception qu'on leur avait faite, et tout imprégnés de ces miasmes monarchiques, qui ne tardèrent pas à faire éclore sur le sol de l'égalité le germe de l'aristocratie. Avant de partir ils virent encore arriver la duchesse Yolande qu'à ses instances, il avait libérée de captivité.

René de Lorraine venait de reconquérir la plus grande partie de ses Etats et même Nancy. Charles vint investir cette place et en pressa vivement le siége. Hors d'état de lui résister, René y laissa une garnison et revint solliciter le secours des Confédérés. On lui permit de lever un corps de 6000 hommes à ses frais. L'empressement des jeunes gens fut tel, qu'en peu de temps 8000 hommes se trouvèrent prêts et qu'il fallût employer l'autorité pour se débarrasser d'un surcroît de postulans [1]. Toutes les forces réunies de René formèrent un effectif de 15000 hommes. A son approche, Charles tenta un dernier assaut sur Nancy déjà réduite aux abois. René entendit les signaux de détresse de sa fidèle garnison et hâta sa marche que deux transfuges dirigèrent par des voies détournées. A l'étang de Neuveville, il fit faire halte à ses troupes et les rangea en ordre de bataille. Les Fribourgeois et les Zuricois furent placés à l'avant-garde sous les ordres du strasbourgeois Herter. On en vint aux mains le 7 janvier 1477. On connaît l'issue de cette bataille, la trahison de Campo Basso et la mort de Charles. Cette troisième victoire que remportèrent les alliés mit fin à la guerre de Bourgogne [2]. Mais les suites s'en firent cruellement sentir en Suisse et achevèrent d'y développer les germes de la discorde.

[1] Tillier. — [2] Voy. aux pièces justificatives n° 3 une note importante que sa longueur n'a pas permis d'insérer ici.

Le rapide accroissement de Berne avait excité la méfiance; la campagne en voulait aux villes et le peuple à ses gouvernemens, qu'il accusait d'avoir fait tourner à leur profit les chances de cette guerre et d'avoir sacrifié plus d'une fois l'intérêt général à leur ambition particulière. Dans une réunion de jeunes gens pendant le carnaval de Zug, on mit ce sujet sur le tapis. On trouva que la répartition du butin s'était opérée avec lenteur et inégalité, et que Berne et Fribourg eussent moins ménagé Genève, si elles n'y avaient trouvé leur compte au détriment des Confédérés. Il fut décidé qu'on y apporterait un correctif. Cette turbulente jeunesse se constitua en société de la *folle vie* (vom thörichten Leben), et se mit incontinent en marche se recrutant sur la route de tous ceux qui partageaient le mécontentement des petits cantons. La diète de Lucerne essaya inutilement de les retenir [1]. Ils se présentèrent au nombre de sept cents aux portes de Berne, qu'ils trouvèrent fermées. Sur leur promesse qu'ils ne se permettraient aucun excès, les Bernois les laissèrent passer et quand ils arrivèrent à Fribourg [2], leur nombre s'élevait déjà à deux mille, dont la moitié de Schwitz et Uri, 310 d'Unterwalden et 484 de Zug [3]. Ils portaient la bannière du sanglier et de la masse. Henri Seftiger fut envoyé dans les paroisses pour convoquer les paysans, parce qu'on n'était pas sans inquiétude sur les dispositions de ces passagers. On se hâta de solder à leurs quatre capitaines un à-compte de ce qui revenait aux quatre petits cantons pour le pays de Vaud [4].

Ce mouvement, auquel on était loin de s'attendre, effraya les gouvernemens des grands cantons, qui déjà s'imprégnaient d'une nuance aristocratique et qui probablement ne s'absolvaient pas eux-mêmes des torts qu'on leur reprochait. Mais au lieu de se retremper dans le flot populaire, ils se crurent déjà assez forts pour marcher isolés. A l'imitation de celui de Berne, ils rendirent des ordonnances contre les attroupemens, prétendant que leur

[1] Tillier. — [2] Le mardi 25 février. — [3] A. C. — [4] Ibid.

conduite devait être à l'abri de la censure publique¹. Ils renouvelèrent aussi entr'eux les anciens traités de combourgeoisie. Ce fut une espèce de ligue tacite organisée contre les cantons démocratiques et ceux-ci en conçurent avec raison une juste méfiance.

Les Suisses avaient seuls détruit la puissance formidable, qui fesait trembler la France et l'Empire. On vit alors l'empereur et Louis XI, qui les avaient lâchement trahis au moment du danger, venir sans pudeur faire valoir auprès d'eux les soi-disans *légitimes* droits que chacun prétendait avoir sur la Franche-Comté. Nos gouvernemens corrompus par l'or de la France lui vendirent ce malheureux pays², tandis que les populations mues par une impulsion plus généreuse, mettaient cinq mille hommes sur pied pour le défendre. On vit alors pour la première fois des Suisses suivre des bannières opposées et combattre les uns contre les autres. Alors aussi périt la première victime immolée par une aristocratie cantonale, et Lucerne prit l'odieuse initiative des meurtres politiques qui se succédèrent depuis dans presque tous les grands cantons. On crut remédier par la violence aux maux qu'eussent prévenus des concessions faites à propos. Nos archives ne contiennent aucun acte relatif à cette époque désastreuse. Mais déjà notre gouvernement réglait ses allures sur celui de Berne et suivait les mêmes erremens. Car lui aussi jugea à propos de se lier avec Lucerne, qui était toute dévouée à la France, par un traité de combourgeoisie daté du 23 mai 1477³, sans doute dans le même but.

Mais l'événement le plus important pour nous cette année⁴ fut notre émancipation de la Savoie, après un vasselage de 25 ans. Tremblante devant les Suisses, Yolande avait sollicité un renouvellement d'alliance avec les Bernois, mais ceux-ci n'y consentirent qu'à la condition que Fribourg serait affranchie. L'acte en fut

---

¹ Tillier. — ² Voy. traité d'alliance avec Louis XI, *in oppido Lausannensi die 26 aprilis* 1477 dans Comines, cité par Tillier. — ³ A. C. — ⁴ Les comptes du trésorier contiennent une dépense de 30 sous donnés à 6 hommes de l'Auge, qu'on envoya à Illens pour y mettre le feu; on ignore à quel propos.

dressé le 10 septembre [1] et confirmé en plein par le duc Charles 30 ans plus tard. Il ne nous en coûta qu'un rabais de sept mille six cents florins sur le capital de vingt-cinq mille six cents florins que le Savoie nous devait [2], et pour le restant duquel elle nous fit une obligation sous la cense de neuf cents florins [3]. Les négociations avaient déjà commencé au mois d'août. Des commissaires savoyards étaient venus alors nous relever de notre serment, et nous rendre l'acte de soumission de 1452, sur le revers duquel la duchesse avait fait écrire une déclaration invalidante. Immédiatement après notre affranchissement nous conclûmes conjointement avec Berne un traité d'alliance et de combourgeoisie avec Jean-Louis de Savoie, évêque de Genève [4].

Le grand congrès qui se tint à Zurich dans les premiers jours de l'année 1478 restitua au duc de Savoie le pays de Vaud, à l'exception de Morat, Granson et Echallens, qui furent cédés à perpétuité à Berne et à Fribourg [5].

La même année nous nous joignîmes à Berne et à Soleure, pour secourir Uri devant Bellinzona [6]; mais il paraît que notre détachement, sous les ordres de P. Pavillard, revint avec les troupes bernoises, par suite de la discorde qui éclata dans le camp suisse, et qu'il ne prit point part à la glorieuse affaire de Giornico. La garnison d'Irnis compta pourtant quelques Fribourgeois.

Cette même année nous valut encore l'acquisition de la seigneurie de Montagny, qui nous fut cédée par acte du 15 novembre [7], sous bénéfice de rachat par Philibert duc de Savoie, après la mort de sa mère, pour la somme de six mille sept cents florins du Rhin, à compte des mille huit cents florins que la Savoie nous devait. Cette vente fut ratifiée le 12 décembre suivant [8]. Au sujet du

---

[1] A. C. — [2] Ici M. Tillier n'est pas exact. — [3] A. C. — [4] Il est remarquable que dans cet acte le Prince Évêque de Genève donne au lac Léman le nom de lac de *Lausanne*. On effaça aussi toutes les croix blanches qui se trouvaient au-dessus des portes de la ville. A. C. — [5] Wattewyl. — [6] Les troupes de ces trois cantons s'élevaient à 3450 hommes, qui franchirent le St. Gotthard au fort de l'hiver. On ignore quel était le nombre des Fribourgeois. Chronique Lenzbourg. — [7] A. C. — [8] Ibid.

droit de rachat réservé dans cette vente, il fut stipulé que dans le cas où le duc soit ses successeurs viendraient à vendre la seigneurie de Montagny, les Fribourgeois auraient l'avantage de pouvoir l'acquérir au prix que tout autre acheteur voudrait en donner [1].

Une de ces maladies épidémiques auxquelles on donnait indistinctement le nom de peste, fesait alors de grands ravages dans toute la Suisse. Berne en fut désolée pendant deux années consécutives. Fribourg par contre en souffrit moins. Elle n'y enleva que quelques personnes, entr'autres l'avoyer Jacques Felga. Plus tard (1480), après six jours d'averses continues, la Sarine débordée emporta le pont du milieu avec la chapelle qui s'y trouvait et six greniers adjacens.

On a vu que la famille du chevalier Rodolphe de Vuippens était déjà établie à Fribourg depuis longtemps et que lui-même y avait été avoyer. On fit avec ses frères Aymé et Girard, co-Seigneurs de la *ville* de Vuippens, des villages de Sorens et de Gumefens, un traité de combourgeoisie. La redevance annuelle en argent fut fixée à un florin d'or et le contingent militaire à un homme tout équipé (*ung homme tout embastonne*) [2]. Ce traité devait être renouvelé tous les cinq ans.

On renouvela aussi l'alliance et la combourgeoisie avec Berne. C'est pour la première fois que dans un document de cette importance, il n'est pas fait mention expresse de la communauté de Fribourg ni de celle de Berne [3]. Était-ce déjà un essai d'usurpation? Toutefois il y est dit que la ville de Fribourg passe le traité par le canal de ses conseils. C'est au moins une déclaration implicite que ceux-ci ne sont que les mandataires de la ville [4].

Les petits cantons ne virent pas sans surprise que dans ce même acte les parties contractantes ne s'étaient réservé que le Pape et l'Empire. Cette exclusion ne fit qu'accroître leur mécon-

---

[1] A. C. Spon dit, que cette même année Jean-Louis de Savoie, Évêque de Genève et la ville de Genève elle-même firent alliance avec Berne et Fribourg. Chronique Lenzbourg. — [2] A. C. — [3] Ibid. Voyez aussi Burgerrechten und Püntnussen der Statt Freyburg in Uchtland. — [4] Fontaine.

tentement et leur méfiance. Ils s'en expliquèrent clairement à la Diète de Stanz, lorsque Berne renouvela la proposition qu'elle avait déjà faite à la Diète de Lucerne d'admettre Fribourg et Soleure à l'union héréditaire et partant dans la Confédération. L'assemblée fut prorogée, et quand au mois de décembre 1481, le même objet fut remis sur le tapis, les dissentimens furent tels, qu'ils faillirent allumer la guerre civile. Déjà pour prévenir ce désastre, Fribourg et Soleure étaient sur le point de se désister de leurs prétentions, la première de ces villes par l'organe de Jean Gouglenberg et Jacques Bugniet, lorsque l'inspiration généreuse de Heiny im Grund, Curé de Stanz, sauva la chose publique. Ce digne prêtre courut pendant la nuit implorer l'entremise de Nicolas de Flüe, saint homme retiré du monde [1], et au moment où les députés impatientés allaient se séparer dans les dispositions les plus hostiles, Heiny revint couvert de sueur et les retint avec les plus vives instances, les conjurant les larmes aux yeux au nom de Dieu et du frère Klaus de rentrer dans la salle des conférences. Là sa chaleureuse et patriotique éloquence sut calmer les passions déchaînées, concilier les opinions divergentes et provoquer cette décision mémorable, qui annula l'alliance particulière des villes et admit Fribourg et Soleure dans la Confédération. Les huit anciens cantons commencèrent par renouveler leur alliance. Toutes les associations populaires furent défendues, les États se garantirent mutuellement leur intégrité avec promesse de se secourir en cas de danger et contre toute insurrection. Ce compromis appelé le *Convenant de Stanz* [2], jeta dans la Confédération les premières bases de l'aristocratie, ouvrit la carrière des ambitions, et posa des limites au développement de la liberté. Ce même jour (22 décembre) Fribourg et

---

[1] Diebolt Schillig ou Schilling qui était alors Chancelier fédéral et présent à la Diète, donne tous les détails de cette mémorable séance, sans faire mention du prétendu discours, que les auteurs mettent dans la bouche du frère Klaus. Il est certain que ce saint homme ne quitta pas sa cellule et l'opinion contraire, quoique soutenue par Müller, n'est qu'une erreur, innocente il est vrai, mais que la critique doit détruire. Voyez Melchior Russen's eidgenössische Chronik, page 14. — [2] A. C.

Soleure furent reçues dans la Confédération et on ajouta pour ces deux villes quatre articles particuliers aux conditions de l'alliance : 1° Que ces deux cantons ne s'engageraient dans aucune guerre, sans l'aveu des huit anciens ; 2° Que, s'il leur survenait des difficultés avec une partie, qui leur offrît le droit, ils se soumettraient à la décision des huit cantons ; 3° Que sans leur consentement, ils ne contracteraient aucune nouvelle alliance ; 4° Qu'en cas de guerre entre les anciens cantons, ils resteraient neutres, et feraient l'office de médiateurs [1]. Relativement à Fribourg les limites de la Confédération furent étendues à travers le comté de Gruyère jusqu'à Oron, de là à Moudon, de Moudon à Estavayé, d'Estavayé à Granson, de là jusqu'au lac de Morat et depuis celui-ci jusqu'au pont de Güminen [2]. Berne et Fribourg convinrent néanmoins entr'eux (1482), que l'alliance fédérale ne dérogerait point au traité de leur combourgeoisie perpétuelle, et que celle-ci aurait toujours la préférence en tout point [3].

Ce fut ainsi que Fribourg conquit son entière indépendance après avoir porté le poids plus ou moins léger de quatre suzerainetés successives. Ici commence pour notre communauté une ère nouvelle. Nous l'avons vue surgir et se développer seule au milieu du chaos féodal. Ses destinées vont maintenant se confondre avec celle des jeunes républiques, auxquelles elle s'est agrégée. Malheureusement lorsque cette agrégation tardive s'est opérée, la Confédération touchait déjà au déclin de ses beaux jours. Aussi verrons-nous dans la seconde partie de cet ouvrage qu'elle accélèra la décadence de nos institutions primitives au lieu d'en garantir la durée.

[1] Ce fut aussi le rôle que Fribourg et Soleure jouèrent en 1712 — [2] A. C. — [3] D'Alt. A. C. Pour l'expédition de cet acte et de celui de 1480, on paya au chancelier de Berne 20 florins d'or et pour honoraire à ses clercs 4 florins. Pour reconnaître le service rendu à Fribourg par le frère Klaus, le Gouvernement, par délibéré du 6 mai 1482, lui fit cadeau, à lui et à son compagnon Ulric, d'une pièce de drap blanc et d'une pièce de gris. Elles coûtèrent 23 livres et 5 sous.

FIN DE LA PREMIÈRE PARTIE.

PIÈCES JUSTIFICATIVES.

N° 1, page 63. Note 5.

Pension en sel accordée à Hauterive.

Sachant tuit cis qui voiront cestes presentes lettres que Nos Jehns Cons de Bourgoine et Sire de Salins havons done quittement et frainchemant en aumosne per nostre arme et de nostres ancessors cent soudees de saul a labe et au Couvent d'Auterive de lordre de Citiaux de la diocese de Losane laquel saul nos comandons a cestuy qui gardera nostre rende de nostre puis de Salins que chascon an dou pramier respons aprez la Purifficacium nostre Dame, la rende a lor certain message. Et lor ostreons que celle saul puisent per salins et per nostre terre tant que a lor masium faire porter quitte et sen peage Et nos lor havons balie cestes lettres seellees de nostre seel qui furent faictes en lan de lincarnacium nostre Seignor qui coroit per mil et dos cents et quarante neuf et el moyx de Septembre.

N° 2, page 192. Note 5.

Lettre d'Aymonot.

Mes chiers Signiour les 4 banderet. Je me recomant a Vous tant humyliemant que je puis plus place. Vous savait que je hait fait mon termine deis V annes que je avait jureis fur et aprez les V annes la marcy de Messignour de laqueul marcy de la bone grace Messignour je entende estre marciaz per dues foit pour quoy je wit entrez en la ville pour quoy je vous requier per vostre serement que vous avait fait ouz pore come ouz riche que ensy come je suy vostre borgeis que Vous me weilliez conselie que mon honour lez sez garde en sent que les dues lettres que Messeignour oht de moy que sel dues lettres tot per la magnyere que je les hait livres, je les tienne a livres et se dioux plait je n'y vendray mais a l'encontre. N. S. vous don honour et bone vie et sucent resterez moy vostre bone voluntez.

Ly tot vostre Jaquet de bulo.

N° 3, page 398.

Le tableau que nous avons retracé des guerres de Bourgogne, a été calqué sur les relations assez concordantes des auteurs suisses et étrangers. Les faits qui y sont consignés ont tous reçu les uns la sanction des documens, les autres celle d'une longue et respectable tradition. Il est évident pour tout homme impartial, qu'à l'époque dont nous parlons, la Suisse a été provoquée, menacée, vexée par un monarque voisin, qui en convoitait la conquête. Les Suisses le prévinrent ; ils firent une guerre juste, non point dans un but d'agrandissement, mais de conservation. Personne jusqu'ici ne s'était encore avisé d'en douter.

Mais un auteur suisse, que nous avons eu souvent l'occasion de citer dans cet ouvrage, un écrivain profond et érudit, pour lequel nous avons toujours professé une vénération particulière, a eu tout récemment le triste courage de ternir la renommée de nos pères pour tenter une réhabilitation des plus difficiles, celle de Charles dit le téméraire. Epris d'une soudaine admiration pour le duc de Bourgogne, il a voulu justifier sa mémoire du reproche de cruauté et d'ambition, et le disculper de plusieurs faits que l'histoire lui attribue. Voici les thèses historico-politiques qu'il entreprend de défendre dans une brochure intitulée : *Lettres sur la guerre des Suisses contre le Duc Charles-le-Hardi*, par M. le baron de Gingins-la-Sarraz [1].

« Charles était un grand prince (page 6), plein de délicatesse et de loyauté
» (page 15), de droiture et de dignité (page 27), et l'histoire a été tardive à rendre
» justice à sa mémoire (page 36). Il a été calomnié, aussi bien que Yolande et le
» Comte de Romont (page 6). Ce ne sont pas eux qui ont manqué à la foi des
» traités. Yolande surtout avait gardé une stricte neutralité (page 42) et les Bernois
» furent les premiers à la violer. Ils trompèrent aussi le loyal Comte de Romont
» (page 46). Les prétendues provocations de Charles ont été formellement démenties par les déclarations officielles des cantons (page 10). Leur défi de guerre
» n'alléguait aucun grief personnel contre le Duc (page 34). Cette guerre antinationale, c'est l'or seul de la France, qui l'a suscitée.

» Quant à Hagenbach, contre lequel on ne porta que des accusations vagues et
» ampoulées (page 19), il n'a fait qu'exécuter les ordres de son maître, qui l'avait
» chargé de réprimer sévèrement tout acte d'hostilité (page 18). Brisach était une
» ville rebelle (page 26). Hagenbach fut, il est vrai, condamné, mais par un prétendu tribunal sans droit (page 30), qui agit en violation manifeste des règles les
» plus sacrées du droit des gens (ibid.). Il périt victime de la haine des factions
» (ibid.) Aussi ne faut-il pas s'étonner si son frère Etienne exerça de cruelles
» représailles. »

Tel est en résumé le fond de la nouvelle brochure. Une réfutation méthodique de ces paradoxes nous mènerait trop loin. Nous nous en rapportons au récit que nous avons fait et nous nous bornerons ici à quelques réflexions, basées sur des faits que relatent non les écrivains suisses, mais un auteur bourguignon, par conséquent moins suspect de partialité.

Charles avait déjà acquis une sanglante célébrité, quand il tourna ses regards vers la Suisse. Ses vastes Etats épuisés d'hommes et d'argent, la moitié de la France ravagée par ses troupes, Dinant, Liège, Tongres, Nesle, Neuchâtel (Normandie), palpitantes encore sur leurs ruines, des milliers d'hommes égorgés, pendus, noyés, ou réduits à la dernière misère, tels étaient les titres qui nous recommandaient cet excellent voisin. Et qu'on n'allègue pas l'excuse aussi banale que maladroite des *suites inévitables de la guerre*. Ces suites mêmes devraient arrêter les rois, parce que la vie du moindre prolétaire vaut la leur. Est-ce que Charles s'en émut, lorsque pendant le sac de Nesle, il entra à cheval dans l'église, et que foulant aux pieds les cadavres qui gisaient dans un demi-pied de sang, il s'écria : j'ai de bons bouchers avec moi, et voilà une belle vue [2]; lorsque, sourd aux prières des Dinantois, qui voulaient capituler, il fit encore foudroyer leur malheureuse ville pendant deux jours; puis, quand ils se furent rendus à discrétion, les fit égorger avec une barbarie telle, que depuis le sac de Jérusalem, jamais, disait-on, il ne s'était vu une pareille cruauté [3].

[1] Dijon, 1840. — [2] Barante, histoire des Ducs de Bourgogne. Tome IX. — [3] Ibid.

D'ailleurs le caractère de ce Prince était suffisamment connu. Il fallait qu'il fût bien odieux, puisque les courtisans ne pouvaient tenir auprès de sa personne, malgré leur abjection. D'Argueil, Raulin, Baudouin, Renti, Comines le quittèrent successivement. Sa bouche ne proférait que des menaces de mort et des paroles d'orgueil. Ne l'avait-on pas vu tuer de sa propre main un archer, parce qu'il n'était pas tenu selon l'ordonnance? et cela à une revue, hors de la présence de l'ennemi.

Ce Prince *loyal* avait promis sa fille presque en même temps à Maximilien, au Duc de Nicolas de Calabre, au Duc de Guyenne, au Prince de Tarente [1] et tandisqu'il nous *assurait* de son amitié, ses ambassadeurs étaient chargés d'*assurer* le Duc Sigismond [2], qu'aussitôt que les affaires de France et d'Angleterre lui en laisseraient le pouvoir et le loisir, il s'armerait contre les ligues suisses, et envahirait leur pays. Chacun savait que Charles, afin d'obtenir le titre de roi et de vicaire général de l'empire, n'omettait rien pour obtenir la faveur de la maison d'Autriche. Il voulait devenir maître des bords du Rhin, de façon que ce fleuve depuis le comté de Ferrette et celui de Bourgogne jusqu'en Hollande, ne coulât plus que sous sa domination [3]. La Suisse qui avait été en partie comprise dans l'ancienne Bourgogne, eût naturellement été enclavée dans le nouveau royaume.

Quant à Hagenbach, un essai pour disculper ce sicaire impur et féroce, devrait presque être envisagé comme une mauvaise plaisanterie. On a bonne grâce, vraiment, d'en faire une *victime intéressante des factions* et d'appeler Brisach une ville *rebelle*, parce que ses habitans ne voulaient pas se laisser égorger. Les Huns modernes ont donné la même épithète en 1831 à l'héroïque et infortunée Varsovie.

C'est ainsi que l'auteur de la brochure, entraîné par les préoccupations de son système, violente les faits pour les y encadrer, et dans l'ardeur de la conquête, affronte audacieusement les actes officiels et patens, pour entreprendre, on ne sait trop dans quel but, des réhabilitations impossibles et justifier un démenti téméraire donné au témoignage universel.

Qu'un descendant des nobles barons de La-Sarraz, s'émeuve au souvenir de ces événemens, qu'il endosse son armure, que, lance au poing et casque en tête, il galope jusqu'aux limites de la Bourgogne, devenue soudain la dame de ses pensées et que là, relevant l'étendard bourguignon et son écusson féodal, il jette un hautain défi à ces bandes farouches, qui ont brûlé le château de ses pères, cela se conçoit et n'a pas besoin d'excuse. Mais cette première effervescence passée, on eût aimé à retrouver dans M. de Gingins cette raison impartiale et calme, qui distingue son histoire du Rectorat.

Croit-il innocenter le Duc de Bourgogne, en mettant plus à nu l'ignominie de ses rivaux couronnés? Louis et Charles s'imputaient mutuellement les crimes les plus infâmes [4] et sans doute ils ne se fesaient tort ni l'un ni l'autre. On sait d'un autre côté ce que valait Sigismond. Mais peu nous importe lequel de ces souverains était le plus vil. Nous n'avons dissimulé les torts de personne. Nous avons flétri les actes sauvages commis par les Suisses contre des populations inoffensives, ces brigandages que de nos jours encore on se permet de croire autorisés par la guerre. Nous avons stigmatisé ces deux monarques pervers, Sigismond et Louis, qui trompaient avec une égale impudence ennemis et alliés. Nous savons, qu'après nous avoir excités à la résistance, Louis nous eût sacrifiés comme il avait sacrifié les Liégois, si nous avions eu le dessous. Depuis longtemps nous sommes convaincus de tout le mal que l'aristocratie a fait à la Suisse. Nous avons signalé ces Suisses corrompus, qui allaient mendier de l'or et des titres dans les cours, prêts à recevoir les dons du Français et du Bourguignon tout à la fois. Nous savons enfin tout ce que les histo-

[1] Barante, Tome X. — [2] Ibid. — [3] Ibid. — [4] Ibid.

riens ont pu commettre d'erreurs et les réputations mensongères qu'ils ont créées. Nous convenons que l'or de la France a été une des principales causes de la guerre, qu'il s'est glissé beaucoup d'anecdotes hasardées dans les chroniques, qu'elles ont accueilli avec légèreté mainte conjecture, que Comines et Barante ont pu quelques fois se tromper. Mais nous savons aussi que le sceptre et le diadème ont toujours été d'un grand poids dans la balance de la justice historique ; que trop longtemps elle a défendu avec partialité la cause des rois et condamné les peuples. Si donc, il y a des réhabilitations à faire, c'est en faveur de ceux-ci; s'il y a des secrets à dévoiler, ce sont les iniquités et les turpitudes cachées sous la pourpre. Ce travail honorerait la plume d'un écrivain suisse, sans compromettre la vérité.

D'ailleurs dans l'appréciation des grands événemens, il faut moins s'attacher aux agens providentiels, qu'à la cause et aux effets. Il faut que l'écrivain abjure un instant ses sympathies et s'élève dans ces hautes régions qui le dérobent aux influences locales. Sous ce point de vue, les individualités s'effacent, les différences disparaissent, et le but humanitaire paraît dans tout son jour. Alors la guerre de Bourgogne ne sera plus à nos yeux qu'une continuation de cette longue lutte, qui dure depuis le commencement du monde entre la civilisation et l'esclavage, entre les peuples et leurs oppresseurs. Alors Charles sera, indépendamment de ses vices, la personnification la plus complète du monarchisme absolu.

C'est pour avoir négligé cette généralité de vues, et s'être trop préoccupé de détails, que déjà un historien de la Suisse orientale[1], s'est oublié jusqu'à calomnier les héros de Sempach, mettant tous les torts de l'agression du côté des Suisses, et trouvant la mort de Léopold aussi héroïque que celle de Winkelried. Aujourd'hui, comme digne pendant de ces aberrations, c'est encore un Suisse, qui voudrait absoudre Charles de Bourgogne et renverser le glorieux obélisque de Morat !

Détourner de ce patriotique monument une main sacrilège, c'est chose facile. L'auteur des lettres a pour lui la puissance d'une célébrité justement acquise et la supériorité du talent; nous croyons avoir pour nous l'évidence et l'autorité des faits.

[1] Henne.

ERRATA.

Page 5, ligne 5, *au lieu de* grecs, *lisez* Grecs.
» ibid. note 3, » » το . γοῦ . ɩυ . υοῦ *lisez* τυ . γου . ɩυ . νου.
» 6, ligne 17, » » Bâle, *lisez* Augst.
» 48, » 4, » » Teunebach, *lisez* Tennebach.
» 62, note 3, » » dempna, *lisez* dampna.
» ibid. note 4, » » Cet original disparut également. Il en existe par bonheur, *lisez :* Cet original existe ainsi qu'une copie.
» ibid. ibid. » » 1410, *lisez* 1404.
Relisez la rectification qui se trouve page 145, note 2.
» 199, ligne 27, » » paia, *lisez* paya.
» 213, » 16, » » paia, *lisez* paya.
» 309, » 8, » » Osterricher, *lisez* Osterrich.
» 311, » 17, » » Elsbach, *lisez* Elspach.
» 313, note » » 25 livres, *lisez* 23 livres.
» 319, ligne 25, » » Jaques, *lisez* Willi.

TABLE DES MATIÈRES

CONTENUES DANS LA PREMIÈRE PARTIE.

CHAPITRE I. Origine de la population fribourgeoise	1
CHAP. II. Fondation de la Capitale	30
CHAP. III. Relations de voisinage	67
CHAP. IV. Guerre de Laupen	114
CHAP. V. Constructions et ordonnances diverses	134
CHAP. VI. Guerre contre Berne	160
CHAP. VII. Prospérité de la République	184
CHAP. VIII. Topographie et détails de mœurs	219
CHAP. IX. Préludes à la guerre de Savoie	265
CHAP. X. Guerre de Savoie	281
CHAP. XI. Troubles intérieurs	310
CHAP. XII. Guerre de Bourgogne	350
Pièces justificatives	405